교육심리학의 이해

신명희, 박명순, 권영심, 강소연
공저

학 지 사

서 문

어떻게 하면 더 잘 가르치고 배울 수 있는가에 대한 끊임없는 관심과 연구가 지속되어 왔고, 대부분의 대학에서는 매 학기마다 교육학과의 전공과목으로 또는 교직과목으로 '교육심리학'이 개설되고 있다. 저자들이 몸담고 있는 대학에서도 수백명의 학생들이 교육심리학을 수강하고 있고, 우리는 항상 교재선정에 고심해 왔다. 그러던 중 교육심리학을 강의하는 우리가 그동안 강의를 해 나가면서 다른 교재에서 미흡하다고 여겼던 점들을 보충하고 새로운 이론과 다양하고 폭넓은 내용을 담고 있는 책을 함께 만들어보자는 생각을 하게 되었다. 이 책은 다음과 같은 의도에서 쓰여졌다.

첫째, 교육학과 학생들 또는 교사 지망생들에게 한 학기라는 짧은 시간 안에 교육의 현장과 밀접하게 관련된 교육심리학의 여러 주제를 쉽게 그리고 효율적으로 학생들에게 전달해 주고 싶었다. 그들이 교육현장에 나가기 전에 교육심리학에 대한 전문적인 지식을 가지는 데 도움이 되리라 생각한다.

둘째, 실제 교육의 현장에서 학생들을 가르치는 교사들에게 도움을 주려고 한다. 교직은 인간을 그 대상으로 하는 전문직으로 전문적인 지식과 기술이 필요하다. 따라서 교사가 학생들을 가르치고 지도하면서 부딪치는 많은 문제점들을 해결하는 데 도움이 될 수 있는 지식과 기술을 제공하려고 한다.

셋째, 학교에서 직접 교육에 종사하지는 않더라도 유아부터 성인에 이르기까지 어떤 방식으로든 교육에 한몫을 담당하는 사람들에게도 도움을 줄 수 있었으면 한다. 각종 기업체의 사원 연수 담당자에서 아이들의 엉뚱한 생각이나 행동에 어떻게 대처해야 할지 몰라 당황해하는 부모님들에게 이르기까지 이 책은 유용하게 사용되리라 생각한다.

이 책은 5부로 구성되어 있다. 제1부는 교육심리학의 기초로 교육심리학의 성격과 학문의 발전 과정 및 연구방법을 다룬다. 제2부는 발달과 개인차를 중심으로 학습자의 특성을 다루는데, 여기에는 인지발달, 성격과 사회성 발달, 지능과 창의력 및 기타 학습자의 다양한 특성에 대한 내용이 포함되어 있다. 제3부는 학습과 관련되는 부분으로, 학습을 크게 행동주의 심리학적 접근과 인지심리학적 접근으로 대별하여 제시하고, 다음으로 학습에 필수적인 동기화의 문제를 다룬다. 제4부는 교수의 이론과 실제에 관련된 부분으로, 먼저 교수모형과 교수방법들을 소개하고, 최근 우리 나라에서도 급속히 확산되고 있는 '열린 교육'의 근본정신인 인본주의 교육을 다룬다. 그리고 효율적인 수업이 이루어지기 위하여 필요한 학급운영에 대한 장이 포함되어 있다. 마지막으로, 제5부는 평가에 대한 것으로 학생들의 성취도 평가와 표준화 검사의 내용이 중심이 된다. 내용을 구성하는 과정에서 기존의 이론들과 함께 새로운 이론을 소개하고, 각 이론의 교육적 적용 및 시사점을 포함하려고 하였다. 또한 각 장의 개념이나 이론을 적용하기 위해서 토론 주제나 과제로 활용할 수 있는 연구문제를 제시하였다.

너무 급하게 잡은 일정 때문에 막상 내놓으려 하니 부끄러운 점이 한두 가지가 아니다. 잘못된 점이 있으면 꼭 지적해 주시기를 바라며, 그러한 부분은 앞으로 개정판을 준비하면서 반드시 반영하도록 할 것이다. 시간에 쫓기면서도 각자 맡은 역할들을 성실히 감당해 준 믿음직한 동료들에게 따뜻한 정과 고마움을 서로 나누고 싶다. 신명희는 1장, 2장, 3장, 11장을, 박명순은 8장, 10장, 13장을, 권영심은 7장, 9장, 12장을, 그리고 4장, 5장, 6장, 14장은 강소연이 맡아서 저술하였음을 밝혀둔다. 처음부터 끝까지 때론 귀찮고 궂은 일까지도 기꺼이 도움을 아끼지 않았던 박사과정의 배미란 양에게 저자 모두의 고마움을 전한다. 아울러 무리한 출판일정에도 불구하고 흔쾌히 이 책의 출간을 맡아주신 학지사의 김진환 사장님과 편집부장님 및 직원들께도 감사를 드린다. 이 책이 저자들이 의도했던 대로 제 역할을 감당할 수 있기를 간절히 바란다.

1998년 2월
연세대학교 용재관에서
저자 일동

차 례

제 1 부 교육심리학의 기초

제 2 부 학습자 이해: 발달과 개인차

제 3 부 학습과 동기화

제5부 평 가

제 1 부

교육심리학의 기초

'가르치고 배우는 것' 은 어떻게 보면 단순하고 간단한 것처럼 보인다. 교사가 해야 할 일은 가르칠 모든 내용을 논리적으로 순서를 정하여 학생들에게 제시해주면 된다. 과연 그럴까 ?

교실에서 아이들에게 다음과 같은 질문을 던져보자.
왜 학교에 와야 하는가?
어떨 때 가장 잘 배우는가?
선생님은 무슨 일을 하는가 ?
어떤 선생님이 가장 좋은가 ? 그리고 왜 좋은가 ?

학생들의 입장에 서보면 가르친다는 것이 결코 단순하지 않음을 알게 된다. 교사로서 해결하고 결정해야 하는 수많은 문제에 매일 매순간 부딪히게 될 때, 교사를 당황하게 하고, 화나게 하고, 부끄럽게 만드는 예상하지 못한 상황에서 울고 웃게 될 때, 잘 가르친다는 것은 복잡하고 복합적인 일임을 깨닫게 된다.

잘 가르치는 것은 어려운 일이다. 사회의 내용이 점점 다양해지고, 사회의 구조가 더욱 복합적인 양상으로 변화하는 오늘날에는 가르치는 작업 역시 한층 더 다양하고 복잡해진다.

교육심리학은 교사가 이 복합적인 가르침의 과제를 이해하도록 도와주고 언제나 부딪히게 되는 도전과 문제들을 해결할 수 있도록 그 바탕을 제공한다. 교육심리학을 이해하는 기초로서 제1부에서는 교육심리학이란 어떤 학문인지, 어떠한 내용을 가지고 어떻게 연구하는지의 문제를 다룬다.

제 1 장
교육심리학의 성격

1. 교육심리학의 개념
2. 교육심리학의 발전 과정
3. 교육심리학의 역할
4. 교육심리학의 영역

교육심리학은 어떤 학문인가? 교육심리학이 성립된 배경은 무엇이며, 그 시대적인 발전과정은 어떠하였는가? 교육심리학의 주요 목적은 무엇이며, 어떤 내용으로 어떻게 우리에게 실제적인 도움을 주는가? 이 장에서는 이상의 물음들에 대한 대답을 얻고자 한다.

1. 교육심리학의 개념

교육심리학은 어떤 학문이며 교육심리학자들은 무엇을 하는 사람들인가? 이 물음에 대하여 모든 학자들이 동의할 수 있는 한마디의 정의를 찾기는 어렵다. 교육심리학이 존재해 온 거의 일 세기 동안 과학적인 학문인 심리학과 실천적인 학문인 교육학 사이에서 끊임없이 교육심리학의 학문적 정체성에 대한 논의가 이루어져 왔다. 우선 교육심리학의 성격을 심리학과 교육학의 관련성을 통해서 살펴보도록 하자.

교육심리학
심리학의 방법과 이론을 응용하고 그 자체의 이론과 방법을 가진 교수-학습의 과정을 연구하는 학문.

1) 교육학, 심리학, 교육심리학

심리학이 인간의 생각과 행동을 연구하는 과학이라면 교육학은 가르치고 배우는 과정을 통하여 인간을 만들어가는 작업이다. 이러한 관계를 통해서 볼 때 교육심리학은 가르치고 배우는 과정과 관계된 인간의 생각과 행동을 과학적으로 연구하는 학문이라고 할 수 있다. 즉 교수학습과정(teaching and learning process)에 대한 과학적인 이해를 통해 인간을 만들어가는 교육에 대한 연구를 하는 것이 교육심리학이다.

교육현상을 이해하는 데 있어서 심리학의 역할은 매우 중요하다. 구체적으로, 학습자 개개인의 다양한 특성은 개인차심리학을 통해서, 학습자의 시간에 따른 변화는 발달심리학을 통해서 잘 이해할 수 있다. 따라서 서로 다르고 변화하는 학습자에 대한 심리학적인 연구는 인간을 대상으로 하는 교육학의 기본이 된다. 그 외에도 인간이 어떻게 생각하고, 학습하고, 의사를 전달하고, 행동하고, 상호작용하는지에 대한 심리학의 연구들은 학교교육을 효율적으로 하기 위해서 반드시 이해해야 하는 내용들이다. 그러나 실험실에서 연구되는 학습의 원리와 예상하지 못한 문제들이 언제나 일어날 수 있는 교실의 상황에서 학생들이 학습을 잘 하는 것은 전혀 다른 문제일 수 있다. 즉 학습에 관한 일반심리학의 법칙은 학습과 교수과정이 상호작용하는 교육의 현장에서는 전혀 다르게 나타날 수 있다. 여기서 교수와 학습이 하나의 집단행동으로 이해되고 연구되어야 하며 이것이 바로 교육심리학이 관심을 가지는 부분이다.

이러한 심리학과 교육학의 학문적인 목적과 관심의 차이를 다음과 같은 네 가지의 측면으로 볼 수 있다(이성진, 1996). 첫째, 심리학은 인간행동에 대한 보편적 원리와 법칙을 확립하는 데 목적이 있는 반면에, 교육학은 개별학습자의 특성을 변화시키는 데에 그 목적이 있다. 둘째, 보편적인 법칙을 확립하고자 하는 심리학은 방법론적으로 정밀성과 경제성(parsimony)을 중요시하지만, 교육은 정밀성과 경제성이 떨어지더라도 학습자의 행동에 의미있는 변화를 일으키는 변인에 관심을 가지고 생태학적 타당성(ecological validity)을 중요시한다. 셋째, 심리학은 특수한 영역을 제외하고는 가치중립적이고 기술적인(descriptive) 반면, 교육학은 가치지향적이며 처방적(prescriptive)이다. 넷째, 심리학이 주로 통제된 실험실에서 확립된 반면, 교육학의 이론이나 법칙은 예측불가능한 교실 상황에서 일어나는 과정에 기초한다.

요컨대, 일반적인 법칙을 발견하는 것을 목표로 하는 심리학은 인간의 여러 가지 행동에 대해 기술하고 설명하며 예측하고자 하는 과학이다. 이와는 대조적으로 교육학은 의학이나 법학, 경영학과 같이 그 최대의 관심을 실천에 두고 있다. 실천적 전문인으로서의 교육자들은 매일 매일 실행의 현실에 부딪힌다. 이러한 실행의 세계에서는 과학적 기초연구가 부족하거나 없다고 해서, 의사가 하던 수술을 멈추거나 교육자가 학교문을 닫는 등의 실천을 그만둘 수는 없다. 교육심리학은 이론과 실천, 이 두 가지 모두에 관련되어 있는 학문이며, 이론과 실천에 다리를 놓는 역할을 하는 학문이라고 할 수 있다.

2) 교육심리학의 정의

교육심리학의 성격에 관한 대표적인 논쟁은 교육심리학이 심리학의 원리와 법칙을 교육의 실제에 적용하는 응용학문인지, 아니면 그 자체의 개념구조를 가진 독립적인 기초학문인지 하는 것이다. 이에 대하여 오늘날 일반적으로 받아들여지는 견해는 교육심리학이 단순히 심리학의 지식이나 방법들을 교실과 학교생활에 적용하는 학문이 아니라 그 자체의 이론과 연구주제, 연구방법을 가진 독자적인 학문이라는 주장이다. Merle Wittrock은 "교육심리학은 그 근본목적이 교육에 대한 이해와 개선이기 때문에 심리학과는 구별된다."고 규정하였다(Wittrock,

1992). 그는 교육심리학을 일반심리학의 지식을 응용하는 학문으로 규정하였을 때 제기되는 문제점으로 심리학적인 이론의 구축 및 연구와 교육적인 적용을 분리시키게 된다는 점을 지적하고 있다. 이때 심리학적인 이론과 연구가 우위를 차지하게 되고 대부분의 실험실 연구는 실제 교육의 상황과는 동떨어진 맥락에서 전개되기 때문에 교육심리학자들은 심리학의 부분적인 지식들만 취하게 된다. 그러나 이러한 이원론적인 구분은 오히려 일반심리학의 이론 정립에 방해가 될 수 있다. 역사적으로 볼 때 학습, 측정, 개인차, 발달, 인지 등 수많은 분야에서 교육심리학의 연구는 일반심리학의 발전에 엄청난 공헌을 하였기 때문이다. 예를 들어 Thorndike의 교육심리학 연구는 학습이론의 구축에 지대한 공헌을 하였고, Ausubel(1968)의 유의미학습이나 Bruner(1959)의 발견학습에 대한 교육심리학 연구는 초기 인지모형의 성립에 중요한 역할을 하였다. 오히려 일반심리학의 지식기초의 구축에 교육심리학이 많은 공헌을 하였기 때문에 교육심리학은 단지 심리학의 응용이 아니라 교육현장에 내재하는 모든 심리적인 과정을 과학적으로 연구하는 독립적인 학문이라는 것을 인정하게 된다.

독립적인 학문영역으로 교육심리학의 핵심은 교수-학습과정을 이해하고 그 과정을 개선하는 방법의 개발에 있다. 교육심리학자들은 일상적으로 일어나는 교육에 대한 심리학적 연구에서 원리와 이론, 교수절차, 학습자와 학교에 대한 측정과 평가의 실행방법을 이끌어 내는데 관심을 가지고 있다. 실제로 오늘날의 교육심리학자들은 실험실에서, 유치원에서 대학까지의 각급 학교에서, 산업체, 군대 등에서 일어나는 교수와 학습에 대한 연구를 하고 있다. 연구하는 주제가 무엇이고 어디에서 연구하든 간에, 교육심리학자들의 주된 관심은 교수와 학습과정을 개선하는 데 있다. 따라서 교육심리학은 심리학의 방법과 이론을 응용하고 그 자체의 이론과 방법을 가진 교수-학습과정을 연구하는 학문이라 정의할 수 있다.

2. 교육심리학의 발전 과정

과학적 심리학과 실천적 교육학의 중간자로 규정되어 온 교육심리학의 역사는 당연히 이 두 학문의 역사와 밀접하게 관련되어 있다. 즉 200년이 넘게 발전해 온 현대 교육학의 역사와 19세기 말에 철학에서 과학으로 분리되어 발달해 온 심리학의 역사로부터 교육심리학의 발자취를 찾을 수 있다.

1) 교육심리학의 태동기

18세기와 19세기 유럽의 교육지도자들의 영향은 교육심리학의 학문적 성립에 근본적인 발판을 제공하였다. 중세기적인 강압적이고 제도적인 교육에 대하여 교육의 혁신을 주장한 인물로 프랑스의 Rousseau, 스위스의 Pestalozzi, 독일의 Herbart와 Froebel 등을 들 수 있다.

Jean Jacques Rousseau(1712~1778)는 그의 유명한 저서 『에밀』(1762)에서 자연론적 교육관을 제안하였다. 그는 발달의 자연성을 인정하고 아이들은 스스로 훌륭하게 자랄 수 있는 성질을 타고난다고 보았다. 아동은 어른의 축소판이 아니라 그들 자신의 느낌, 생각, 능력을 가진 독자적 개체이며 이것이 이해되고 존중되어지며 부모와 사회로부터 간섭과 방해를 받지 않는다면 아동은 자연의 계획에 따라 순조롭게 성인으로 발달해갈 수 있다는 것이다. 이러한 Rousseau의 아동중심사상은 인본주의 교육의 모태가 된다.

스위스의 변호사였던 Johann Heinrich Pestalozzi(1746-1827)는 Rousseau의 아동에 관한 견해를 더욱 확장시켜 실질적인 아동훈련에 관한 방안을 제안하였다. 그의 주장 중 많은 부분은 상당히 현대적인 교육개념으로, 그는 지식습득이 아닌 성장으로서의 교육을 주장하며 행동의 가치와 학교교육과 연결된 산업훈련의 중요성을 강조하였다. 학교의 체제는 아동의 특수한 욕구와 능력에 적절하게 반응할 수 있어야 하며 공포보다는 사랑과 친밀감, 이해의 분위기를 조성하여야 한다고 하였다.

Rousseau와 Pestalozzi의 교육개혁이 도덕적 기반에 근거한 것이라고 한다면 Johann Friedrich Herbart(1776-1841)는 교육실천에 심리학적 원리의 적용을 제시한 첫번째의 교육학자로, 교육학의 역사뿐 아니라 심리학의 역사에서도 중요하게 거론되는 교육개혁자이다. 그는 교육실천의 단계로 ① 준비, ② 제시, ③ 결합과 비교, ④ 일반화, ⑤ 실제적용의 다섯 단계를 제안하였다. 우선, 학습해야 할 새로운 개념을 이미 아동들이 가지고 있는 친숙한 개념들과 연관지어 흥미를 유발하고 새로운 학습을 할 준비를 한다. 다음으로, 새로운 학습자료는 아동에게 가장 적합한 형태로 제시되어야 한다. 또한 새롭게 학습한 자료는 이미 알고 있는 기존의 것과 비교, 결합을 통하여 일반화시키고 마지막으로 학습한 것을 실제로 적용하게 하여 일상생활에 유용하게 쓸 수 있어야 한다는 것이다.

유치원 운동의 창시자로 알려진 Friedrich Froebel(1782-1852)도 협동적인 삶을 위한 훈련에 있어서 아동기의 역할을 강조하였다. 그는 특히 생산적이고 창의적인 행동을 교육의 근원으로 주장하였다.

이상의 유럽교육자들의 이상적인 교육사상은 미국으로 건너가 미국의 교육전통에 지대한 영향을 주었다. W. James, G. S. Hall, R. Cattell, J. Dewey 그리고 E. L. Thorndike 등의 학자들이 이 당시에 활동한 대표적인 학자들이다. 특히 Rousseau의 발달이론에 큰 감명을 받은 G. Stanly Hall(1844-1924)은 '아동연구운동(Child Study Movement)'을 통해 교육학과 교육심리학에 직접적인 영향을 끼쳤다. 그는 보스톤에 있는 한 초등학교 학생들의 지식, 신념, 태도 등을 조사하기 위하여 질문지법을 최초로 사용하였는데, 이는 아동에 대한 과학적인 연구도구로서 오늘날까지도 널리 사용되고 있다. 또한 그의 제자인 Raymond Cattell은 각종 측정 및 통계적 방법을 적용하여 개인차 연구를 주도하였다. Hall과 더불어 교육심리학의 발전에 영향을 준 William James는 "Talks to teachers"라는 제목으로 초·중등교사들에게 수년간 기능과 실제를 강조하는 심리학 강의를 하였고, 여기서 교육은 심리학의 가르침과 법칙에 따라야 한다고 주장하였다.

2) 교육심리학의 성립기

19세기 후반의 교육과 심리학의 관계에 대한 연구 및 심리현상에 대한 과학적 연구들은 독립된 과학으로서 교육심리학의 성립배경이 되었고, 20세기에 들어서면서 교육심리학은 미국의 심리학자들을 중심으로 독자적인 학문으로서의 체계를 갖추기 시작하였다.

'교육심리학의 아버지' 또는 '교육심리학자의 원형'이라 일컬어지는 Edward Lee Thorndike(1874~1949)는 교육심리학을 기초과학 또는 실험과학으로 보고자 한 연구자이다. 그는 동물학습에 대한 박사논문을 준비하면서 미국 심리학의 가장 획기적 연구인 학습이론을 발전시켜 교육심리학의 학문적 체계를 수립하는데 결정적인 역할을 하였다. 자신의 수업을 위하여 그는 많은 책들을 저술하였는데 특히 1903년의 『Educational Psychology』는 교육심리학에서 가장 영향력이 컸던 교과서라고 할 수 있다. 1921년에는 이 책이 『The Original Nature of Man(Vol. 1)』, 『The Psychology of Learning (Vol. 2)』 그리고 『Individual Differences and Their Causes(Vol. 3)』로 분리되어 출판되었는데, 이를 기점으로 하여 교육심리학의 주요 내용영역은 인간의 선천적인 특성, 학습, 개인차의 세 분야로 확립되었다. 그는 교육심리학을 지성, 도덕성 등의 선천적인 특성 등을 실험하고 측정하며, 정신기능의 향상을 지향하며, 개인차와 그 원인을 밝히는 기초 과학으로 보았다(Walberg & Haertel, 1992). 따라서 정밀한 과학의 방법을 교육심리학에 적용하여야 한다고 강조하였다.

Thorndike 외에 초기의 교육심리학의 발전에 기여한 또 다른 사람은 Charles H. Judd이다. 그는 학습이론, 동물실험, 자료의 양화에 몰두하였던 Thorndike와는 달리 학교교육 자체 즉 교육의 내용, 학교조직, 학교방침 등의 교육의 현장과 교육실제에 관심을 가지고 있었다. Judd는 초등학교에서 중등학교, 그리고 대학으로의 교육의 연계에 관심을 가지고 교육의 민주화, 즉 기회균등의 필요성을 강조하는 한편, 학교 교과목과 교수법에 대한 이론적인 연구에 전념하였다. 그는 학교학습에 직접적으로 응용되지 못하는 Thorndike식의 연구에 비판적인 입장을 취하였다.

한편 유럽에서는 실험심리학을 연구한 W. Wundt의 제자인 E. Meumann(1862~1915)이 『학습경제 및 기술에 관하여』(1903)와 『실험교육학입문강의』 I,II,III (1907~1913)를 저술하였다. 특히 아동의 신체발달, 정신발달, 개인차, 교과에 따른 교수법이 아동의 학습에 미치는 효과에 대한 내용은 과학적 심리학을 도입하여 교육의 문제를 다룬 것으로 Thorndike의 연구와 더불어 초기 교육심리학의 체계 정립에 중요한 역할을 하였다.

관찰 가능한 행동의 심리학을 주장한 J. B. Watson과 B. F. Skinner는 행동주의에 근거한 학습이론으로 교육심리학이 과학적인 학문으로서의 체계를 갖추도록 하였다. 이러한 행동주의적인 연구의 경향은 '과학 운동(scientific movement)'을 일으켜 당시의 학자들은 학교 내에서의 개인차와 학습에 관한 연구에서 실험과 측정 등의 과학적인 방법을 강조하게 되었다.

3) 교육심리학의 영역 확립기

20세기 초반의 체계 정립에 이어 교육심리학은 이후 독자적인 연구의 영역을 확립하기 시작하였다. 대략 1926년에서 1956년으로 가늠되는 이 시기의 가장 큰 변화는 Thorndike가 지적한 교육심리학의 주제인 선천적 성질, 학습, 개인차에서 교육심리학의 영역이 크게 분화되었다는 점이다. 1926년 Goodwin Watson(1899~1976)은 당시 널리 쓰이던 교육심리학의 교재들을 검토하여 「What Shall Be Taught in Educational Psychology?」라는 제목으로 당시의 교육심리학의 주제들을 제시하였는데, 이 연구는 당시 교육심리학의 주요 연구

영역에 대해서 밝혀주고 있다〈표 1-1〉. Thorndike의 후계자인 Arthur I. Gates(1890~1972)는 이 시기의 교육심리학의 주요 관심사는 학교교과와 학습의 신경생리학적 바탕에 중심을 두고 있음을 지적하고 있다.

〈표 1-1〉 G. Watson이 제시한 교육심리학의 주제(1926)

주 제	백분위(단위: %)
검사와 측정	14
학교교과의 심리학	14
학습의 법칙과 교수방법의 일반적인 문제들	13
감각기관, 뇌, 신경계의 생리학	12
유전, 본능, 선천적 성질	8
심리학의 일반적 측면, 기타	39

그러나 1956년 Gates가 중심이 되어 재검토한 교육심리학 교재의 내용을 살펴보면 초기의 경향이 상당히 달라진 것을 알 수 있다. 뇌, 신경계, 감각기관 등 생리에 대한 관심이 감소하고 성격, 정신건강, 상담, 심리치료, 무의식적 동기에 대한 관심이 증가하는 것이 뚜렷하게 나타나고 있다(Gates et al., 1956). 학습과 학습이론, 검사와 측정에 관한 관심은 꾸준히 지속되었지만 새로운 주제들이 등장함으로써 상대적으로 그 영역이 축소되었다. 발달심리의 중요성이 증가되고, 반면에 학교교과의 심리의 비중은 감소되었는데 "나는 교과를 가르치는 것이 아니다. 나는 아이들을 가르친다."라는 말은 당시의 이러한 흐름을 반영한다. 즉 초기 교육심리학에서 다루었던 내용들은 일반심리학의 원리와 방법을 교육에 응용하는 내용중심이었으나, 나중에는 일반심리학의 단순한 응용이 아니고, 응용 그 자체가 실험적 검증을 거쳐야 하는 교육심리학의 독자적인 주제들이 나타나면서 현재의 교육심리학의 영역이 확립되었다고 볼 수 있다.

4) 교육심리학의 개혁 발전기

독자적인 학문체계를 갖춘 교육심리학은 1960년대에 들어 다양한 이론적인 접근과 방법론적인 발달로 인해 학문적인 개혁과 발전기를 맞게 된다. 비교적 최근에까지 이어져 내려오는 이 시기의 발전은 크게 세 가지의 흐름 즉, 인지심리학의 영향, 수업설계의 발전, 교수과정에서 개인차에 대한 관심으로 살펴볼 수 있다.

첫째, 심리학 분야에서의 인지혁명이 교육에 미치는 영향은 지대한 것이었다.

1960년대 등장하기 시작한 인지심리학은 이전의 행동주의를 대치하여 교수-학습과정을 설명하였다. 수업심리학에서의 그간의 연구의 변화를 검토한 1977년의 『Annual Review of Psychology』에서는 '현재의 인지적인 관점에서 보면 이제는 행동주의적인 관점이 학습에 영향을 미치는 교수의 효과를 설명하기에는 부족하다' 고 하였고, 1981년에 L. B. Resnick은 인간의 학습과 발달과 같은 다른 영역과 같이 교수학습심리학은 이제 대부분은 인지적인 것이며 따라서 수업심리학은 개인의 내적인 정신과정과 그것이 수업을 통해서 어떻게 변화될 수 있는지에 궁극적인 관심을 가지고 있다고 하였다. 이에 따라 읽기, 수학, 과학, 문제해결 등의 지적인 과정에 작용하는 요소를 밝히려는 인지적 관점의 연구들이 과거의 행동주의적인 접근을 대치하기 시작하였다.

둘째, 1958년 소련에서 Sputnik을 성공적으로 발사한 것은 미국의 교육에 커다란 영향을 미치게 되었다. 국립과학재단(National Science Foundation)에서는 교육부의 지원을 받아서 물리, 화학, 생물, 수학 등의 기초과학 분야에서의 교육과정을 개발하기 시작하였다. R. M. Gagné(1965)의 『학습의 조건(Conditions of Learning)』은 이러한 수업설계 연구에 개념적인 기초를 제공하였다. 이 시기에 위계적인 분석방법(hierarchical analysis)이나 자기보속수업(self-paced instruction)과 같은 개념이 제시되었다. 또한 Skinner(1958)는 수업에서 긍정적인 강화를 강조하여 학습의 내용을 난이도별로 작은 단계로 제시하여 모든 학생들이 긍정적인 강화를 받으면서 수업의 속도를 조절하는 프로그램 교수법을 제시하였다. 이러한 수업설계의 발전은 여러 가지의 수업 보조기구나 공학적인 발전에 힘입은 것이라 할 수 있다. 시청각 보조기구, 대중매체, 교수기계와 컴퓨터 등의 수업 보조기구를 사용하여 수업기술은 급속히 발전하였다. 특히 프로그램 학습이나 컴퓨터 보조학습 등의 새로운 기술은 개별화 교습, 교수-학습과정의 정확한 기록, 진단적인 교수작업의 가능성을 열어 주었다.

셋째, 인지심리학과 수업설계 부분에 있어서의 발전과 함께 이 시기에는 실제 교육심리학의 핵심적인 주제라고 할 수 있는 교수과정에 대한 연구에 많은 발전이 이루어졌다. 특히 수업의 모형과 학습자의 개인차를 연결시키고자 하는 관심이 생기기 시작하였다. Sputnik 이후 교육의 질 개선에 대한 관심이 높아지면서 1962년 전국교육연합회(National Education Association)의 보고서는 이 시기에 능력별 학급편성(ability grouping)이 증가하였다는 것을 보고하고 있다. 그러나 이후 능력별 반편성의 부정적인 결과가 많이 보고되었고 수업심리에 있어서 최적의 학습상황을 제시하는 것과 동시에 학습자들의 개인차를 고려하여 수업의 질을 개선하는 것에 관심을 가지게 되었다. 이러한 의미에서 L. J. Cronbach(1958, 1975)는 수업이론이 실험심리학과 개인차심리학의 융합에 토대를 두어 이루어져야 한다고 주장하였다. 그는 적성처치 상호작용(ATI; Aptitude-Treatment-Interaction)이라는 개념을 통해서 여러 가지의 학습자 특성과 교수 특성의 상호작용을 밝히고자 하였다(Cronbach & Snow, 1977). 이와 같은 적성처치 상호작용에 대한 연구는 오늘날까지 지속적으로 이루어지고 있으며 교육심리학의 중요한 주제로 자리잡고 있다.

3. 교육심리학의 역할

가르친다는 것은 교육자에게 있어서 언제나 새로운 도전이다. 교사들은 매일매일 교육현장에서 문제에 부딪히고 그 문제를 해결해야 한다. 수업목표의 설정과 적용방안, 교사-학생의 상호관계, 학습의 동기화, 학습의 기억과 전이의 강화, 효율적인 학급운영, 공정한 평가 등 지적인 측면에서 뿐만 아니라, 학생들의 태도, 가치, 자아존중감과 같은 정의적인 측면에서의 문제 등 결정하고 해결해야 하는 수많은 문제들이 있다. 교사들은 각양각색의 학생들을 만난다. 정상적인 수업으로는 학습이 불가능한 학생, 수업을 거부하는 학생, 외톨박이 학생, 공격적이고 적대적인 학생, 자아개념이 부정적이거나 자아존중감이 낮은 학생, 정상보다 지능이 낮은 학생, 영재아 등 여러 유형의 학습자를 만날 수 있다. 직관이 뛰어나고 경험이 풍부한 교사라면 이와 같은 여러 유형의 문제상황에 잘 이겨나갈 수 있을 것이다. 그러나 수업에 대한 지식과 이론, 기술들을 가지고 있다면 보다 더 효과적으로 문제해결을 하고 의사결정을 할 것이다. 전문영역에서 문제를 해결하고 효과적인 결정을 하기 위하여 공학자가 공학을 연구하고 행정가가 행정학에 대한 지식을 축적하듯이 유능한 교육자는 교수, 학습, 학급운영과 관련된 문제들을 이해하고 다룰 수 있는 이론, 원리와 기술에 친숙해야 할 것이다.

교육심리학은 교사들에게 이러한 교육의 문제를 다룰 수 있도록 교육현상에 대한 통찰력을 제공한다. 달리 말하면, 교육심리학은 교사들에게 효율적인 도구를 마련해 주는 역할을 한다. 교사들은 여러 연령층의 학습자의 심리를 이해해야 하며 학습과 동기에 대한 심리학적 원리를 알아야 한다. 뿐만 아니라 교사는 교실안에서 그 효율성을 극대화할 수 있는 과정을 알아야 한다. 외과의사가 생물학, 화학, 해부학, 인체구조에 대하여 알아야 할 뿐만 아니라 어디를 어떻게 절개해야 하는지를 알아야 하는 것과 마찬가지로 교사는 발달, 인지, 동기, 사회심리를 알아야 할 뿐만 아니라 교실 안에서 실제로 어떻게 학생들을 동기화시키고, 학습을 지도하며, 어떻게 학생들을 다루어야 하는지를 알아야 한다. 의사가 특정한 병을 치료하는 여러 가지 다양한 방안들과 각각의 방안들의 효과와 경비 등을 알고 있어야 하는 것과 마찬가지로 교사는 교실의 문제들에 대한 다양한 해결방안과 그 방안들이 학생의 학습, 동기, 수업의 측면에 미치는 결과를 알아야 한다. 교사는 가르친다는 일에 기술과 창의력을 가지고 그것을 적용할 수 있는 지적 기능인이어야 한다.

교육심리학이 어떻게 교사가 과제를 이해하고 문제를 다루도록 도울 수 있는지 그 구체적인 예를 들어보자. L. M. Anderson, Evertson, Brophy(1979)는 텍사스 주에 있는 한 초등학교 1학년 학생들의 읽기성취를 높일 수 있는 방안에 관심을 가졌다. 그들은 교사들의 독서그룹의 운영방법에 초점을 맞추었다. 그들은 우선 그 학교에서 초등학교 1학년 수준으로 정한 읽기교육의 목적을 익혔고, 다음으로 대상학생들의 학교 안에서의 특성을 조사했다. 아이들이 어떤 학습방법을 가지고 있으며 어떻게 동기화시킬 수 있는지를 관찰하였다. 읽기수업을 하는 교사의 수업방법과 유형도 관찰하였고, 마지막으로 읽기성취를 평가하는 방법에 대해서도 익혔다. 이미 알고 있는 다른 연구들의 결과와 이 학교에서 관찰하여 발견한 사실들을 바탕으로 연구자들은 특수한 독서그룹 운영프로그램을 만들었다. 이 프로그램을 사용했을 때에 학생들의 읽기능력 점수가 30% 이상 향상되었다. 교육심리학의 연구는 교사들에게 더 효과적인 독서그룹의 운영방안에 대한 정보를 제공하였고 교사들은 이 연구를 바탕으로 수업방법을 바꾸었으며 새로운 교수방법으로 학생들의 성취수준을 높일 수 있었다.

이것이 교육심리학의 주요 목적이자 역할이다. 교육심리학의 연구들은 교사들이 감당해야 하는 과제에 대한 정보를 제공한다. 교사들은 이 정보를 이용하여 보다 적절한 의사결정을 할 수 있고, 문제를 해결할 수 있게 된다. 물론 교육심리학의 연구가 모든 교사들이 그들의 상황에서 정확하게 어떤 행동을 하고 어떤 결정을 해야 하는지를 알려 주는 것은 아니지만, 적어도 현재 처해 있는 상황에서 보다 현명한 의사결정을 하도록 도와준다.

4. 교육심리학의 영역

전통적인 심리학에 그 뿌리를 두고 있지만 오늘날의 교육심리학은 이제 그 자체의 연구대상과 주제, 연구방법을 가진 독자적인 과학으로 발전하였고, 따라서 고유한 연구의 영역을 가지고 있다. 예를 들어, 다음과 같은 주제들은 일반적으로 심리학과는 차별적인 교육심리학의 독특한 주제라고 할 수 있다.

▶ 교실학습과 수업의 모형과 이론
▶ 교사-학생 상호관계의 역동성
▶ 인성발달과 정의적 학습의 원리
▶ 동기와 학급관리의 원리
▶ 영재아의 창의력 발달 촉진 전략
▶ 수업목표 설정과 검사의 사용
▶ 능력, 성격, 사고유형 등의 개인차에 따른 교수방법

위에서 언급하였듯이 교육심리학은 교사들이 학교에서 당면하는 문제들에 대한 이해를 돕고 의사 결정과정을 촉진하는 역할을 한다. 올바른 결정을 할 수 있기 위하여 교사는 교수-학습의 성공에 영향을 미치는 여러 가지 요인들을 알아야 한다. 다음은 교육심리학의 주제를 영역별로 정리한 것이며, 이 영역들은 앞으로 본서의 각 장의 내용으로 다루어지게 된다.

첫째, 학습자특성에 대한 이해이다. 일상적인 교실상황에서 많은 교사들이 학생들의 수준을 넘어서는 이해력이나 추상적 사고능력을 기대하거나 혹은 이와는 반대로 학생들의 인지발달 수준 이하의 수행을 기대하게 된다. 효과적인 교육을 하기 위해서는 우선적으로 학습자에 대한 이해가 선행되어야 한다. 교육과 밀접하게 관련되어 있는 학습자의 심리적인 속성은 학습자의 지능, 창의력과 같은 인지적인 요인과 성격, 사회성, 도덕성, 자아개념과 같은 정의적인 요인으로 나누어 볼 수 있다. 본서에서는 인지, 성격, 사회성, 도덕성 등 여러 가지의 측면의 시기에 따른 발달 특성과 지능과 창의력을 주로 한 개인차 변인에 대한 현재까지의 연구를 소개하여 발달과 개인차의 측면에서 학습자를 이해하고자 한다.

둘째, 학습(learning)에 대한 이해이다. 학습은 교육현장과 가장 밀접하게 관계를 가지고 있는 주제라고 할 수 있다. 현재까지의 학습이론은 행동주의 이론과 최

근의 인지이론으로 대별한다. 일반적으로 학습을 설명하는 데 있어서 두 가지의 이론의 차이점을 학습의 환경을 설계하는 측면에서, 교육과정을 구성하는 측면에서, 평가를 하는 측면에서 다음과 같이 볼 수 있다(Greeno, Collins & Resnick, 1994). 우선, 학습의 환경을 구성하는 측면에서 행동주의적인 관점에서 학습의 활동은 정보나 기술을 습득하는 것을 최적화하는 것에 관심을 가지고 있다. 이에 따라 프로그램 학습에서처럼 수업에 명료한 목표가 정해지고, 학생들의 반응을 평가하여 그에 대한 정확한 강화가 주어진다. 인지적인 관점에서 학습환경은 학습자의 관심과 능력으로 문제해결이나 추리를 하는 과정에서 개념이나 원칙에 대한 이해를 촉진하기 위한 상호작용이 중요시된다. 교육과정을 구성하는 면에서는 행동주의적인 접근에서는 기술의 복잡성을 하나하나의 요소로 분석하여 단순한 것에서 복잡한 것으로 학습하게 하지만, 인지적인 접근에서는 학습자의 초기능력과 이해능력으로 할 수 있는 과제에서부터 시작하여 그 범위를 확장시켜 나감으로 인해 전체적인 개념이나 원칙을 이해할 수 있도록 한다. 학생들이 학습하는 기술이나 지식에 대한 평가는 행동주의적인 관점에서는 학습자들이 지식의 구성요소를 객관적으로 측정함으로서 이루어지고, 인지적인 접근에서의 평가는 간단한 단답식의 검사문항보다는 수행평가(performance assessment)와 같이 학습자가 학습한 것을 실제의 상황에서 적용할 수 있는 여러 가지의 대안적인 형식의 평가방법을 사용하고 있다.

본서에서는 이러한 상이한 학습에 대한 접근을 소개하고, 그에 더하여 학습과정에서 중요한 역할을 하는 학습자의 동기화과정에 대해서 다룬다. 학생의 동기는 그 자체로 매우 중요한 주제이다. 본능, 호기심, 보상과 처벌, 성취동기 등 학습에 있어서의 동기요인들을 이해하고, 이 요인들이 학급에서 어떻게 작용하는가를 이해하며, 적절한 상황에 의미있게 적용하는 것은 모든 교사들의 주요한 임무라고 할 수 있다.

셋째, 교수(instruction)에 대한 이해이다. 교육심리학의 핵심은 교수-학습과정이라고 하였으며, 교수과정은 학습에 대한 이해와 밀접한 관계를 가지고 있는 분야이다. 효과적이고 체계적인 교수모형과 강의나 질문, 협동학습 등의 여러 가지의 교수방법들에 대한 연구는 교육심리학에서 핵심적인 내용으로 다루어지며 그러한 모형이나 방법들을 학습자들의 개인차를 고려한 교실수업으로 어떻게 전개할 수 있는지에 대한 내용들을 제시한다. 또한 교사의 성격과 학급운영은 학생의 태도, 동기, 비행, 성취에 직접적인 영향을 줄 수 있고 심지어 교사의 기대가 학생의 성취에 미치는 영향은 매우 중요하다.

넷째, 평가(assessment)에 대한 이해이다. 교수학습의 최종적인 단계라고 할 수 있는 평가는 학습목표의 달성을 측정하는 것 뿐만 아니라 앞으로의 교수-학습 과정에서의 목표설정의 기반이 된다는 점에서 교수-학습과정에서 필수적인 부분이다. 따라서 교육심리학은 교육이 목표로 하는 행동을 성취하였는지를 신뢰롭고 타당하게 측정하는 심리측정적인 부분과 평가의 결과가 앞으로의 학습활동과 수업활동에 어떻게 영향을 미치는지 평가의 실제적인 부분에 관심을 가진다. 교육의 실제와 관련하여 특히 시험문제 작성과 시험 결과의 해석은 무척 중요하다. 언제 선택형 문제를, 아니면 진위형 또는 연결형의 문제를 사용할 것인가, 어떤 과제에 논술형 시험이 적합한가, 준거참조 검사와 규준참조 검사는 어떻게 다른가, 이러한 문제들을 어떻게 작성하는가는 교사들의 직접적인 관심분야가 된다. 효율적이고 타당한 검사제작과 그 결과를 적합하게 해석하는 일은 교수학습의 과정을 완성하는 중요한 활동이다. 이러한 전반적인 교육과정의 영역을 도식화하여 나타내면 〔그림1-1〕과 같다.

이상과 같이 교육심리학은 학습자, 학습, 교수, 평가를 중심으로 교육의 과정과 관련된 광범위한 영역에서 이론체계를 확립하고 그것을 실제 교실에 효과적으로 적용하기 위한 학문이라고 할 수 있다.

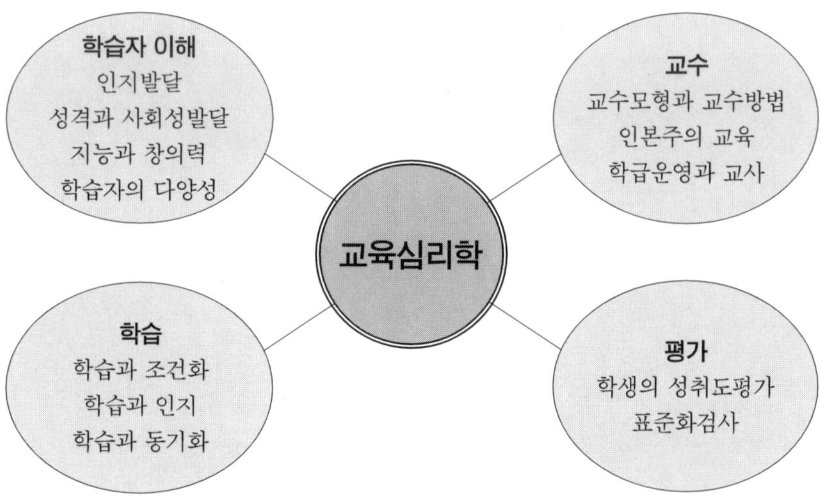

〔그림 1-1〕 교육심리학의 영역

연 구 문 제

1. 교육심리학을 선택한 이유가 무엇인지, 교육심리학을 공부함으로써 얻기를 기대하는 것이 무엇인가를 토론해 보시오.

2. 학교에서 발생하는 다양한 문제들을 해결하는 데 교육심리학의 이론이나 연구가 어떻게 도움이 될 수 있는지 구체적인 예를 들어 보시오.

3. 독자적인 학문으로서 교육심리학의 주제는 어떠한 것들이 있는지, 네 가지 교육심리학의 주요 영역별로 다양한 주제들을 정리해 보시오.

4. 최근 교육심리학의 경향을 설명하고, 그 중 하나의 주제를 선정하여 자료를 수집하여 정리해 보시오.

제 2 장

교육심리학의 연구방법

1. 교육심리학에서 연구가 왜 중요한가?
2. 교육심리학의 연구방법

교육심리학에서 연구는 왜 필요하며 왜 중요한가? 교육심리학의 이론들은 어떻게 형성되는가? 교수와 학습을 이해하기 위하여 교육심리학자들은 무엇을 어떻게 하는가에 대해 이 장에서는 주로 다루고자 한다.

1. 교육심리학에서 연구가 왜 중요한가?

교육심리학자들이 당면하는 문제는 거의 모든 사람들이 교육의 전문가라는 사실이다. 대부분의 사람들은 얼마간 학교에서 교사들이 하는 일을 지켜보아 알고 있고, 거기에 인간의 특성에 관한 자기 나름대로의 지식을 더하여 모두가 아마추어 교육심리학자들이다. 이런 이유로 교육심리학자들은 종종 당연한 것을 연구하는 사람들이라는 비난을 받게 된다. 그러나 과연 '당연한 상식'이 언제나 사실일까? 많은 교육심리학의 연구들이 지금까지 당연한 상식으로 알려진 일반적인 사실들이 절대적인 것이 아님을 밝히고 있다. 다음과 같은 다양한 예가 이를 입증해 주고 있다.

학교가 학생에게 더 많이 투자할수록 학생의 성취는 높아질 것이다는 '당연한 상식'은 Coleman 등의 보고서(1966)에서 사실이 아님이 밝혀졌다. 20명의 학급이 30명의 학급보다 더 효과적일 수 있다는 생각도 수십 년의 연구가 확증해 주지는 못했다. 능력별 학급편성은 학생들의 능력의 범위를 좁혀주므로 교사가 더 효과적으로 가르칠 수 있고 따라서 학생들의 성취가 높아질 것이라는 것도 사실이 아님이 드러났다(Good & Marshall, 1984, Slavin; 1987). 교사들은 학생의 잘못된 행동에 대해 꾸짖음으로 학생의 행동을 개선시킨다고 믿는 경향이 있는데, 어떤 학생들에게 있어서 꾸짖는 것은 비행에 대한 보상이 되어 오히려 비행행동이 더 늘었다(O' Leary & O' Leary, 1977). 초등학교 3학년 읽기수업에서 교사가 단순히 지필자료를 사용하기보다는 게임이나 장난감과 같은 조작자료들을 사용했을 때 학생들의 성취가 더 높다고 일반적으로 알려진 사실은 최근 교육심리학자들의 연구에서 오히려 지필자료로 학습할 때 더 성적이 좋은 것으로 밝혀졌다. 초등학교와 중학교에서 교사의 통제가 적을수록, 학생들의 행동선택의 자유가 많을수록 성취가 높아진다는 일반적인 사실들은 교사의 조직적인 통제하에서 학생들이 더 높은 성적을 얻은 것으로 나타났다. 학생들의 정서에 더 관심을 가지고 언제나 칭찬으로 격려해 주는 교사가 따뜻하고 친밀하지만 사무적인 교사의 분위기보다 더 학교성취를 높일 것이라는 사실은 3학년에서 6학년까지의 학생들의 경우 교사가 보다 사무적인 분위기를 가질 때 더 성취가 높아지는 것으로 나타났다(Wong, 1987).

위와 같은 상황에 대하여 어느 것이 옳은지를 판단함에 있어서 사람들은 연구를 통해 실제로 밝혀진 사실과 혹은 그 반대의 경우를 모두 인정하는 경향이 있다. 이것은 인간의 행동이나 교육과 같이 사람들에게 친숙한 분야에서는 사람들이 일반적으로 가지고 있는 생각이 적합하지 않을 수 있다는 것을 드러내 주는 것이다. 교육심리학은 객관적인 방법을 사용하여 이러한 당연한 사실들이나 아직 알려지지 않은 사실들에 대한 연구를 하는 것이다. 이러한 연구들은 개념, 원리, 법칙, 이론으로 나타난다.

1) 개념, 원리, 법칙, 이론

다른 과학과 마찬가지로 교육심리학은 개념, 원리, 법칙, 이론을 가지고 있다. 교육심리학에서는 인간의 행동, 정신과정 그리고 환경의 세 가지 측면과 관련하여 개념이 형성된다. 예를 들어, 행동과 환경에 대한 개념은 지능, 공격성, 불안, 협동학습, 교사의 공정성, 강의방법과 같은 것이다. 정신과정과 관련해서는 주의집중, 부호화, 기억 등의 개념이 있다. 개념은 우리가 어떤 것에 대해 가지고 있는 조직화된 정보이다. 즉 지능에 대하여 우리가 알고 있는 모든 사실은 우리의 지능 개념을 형성한다. 기억 개념은 우리가 알고 있는 기억에 관한 모든 사실들을 포함하는 것이다.

개념
어떤 것에 대해 가지고 있는 조직화된 정보

원리는 이러한 개념들의 관계를 기술하는 것이다. 예를 들어, "지능은 학교성취와 정적으로 상관된다." "협동학습 환경은 학생의 주의집중에 영향을 준다." "학생들은 수업의 중간보다 처음과 끝을 더 잘 기억하는 경향이 있다."와 같은 것이다. 이와 같이 개념들을 어떤 관계의 진술로 묶을 때 원리가 된다. 또한 법칙은 확실하게 정립된 원리이다. 자세하게 검토되고 다양한 상황에서 적용하기 위해 발견되어진 원리들이라고 할 수 있다.

원리
개념들간의 관계를 기술하는 것

법칙
확실하게 정립된 원리

이론은 어떤 현상을 설명하고 예측하려는 원리들의 조합이다. 이론이 없다면 원리나 개념은 캔버스 위에 흩어져 있는 얼룩과도 같다고 할 수 있다(Thomas, 1979). 이론은 원리와 개념들을 한 주제로 묶어 우리에게 완성된 그림을 보여준다. 그러나 같은 원리와 개념들이 다른 이론에서는 다르게 나타날 수 있다. 교사들은 학생들의 학습, 행동, 동기화, 평가에 대해 하루에도 수많은 결정을 해야 한다. 이러한 교사의 의사 결정의 이면에는 교사들이 인식하든 못하든 간에 자신의

이론
현상을 설명하고 예측하려는 원리들의 조합

이론이 존재한다. 이러한 이론의 질과 정확성, 유용성이 교사로서의 성공을 좌우하는 요인이 된다. 교육심리학 연구의 근본 목적은 교사와 교육과 관련된 사람들의 행동을 이끌어 내는 다양한 이론을 검증하는 것이다.

2. 교육심리학의 연구방법들

다음과 같은 교수-학습과 관련된 기본적인 문제들을 한 번 생각해 보자.

- 기억과 전이를 극대화하기 위하여 교과과정을 어떻게 조직해야 하는가?
- 학습과 성격에 있어서 성 차이는 과연 존재하는가?
- 인지와 성격의 발달과정이 학습과 교수에 어떠한 시사점을 주는가?
- 전통적인 교육보다 열린 교육이 더 나은가? 만약 그렇다면 어떤 점에서인가?
- 협동학습은 학생들의 학습에 도움을 주는가?
- 창의력을 개발시킬 수 있는 가장 효과적이고 경제적인 프로그램은 어떤 것인가?

교육에는 언제나 검증되어야 할 많은 문제들이 산적해 있다. 위와 같은 질문들에 대답하는 가장 객관적인 방법은 과학적인 접근에서의 연구를 통해서이다. 교육과 관련된 수많은 문제와 질문들에 대답하기 위하여 교육심리학자들은 여러 종류의 연구들을 설계하고 실행한다. 일반적으로 교육심리학에서 사용하는 연구방법은 세 가지로 즉, 기술 연구, 실험 연구, 상관 연구로 나누어 볼 수 있다. 기술 연구는 학생, 교사, 학교의 환경을 있는 그대로 밝히는 것이고, 실험 연구는 특별한 프로그램이나 처치의 변수에 대한 효과를 검증하는 것이며, 상관 연구는 여러 변수들간의 관계를 연구하는 것이다. 이러한 연구방법들을 실제 교육심리 분야에서 진행되어 왔던 연구들의 예를 들어 자세히 살펴보도록 하자.

1) 기술 연구

기술 연구
관심과제에 대한 상세한 정보를 확인하고 수집하는 것을 목표로 하는 연구로 관찰법, 질문지법, 면담, 혹은 이상의 방법을 함께 사용.

교육심리학자들은 그들이 관심을 갖고 있는 어떤 현상이나 사건을 있는 그대로 관찰하고 조사하여 기술한다. 기술 연구(descriptive research)는 실제 생활 속의 어떤 특정 상황 안에서 일어나는 사건들과 관계들을 단순히 기술하는 것으로, 어떤 조작이나 통제도 하지 않고 자연적인 상황에서 있는 그대로를 파악하여 정확하게 기술하는 것을 연구의 목적으로 한다. 이러한 기술 연구에는 관찰법, 질문지법, 면접법이나 민속지학 등이 포함된다. 민속지학(ethnography)이란 한 집단내의 생활에 초점을 두고 그 집단의 사람들에게 미치는 사건의 의미를 이해하기 위하여 연구하는 방법이다.

민속지학
한 집단내의 생활에 초점을 두고 그 집단의 사람들에게 미치는 사건의 의미를 이해하기 위하여 연구하는 기술적 연구법

실제적으로 교육심리학에서의 대부분의 기술 연구는 학급에 대한 관찰로 이루어진다. 예를 들어, 유능한 교사에 관한 연구를 하기 위하여 연구자는 교사들의 학급을 유심히 관찰하고 교사들과의 면담을 녹음하고 분석하여 유능한 교사와 초보 교사의 차이를 기술할 수 있다. 학생들과 교사의 상호작용을 밝혀 내기 위하여 학급의 비디오 테입을 면밀히 분석하기도 한다. 또한 학생들이나 교사의 입장에서 행동을 이해하기 위하여 직접 그 학교 또는 학급 안에서 같이 활동하며 관찰하는 참여관찰(participant observation)을 할 수도 있다. 교사가 어떻게 교안을 계획하는가 혹은 학생이 특정과목을 학습하기 위하여 어떻게 시도하는가에 대한 심층연구로 사례 연구(case study)를 사용하기도 한다. 즉 사례연구는 한 개인 또는 한 상황에 대한 집중적인 연구이다.

참여관찰
집단의 생활을 더 잘 이해하기 위하여 연구자가 직접 그 상황의 참여자가 되어 관찰하는 방법

사례연구
한 개인 혹은 한 상황에 대한 집중적인 연구

교육심리학에서 이러한 기술 연구의 예를 들어보자. 수년간 한 학급을 관찰하여 교사가 성적이 낮은 학생들을 어떻게 다루지는지에 대한 연구를 한 Rist는 유치원 교사가 며칠만에 학생들을 능력별로 집단화하고 낮은 능력 집단의 학생들을 뒷자리에 앉히고 거의 가르치지 않았다는 것을 기술하고 있다(Rist, 1970). 또한 Anderson 등(1985)은 학급의 과제가 학생들의 학습에 도움이 되는지를 보기 위하여, 또한 과제를 하다가 문제가 생길 때 학생들이 어떻게 하는지를 보기 위하여 관찰법과 학생들과의 면접법을 함께 사용하였다.

기술 연구는 각기 다른 연령의 아동들의 특성을 알아내기 위하여 발달심리학에서도 광범위하게 쓰인다. 발달심리학에서 대표적인 기술 연구는 스위스 심리학자인 Jean Piaget(1952)의 연구로, Piaget는 자신의 아이들이 여러 가지 과제를 수행하는 것을 주의깊게 관찰하는 방법으로 영아에서 청소년기에 이르기까지의 인지 수행발달에 대한 자신의 이론을 발전시켰다.

2) 실험 연구

실험 연구(experimental research)는 상황을 단순히 관찰하여 기술하는 연구와는 달리 어떤 변화(처치)를 주고 그것의 결과(영향)를 보는 것이다. 특수한 프로그램 혹은 처치를 만들고, 하나 혹은 그 이상의 변수들(나이, 성, 성취수준, 태도 등)

에 미치는 처치의 영향을 분석하는 것이다. 실험 연구는 단순한 예측을 넘어 원인과 결과를 파악할 수 있도록 한다. 실험 연구는 변수들 사이에 존재하는 인과관계를 밝혀줄 수 있는 유일하고 가장 강력한 연구방법이다. 실험에는 두 개 이상의 변수가 있는데 실험자가 조작하는 변수를 처치변수 또는 독립변수(independent variable)라 하고, 독립변수의 영향을 받는 변수를 종속변수(dependent variable)라 한다. 그리고 실험에서 처치를 받는 집단을 실험집단(experimental group), 처치를 받지 않는 집단을 통제집단(control group)이라 한다.

실험 연구의 예를 들어 보자. Lepper 등의 연구자들은(1973) 아이들이 형광펜을 가지고 그림을 그리도록 한 실험상황을 만들어 어떤 아이들에게는 그림을 그리면 상을 주었고 다른 아이들에게는 주지 않았다. 실험의 마지막에 모든 아이들에게 형광펜으로 그림그리기가 포함된 몇 가지 활동들 중 하나를 선택하게 하였다. 결과는 상을 받은 아이들이 상을 받지 못한 아이들보다 형광펜으로 그림그리기를 선택하는 것이 절반 가량 줄었다. 이 연구는 아동들의 내적인 동기가 외적인 보상에 의해 오히려 손상되고 따라서 학습에서의 수행을 낮출 수 있다는 것을 보여주는 연구이다. 이 연구에서 우리는 실험의 몇 가지 중요한 측면을 살펴볼 수 있다. 첫째, 상을 받을 아이들과 받지 않을 아이들은 임의로 정하였다. 무선배당(random assignment)은 실험 전에 실험집단과 통제집단이 동일함을 확인시켜 준다. 만일 두 집단이 실험 전에 동질적임이 확인되지 않았다면 뒤에 이어지는 아이들의 행동의 차이가 상 때문이라고는 말할 수 없기 때문에 실험 연구에서 무선표집 절차는 무척 중요하다. 두번째는 처치(상)를 제외한 모든 것은 이 두 집단에 꼭같이 주어진다는 것이다. 아이들은 같은 방에서 같은 물건들을 가지고 놀고, 이 두 집단에서 유일하게 다른 것은 상의 유무이다. 따라서 이 두 집단의 차이는 다른 어떤 것도 아닌 바로 처치에 의해 만들어졌다고 할 수 있다.

위의 Lepper의 연구는 실험실 실험(laboratory experiment)의 한 예이다. 이러한 실험실 연구의 장점은 실험자가 연구에 관련된 모든 변수들을 잘 통제할 수 있는 것이다. 이런 연구에서 발견된 차이점들이 다른 변수에 기인하기보다는 처치에 따른 것이라는 확신이 더 높아지기 때문에 내적타당도가 높아진다. 즉 내적타당도(internal validity)란 실험의 결과가 다른 변수가 아니라 처치변수에 관련된 정도를 의미한다. 그러나 이러한 실험실 실험의 단점은 너무 짧은 기간과 너무 인위적인 실험실 상황이 실제생활과 관련이 적을 수 있다는 것이다. 따라서 교육심리학에서 자주 쓰이는 또 다른 종류의 실험법은 무선현장실험(randomized field experiment)이다. 여기서 특정한 교수법이나 혹은 어떤 처치가 비교적 긴 기간

실험
처치의 효과를 보기 위해 사용하는 절차

독립변수
다른 변수에 미치는 영향을 결정하기 위하여 실험자가 조작하는 변수

종속변수
독립변수의 영향을 받은 변수

실험집단
실험 중 처치를 받는 집단

통제집단
실험 중 처치를 받지 않는 집단

무선배당
집단의 동질성을 확립하기 위하여 우연에 의해 뽑는 것

실험실 실험
조건들이 엄격하게 통제된 실험

내적타당도
실험의 결과가 다른 변수가 아니라 처치변수에 관련된 정도

무선현장실험
처치를 받는 것이 우연에 의해 정해지는 현실상황에서의 실험

동안 현실상황인 교실(혹은 학교) 안에서 이루어진다. Good와 Grouws(1979)는 자신들이 개발한 미주리 수학프로그램(MMP:Missouri Mathematics Program)의 효과를 검증하기 위하여 현장실험법을 사용했다. 40명의 초등학교 4학년 교사들이 실험의 참자가로 자원하였고 이들은 이 프로그램을 훈련받는 실험집단이나 종전의 방법을 그대로 사용하는 통제집단으로 무선 배당되었다. 실험에 참가한 모든 교사들의 학생들은 실험 전에 사전 수학검사를 받았다. 16주 후에 이들은 같은 검사를 다시 받았는데, 결과는 MMP훈련을 받고 그 방법을 사용하여 가르친 교사의 학급이 통제학급보다 사후검사에서 더 높은 점수를 얻었다. 따라서 이 실험은 MMP가 전통적인 수학교수법보다 더 효과적이라는 결론을 내리게 한다.

이제 이 두 연구를 비교해 보자. 두 연구 모두 실험집단과 통제집단의 동질성을 위해 실험 초에 무선배당을 하였다. 또한 독립변수 이외에 실험집단과 통제집단에 영향을 줄 수 있는 다른 요인들을 통제했는데, Good와 Grouws의 연구는 Lepper의 연구보다 이 점에서 어려웠다. 즉 이 실험에 참가한 교사들이 가르친 학교와 학생은 다 달랐다. 물론 무선배당으로 어느 정도 이 요인들의 영향을 통제할 수는 있지만 현장실험에서는 실험실 실험과 같은 철저한 통제를 하기 어렵다. 그러나 실제 교실상황에서 긴 기간 동안 실험이 이루어졌다는 사실은 외적타당도가 더 크다는 것을 의미한다. 즉 외적타당도(external validity)는 실험의 결과가 실제 생활 상황에 적용되는 정도, 즉 실험결과의 일반화 가능성의 정도를 의미한다.

외적타당도
실험의 결과가 실제생활 상황에 적용되는 정도. 실험결과의 일반화 가능성의 정도.

실험실 실험과 현장실험은 모두 과학으로서의 교육심리학의 성립에 큰 공헌을 하였다. 실험실 실험은 이론을 만들고 검증하는 데 매우 중요하고, 현장실험은 실제적 프로그램을 평가하거나 교수법의 개선을 시험하는 데 유용하게 사용될 수 있다.

3) 상관 연구

교육심리학에서 가장 자주 쓰이는 방법이 바로 상관 연구(correlational research)일 것이다. 교육심리학자들은 두 개 이상의 변수들간에, 예를 들어 자아개념과 지능, 학업성적간에 관계가 있는지 없는지를 알고 싶어한다. 실험 연구는 한 변수가 다른 변수에 어떤 영향을 끼치는가를 보기 위하여 그 변수를 의도적으로 변화시키는 것이라고 한다면, 상관 연구는 여러 가지의 변수들이 서로 관계가 있는지를 보기 위하여 있는 그대로를 연구하는 것이다. 이러한 변수들은 서로 정

적으로 상관되기도 하고, 부적으로 상관되기도 하며, 전혀 상관이 없을 수도 있다. 정적상관(positive correlation)이란 한 변수의 값이 높아질 때 다른 변수의 값이 높아지는 것이며 이와 반대로 부적상관(negative correlation)이란 한 변수의 값이 높아질 때 다른 변수의 값은 낮아지는 것을 의미한다. 변수간의 관계의 정도는 상관계수(r)로 나타나는데, 상관계수의 크기는 관계의 강도를, 부호는 관계의 방향을 의미한다. 상관계수의 범위는 1.00에서 -1.00까지이며 1.00(-1.00)에 가까울수록 두 변수 사이의 관계는 강하다. 상관계수가 1.00인 것은 두 변수가 완전한 정적 관계, -1.00인 것은 두 변수가 완전한 부적 관계, 0인 것은 두 변수간에 전혀 상관이 없음을 의미한다.

두 변수를 각각 X, Y축에 설정하고 각 변수의 값을 표시하여 나타내는 산포도(scatterplot)를 통해 두 변수의 관계를 살펴볼 수 있다. 〔그림 2-1〕에서 (a)는 한 변수가 증가할 때, 다른 변수도 증가하는 완벽한 정적상관을 보여주고, 이와는 반대로 (c)는 한 변수가 증가할 때, 다른 변수는 감소하는 완벽한 부적상관을 보여준다. 이러한 완벽한 상관은 일상생활에서는 찾아보기 힘들다. (b)는 한 변수값이 높아질 때 다른 변수값도 증가하는 것을 나타내는 것으로, 예를 들면, 읽기과

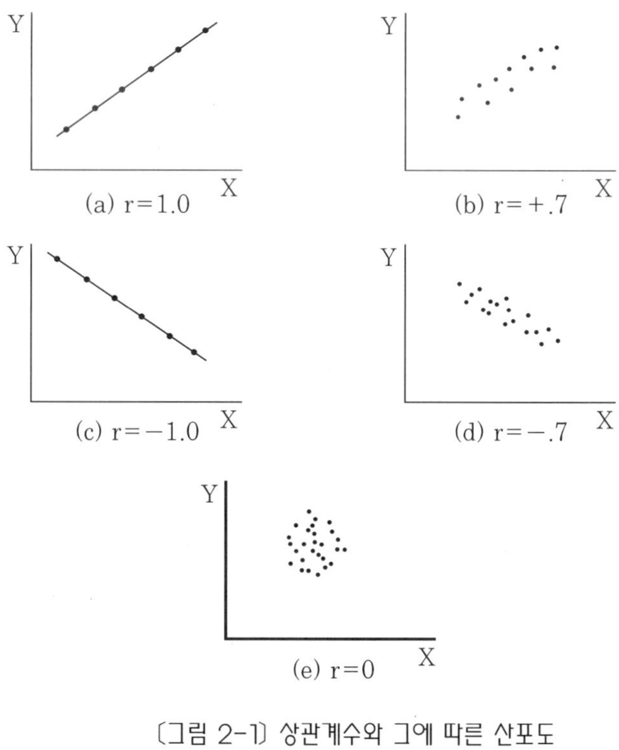

〔그림 2-1〕 상관계수와 그에 따른 산포도

상관
두 변수가 얼마나 가깝게 관계되는가에 대한 통계적 기술

상관연구
변수들 사이에 발생되는 관계의 연구

정적상관
한 변수의 높은 값이 다른 변수의 높은 값에 상응되는 변수들간의 상관관계

부적상관
한 변수의 높은 값이 다른 변수의 낮은값에 상응되는 두 변수들의 상관관계

상관계수
둘 혹은 그 이상의 변수들간의 상관관계의 방향과 정도를 기술하는 1.00에서 -1.00까지의 범위를 가진 숫자들

목에서 높은 성적을 받는 학생이 수학과목에서도 높은 성적을 얻는 경우이다. (d)는 이와는 반대로 한 변수값이 높아질 때 다른 변수값이 낮아지는 부적상관으로 결석일수와 성적간의 관계를 예로 들 수 있다. 즉 학생의 결석일수가 많아질수록 성적은 낮아질 것이다. 마지막으로 (e)는 두 변수간에 서로 어떠한 상관이 없는 경우이다. 예를 들어 초등학교 학생의 읽기 성적과 신장은 상관이 없을 것이다.

상관 연구의 예로 학생들의 주의집중과 지능지수, 학업성적의 관계를 조사한 Lahaderne(1968)의 연구를 들어보자. 그는 125명의 초등학교 6학년 4개반을 대상으로 학생들의 주의집중 시간을 관찰하여, 주의집중도와 산수, 국어, 독해 성적과 지능지수와 상관을 보았다. 〈표 2-1〉은 주의집중과 성적 또는 지능지수간에는 강한 정적상관이, 부주의도와 성적 또는 지능지수간에는 강한 부적상관이 있음을 보여주고 있다.

〈표 2-1〉 주의집중과 성적, 지능지수와의 상관관계

	성적			지능지수
	독해	산수	국어	
주의집중도	.46	.53	.48	.48
부주의도	−.42	−.52	−.47	−.35

위와 같은 상관 연구의 장점은 연구자가 인위적인 상황을 만들지 않고 변수를 있는 그대로 연구할 수 있다는 것이다. 상관 연구만으로 중요한 연구문제들을 해결할 수 있는 경우가 많이 있다. 또한 여러 변수들의 상호관계를 동시에 연구할 수 있다는 장점이 있다. 교사들은 상관을 통해서 교실에서 일어나는 상황을 미리 예측할 수 있을 것이다. 그러나 상관 연구의 커다란 단점은 두 변수가 서로 상관이 있다는 것은 알 수 있지만, 실험 연구처럼 어떤 변수가 다른 변수의 원인이 되는지 그 인과관계를 밝힐 수 없다는 점이다. 즉 Lahaderne의 상관 연구에서 학생의 주의집중도가 높은 성적의 원인인지 혹은 성취와 능력이 높은 학생들은 단순히 다른 학생들보다 더 주의집중을 잘 하는지 그 인과관계에 대해서는 답을 할 수 없다.

이상에서 교육심리학에서 주로 사용하는 세 가지의 연구방법을 소개하였다. 실제의 연구에서는 이상의 어느 한 가지의 방법만을 쓰지는 않고, 기술 연구와 실험 연구, 상관 연구를 혼합적으로 사용하는 경우가 흔히 있다. 따라서 교육심리학의 연구를 이해하기 위해서는 모든 연구방법에 대해 알고 있어야 하며, 주어진 연구

문제에 답할 수 있는 가장 적절한 방법을 선택해야 할 것이다.

연 구 문 제

다음과 같은 교육문제들을 연구하고자 할 때, 적절한 연구방법은 무엇일까? 구체적으로 연구를 계획해 보시오.

1. 읽기시험에서 높은 점수를 받은 학생이 쓰기시험에서도 높은 점수를 받는가?

2. 학부모들은 초등학교 열린 교육에 대해서 어떠한 의견을 가지고 있는가?

3. de Bono의 CoRT 창의력 개발법이 학생들의 창의력 증진에 어떠한 효과가 있는가?

4. 교사의 성별은 학생의 수용태도에 영향을 미치는가?

5. 학습장애아의 심리적인 특성에는 어떠한 것들이 있는가?

제2부

학습자 이해 : 발달과 개인차

이제 막 입학한 초등학교 1학년 학생들에게 선생님이 학교생활에 대해 알려주고 있다. “선생님에게 말하고 싶은 것이 있는 사람은 오른손을 번쩍 드세요. 자, 선생님처럼 이렇게 모두 오른손을 한 번 들어보세요.” 50명의 아이들이 손을 들었다. 모두 왼손이었다.

교육의 첫걸음은 교사가 학생을 아는 것이다. 아이들은 어른의 축소판이 아니다. 아이들은 어른들과 생각하는 것이 다르고, 다르게 느끼고, 다르게 행동한다. 또한 아이들은 어른들과 다르게 세상을 보고, 어른과는 다른 삶의 원칙을 가지고 살아간다.

위의 예에서 교사는 이러한 학습자의 특성을 알지 못하였다. 선생님이 아이들을 마주보고 오른손을 들었을 때, 아이들은 눈에 보이는 대로 선생님을 따라했고, 당연히 선생님의 오른손은 아이들의 왼손에 해당하는 것이었다.

교육심리학의 영역 중에서 학습자 특성의 이해를 가장 먼저 다루는 이유가 바로 여기 있다. 교사가 학습자를 이해하는 것이 효율적인 교수활동의 첫걸음이기 때문이다. 효율적인 교수전략은 교사가 자신의 학생들을 명확하게 이해할 때 이루어질 수 있다.

제2부에서는 현재까지 폭넓게 인정되고 다루어지고 있는 인간 발달의 이론들, Piaget의 인지발달 이론, Erikson의 성격발달 이론, Kohlberg의 도덕성발달 이론을 중심으로 인간의 사고, 성격, 사회성, 도덕성이 연령에 따라 어떻게 변화하는지를 제시한다. 또한 학습자의 개인차를 이해하기 위해서 지능, 창의력을 중심으로 다양한 학습자의 특성을 살펴볼 것이다.

제 3 장

인지발달

1. Piaget의 인지발달 이론
2. Bruner의 인지발달 이론
3. Vygotsky의 인지발달 이론
4. 정보처리적인 접근의 인지발달 이론
5. 인지발달 이론의 교육적 적용

"교육의 목적은 지식의 양을 증가시키는 데 있는 것이 아니라 발견하고 발명해낼 수 있는 가능성을 창조하는 데 있다. 우리가 아이들을 너무 빨리 가르칠 때 우리는 그들을 발명과 발견에서 멀어지게 한다. 가르친다는 것은 구조가 발견될 수 있는 상황을 창조하는 것을 의미하는 것이지 단지 어휘적 수준에서 구조가 전달되는 것을 의미하는 것은 아니다." (Jean Piaget)

"우리는 아이들을 가르칠 것이 아니라 그들을 배워야 한다." (Ben Wood)

학습자가 어떻게 생각하는지, 그리고 학습자의 사고가 연령에 따라 어떻게 변화하는지를 아는 것은 학습자를 이해하기 위한 핵심적인 내용이다. 이 장에서는 인지발달을 설명하는 가장 포괄적인 이론이라 할 수 있는 Piaget의 이론과 Bruner와 Vygotsky의 인지발달 이론, 또한 현대 새롭게 부각되는 이론으로 신 Piaget의 이론을 소개하고, 그 이론들이 학교학습에 미치는 교육적인 시사점을 살펴보도록 한다.

1. Piaget의 인지발달 이론

스위스의 심리학자인 Jean Piaget(1896~1980)는 지식이 조직되는 과정의 분석을 통해서 인간의 사고가 발달하는 과정에 대한 이론을 제시하였다. 그의 이론은 심리학과 교육학분야에 큰 영향을 끼친 것으로, 지능과 사고과정을 포괄적으로 설명하는 대표적인 인지발달 이론이라 할 수 있다.

1) 인지발달의 과정

Piaget의 관점에서 보면, 정신적인 성숙은 그 이전에는 존재하지 않았던 새로운 정신적인 능력을 습득하는 것이며, 지적인 능력이란 개인이 주어진 환경에 효과적으로 적응할 수 있는 능력을 의미한다. 즉 인지발달을 이해하는 것은 지적인 능력이 환경과의 상호작용을 통하여 변화해가는 양상을 이해하는 것이라고 할 수 있다. Piaget는 생물학에서 유기체가 환경에 적응하기 위해서 그 구조를 발전시켜 가는 것에 주목하고, 이를 인간의 지능의 문제에 적용시켜 인간이 환경의 요구에 따라 인지구조(cognitive structure)를 끊임없이 재구성해 간다고 하였다.

도식
개인이 가지고 있는 반복될 수 있는 행동의 유형이나 인지구조

조작
논리적인 정신과정을 통한 수행 행위

조직
유기체가 일관성 있는 체계를 가지도록 통합하는 기능

그는 그러한 인지구조를 설명하기 위해서 도식(scheme)이라는 용어를 사용하였다. 도식은 반복될 수 있는 정신과 행동의 유형으로 인간이 처음 태어나면 "빨기도식"과 같은 타고난 반사적인 행동의 유형을 가지게 되고, 자라면서 "유목화 도식", "조작적 도식" 또는 간단히 "조작(operation)" 등의 정신적인 도식을 형성하게 된다고 하였다. Piaget의 이론에서 조작이란 환경에 적응하려는 내적인 정신활동을 의미한다.

도식은 조직과 적응의 과정을 통하여 형성되는데, 모든 유기체는 태어나면서부터 이 두 가지의 근본적인 경향성을 가지고 있다.

조직(organization)은 유기체가 일관성있는 체계를 형성하도록 통합하는 기능을 의미한다. 예를 들면, 어류가 가지고 있는 여러 가지의 구조, 즉 지느러미, 순환계, 온도체계 등은 함께 작용하여 어류가 물에서 생활하는 것을 가능하도록 한다. 이것이 어류의 조직기능이라고 할 수 있다. 심리적인 측면에서 예를 들면, 아기들은 물건을 잡는 것과 시각초점을 맞추는 것의 두 가지의 독립적인 행동의 도식을 가지고 있다. 어느 정도 지나 발달이 이루어지면, 이제 아기는 두 가지의 행동도식을 조직하여 물건을 보면서 잡는 높은 수준의 도식을 가지게 된다. 즉 조직이란 물리적이고 심리적인 구조를 보다 높은 수준의 체계로 통합시키는 것이라 할 수 있다.

동화
자신의 도식을 가지고 대상을 받아들이는 것

조절
자신의 도식이 맞지 않을 때 대상에 맞도록 기존의 도식을 변형시키는 것

모든 유기체는 환경에 적응하는 경향성을 타고 난다. 적응(adaptation)은 두 가지의 상호보완적인 기제인 동화(assimilation)와 조절(accommodation)의 통합적인 기능이라고 할 수 있다. 동화는 자신이 이미 가지고 있는 도식 또는 인지구조 속에 외부의 대상을 받아들이는 인지과정이다. 이와는 대조적으로 조절은 자신이 가진 기존의 도식이나 구조가 새로운 대상을 동화하는 데 적합하지 않을 때, 그 새로운 대상에 맞도록 이미 가지고 있는 도식이나 구조를 바꾸어 나가는 것이다.

동화와 조절에 대한 예를 하나 들어보자. 만약에 어떤 사람이 전혀 박쥐에 대해서 알지 못하는데, 박쥐를 보고 다른 사람들에게 설명을 해야 할 때, 그 사람은 새와 같은 것을 보았다고 할 것이다. 기존의 인지구조에 맞추어 표현을 한 것이며, 이것이 동화의 과정이다. 옆에서 그 이야기를 듣는 사람이 박쥐에 대해서 설명을 해 준다면 그 사람은 자신의 인지구조를 변형시켜야 할 것이다. 즉 지금까지 자신이 알던 포유류의 특성에 '날 수 있다는 것'을 하나 더 첨가시켜서 박쥐에 대하여 더 적절하게 설명할 것이고, 이것이 조절의 과정이다.

적응은 동화와 조절을 통하여 균형이 이루어진 평형(eqilibrium)의 상태라고 할 수 있다. 만일 위의 예에서 박쥐가 포유류라는 것을 이해하지 못한다면 인지적 갈

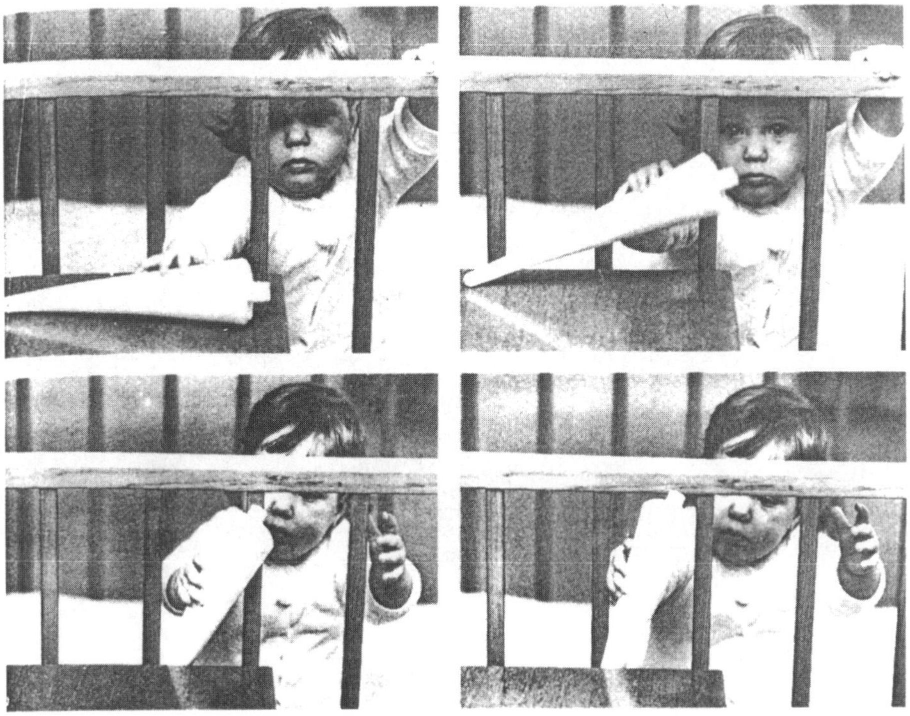

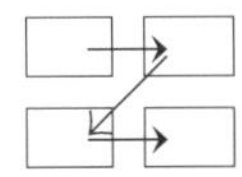

물건을 잡아 자기에게 끌어당기는 도식을 가진 아기가 자신이 가진 도식대로 행동하였으나(동화) 칸막이에 걸려 가져올 수 없게 되자 이번에는 자신의 도식을 바꾸어 물건을 다른 방향으로 잡아 달리 끌어당겨(조절) 목표를 달성하였다(적응).

등(cognitive conflict)이 생기게 되어 불평형(disequilibrium)상태가 발생하게 된다. 개인은 평형의 상태를 이루기 위하여 노력하게 되는데, 자신의 기존구조를 적응시키거나 혹은 새로운 인지구조를 발달시킴으로 불균형을 감소하려고 한다. 이때 평형상태가 얻어지면 그전보다 더 높은 인지적인 수준에 있게 된다. 이렇게 평형과 불평형의 상태가 지속적으로 일어나는 과정에서 인지발달이 이루어진다.

평형
현재의 인지구조와 새로운 정보 간의 균형을 회복하는 과정

교실학습에서도 이와 같은 적응의 개념을 적용할 수 있다. 학생들은 학습에서 언제나 새로운 내용을 접하게 된다. 이 새로운 정보는 현재의 인지구조의 평형을 깨뜨리게 되고, 학생은 동화나 조절을 통하여 새로운 환경에 적응함으로서 평형상태를 이루게 된다.

아동이 인지적으로 성장하면서 인지적인 내용은 변할 수 있지만, 위에서 제시한 인지발달의 근본적인 경향성은 언제나 작용한다. Piaget는 조직과 적응의 과정을 통해서 새롭게 생기는 인지구조는 기존의 구조와 질적으로 상이하다고 가정하고, 이러한 인지구조의 질적인 변화를 크게 묶어서 인지발달 단계를 제안하였다.

2) Piaget의 인지발달 단계

Piaget 이론의 핵심은 인지발달의 단계라고 할 수 있다. 각 단계와 그에 해당하는 연령, 특징들을 개략적으로 제시하면 〈표 3-1〉과 같다. 모든 아이들이 이와 같은 단계를 거쳐가지만, 단계를 거치는 속도는 아이에 따라 다를 수 있다. 즉 6세이지만 구체적인 조작기에 있는 아이가 있을 수 있고, 8세이지만 아직도 전조작기에 있는 아동이 있을 수 있다. 그러나 아이들이 단계를 거쳐가는 순서는 동일하고, 각 단계는 그 이전의 단계보다 질적으로 다른, 더 높은 수준이라고 할 수 있으며 그 이전 단계의 구조들이 통합되어 나타나는 것이다.

〈표 3-1〉 Piaget의 인지발달 단계

단계	연령	중심적인 특징
감각운동기	0~2세	모방, 기억, 사고의 시작 대상영속성 인식 단순 반사행동에서 목적을 가진 행동으로 발전
전조작기	2~7세	언어가 점차적으로 발달하고 상징적인 형태로 사고 일방적인 관점에서 사고할 수 있음 사고와 언어가 자아중심적인 특징을 보임
구체적 조작기	7~11세	논리적으로 구체적인 문제를 해결할 수 있음 보존의 개념을 이해하고, 유목화하고 서열화할 수 있음 가역성을 습득
형식적 조작기	11세이후	논리적으로 추상적인 문제를 해결할 수 있음 사고가 점차로 과학적이 됨 복잡한 언어과제나 가설적인 문제를 해결할 수 있음

(1) 감각운동기(sensorimotor period, 0-2세)

감각운동기는 아이들이 주로 감각이나 운동활동을 통해서 환경을 경험해 나가는 생의 초반기에 해당한다. 아기는 태어나면서 생물학적으로 부여된 단순 반사기능을 가지고 물건을 빨거나 잡는 등의 여러 형태의 신체적인 활동을 하기 시작한다. 이러한 단순기능은 점차로 다양한 감각운동적인 도식으로 변화하며 체계화된다. 이 시기를 거치면서 아기는 점차 자신을 다른 대상과 구별할 수 있게 되고, 처음의 반사적인 행동이 점차적으로 목적이 있는 행동으로 바뀌게 된다. 감각운동기가 끝날 즈음에는 아기들은 언어와 같은 기본적인 상징도식을 가짐으로 인해 자신의 주변에서 일어나는 일들에 대해서 사고하고 정신적인 표상을 할 수 있게 된다.

감각운동기에 일어나는 가장 중요한 인지발달의 변화로 대상영속성(object permanance)의 개념이 있다. 이것은 우리 자신을 포함하는 모든 대상들이 독립적인 실체로서 존재하며, 대상이 한 곳에서 다른 곳으로 옮겨지더라도, 또는 시야에서 그 대상이 사라지더라도 다른 장소에 계속 존재한다는 사실에 대해 인지할 수 있음을 의미한다. 아이가 처음에 태어날 때에는 대상영속성을 가지고 있지 않다. 즉 어떤 물건이 시야에서 사라지면 그것이 없어진 것처럼 행동하거나 시야에서 가려지면 아기는 그것을 찾지 못한다. 그러나 아이들은 자라나면서 어떠한 물건이 시야에서 가려진다 하더라도 여전히 존재한다는 것을 알며 그전에 그 물건을 보았던 장소로 가서 그 물건을 찾는 행동을 하게 된다. 다른 기본적인 개념들, 예를 들어 공간이나 시간, 인과성에 대한 개념들 역시 태어나면서부터 존재하지 않고, 아기들이 자라면서 아이들의 행동도식으로 통합된다.

대상영속성
대상이 한 곳에서 사라지더라도 독립적인 실제로서 여전히 존재한다는 사실에 대한 지식

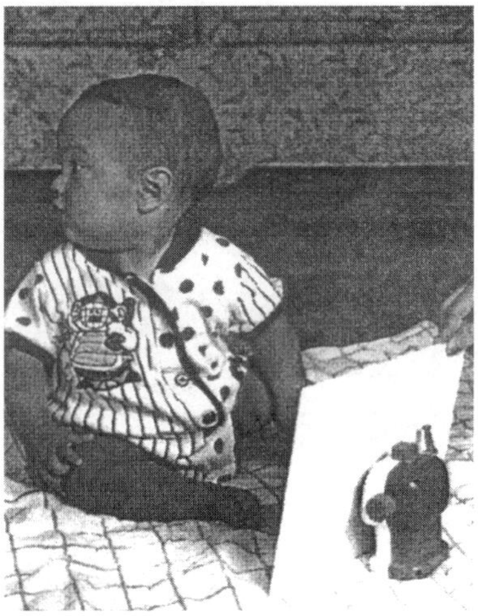

이 5개월된 아기는 장난감이 눈앞에 보일 때는 그것을 쳐다보며 가질려고 하지만 흰종이로 장난감을 가려버리면 곧 그 장난감에 대한 흥미를 잃어버리고 다른 곳을 쳐다본다

(2) 전조작기 (preoperational period, 2-7세)

직접적인 지각을 통해서만 주위를 이해하고 학습할 수 있는 영아들과는 달리 약 2세에서 7세의 취학 전 아동기에 해당되는 아이들은 사물에 대한 사고능력에서 큰 발전을 보인다. 아이들은 이제 환경의 여러 가지 측면을 표상하기 위해서 상징(symbol)을 사용하기 시작한다. 이제 아이들은 '비행기'라고 말을 하면서, 실제로 비행기는 없지만 머리속으로 그 모습을 떠올릴 수 있다. 이러한 표상적 사고(representational thought) 능력이 생기면서 아동들의 사고는 이전과는 질적으

표상적 능력
마음속의 어떤 것을 그릴 수 있는 아동의 정신능력

로 다른 도약을 하게 된다.

Piaget가 '전' 조작기라고 한 것처럼 이 시기의 아동들은 아주 단순한 수준에서만 정신적인 조작을 할 수 있으며, 논리적인 추리(logical reasoning)보다는 비논리적 추리(illogical reasoning)를 한다. 이 시기 아동들의 사고의 한계는 사물이나 상황의 단지 한 가지의 차원이나 세부사항에만 초점을 두고 다른 중요한 특성들을 무시하는 중심화(centration)나 직관적 사고(intuitive thinking), 자아중심성(egocentrism)의 특징으로 설명된다.

중심화
대상 혹은 상황의 한 가지 측면에만 주의를 두는 것

직관적 사고
대상의 지각적 특징에 의해 그 대상의 특성을 파악하는 사고

자아중심성
모든 사람들이 자신과 같은 견해를 가진다는 추정

자아중심성이란 아이들이 이기적이라는 말이 아니라 타인의 생각, 감정, 지각, 관점 등이 자신과 동일하다고 생각하고, 다른 사람의 관점은 이해할 수 없다는 것을 의미한다. 이 시기의 아이들이 함께 대화하는 것을 보면, 다른 아이들이 듣거나 반응하는 것과는 상관없이 자기가 하고 싶은 말을 반복하는 자아중심적 언어를 사용함을 흔히 볼 수 있다.

전조작기 아동들의 자아중심성을 밝히기 위한 연구로 Piaget는 세개의 산 모형실험을 하였다. 〔그림 3-1〕과 같이 세 개의 산의 모형을 책상 위에 두고, A에 아이가 앉아 있다고 가정하자. 아이가 앉은 자리에서 이 산의 모습이 어떻게 보이

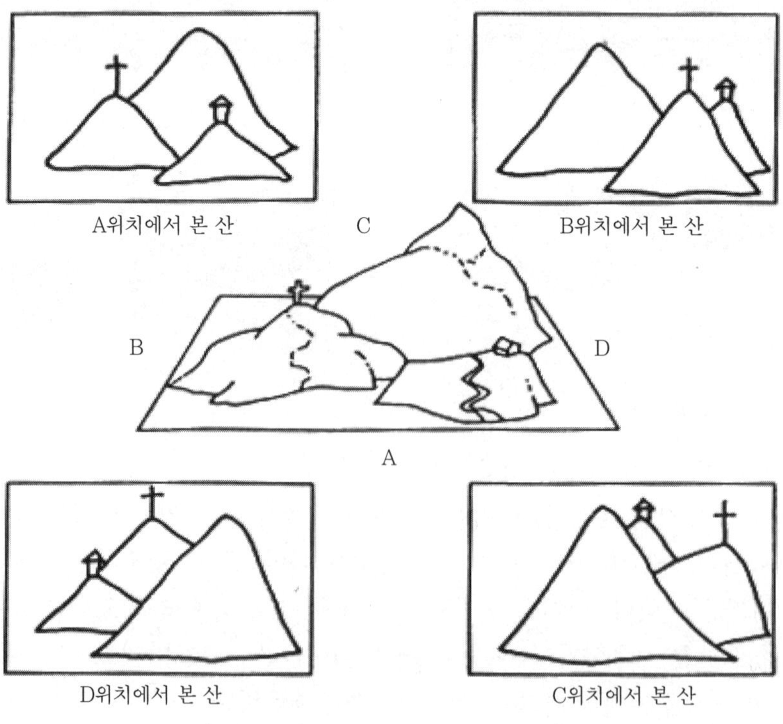

〔그림 3-1〕 Piaget의 세 산 모형실험

는지 물으면 대부분의 아이들은 올바른 대답을 할 수 있다. 그러나 A에 앉아 있는 아이에게 D에 앉아 있는 인형은 어떤 산의 모습을 보겠는가 하고 질문을 하면 D위치에서 본 산을 선택하지 못하고 여전히 A를 선택한다는 것이다. 이는 전조작기의 아이들이 자신의 관점에서만 사물을 보고, 타인의 위치에서 보이는 사물의 모습을 추론하지 못한다는 것을 보여준다. 연령이 증가하면서 아이들은 다른 사람이 보는 위치에서 산의 모양이 다르다는 것을 깨닫게 되고, 전조작기가 끝날 무렵이 되면 다른 사람의 시각에서 보는 조망을 추론해 낼 수 있는 조망수용 능력(perspective-taking ability)을 가지게 된다.

전조작기 아동들이 가지고 있는 직관적인 사고는 대상의 현저한 지각적인 특성에 의해서 그 대상의 성격을 파악하는 사고특성을 의미하는 것으로 이것은 보존(conservation)실험을 통해서 잘 나타난다. 〔그림 3-2〕에서 아이는 자기 앞에 놓인 짧고 넓은 두 개의 컵에 같은 양으로 우유가 채워지는 것을 지켜보았다. 다음에 한쪽 컵의 우유를 길고 좁은 컵으로 옮겨 부었다. 이제 아이는 길고 좁은 컵의 우유가 더 많다고 대답한다. 좁고 긴 컵의 우유 높이가 올라가서 더 많아 보이기 때문에 더 많다고 생각하는 것인데, 이것은 우유의 높이라는 시각적 인상(visual impression)에 의해 사고가 지배당하기 때문이다. 우유의 높이에만 주목하고 넓이의 변화는 무시하는 중심화의 특성도 이 실험에서 나타난다. 이 시기의 아이들은 물질의 양이 모양이나 위치의 변화를 통하여 변형되지 않고 보존된다는 원리를 이해하지 못한다.

아이들이 보존과제를 할 수 없는 것은 가역성(reversibility)이라는 논리적인 조작을 획득하지 못하였기 때문이기도 하다. 가역성이란 처음의 상태로 돌아갈 수 있는 능력을 말하며, 수학이나 논리적인 조작은 모두 가역적이라고 할 수 있다. 예를 들어, '4+5=9'는 '9−5=4'가 될 수 있다. 위의 실험의 예에서 아동들은 좁은 컵의 우유를 다시 넓은 컵으로 옮길 수 있는 가역적인 정신작용이 가능하지 않다는 것이다.

보존
대상의 어떤 속성이 변하더라도(예:길이) 특성 속성은(예:무게) 동일하다는 개념

가역성
사고의 방향을 끝에서 시작으로 돌릴 수 있는 정신적 조작의 수행능력

전조작기 아동의 또 다른 특징은 상태에 초점을 두는 사고를 하는 것이다. 위

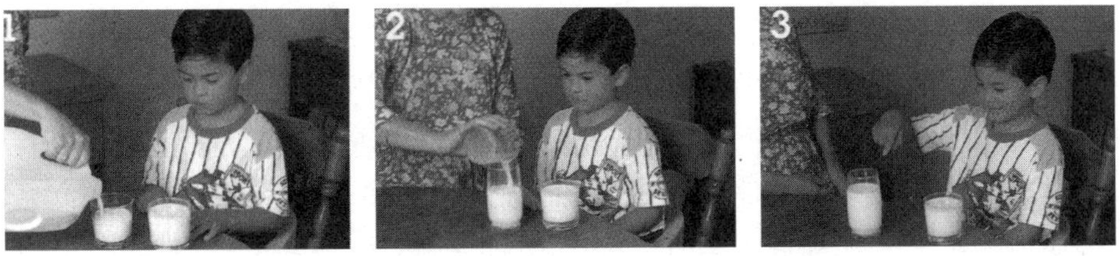

〔그림 3-2〕 Piaget의 보존실험

분류
사물들을 그 속성의 유사성에 따라 범주로 묶음

의 우유실험에서 아이가 지켜보는 데서 우유는 한 컵에서 다른 컵으로 옮겨졌는데, 아이는 이 과정을 무시하고 다만 처음의 상태(짧고 넓은 컵의 우유)와 마지막 상태(길고 좁은 컵의 우유)에만 주의를 두었다.

또한 전조작기 아동들은 여러 가지의 개념이나 분류에 대한 사고에 있어서 한계를 가지고 있다. 두 가지 이상의 특성으로 동시에 대상들을 분류할 수 없는 것의 한 예로 엄마와 같이 시장에 갔을 때 유아원 선생님을 만난 아이가 "선생님도 (엄마처럼) 시장에 온다"는 것에 충격을 받는 것을 들 수 있다. 묘지는 죽은 사람들만 있는 곳이고 따라서 묘지에 가면 죽는다는 전인과성(precausality)의 사고도 이 시기 아동들의 특성이다. 날마다 규칙적인 낮잠을 자는 Piaget의 어린 딸이 "아직 내가 낮잠을 자지 않았기 때문에 낮이 아니야"라고 말한 것은 이 시기 아동의 자아중심성으로 해석할 수도 있지만, '낮잠'이 '낮'을 규정하는 원인이 되는 것으로 추리하는 사고의 특성으로 볼 수 있다. 이처럼 원인과 결과간의 관계에 대한 정확한 논리적 추리능력의 결여는 이 시기 아동의 독특한 인과적 사고로 나타난다.

(3) 구체적 조작기 (concrete operational period, 7-11세)

초등학교 학령기의 아이들은 인지능력의 극적인 변화로 인해 취학전 아동들과는 전혀 다른 사고를 하게 된다. 이들은 체계적이고 논리적인 사고체계를 가지게 되고 이것을 구체적인 문제에 적용시킬 수 있다. 구체적 조작기의 아동들은 전조작기의 아이들이 지각적 현상을 기준으로 판단하는 것과는 달리 논리적인 조작을 사용하여 판단하게 된다. Flavell(1986)은 아이들에게 빨간 자동차를 보여주고 다음에 이것을 검은색으로 보이게 하는 여과지로 덮은 다음 무슨 색의 자동차인가를 물었다. 3세 아동은 '검은색', 6세 아동은 '붉은색'으로 대답하였는데, 이것은 어린 아이는 지각되는 외관에 반응하고 더 큰 아이는 추정되는 실체에 반응함을 보여준다.

구체적 조작기의 아동들은 또한 가역성의 개념을 획득하게 되어 보존과제를 성공적으로 수행할 수 있다. 예를 들어, 길고 좁은 우유가 짧고 넓은 컵의 우유의 양과 같다는 것을 알게 되는데 이것은 우유를 다시 짧고 넓은 컵에 부었을 때 그 양이 같아진다는 가역적인 사고가 가능하기 때문이다. 보존개념의 획득은 앞에서 제시한 양에 대한 보존실험 이외에도 수나 부피 등의 여러 가지 영역에서 이루어진다. 〔그림 3-3〕은 보존과제의 여러 가지 형태를 보여주고 있다. 그림에서 보듯이 여러 가지의 보존에 대한 개념이 같은 시기에 획득되는 것은 아니다. 일반적으로 아동들은 처음에 수에 대한 보존개념을 습득하고, 그 다음에 질량에 대한 보존, 무

보존유형	최초 제시	최초 제시와 비교되는 변형	습득연령
수	어느쪽이 더 많은가 	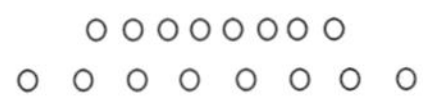	6~7
질 량	어느 쪽이 더 큰가 	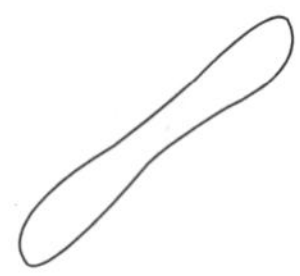	7~8
길 이	어느 쪽이 더 긴가 	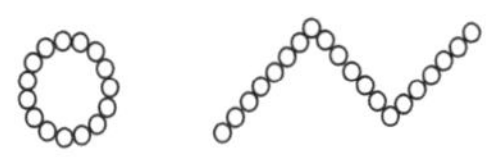	7~8
면 적	어느 쪽이 더 넓은가 		8~9
무 게	어느 쪽이 더 무거운가 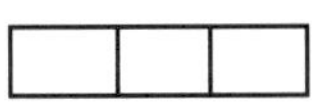	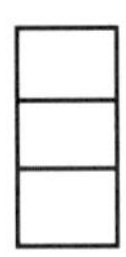	9~10
부 피	물의 위치는 어떻게 달라지나 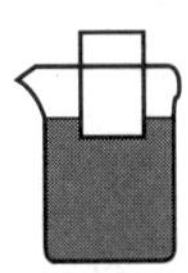	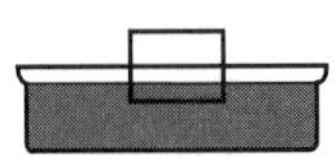	14~15

〔그림 3-3〕 여러 가지 형태의 보존과제

게에 대한 보존, 그리고 마지막으로 부피에 대한 보존 개념을 습득한다. Piaget는 이렇게 동일한 가역성의 원리에 기초를 두면서도 과제의 형태에 따라 조작의 습득 시기가 달라지는 현상을 수평적 격차(horizontal decalage)라고 하였다.

구체적 조작기에 획득하게 되는 다른 중요한 능력은 유목포함(class-inclusion)조작의 분류를 할 수 있다는 것이다. 유목포함의 개념은 부분과 전체의 논리적 관계 및 상위유목과 하위유목의 위계적 관계를 이해하여 전체는 부분보다, 상위유목은 하위유목보다 그 수가 많다는 것을 아는 것이다. 유목포함 능력이 없는 전조작기 아동은 5명의 남자아이와 2명의 여자아이로 구성된 놀이반에서 "아이들이 많니, 남자아이들이 많니?"라는 질문에 남자아이들이 많다고 대답한다. Piaget는 이러한 유목포함 분류는 구체적 조작기에 와서야 가능하다고 주장하였는데, 이때쯤이면 〔그림 3-4〕에서 보는 것처럼 휘발유로 가는 승용차와 디젤로 가는 버스는 차의 하위유목으로 분류되고 차나 소달구지는 이동수단의 하위유목으로 분류되어 승용차보다는 차가 그 수가 더 많고, 차보다는 이동수단의 수가 더 많다는 것을 알게 된다. 이 외에도 동시에 여러 개의 기준을 관련시켜 사물들을 분류할 수 있는 중다분류조작도 가능해진다.

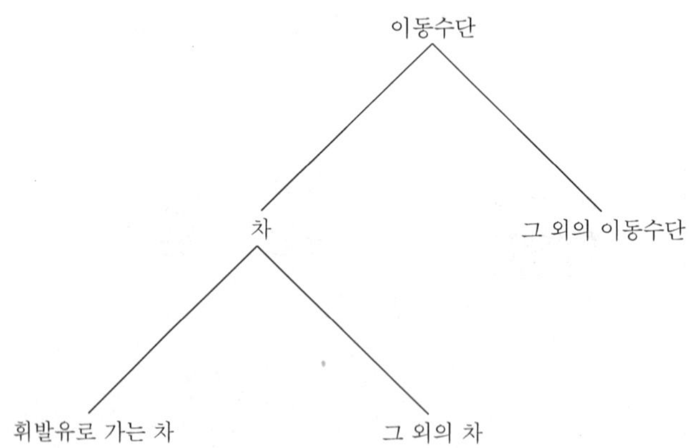

〔그림 3-4〕 구체적 조작기 아동의 분류 구조

서열
사물들을 한측면을 따라 단계적인 순서대로 나열함

구체적 조작기 동안에 배우게 되는 또 다른 중요한 과제의 하나는 물건들을 하나의 속성, 즉 크기나 무게와 같은 것에 따라서 순서대로 배열하는 서열(seriation)조작이다. 예를 들어, 막대기를 가장 긴 것에서 가장 짧은 것까지 차례대로 나열하는 것인데, 이것을 하기 위해서는 서로 관련이 되는 별개의 정보를 단계적으로 비교할 수 있어야 한다. 이 능력이 획득되면 아동들은 이것과 관련된 추이성(transitivity)의 기술 또한 습득하게 되는데, 이것은 정신적인 배열능력과 대상의 비교능력이 요구되는 기술이다. 예를 들어, 전조작기 아동들은 "갑수가 을수보다 키가 크고, 을수가 병수보다 크다"라고 했을 때, 갑수가 병수보다 크다는 것을 추리하여 알지 못한다. 이러한 추이성 조작과 같은 서열추리 능력은 7~8세 정도가 되어야 가능해진다.

구체적 조작기의 아동은 언어사용에 있어서 자기중심적인 경향이 줄어들고 의사소통에서 사회지향적인 특성을 보이게 된다. 이제 아이들은 다른 사람들을 이해하고, 자신의 감정과 사고를 어른이나 친구들에게 표현하려고 한다. 이러한 과정에서 사고는 탈중심화(decentering)되고 다른 사람들의 관점을 수용할 수 있게 되는 형식적 조작기로 발전하게 된다.

전조작기의 아동과는 대단히 큰 차이가 나지만, 아직 구체적 조작기 아동의 사고는 성인들의 사고와는 다르다. 개념을 형성하고 관계를 살피고 문제를 해결할 수 있지만, 구체적 조작기 아동의 논리적 조작은 개인적인 경험과 밀접하게 관련되어 있어서 대상과 상황이 자신에게 친숙한 경우에만 가능하다.

(4) 형식적 조작기 (Formal operational period, 11세 이후)

사춘기에 접어들면서 아이들의 사고는 성인의 유형으로 발달하기 시작한다. 이 단계에 들어서면서 추상적인 개념을 가지고 논리적 사고를 할 수 있게 되는데, 즉 '지금, 여기'(here and now)의 상황뿐만 아니라 그 이상의 '가능성'(possibilities)까지 논리적으로 생각할 수 있게 된다. 가능한 것들, 혹은 가설적 상황을 다룰 수 있는 능력은 '내용'에서 '형식'을 분리해낸다. 형식적 조작기의 청소년들은 가설을 설정하고 결론을 이끌어내며 해석을 제안하는 과학적인 사고를 할 수 있으며, 이러한 사고유형은 성인기까지 지속적으로 발달한다. Flavell은 형식적 조작기의 사고의 특징으로 다음 세 가지를 들고 있다.

가설연역적 추리 모든 요인들을 밝히고, 연역적이고 체계적으로 특정해결책을 평가하는 형식적 조작의 문제해결 전략.

첫째, 청소년들은 이제 가설연역적인 추리(hypothetico-deductive reasoning)를 할 수 있다. 다양한 현상에 대해서 여러 가지의 가설을 만들 수 있고, 적절한 문제해결을 하기 위해서 각각의 가설을 검증하는 자료를 수집할 수 있다. 이러한 청년기의 가설적인 사고는 단지 과학적 사고에 국한되는 것이 아니고, 사회, 정치, 철학 등 전 영역에 걸쳐서 이상주의적인 특성으로 확장된다. 구체적 조작기의 아동도 연역적으로 사고할 수 있지만, 그들의 사고는 친숙한 사물이나 상황에 제한되어 있다. 그러나 형식적 조작기의 학생들은 가설을 가지고 추상적으로 사고할 수 있는 능력을 가지게 된다.

둘째, 형식적 조작기의 특징은 명제(proposition)를 통해서 사고할 수 있다는 점이다. 이 시기의 아이들은 구체적인 사상들을 다룰 수 있는 명제를 구성할 수 있고 명제들간의 논리적인 추론을 할 수 있다. 따라서 사실과는 반대되는 명제를 형성하고 다룰 수 있다. 예를 들어, 미술 시간에 교사가 '사람에게 눈이 하나 더 있다면 어디에 있으면 좋을까?' 라는 질문을 제기하면, 구체적 조작기의 아이들은 사람에게는 눈이 세 개 있을 수 없다는 것을 지적하거나, 상식적인 수준에서 양쪽 눈 사이에 하나의 눈을 그릴 것이다. 그러나 형식적 조작기의 아이들은 그러한 사실과는 반대되는 가상적인 상황에서의 게임을 즐길 것이다. 따라서 보다 추상적이고 융통성 있는 사고를 할 수 있다.

셋째, 형식적 조작기의 아동들은 조합적인 추리(combinational reasoning)를 할 수 있다. 문제상황을 규정할 때 형식적 조작기의 아동들은 문제의 개별적인 요인들을 분리할 수 있고 문제 해결에 필요한 요인들을 골라내어 구성할 수 있다. Piaget와 Inhelder는 아이들의 조합적 추리능력을 알아보기 위하여 〔그림 3-5〕와 같은 실험을 하였다.

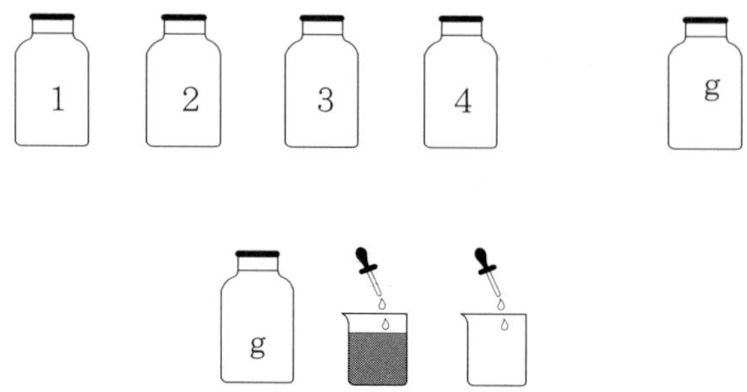

칼륨옥화은을 담은 시약병(g)과 액체가 들어있는 4개의 병이 있다. (1)번에서 (4)번까지 번호가 붙혀진 4개의 병에 들어있는 무색무취의 액체는 각각 황산(1), 물(2), 과산화수소(3), 디오황산(4)이다. 실험자는 아이가 지켜보는 앞에서 아래에 따로 준비되어 있는 두 개의 비이커의 액체에 추출기를 사용하여 (g)병에 들어있는 칼륨옥화은을 각각 떨어뜨렸다. 두 개의 비이커 중 하나는 (1)+(3){황산과 과산화수소}이 들어있고 다른 하나는 (2){물}이 들어 있었는데 (1)+(3)의 액체가 황색으로 변하였다. 이제 실험자는 아이에게 위의 4개 병의 액체와 시약을 사용하여 황색의 액체를 만들도록 지시한다.

이 실험에서 가능한 논리적 조합은 다음과 같으며 이중에서 (6)번과 (11)번의 조합에서 액체는 황색이 된다.

(1) g+1	(5) g+1+2	(9) g+2+4	(13) g+1+3+4
(2) g+2	(6) g+1+3	(10) g+3+4	(14) g+2+3+4
(3) g+3	(7) g+1+4	(11) g+1+2+3	(15) g+1+2+3+4
(4) g+4	(8) g+2+3	(12) g+1+2+4	

〔그림3-5〕 조합적인 추리의 예와 설명 ; 액체실험

이 실험에서 구체적 조작기의 아이는 여러 가지의 방법으로 액체를 조합할 수는 있었지만 각각의 개별적인 요인들을 체계적으로 구성하여 가능한 모든 조합을 만들 수는 없었다. 그러나 형식적 조작기에 도달한 청소년은 "if...then"의 인과관계의 방법을 사용하는 각각의 요인들이 다른 모든 요인들과 결합될 수 있는 모든 가능한 조합을 체계적으로 실험할 수 있었다. Piaget의 이론에서 보면, 구체적 조작기까지의 아동들은 이런 과학적인 사고를 할 수 없다. 이런 종류의 추리능력은 성숙과 경험을 통하여 발달된다.

〈표 3-2〉는 구체적 조작기 아동과 형식적 조작기 청소년의 사고발달을 비교 정리해 놓은 것이다. 교사는 학생들의 이러한 발달적 사실을 염두에 두어야 한다.

〈표 3-2〉 아동기와 청소년기 사고의 비교

아동기	청소년기
사고가 '지금', '여기에'로 제한된다.	사고는 가능성에까지 확장된다.
문제해결은 문제의 세부적인 것에 의해 지시된다.	문제해결은 계획된 가설검증에 의해 관리된다.
사고가 구체적 대상과 상황에 제한된다	사고는 구체적 현실과 마찬가지로 가능한 아이디어까지로 확대된다.
사고가 자신의 조망에 초점이 두어진다	사고의 초점이 타인의 조망까지로 확대된다.

3) Piaget 이론의 비판점

Piaget의 이론이 인지발달을 이해하는 데 핵심적인 역할을 하였지만, 다음과 같은 점에서 비판을 받고 있다. 비판의 많은 부분은 단계이론에 대한 것으로 Piaget 이론이 취학전 아동의 능력에 대해서는 과소평가하고 청소년이나 성인의 능력은 과대평가하였다는 것이다. 즉 아동기의 보존과제 수행은 아동에게 어떠한 방식으로 질문을 하느냐에 따라 달라질 수 있으며, 어떤 연구자들은 2세 반의 아이들이 보존과제는 못하지만 수에 대한 원칙에 대해 이해하고 있다는 것을 보고하고 있다(Gelman & Gallistel, 1978). 세개의 산 실험에서 산의 모형 대신 아이들에게 친숙한 장난감 자동차를 놓아두었을 때는 많은 아이들이 다른 위치에서 보이는 모습을 말할 수 있었으며, 감각운동기 영아의 대상영속성의 실패는 이 개념의 결여가 아니라 기억력 결여, 혹은 손과 눈 협동의 발달부진에 의한 것이라는 주장도 나오고 있다. 논리적 추리능력의 훈련가능성에 대한 논쟁도 많은 학자들에 의해 제기되고 있는데, 이에 대하여 Piaget는 "단순 훈련이 가능할 수도 있다.

그러나 그것이 왜 그렇게 되는가를 추리할 수 있는 능력의 발견이 중요하다." 고 반박한다. 또한 청소년과 성인들의 형식적 조작능력이 과대평가 되었다는 지적이 있었다. 대학생들을 대상으로 한 연구에서 상위수준에서는 20%, 하위수준에서는 63%의 대학생만이 형식적 조작능력을 가진 것으로 나타났으며(Schwebel, 1975), Kuhn과 동료들의 조사에서도 단지 30%의 청소년과 성인들이 형식적 조작기에 이른 것으로 보고하고 있다.

둘째, Piaget는 각 발달단계의 성격을 상세하게 설명하고 있지만, 이러한 발달이 어떻게 일어나는지 그 발달의 기제를 자세히 설명하지 못하고 있다. 왜 그리고 어떻게 아동들이 전조작기에서 구체적인 조작기로 이행을 하는 것일까? Piaget는 단지 새로운 인지구조나 도식을 획득한다고만 언급하였다.

셋째, 인지발달의 이론가들은 인지발달의 단계가 Piaget가 주장한 것처럼 그렇게 명확하게 구분되는 것이 아님을 인정하고 있다. 즉 단계간의 전이는 극적인 변화가 아니라 점진적인 것이고, 기존의 지적인 기술이 점차 축적되어가는 과정에서 자연스럽게 얻어지는 것이라고 주장한다.

4) Piaget 이론의 교육적 함의

Piaget의 인지발달 이론은 교육에 많은 것을 시사해 주고 있다. 우선 아동은 세상을 이해하는 나름대로의 틀을 가지고 있는 적극적인 사고가라는 점이다. 이는 아동들이 교사의 말을 수동적으로 받아들여 지식을 흡수하게 하기보다는 학습과정에 적극적으로 참여할 수 있도록 학교의 교육과정을 구성해야 한다는 것을 의미한다. 학생들이 여러 가지의 학습주제를 가지고 구안 학습을 하는 현재의 열린학교나 열린교육(open education)은 이러한 Piaget의 개념을 적용한 것이라 볼 수 있다. 교사의 설명에 의해서 보다 학생들이 스스로 개념을 습득하도록 하는 발견학습(discovery learning) 역시 이러한 Piaget의 인지발달 이론과 관련되는 학습방법이다. 이러한 학습에서 교사는 수업을 통해서 아이들에게 지식을 전수해 주는 사람이기보다는 아동들이 스스로 학습하는 상황을 유도하는 학습의 조력자여야 한다.

다음으로, 지식은 일련의 단계를 지나면서 발달되는 '논리-수학적인 조작'(logico-mathematical operations)의 체계에 의해서 구성된다는 점이다. 교사는 아동의 개념발달 수준과 과제의 복잡성을 언제나 연결시켜야 하며 아동들에게 무엇을 어떻게 가르치는가에 항상 주의를 하여야 한다. Piaget는 이상적인 학습상황은 아동의 인지수준과 과제의 복잡성의 수준이 부합될 때라고 하였다. 교사가 잘 구성된 교과서로 흥미진진한 수업계획을 가지고 있다고 하여도 대부분의 아이들이 자료의 내용을 이해하는데 필요한 인지구조나 조작능력을 가지고 있지 못하다면 수업의 효과를 보지 못할 것이다.

예를 들어, 초등학교 1학년 수준에서 지리를 가르치는 것은 적합하지 못할 수 있는데, 이것은 이 연령의 아이들은 아직 나라와 도, 시에 대한 개념을 가지고 있지 않기 때문이다. 유치원이나 초등학교 수업에서 '(무엇을) 상상해 보라'는 수업방법도 적절하지 못한 것으로, 이 단계의 아동들에게는 개념의 구체적인 예를 보는 것이 필요하며, 구체적인 대상을 가지고 실험할 수 있는 기회를 주어야 한다.

Piaget 이론이 암시하는 수업전략은 대립전략(confrontation strategy)이다. 이것은 아동들의 지식체계에 대립되는 정보를 줌으로써 불평형을 만들어 주는 것을 말하는데, 동화와 조절을 통한 적응(평형)과정에서 학습자는 이전에 학습된 개념을 새로운 개념에 연결시키게 된다. Piaget는 교육의 목표는 지식의 양을 증가시키는 것이 아니라, 아동들이 실험하고, 발견, 발명할 수 있는 가능성을 조성해 주는 것이라 하였다. 너무 빨리 가르치게 되면 아동들이 스스로 발견하고 발명할 수 있는 기회를 제한하게 된다. 교육의 대상이 되는 것은 사실이 아니라 명확하게 사고할 수 있는 능력이라고 할 수 있다. 교육이 실패하게 되는 이유는 많은 경우 교사들이 특정 연령의 사고수준에 대해서 잘못 이해하거나 이해가 불확실할 때 일어나므로 교사에게는 아동들의 지적수준에 대한 지적공감(intellectual empathy)이 필요하다. 교육은 단지 아동들에게 구조를 언어적인 형태로 전수하는 것이 아니라, 아동들이 스스로 자신의 인지구조를 발견할 수 있는 상황을 제시해 주는 것이라 할 수 있다.

2. Bruner의 인지발달 이론

Jerome Bruner(1966)도 역시 인지기능의 발달을 연구하였다. 그의 이론은 특히 아동이 세상을 인지적으로 표상하는 방법에 관심을 두었다. 그는 발달 과정에 대한 이론은 다음과 같은 점들을 고려해야 할 것이라 하였다.

첫째, 지적인 성숙이란 자극으로부터 반응의 독립성이 증가하는 것이다. 처음에 아이들은 엄격한 자극통제 상황에 있다. 즉 아이들은 여러 가지의 자극에 대해 정해진 방식으로만 반응한다. 시간이 지나면 아이들은 점차 자극으로부터 독립적으로 반응을 형성해 갈 수 있다. 특히 언어를 사용하면서 자극과 반응의 관계에 중재되는 것에 대해 학습할 수 있다. 이러한 중재로 인해 아이들은 욕망을 지연할 수 있으며, 반응을 수정할 수 있고, 또는 상황이 변하더라도 일관성있는 반응을 유지할 수 있다.

둘째, 지적인 발달은 현실을 기술할 수 있는 내적인 정보 처리과정과 저장체계의 발달에 달려있다. 아이들이 세상을 표현하는 언어와 같은 상징체계를 배우지 않는 한 그들은 새로운 결과를 예측하거나 그에 대한 가설을 세울 수 없다.

셋째, 교수자와 학습자간의 체계적인 상호작용이 인지발달에 필요하다. 부모나 교사, 혹은 다른 사회구성원들은 반드시 아이들을 가르쳐야 한다. 단순히 문명세계에 태어나는 것으로 지적발달을 이룰 수 있는 것은 아니다.

넷째, 언어는 인지발달에 있어서 핵심적이다. 언어를 통해서 다른 사람들과의 상호작용이 이루어지고 세상에 대한 개념을 발달시켜 갈 수가 있다. 더욱 중요한 것은 언어를 통해서 세상의 사물들에 대한 중재를 할 수 있다는 것이며, 그로 인해 인과성을 인식하게 되며 새로운 일을 기존의 친숙한 일과 관련시킬 수 있으며, 내적인 표상으로 다룰 수 있도록 세상의 일들을 부호화 할 수 있다.

다섯째, 인지적 성장은 여러 가지의 대안들을 동시에 고려할 수 있고, 여러 가지의 행동을 동시에 수행할 수 있으며, 또한 순차적으로 여러 가지의 상황에 주의를 기울일 수 있는 능력이 증가하는 것을 의미한다.

Bruner는 이와 같은 인지발달의 특징을 들고 아동들이 주위의 사물을 표상하는 데 있어서 세 가지의 발달단계가 있음을 관찰하였다.

첫째 동작적 단계(enactive stage)에서 아동들은 환경을 행위(행동)를 통해서 이해한다. 예를 들어, 아동에게 자전거타기를 가르칠 때 어떠한 말이나 이미지 보다는 실제로 해서 숙달하도록 하는 것이 중요하다. 동작적 단계에 있는 아동들은 잡고, 만지고, 움직이는 신체운동적인 활동을 통해서 세상을 이해하게 된다.

둘째, 영상적 단계(iconic stage)에서 아동들은 영상에 의해서 정보를 얻는다. 시각기억이 발달함에 따라 아이들은 점차로 감각적인 인상에 의해 의사를 결정한다. 이 시기의 아동은 아직 지각적 세계에 제한되는 경향이 있다.

마지막으로, 상징적 단계 (symbolic stage)에서 아동들은 행동이나 지각이 아니라 언어, 수학, 논리들의 상징체계를 통해서 사물을 이해하게 된다. 따라서 이제는 여러 가지의 개념을 간략하게 정리할 수 있고, 많은 정보가 저장되어 쉽게 인출될 수 있으며 세상을 보다 정확하게 표상하게 된다.

Bruner는 아동들이 동작적 단계에서 영상적 단계로, 궁극적으로는 상징적인 단계로 인지발달을 한다고 하였다. 그러나 어른이라고 해서 행동적인, 또는 영상적인 체계를 사용하지 않는 것이 아니라 상징적인 체계를 주도적으로 사용한다는 것이다. 예를 들어 뛰어난 외과의사나 운동선수, 바이올린 연주자는 동작적인 체계를 극도로 발전시킨다고 할 수 있으며, 저명한 화가는 영상적인 과정을 주도적으로 사용한다고 할 수 있다.

3. Vygotsky의 인지발달 이론

1) Vygotsky의 인지발달 이론

러시아의 심리학자인 Lev Vygotsky는 아동의 인지발달의 근원을 사회적인 환경에서 찾았다. 그는 아이들이 자신의 주위에 있는 다른 사람들로부터 배우는 것에 주목하였고 그러한 사회적인 관계 속에서 개념이나 사실, 태도, 기술 등의 발달이 이루어진다고 보았다. 이런 사회적인 환경은 문화를 포함하는 것이기 때문에 Vygotsky의 발달이론에서는 사회-문화적인 영향력을 중요시한다. 즉 인지발달이란 한 문화권에서 사람들간의 상호작용에서 발생하는 것이며 그에 따라 개념, 태도, 전략, 기술 등의 개인의 심리적인 과정이 형성되는 것이다. 외부적인 상황이 개인에게 내면화(internalize)되면서 학습은 타자주도적(other-regulated) 학습에서 점차로 자기주도적(self-regulated) 학습으로 전환되어진다.

내면화
개인이 사회적인 상호작용을 통해서 얻는 지식들을 자신의 내적 정신 과정으로 전환시켜 가는 과정

Vygotsky는 사회적인 상호작용이 학습자 개인에게 내면화되는 과정에 있어서, 아동이 어른들의 도움 없이 스스로 문제를 해결할 수 있는 현재의 발달수준과 도움을 받아서 문제를 해결할 수 있는 잠재적 발달수준을 구분하였다. 그리고 그 두 수준의 차이를 근접발달영역(zone of proximal development, ZPD)이라 하였다. Vygotsky는 아동들의 현재의 발달수준이 같더라도 (예를 들어, 두 아동이 지능지수가 같다 하더라도) 다른 사람의 도움을 받아서 어려운 문제를 해결할 수 있는 근접발달영역은 개인에 따라 다를 수 있다는 것을 강조하였다.

근접발달영역
개인의 현 수준에 인접해 있는 바로 위의 발달 수준

Vygotsky의 관점에서는 수업이 발달에 선행하는 것이 바람직하다. 즉 수업은 근접발달영역에 작용하여 아동들의 잠재적인 능력을 깨우치도록 하는 것이다. 따라서 아동들의 인지발달을 이끌기 위해서는 교사가 아동의 근접발달영역을 찾아내야 할 것이다. Vygotsky는 학교교육에서 학생들이 혼자서 공부를 하도록 하는 것은 아동의 인지발달을 늦춘다고 하였다. 아동의 능력을 최대한 개발하기 위해

서는 아동들에게 높은 수준의 복잡한 내용을 보다 체계적으로 가르쳐 아동들을 이끌어야 할 것이다. 그 분야의 전문가나 성인들이 아동들에게 더 복잡한 기능을 숙달할 수 있도록 도움을 주는 과정을 Vygotsky는 발판 또는 비계설정(scaffolding)이라는 개념으로 설명하고 있다.

비계설정
개인이 새로운 능력을 구축하도록 하는 지원체계

> 비계설정은 아동이나 문제의 초보자들이 과업을 성취하고 자신의 능력에 닿지 못하는 목표를 성취할 수 있도록 도와주는 것이다. 이러한 비계설정은 처음에는 아동이 할 수 없는 문제해결의 요소들을 성인이 '통제' 하다가 차츰 그 문제에 아동들이 집중하도록 하고 결국에는 자신의 능력 안에서 그러한 과제들을 스스로 해결할 수 있도록 하는 것이다(Wood, Bruner, and Ross, 1976).

근접발달영역에서는 사회적인 상호작용을 통해서 얻어지는 사회적인 지식은 개인적인 지식이 되고, 개인적인 지식은 점차 증가되고 복잡해진다. 궁극적으로 발달은 한 개인이 그 공동체에서 성공적으로 기능할 수 있게 하는 것이다.

2) Piaget 이론과의 비교

Vygotsky는 언어가 학습과 발달을 매개하는 중요한 요인이라고 하였다. 처음에 언어는 다른 사람들과의 상호작용을 하기 위해서 필요하지만 나중에는 내적인 언어로 전환되어 내적인 사고과정이 되어 아동들의 사고를 조직화하는 데 중요한 역할을 한다. 이와는 대조적으로 Piaget는 언어를 사고의 부차적인 요인으로 보았다. Piaget와 Vygotsky는 학습과 발달의 관계에 대해서 서로 다른 의견을 가지고 있었다. 즉 Piaget는 발달이 학습에 선행한다고 보았고, Vygotsky는 학습이 발달에 선행하는 것이라 하였다. Piaget는 개인의 발달수준이 사고의 질을 결정하는 것이며 그 수준을 넘어서 교육을 제시한다면 학습이 일어나지 못한다고 하였다. 이와는 반대로 Vygotsky는 발달의 과정은 학습과정에 뒤처지는 것으로 보며 아이들이 혼자는 할 수 없어도 부모나 교사의 도움으로 문제를 해결할 수 있다고 보았다.

4. 정보처리적인 접근의 인지발달 이론

정보처리적인 접근에서는 학습자의 인지적인 과정에 관심을 가진다. 여기서는 인간의 내재적인 정신작용의 변화를 발달의 주요과제로 삼으면서도 발달의 과정에서 외부에서 제시되는 정보를 표상하고, 조직하며, 저장, 인출하는 일련의 과정들과 관련하여 인지발달을 설명한다.

정보처리적인 관점에서 발달을 보는 연구는 Piaget의 단계이론을 인정하면서 정보처리 용량을 중요시하는 Case나 Pascual-Leone 등의 신Piaget 학파(neo-Piagetian)와 주로 정보처리의 전략을 학습과정에 적용시키고자 하는 연구자로 나눌 수 있다. Siegler는 후자의 대표적인 학자이다. 정보처리적 접근에서의 발달에 대한 연구는 아동이 정보를 기억하고 조직하는 것이 어떻게 변하는지 관심을 가지며 성인과 아동의 인지능력의 차이를 설명할 수 있는 요인들을 밝히려는 것이다. 여기에서는 신Piaget 이론가들의 연구를 소개하도록 한다.

신Piaget의 접근 위에서 설명한 Piaget 이론의 많은 문제점과 한계는 신Piaget학파의 관심이 된다. 신Piaget 학파들은 발달의 단계나 순차, 구조에 있어서의 변화를 개인이 적극적으로 구성한다는 점에서는 Piaget의 전통을 유지하고 있다. 특히 그들은 낮은 수준의 개념이 높은 수준의 개념으로 통합된다고 생각한다. 그러나 신Piaget학파들은 그러한 생각에 인지기술, 정보처리 용량의 한계, 자동화 등의 개념을 더하여 인지발달을 설명하고 있다(Miller, 1993). 또한 Piaget가 모든 내용에 해당될 수 있는 영역일반성(domain-general)을 중시한 것에 대해서 신Piaget 학파들은 단지 몇 가지의 영역에만 적용되는 영역특수적인(domain-specific) 개념을 강조한다.

영역일반성
정보처리의 일반적인 규칙이 다양한 영역에 적용되고 사용된다는 견해

Pascual-Leone(1978)은 아동이 특정과제를 해결하기 위해서 동시에 작용시킬 수 있는 도식의 수를 늘려가는 것이 아동기 인지발달의 주요 기제라고 보고 있다. 그는 특정 연령단계에서 아동이 동시에 처리할 수 있는 최대 도식의 수를 최대지적 역량(M-power)라고 지칭하고 그 양적 변화를 인지발달단계로 설정하고 있다. 이처럼 신Piaget 학파는 Piaget의 기본개념을 인정하면서 인지발달을 설명하는 데 정보처리적인 개념을 사용한다.

최대지적역량
특정연령단계에서 아동이 동시에 처리할 수 있는 최대 도식의 수

Case 역시 Piaget의 평형보다는 개인의 작동기억 역량(working-memory capacity)의 증가로 인지발달을 보았다. 아동의 작동기억은 조작공간과 저장공간

자동화
개인이 연습을 통해서 의식적이거나 노력을 많이들여야 하는 절차를 비교적 자동적이고 노력을 들이지 않아도 되는 절차로 바꾸어 가는 과정

중심개념구조
복잡한 문제를 해결하기 위해 형성하는 내적인 개념연결망

으로 구성되어 있는데, 조작공간은 실제로 과제를 해결하는 과정에서 아동이 필요로 하는 작동기억의 양을 의미하며 저장공간은 처리된 정보들을 인출할 수 있도록 저장해 두는 공간을 의미한다. 우리가 수를 셀 때 연습을 하면 더 빠르고 자동적으로 할 수 있는데, Case는 이러한 정보처리 속도의 증가와 자동화의 증가로 조작공간은 감소하고 저장공간은 증가하게 되면서 가용한 인지용량을 증가시키고 이로 인해 새로운 인지적인 활동을 하여 인지적으로 발달한다고 하였다.

Case는 Piaget처럼 4가지의 단계를 제안하였고, 각 단계 안에 세 가지의 하위단계를 구성하였으나, Piaget의 단계이론과 다른 점은 전적으로 새로운 구조가 출현하는 것이 아니라 각 단계에서 동일한 기본적인 과정들이 보다 복잡한 수준으로 통합된다는 것이라고 하였다. Case가 제시한 중심개념구조(central conceptual structure)는 아이들이 새롭게 직면하는 복잡한 문제를 해결하기 위해 형성하는 내적인 개념 연결망이며, Piaget의 도식의 개념과는 달리 가르칠 수 있고 특정과제나 영역에 적용된다. 즉 아동들은 자신의 경험에 따라 영역마다 발달단계를 거쳐가는 속도가 다를 수 있다.

5. 인지발달 이론의 교육적 적용

아동들이 어떻게 사고하고 그것이 어떻게 연령에 따라 변화하여 가는가에 대한 이론은 교사들에게 교육에 대한 다음과 같은 직접적인 시사점을 던져준다.

첫째, 아이들이 어떻게 생각하는지를 이해한다.

아이들은 어른들과 동일한 방식으로 사고하지 않는다. 아이들은 어른들이 예측하지도 못하는 부분에서 실수를 한다. 따라서 교육자들은 아이들의 정신적인 조작의 단계를 이해하도록 해야 하며, 문제나 현상을 아이들의 입장에서 바라볼 수 있어야 한다. 이러한 지적 공감(intellectual empathy)이 쉬운 것은 아니지만 교사는 면접이나 관찰, 질문지 등을 통해서 그러한 시도를 할 수 있을 것이다.

둘째, 구체적인 학습자료를 사용한다.

유치원기나 초등학교의 아동들은 구체적인 사물이나 자료, 현상들을 접할 때 학습을 보다 잘 할 수 있다. 이 연령의 아동들에게 있어서 언어나 다른 형태의 상징물은 별로 효과적이지 못하다. 아이들에게 구체적인 사물을 만지고, 보고, 조작할 수 있는 기회를 제공함으로써 개념들과 그 관계에 대한 이해를 할 수 있도록 도와야 할 것이다. 보다 추상적인 형태로 학습을 하는 아동기 후기나 청소년기의

학생들에게는 효과적이지 않을 수 있지만 구체적인 학습자료는 학령기 이전이나 초등학교의 아동들에게는 중요한 가치를 가지고 있다.

셋째, 교육은 순차적으로 진행되어야 한다.

Bruner의 이론에 따르면 어떠한 문제나 개념을 이해하는 데 어려움을 가지고 있는 학생들을 대할 때, 대상에 대한 직접적인 경험을 제시하는 것으로부터 시작하여 그 다음은 지각적인 특성에 집중하도록 하며, 마지막으로는 언어적인 논의를 통해서 문제를 해결할 수 있다. 교사는 종종 어떠한 문제에 대해서 설명하기 힘들 때 동작적인 단계나 영상적인 단계의 수준에서 이해시킬 수 있을 것이다.

넷째, 새로운 경험을 도입한다.

언제나 새로운 경험은 개인의 인지적인 구조와 상호작용하여 관심을 유발하거나 이해를 개발한다. 새로운 경험은 항상 기존에 아이들이 알고 있는 것과 부합하는 것이어야 한다. 그러나 너무 부합되는 것이라면 자극이 되지 못한다. 따라서 적절한 수준의 신기성(novelty)이 필요하다.

다섯째, 학습의 속도를 조절한다.

아이들은 자기 나름대로의 발달의 속도를 가지고 있다. 아이들은 수업을 따라가는 것보다는 자기 나름대로 학습을 조절할 수 있어야 한다. 이러한 과정에서 모든 학생들이 동일한 학습의 대상이 되는 것보다는 개별학습을 지향하게 된다. 즉 어떤 학생들은 도움을 보다 많이 필요로 할 수 있고, 학생들마다 다른 종류의 도움이 필요하며, 자기 스스로 작업을 할 수 있는 시간도 주어져야 한다.

여섯째, 학습에 있어서 사회적인 측면을 이해한다.

교사든지 학습동료든지 다른 사람과의 상호작용은 아동에게 인지적이고 정의적인 영향을 미친다. 아이들이 학습을 하는 데 있어서 사회적인 측면에서의 관심도 기울여야 할 것이다. 어떤 아이가 지나치게 자기 주도적이라면 사회적인 관계를 형성해 줌으로써 다른 사람의 관점에도 대면할 수 있도록 하여야 할 것이다. 이러한 사회적인 관계는 주로 언어를 통해 매개가 되는 것이므로 아동의 언어적인 이해력과 그 이외의 인지적인 능력에도 영향을 미치게 될 것이다.

일곱째, 아이들이 범하는 오류를 분석한다.

아동들에게 주어진 문제가 맞고 틀리는지의 그 결과 뿐만 아니라 아이들이 범하는 실수의 유형을 발견하여 그것을 분석하고 해석하여 교육에 사용한다면 아이들의 사고과정에 대해 보다 깊은 이해를 할 수 있을 것이다.

연 구 문 제

1. 이장의 서두에서 인용한 Piaget의 "너무 빨리 가르친다"는 것은 무엇을 의미하는가? 이 진술을 자신의 학습과 관련시켜 논의하시오.

2. Piaget의 실험들을 실행하여 보고 그 결과를 비교하시오. 만약 그의 결과와 다르다면, 그 이유가 무엇인지 생각해 보시오.

3. Piaget의 이론과 Vygotsky의 이론은 어떠한 점에서 차이가 있는지 설명하시오.

4. 신Piaget 이론은 어떠한 측면에서 Piaget의 이론을 계승하였고, 어떠한 측면에서 수정 및 보완하였는지를 설명하시오.

5. 각 인지발달의 이론이 교육의 실제에 어떻게 활용될 수 있는지 구체적인 예를 들어 설명해 보시오.

제 4 장

성격과 사회성 발달

1. 성격발달
2. 사회성 발달
3. 자아개념
4. 도덕성 발달

아이들은 신체적 성장과 함께 인지기술이 발달하면서 동시에 자아개념, 다른 사람들과 상호작용하는 방법, 세상에 대한 태도 등을 발달시킨다. 이와 같은 성격발달은 우리가 자신을 지각하는 방식과 다른 사람이 나를 지각하는 방식에 의해 영향을 받는다. 특히 부모와 교사, 또래집단은 성격형성에 매우 중요한 영향을 미친다. 민수는 매우 영리하고 공부를 잘하지만 급우들로부터 따돌림을 받는다면 그가 학교에서 적응하는 데 어려움을 겪을 것이다. 아동을 가르치고, 동기화시키고 성공적으로 상호작용을 해야 하는 부모와 교사들에게 성격발달에 대한 이해는 중요한 의미가 있다. 이 장에서는 정서적 사회적 도덕적 발달에 관해 고찰해 보고자 한다.

1. 성격발달

소정이와 미경이는 선생님께 심한 꾸중을 듣고 난 후 매우 다른 반응을 보였다. 소정이는 눈물을 글썽이며 자신의 잘못을 후회하면서 혼자 시간을 보내지만, 미경이는 아무 일도 없었던 것처럼 행동하며 놀이터에서 친구들과 어울려 신나게 놀고 있다. 이와 같은 차이를 얘기할 때 우리는 그들의 성격의 차이에 대해 생각하게 된다.

성격이 무엇인가에 대해서는 학자들간의 일치된 의견을 찾기 어렵지만 대체로 '한 개인의 가장 현저하거나 또는 지배적인 특징' 으로 간주된다(W. Mischel, 1986). 성격의 발달과 관련하여 상이한 이론적 관점들이 있다. 정신분석학적 관점에서는 내적 충동의 조절을 성격의 기초라고 보며 행동주의적 관점에서는 성격은 환경에 의해 결정되는 행동의 축적이라고 생각한다. 그리고 인본주의적 관점에서는 성장과 자기실현으로 향하는 사람들의 긍정적인 노력과 경향을 강조한다.

1) Erikson의 성격발달 이론

Erikson은 Freud의 정신분석학적 개념에 기초해 그의 성격발달 이론을 제시하였지만 그의 이론은 사회에 의해 영향을 받는 선천적 경향성에 관심을 갖기 때문에 심리사회적 발달이론이라고 불린다.

> **심리사회적 발달이론**
> 개인의 정서적 욕구와 사회적 환경과의 관계를 기술하는 이론

Erikson(1963)은 사람은 일생 동안 8단계의 발달과정을 거친다고 보았다. 각 단계마다 해결해야 하는 발달적 위기가 있는데 대부분의 사람들은 각 단계의 위

기들을 만족스럽게 해결하지만, 몇몇의 사람들은 이 위기들을 완전히 해결하지 못하고 이후에도 계속 그 문제와 부딪히게 된다. 이 위기는 긍정적 대안과 잠재적으로 건강하지 못한 대안간의 갈등을 포함한다. 개인이 각 위기를 해결하는 방법은 자신의 자아상과 사회를 보는 관점에 지속적으로 영향을 미치게 된다. 예를 들면 청소년기에 자아정체감을 해결하지 못한 많은 성인들은 그 이후에도 계속 정체감 문제를 가지게 된다.

〈표 4-1〉 에릭슨의 개인적 사회적 발달단계

단계	나 이	심리사회적 위기	중요한 관계	심리사회적 강조
I	0~18개월	신뢰 대 불신	어머니	가진다. 준다.
II	18개월~3세	자율성 대 의심	아버지	보유한다. 내보낸다.
III	3세~6세	주도성 대 죄의식	가족	따라한다. ~처럼 행동한다(놀이를 통해)
IV	6세~12세	근면성 대 열등감	이웃, 학교	무엇인가 (함께) 한다
V	12세~18세	정체감 대 역할혼미	동료, 지도자	누군가가 된다.
VI	성인 전기	친밀감 대 고립감	친구, 연인, 회사동료	다른 사람과의 관계에서 자신을 잃거나 발견한다
VII	성인 중기	생산성 대 침체	분화된 노동과 가사일의 분담	돌보아 준다.
VIII	성인 후기	자아통합 대 절망	인류	이제까지의 경험을 통해 자신을 찾는다.

Erikson의 발달단계 1단계: 신뢰 대 불신(태어나서 18개월까지): 유아기의 목표는 세상에서 기본적인 신뢰감을 개발하는 것이다. Erikson(1968)은 신뢰감을 자기자신이 신뢰할 만한 가치가 있는 존재로 인식하는 것은 물론 다른 사람에 대한 본질적인 신뢰감으로 정의하였다. 어머니는 어린이의 세계에서 처음으로 가장 중요한 존재이다. 어머니는 음식이나 애정을 통해 아이의 욕구를 만족시켜 주어야 하는 사람이다. 만약 어머니가 일관성을 갖지 않았거나 거부적인 태도를 보인다면 어머니는 아동에게 유아기 동안 기쁨의 원천이 되지 못하고 좌절(frustration)의 원천이 된다. 이와 같은 과정을 통해 유아는 불신감을 갖게 되는데 이것은 발달단계의 전 과정 동안 지속될 수 있다.

2단계: 자율 대 의심(18개월에서 3년): 2살 정도가 되면 대부분의 아기들은 걸을 수가 있고 다른 사람들과 충분히 의사소통을 할 수 있다. "못된 2살박이(terrible twos)"라는 표현은 유아가 더 이상 다른 사람에게 완전히 의존하지 않는다는 것을 뜻한다. 대신 그들은 스스로 무엇인가를 하려고 애쓴다. 따라서 어린이들의 독립심과 힘에 대한 욕구는 어른들과 부딪치게 된다.

Erikson은 이 단계의 어린이들은 이중의 욕구 즉 '보유하려는 욕구와 보내려는 욕구'를 가지고 있다고 믿었다. 이 기간이 어린이의 대소변 훈련시기인데 Erikson은 어머니의 너무 엄격한 대소변훈련을 경고하였다. 왜냐하면 이 기간 동안의 위기를 잘 해결하지 못하면 매우 강박적인 어른으로 성장하기 때문이다.

그러므로 부모들은 그들의 아이들이 자유롭게 탐색하고 스스로 무엇인가를 할 수 있도록 유연하면서도 한편으로 필요할 때는 언제라도 아이들을 이끌어 줄 때 아이들이 자율성을 획득할 수 있다. 너무 엄격하고 무서운 부모는 아이들에게 무능감과 무력감을 주게 되고 이것을 통해 아이들은 자신의 능력에 대해 수치심과 의심을 가지게 된다.

3단계: 주도성 대 죄의식(3살~6살): 이 기간 동안 어린이들은 계속해서 언어능력과 운동기능이 성숙하면서 그들의 사회적 물리적 환경을 탐색하는 데 매우 공격적이고 힘이 넘친다. '골치아픈 세 살(troublesome threes)' 이라는 말은 그들이 주도성을 발달시키게 되면서 생긴 말인데 이때 아이들은 뛰고 놀고 미끄러지고 던지는 것을 허락하는 부모와 가족들에 의해 그들이 주도적으로 되도록 격려받게 된다. 어린이는 자기 자신이 독립적임을 확신하고 자신이 어떤 사람이 될 수 있는지를 발견해야 한다. 그러나 아이들이 무엇인가를 주도적으로 하려고 할 때 부모가 심하게 꾸짖을 경우 아이들은 이 시기는 물론 그 이후에도 계속해서 자연적인 추진력에 대한 죄의식을 가지게 된다.

4단계: 근면 대 열등(6살~12살): 아이들이 학교에 들어가면서 그들의 사회적 세계는 매우 넓어지게 된다. 어린이들에게 교사와 친구들의 중요성이 점점 커지면서 부모의 영향력은 점차 줄어든다. 어린이들이 무엇인가를 하려고 하고 이때 성공을 경험하면 아이들은 근면성을 키우게 되고 자신과 자신의 능력에 대해 좋은 느낌을 가지게 된다. 그러나 반대로 실패할 경우 부정적 자아상과 부적절하다는 느낌을 가지게 되어 미래의 학습을 방해하게 된다. 때로는 실패를 경험하지 않더라도 자신의 기준이나 부모, 교사, 형제 자매들의 기준에 미치지 못할 때 자신에 대한 무능감을 가질 수도 있다.

5단계: 정체감 대 역할혼란(12살~18살): 내가 누구인가에 대한 질문은 청소년기 동안 매우 중요하다. 이 문제에 답하기 위해 청소년들은 부모를 떠나 친구들에게로 향한다. 청소년기 동안 아이들은 급격한 신체적 변화와 자신이 앞으로 어떤 교육을 받고 직업을 가질 것인지를 결정해야 하는 압박감을 가지며 이제까지 가지고 있던 심리적 정체감을 재규정해야 한다고 Erikson은 믿었다. 청소년기는 변화의 시기이다. 그래서 십대들은 자신이 누구이며 무엇을 할 수 있는지를 확인하기 위해 직업적, 교육적, 성역할에 대해 시험해 보려고 한다. 이와 같은 자아에 대한 새로운 느낌 또는 자아정체감은 단순히 이제까지의 자신의 동일성에 대한 단순한 총합이라기 보다는 개인의 기본적인 욕구(자아)에 자신의 소질(이전의 위기의 해결), 자신의 기회(욕구, 기술, 목표, 청소년기와 성인기로의 접근의 요구)들을 다시 재집합한 것이다.

James Marcia(1980)는 청소년들의 정체감 지위를 정체감 성취, 유실, 혼미, 유예의 4가지로 분류하였다. 정체감 성취는 청소년들이 여러 가지 대안들을 자유롭게 고려한 다음 자신이 선택한 삶에 전념하게 된다. 그러나 고등학교 졸업 때까지 대부분의 학생들이 이 상태를 획득하지는 못한다. 정체감 유실은 선택의 가능성을 고려해보지 않고 단지 부모나 다른 사람들이 선택해 준 삶을 수용한다. 정체감 혼미는 자신이 누구인지 무엇을 원하는지 아직 결론에 도달하지 못했거나 진지하게 생각하지 않는 경우에 해당된다. 마지막으로 선택을 위해 노력하고 있으나 갈등으로 인해 선택을 지연시키는 상태를 유예라고 한다. 정체감 성취와 유예는 청소년기의 건전한 대안이다.

대체로 정체감이 혼미한 청소년이나 성인들은 포기를 잘하고 군중을 잘 따르며 참을성이 없고 독단적인 경향이 있으며 방어적이다. 그들은 또한 마약을 남용할 가능성도 높다(Archer & Waterman,1990; Frank et al., 1990).

Erikson은 청소년기 동안 이전의 과정들이 다시 반복된다고 보았다. 즉 1단계의 유아들이 자신과 어머니에 대한 신뢰감을 발달시키는 것같이 청소년들은 그들이 믿고 따를 우상을 찾는다. 2단계의 아동들이 자율성을 주장하는 것과 같이, 청소년들도 미래의 자신의 방향을 선택하려고 하며 통제를 거부한다. 3단계 동안의 취학 전 아이들이 무한한 역할에 대해 상상해 보고 놀이를 통해 역할을 수행해 보는 것처럼 청소년들은 자신의 미래의 역할을 탐색한다. 4단계의 취학아동이 자신이 잘 할 수 있는 일을 찾고 열심히 노력하는 것처럼 청소년들도 자신의 직업을 선택하려는 욕구를 가진다. 결국 역할혼란은 심리적 과거, 현재, 미래를 성공적으로 통합시키지 못한 결과이다.

6단계: 친밀감 대 고립감(성인 전기): 자신이 누구이며 어디로 향하고 있는지 알고 있는, 즉 자아정체감을 확립한 젊은이들은 자신의 삶을 함께 나눌 사람을 찾게 된다. 이 단계는 부모로부터 독립을 성취하지만 다시 다른 사람과의 관계를 통해 자신을 찾으려는 시기이다(to lose and find oneself in another). 젊은이들은 친구들과의 관계, 성적 관계, 경쟁적 관계, 직장에서의 동료로서 다른 사람과 새로운 신뢰감과 친밀한 관계를 맺을 준비가 되어있다. 이와 같은 관계는 어느 누구의 성장을 방해하지 않고서도 서로의 정체감을 발달시키게 된다. 이와 같이 친밀감을 추구하지 않거나, 계속 실패할 경우 그들은 고립된다.

7단계: 생산성 대 침체(성인중기): 생산성은 다음 세대를 기르고 이끌어 주는 데 대한 관심을 의미한다. 전형적으로 이것은 자신의 아이를 키우면서 발달하게 되지만 다음 세대에 대한 지도나 다른 형태의 생산성과 창의성을 통해서도 성공적으로 해결될 수 있다(예:가르침). 이 단계에서도 사람들은 계속해서 성장해야 한다. 만약 그렇지 못하면 침체되고 대인관계의 부족을 느끼게 되며 자기 자신에 대한 몰두와 탐닉에 빠지게 된다.

8단계: 통합 대 절망(성인 후기): 이 단계에서는 사람들이 자신의 삶을 돌아보고 자신들의 마지막 정체감 위기를 해결한다. 이제까지의 업적, 실패, 궁극적인 한계의 수용은 통합감을 갖게 하며 자신의 삶에 대한 책임이 자신에게 있음을 깨닫게 된다. 그리고 다가올 죽음을 받아들이게 된다. 그러나 그들이 살아온 삶을 후회하는 사람들은 절망하게 된다.

Erikson의 이론은 위기를 야기시키고 위기를 해결해 가는 과정에서의 환경의 역할을 매우 강조하고 있다. 그러나 모든 사람들이 Erikson의 위기를 같은 시기에 같은 정도로 경험하는 것은 아니다. 여기서 언급된 시기는 위기를 해결하기에 가장 적절한 시기를 나타낸 것이며 그때만 가능한 것은 아니다. 예를 들면 부정적인 학교경험으로 열등감을 가진 사람이 직장에서 가치있는 기술을 배우고 능력을 발휘할 때 근면 대 열등감의 위기를 해결할 수도 있다.

2) 교육에 대한 시사점

에릭슨의 발달이론은 학생들이 발달의 과정에서 겪는 갈등의 유형을 교사들이 이해하는 데 도움이 된다. 초등학교 저학년 학생들은 주도성 대 죄책감, 근면성 대 열등감의 위기를 해결하려고 하며 따라서 그들이 새로운 과제를 수행하거나 새로운 도전과 만나게 될 때 그들은 도움이 필요하다.

Elkind(1986)는 주도성의 발달은 아이들이 학습활동을 선택할 때 자기주도적이 되도록 어른들이 허용할 때 가능하다고 믿었다. 예를 들면 어린아이들이 읽을 준비가 되기도 전에 어른들이 아이들에게 읽도록 지시한다면 아이들은 어른의 지시에 의존하게 되고 그들 자신의 주도성을 믿지 않게 된다.

교사들은 학생들이 실패를 학습과정의 자연스러운 한 부분으로 인식하고 다른 사람을 이해하고 돕는 것이 무엇보다도 중요하다고 생각하도록 교실분위기를 조성해야 한다. 학생들이 정체감을 발달시키려고 하는 중고등학교에서는 학생들이 다양한 상황을 경험할 수 있는 기회와 그들의 행동과 태도, 믿음을 평가할 수 있는 많은 기회가 필요하고 그와 같은 것들이 주어져야 하는 것을 교사들은 이해해야 한다. 또 학생들이 자신의 교육적, 직업적 관심에 관하여 교사들과 이야기를 나눌 기회를 갖는 것도 매우 중요하다. 이를 위해 교사들은 학생들에게 일기를 쓰게 하거나 지역사회에서 다양한 현장경험을 하게 하며, 대립되는 논쟁에서 어느 한편을 지지하는 글을 쓰게 하는 숙제 등을 내 준다면 학생들이 자신에 관하여 더 많은 것을 알게 될 것이다.

2. 사회성 발달

아기가 세상에 처음 태어났을 때 그들은 마치 이방인과 같은 존재이다. 따라서 표준화된 삶의 방식인 문화를 배워야 한다. 사회의 한 구성원으로 기능할 수 있도록 문화를 전수하는 과정을 사회화(socialization)라고 하며 사회화를 통해 어린이는 집단생활에 효과적으로 참여할 수 있는 지식과 기술, 성향 등을 습득하게 된다(Vander Zanden J. W., 1989).

사회화
사회구성원들이 집단 속의 미성숙한 개인들을 위해 긍정적인 발달을 고무하는 방법

1) 부모의 역할

여러 연구들을 통해 부모의 양육행동이 아이들의 행동에 영향을 미친다는 것을 알 수 있다. 신뢰감을 주고, 그들의 환경을 탐색하게 하고, 새로운 상황에 대해 적극적으로 노력하도록 용기를 주는 부모의 행동은 아이들이 자신의 정체감을 발

달시키는 데 매우 중요하다. Coopersmith(1967)는 높은 자아존중감을 가진 아동들의 부모는 자녀들을 사랑하고 수용하며, 개인의 자유를 존중해 주었으며 행동의 규칙과 제한을 분명하게 규정하였다고 보고하였다.

Baumrind(1966, 1967, 1971)는 부모의 양육방식의 차이가 아이들의 사회성 및 성격발달에 어떻게 영향을 미치는가에 관해 연구하였다. Baumrind는 부모의 양육유형을 권위적 부모, 권위주의적 부모, 허용적 부모로 분류하였다.

권위주의적 부모는 자녀의 행동과 태도를 통제하고자 한다. 그들은 절대적인 기준이나 정해진 틀에 자녀들을 끼워 맞추려고 한다. 또 절대적인 복종에 가치를 두고 자녀가 부모의 기준에 반대되는 행동을 했을 때 자녀들에게 심한 벌을 준다. 다른 부모들에 비해 자녀들과 거리감을 가지며 통제적이다. 이런 부모의 자녀들은 대체로 불만족스러우며 위축되고 신뢰감을 갖지 못하다.

허용적 부모들은 자녀들에게 거의 요구를 하지 않으며 자녀들이 가능한 스스로 하도록 내버려 둔다. 그들은 자녀들의 잘못된 행동에 대해 거의 벌을 주지 않으며 어떤 책임감도 요구하지 않고 거의 통제하지 않는다. 이런 부모의 자녀들은 자제력과 탐구심이 다른 아동들에 비해 가장 적으며 자신에 대한 신뢰감이 없다.

권위적인 부모는 아이들의 행동을 확고한 규칙과 기준에 따라 지시하지만, 하지 말아야 되는 행동의 이유에 대해 기꺼이 토론을 나눈다. 그들은 아이들에게 위협을 주지 않고, 아이를 사랑하며 일관성 있고, 아이들의 독립적인 결정을 존중한다. 이들 부모의 아이들은 자신감, 자제감, 확고한 탐구심, 만족감을 보여주었다.

반사회적인 아동의 부모들은 대체로 거칠고 훈육에 일관성이 없으며 자녀들과의 긍정적인 상호작용을 거의 하지 않는 것으로 나타났다(Loeber & Dishion, 1983; McCord, McCord & Howard, 1963). 또 적절한 행동이나 비행행동에 대해 일관된 보상을 하지 않으며, 다른 식구들에게 공격적 행동을 하는 것을 허용한다. 어릴 때 가족들과의 이런 경험들로 인해 아이들은 강제적인 수단을 통해 타인의 행동을 통제하는 것을 배우게 되고 적절한 사회적 행동을 배우는 데 실패한다. 그들은 학교에 가서도 교실에서의 규칙에 적응하는 데 어려움을 겪으며, 이로 인해 친구들과 선생님과의 관계에도 어려움을 가지게 되고 결국 성적이 뒤지게 된다. 사춘기 초기에 아이들의 반사회적 행동과 친구들의 거부는 그들 스스로 친구들로부터 이탈하려는 동기를 가지게 된다. 결국 이런 청소년들 대부분이 일탈된 행동을 하게 되거나 범죄의 길에 들어 서게 되는 것이다.

Patterson, DeBaryshe, Ramsey(1989)는 아동 양육방법이 후에 아동의 반사회적 행동의 기초가 된다고 보고 아래와 같은 모형을 제시하였다.

많은 학교나 지역사회에서 부모 교육과정을 통해 자녀훈육과 관련된 여러 가지 교육적 정보를 제공하고 있다. 그러나 실제로 도움이 필요한 학부모들은 이런 프로그램에 참여하지 못하는 것이 문제다. 사춘기 이전 단계에서의 성공적인 중재는 매우 중요한 역할을 할 수 있으므로, 일찍부터 반사회적 행동을 보이는 아이들에 대한 관심과 전문적인 지도가 필요하다.

〈표 4-2〉 반사회적 행동의 발달 과정

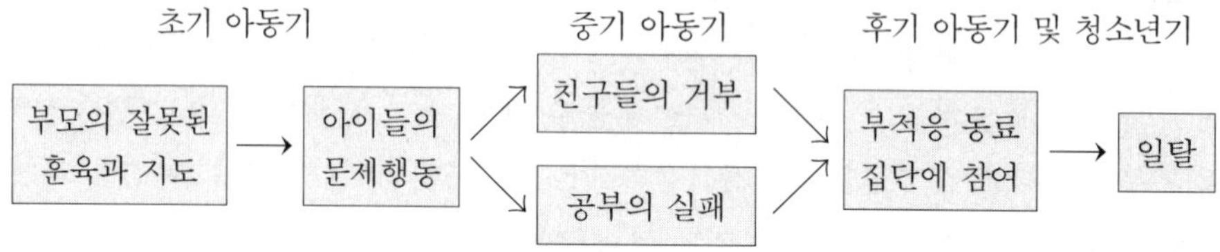

Patterson, DeBaryshe, Ramsey의 *A developmental perspective on antisocial behavior, American Psychologist*, 44(1989)에서 인용.

2) 또래집단의 역할

초등학교에 들어가면서 아이들은 보다 다양한 친구들과 직접적인 상호작용 또는 간접적인 상호관찰을 통해 사회화과정에 영향을 받는다. 즉 친구들이 사용하는 말이나 몸짓, 동작 등을 따라하게 되면서 전에는 하지 않던 공격적인 행동이나 욕설을 배워 사용하기도 한다. 또 친구들이 입은 옷이나 신발, 장난감, 학용품 등을 같은 것으로 가지고 싶어하는 동조현상을 보이기도 한다.

Costanzo와 Shaw(1966)는 또래집단에 대한 아동의 동조에 대한 연구에서 초등학교 1학년에서 상급학년으로 올라갈수록, 연령이 증가될수록 또래의 영향을 더 많이 받는 것을 발견했다. 또 부모와 의사소통이 적을수록, 또는 부모와의 친밀도가 낮을수록, 또래집단의 응집력이 강할수록, 아동 자신이 상황을 처리하는 방식이 애매할수록 또래집단의 영향을 더 많이 받았다.

또래에 대한 동조는 교사에 대한 아동의 동조보다 강하다. Gump(1966)의 실험에서 아동에게 표준이 되는 선분을 보여주고 그 선분과 길이가 같은 선분을 여러 보기 중에서 찾아내도록 했을 때 혼자서는 바른 답을 골라내던 아동이 또래아동들이 틀린 답을 고르는 것을 보고는 자신도 틀린 답을 고르는 동조현상을 보였다. 교사에 대한 동조는 또래보다 영향력이 약하게 작용했다. 또한 대부분의 상황에서 여아들이 남아들보다 또래집단의 압력에 쉽게 동조하였는데, 이는 여아들의 강한 대인지향성과 사회승인욕구의 반영으로 해석될 수 있다.

또래의 역할은 다양하다. 첫째로 또래집단은 아동 개인의 소속감의 원천이 된다. 교우관계는 가족관계보다도 중요하다. 부모들의 가치관을 걸러서 그 중 무엇을 지키고 무엇을 버려야 할지를 결정하는 데 영향을 준다. 그들은 또한 또래의 가치, 태도, 행동특징을 내면화하여 또래집단에 동조하고자 하며 또래들에게 소속되려고 노력한다.

둘째로 또래는 서로간에 교사의 역할을 한다. 절대적 권위를 가진 교사보다 자기의 능력과 태도가 비슷한 또래가 오히려 아동에게 더 쉽게 수용된다. 교사는 순종을 요구하는 강압적 위치에 있지만 또래는 유사한 사고방식과 언어를 사용하며 자발적으로 동조하는 수평적 관계에 있기 때문이다. 또래는 아동의 자기평가 기준이 되기도 하는데, 또래끼리의 비교를 통해 자기의 장점과 단점을 알게 된다. 그래서 또래는 자아개념의 형성에 중요한 역할을 하게 된다.

셋째로 또래는 서로의 문제해결을 돕는 심리치료자의 역할을 한다. 공통의 문제, 관심과 욕구, 흥미 등에 대해 의논상대가 되고 공동의 해결자로서 서로 도움을 준다. 또래집단은 정서적 안정감을 제공하기도 한다. 금지된 것을 친구들과 함께 하면서 성인들이 줄 수 없는 위안을 받기도 한다.

3. 자아개념

1) 자아개념의 의미

자기 자신에 대해 가지는 지각의 총체인 자아개념은 행동에 영향을 미치는 매우 중요한 개념이다. 자아개념은 일반적으로 사람들이 자신에 대해 갖는 생각과 감정, 그리고 태도의 복합물을 의미한다(Hilgard, Atkinson & Atkinson,1979). 자아개념에 대한 스스로의 평가인 자아존중감(self-esteem)은 자아개념과 상호교환적으로 사용되기도 한다.

자아개념
자신에 대한 지각, 감정, 태도의 복합.

자아존중감
개인이 자신의 특성, 능력, 행동에 대해 부여하는 가치

자아개념에 대한 여러 연구들을 통해 자아개념의 특성은 다음과 같이 정리할 수 있다(Marsh, Byrne & Shavelson, 1988 ; Marsh & Shavelson, 1985 ; Shavelson, Hubner & Stanton, 1976).

첫째, 자아개념은 조직된(organized) 것이다. 개개인은 자신에 대한 자각에 기초하여 많은 정보를 수집하여 자신에 대해 일반적인 그림을 그리게 되고 점점 더 영역을 넓혀 가면서 정보를 조직하게 된다.

둘째, 자아개념은 다면적(multifaceted)이다. 자신의 신체적 매력, 사회적 인정, 체력, 학업능력 등과 같은 여러 부분에 대한 자기지각을 구성하게 되므로 자아개념은 어느 한 부분만을 의미하지 않는다.

셋째, 자아개념의 다면적 구조는 위계성(hierarchical)을 가진다. 조직화되고 다면적이며 위계적인 자아개념을 〈표 4-3〉과 같이 나타낼 수 있다.

〈표 4-3〉 학생들의 자아개념의 세 가지 수준

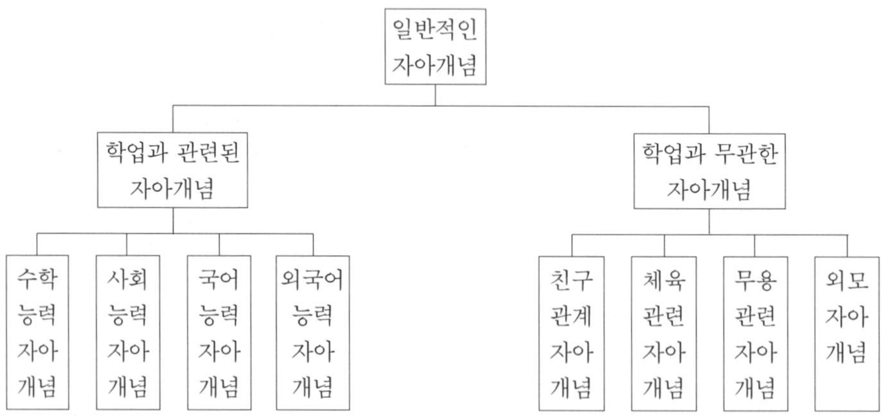

Shavelson, Hubner, Stanton의 *Review of Educational research*에서 인용(1976), American Educational Research Association.

넷째, 자아개념은 안정적(stable)이다. 일반적인 자아개념은 거의 변하지 않고 안정적이다. 그러나 어떤 과목에 대한 자아개념은 특별한 상황에 따라 변화할 수도 있다. Ludwig & Maehr(1967)는 체육과제를 성공적으로 수행하거나 또는 실패한 경우 특별이 체육과목에 대한 자아개념이 변화되었다고 보고하였다.

다섯째, 자아개념의 위계는 발달적(developmental)이다. 어린이가 성장하면서 그들은 사건과 상황들을 조직하는 영역들과 개념을 발달시킨다. 사춘기 이후와, 초기 청소년기 동안에는 자아개념이 나이와 함께 대체로 낮아지는 경향을 보여준다(Marsh, 1990). 자신의 삶에서 중요한 사람들(부모, 친구, 교사)과의 긍정적 또는 부정적 경험을 통해 자신을 긍정적으로, 또는 부정적으로 생각하는 것을 배우게 된다.

마지막으로 자아개념은 평가적이다(evaluative). 어떤 상황에서 자신에 대해 평가하게 되는데 어떤 학생은 자신을 성공적인 성취자로 평가하고, 또 어떤 학생은 열등하다고 자신을 평가하게 된다. 그러므로 자아개념은 자신을 어떻게 평가하는가의 준거틀로써 매우 중요한 역할을 하게 된다.

2) 자아개념과 학교경험

교육자들은 자아개념과 자아존중감이 학생들의 교실에서의 행동과 성취수준에 중요한 영향을 미친다는 데 동의한다. "윤주는 늘 잘 못할 거라고 생각해." 또는 "영수는 해보려고 하지도 않아." 또는 "세희는 참을성이 없어."라고 말할 때 우리는 자아개념의 특성에 대해 얘기하고 있는 것이다. 또는 다음의 질문에 대한 학생의 대답을 통해 수학 능력에 대한 자아개념의 일부를 추론할 수 있다.

너는 반의 다른 아이들과 비교해 볼 때 수학을 어느 정도나 하니?
가. 나는 가장 잘하는 몇 명 중에 속해요
나. 나는 평균보다는 조금 나아요.
다. 나는 중간 정도예요.
라. 평균보다 조금 못해요.
마. 나는 수학이 엉망이예요.

만약 여기서 수학을 일반적인 학업수준으로 바꾼다면 우리는 학업능력에 대한 각자의 자아개념을 측정할 수 있을 것이다.

자아개념을 〈표 4-3〉에서와 같은 위계로 생각해 볼 수 있다. 제일 위의 일반적 자아개념(general self-concept)은 우리가 자신에 대해 가지는 믿음들이며 이것은 비교적 바꾸기 어렵다. 그 다음 수준은 학생들의 경우 학업과 관련된 자아개념과, 학업과 무관한 사회적 신체적 자아개념의 두 가지 영역이 있다. 그 다음은 과목이나 활동의 종류에 따라 더 구체적으로 나눌 수 있다. 만약 학생들이 수학에서, 또는 체육에서 성적이 향상될 경우 그 영역에 대한 자아개념 역시 향상될 것이다.

태도의 변화가 행동의 변화를 가져오는가, 아니면 변화된 행동이 태도의 변화를 가져오는가? 확실히 행동의 변화가 태도의 변화를 가져온다. 자아개념의 변화와 관련하여, 행동에 있어서의 기본적인 변화가 자신에 대한 존중감, 자기확신, 자기존엄성을 가져 온다는 것이다(Bandura, 1969).

능력에 대한 단기적인 행동의 변화가 늘 자아개념에 영향을 미치는 것은 아니다. 어떤 과목에 부정적인 자아개념을 가지고 있는 학생은 우선 그 과목에서의 자신의 성공을 거부하는 것처럼 보인다. 그들이 그렇게 하는 것은 성공 경험들이 자신의 자아개념과 일치하지 않기 때문이다. 그러나 관심있는 영역에 대한 장기적인 행동의 변화는 자아에 대한 태도에 변화를 가져다 준다.

학생들이 자신에 대해 부정적인 말을 못 하게 하는 대신에 부정적인 말을 긍정적인 말로 바꾸도록 하면 자아개념의 변화를 가져올 수 있다. 그러나 중요한 것은 자아개념의 변화는 말하는 것과 현실이 일치할 때만 말하는 대로 변화된다. 아주 못생긴 사람에게 신체적 매력에 대한 자아개념을 발달시키려고 하는 것은 어리석고 어렵고 부적절하다.

자아개념은 생활에서 중요한 사람들 즉 부모, 선생님, 친구들과의 상호작용을 통해서 성숙되므로 부모와 교사는 아이들의 자아개념에 부정적인 영향을 줄 환경에 대해 매우 조심스럽게 관찰하여야 하며 늘 주의를 기울여야 할 것이다.

자아개념이 교육적 결과에도 영향을 주는가? 아니면 교육적 결과가 자아개념에 영향을 미치는가? 성취수준과 자아개념간의 관계에 대한 상관연구는 본질적으로 정적인 관계임을 밝혀냈으나(Byrne,1984), 어느 것이 원인인지에 대해서는 상관 연구만으로는 알 수 없다.

학교에서의 성공의 수준으로 자아와 자신의 능력에 대한 정도를 예측할 수는 있으나, 자아존중감의 수준으로 학교성적을 예측할 수는 없었다(Bridgeman & Shipman, 1978; Kifer, 1975). 그러므로 교사들은 학생들의 학교성적의 성공과 실패의 경험에 대해 많은 관심을 기울여야 한다. 학생들의 성공과 실패의 경험의 역사는 학생들이 자신을 평가하는 데 중요한 정보로 작용하기 때문이다. Erikson의 발달이론에서 초등학교 시기의 근면과 열등감의 위기와 같이, 만약 아이들이 자기가 노력한 만큼의 인정을 받지 못하게 될 경우 아이들은 부적절감이나 열등감을 가지게 되는 것이다(Hamachek, 1978). 부정적 자아개념과 학업적 성취와의 관계는 악순환을 보여 준다. 어떤 과목을 자기가 잘 못한다고 믿으면 그 과목을 회피하게 되므로 공부를 하지 않고 연습을 게을리하게 되어 수업시간에 질문에 대답할 수 없으며, 그 과목에 대한 부정적 경험을 가지게 되는 것이다. 결국 수업시간에 제대로 답하지 못한 것은 초기의 자신의 믿음을 강화시켜주게 되는데 이 과정을 우리는 자아성취적 예언(Self-fulfilling prophecy)이라고 한다.

그러나 부모나 교사들이 성취한 것에 대해 인정해 줄 때 아이들의 자아개념을 긍정적으로 끌어올릴 수 있다. 특히 교사들이 긍정적 학습환경을 조성해 주고, 교실에서 학생들과 효과적인 대화의 시간을 가질 때 학생들의 자아개념의 방향에 많은 영향을 미치게 된다. 중요한 점은 학생들의 자아개념은 주로 교실에서의 성공적 수행을 통해 발달되기 때문에, 교사는 학생들이 자신의 능력에 따라 학습목표를 정하도록 도와주고, 그 목표를 성공적으로 수행하도록 조장해 줌으로써 학생들이 자신의 능력에 대한 자아개념을 높이는 데 도움을 줄 수 있다.

4. 도덕성 발달

유치원에 다니는 윤이는 투정을 부리다 한 개의 컵을 깬 것보다 엄마를 도와주려다 5개의 컵을 깼을 때 더 처벌을 받을 거라고 생각한다. 윤이에게 규칙은 절대적인 것이며 규칙을 어겼을 때 그 의도보다는 결과에 의해 벌을 받는다고 믿기 때문이다. 그러나 윤이는 성장하면서 자율적이고 동기나 그 이면까지 고려하는 합리적이며 자율적인 도덕 판단을 하게 될 것이다. 도덕발달은 어떤 단계를 거쳐 발달하는가?

1) Piaget의 도덕성 발달이론

Piaget는 도덕성 발달이 인지발달에 병행하는 것으로 생각하였다. 왜냐하면 아동은 정신적 성숙을 통해 규칙을 이해할 수 있기 때문이다. 5 - 6세의 아동들은 규칙이란 성인들에 의해 만들어지고 절대적이고 수정 불가능한 것으로 생각한다. 이와 같은 특성을 도덕적 사실주의(moral realism)라고 불렀으며, 그 규칙을 지키는 것이 최고의 선이라고 믿기 때문에 타율적(heteronomous) 도덕판단 단계로 보았다.

도덕적 사실주의
규칙을 절대적인 것으로 인식하는 단계

그후 자라서 8세경이 되면 협력의 도덕성(morality of cooperation)으로 옮겨가게 된다. 아동은 타인과 상호작용하면서 다른 사람에게는 다른 규칙이 있다는 것을 이해하게 되고 의도를 더 많이 생각하게 된다. 남을 해칠려고 의도한 아이는 우연히 그렇게 한 아이보다 더 벌을 받아야 한다고 생각하게 된다. 또 규칙은 사람이 만든 것이고 바꿀 수 있는 것이라고 생각하게 된다.

협력의 도덕성
규칙은 사람들이 만들었으며 바꿀 수 있다고 인식하는 단계

Piaget의 발달이론을 근거로 Lawrence Kohlberg(1963)는 도덕적 사고에 관한 발달단계 이론을 제시하였다.

2) Kohlberg의 도덕성 발달이론

Kohlberg는 Piaget의 도덕성 발달이론을 확대 발전시켜 도덕성 발달이론을

도덕적 딜레마
어떤 선택도 분명하게 옳다고 할 수 없는 상황

도덕적 추리
옳고 그름을 판단하는 사고과정

구축하였다. 그는 아동의 도덕판단의 자기규제성 여부에 근거하여 도덕성 발달을 6단계로 나누었다. 그는 각 연령별 아동에게 딜레마 상황을 제시하여 도덕적 판단을 하도록 요구하였고 그들의 도덕적 추론에 근거하여 단계를 구분하였다. Kohlberg가 제시한 갈등사항 중 Heinz 이야기는 다음과 같다.

어느 부인이 암으로 죽어가고 있다. 그런데 그 부인을 살릴 수 있는 약을 그 마을의 약제사가 발명하였다. 그 약을 만드는 데도 비쌌지만 그 약제사는 그 제조비에다 열배나 더 높은 가격을 요구하였다. 그 부인의 남편인 하인즈는 그 약값을 구하기 위해 백방으로 노력하였지만 반 값밖에 구하지 못하였다. 마침내 그는 약제사를 찾아가 아내가 죽어가고 있으니 먼저 약을 주면 꼭 후에 약값을 갚겠다고 사정하였으나 그 약제사는 들어주지 않았다. 약제사는 "나도 오랜 세월 힘들여 이 약을 발견하였으니 돈을 벌어야 되겠소."라고 말했다. 결국 하인즈는 아내를 살리기 위해 약방을 부수고 들어가 약을 훔쳤다. 하인즈는 어떻게 해야 했으며 그 이유는 무엇인가?

Kohlberg는 예, 아니오라는 답보다는 그 대답의 이면에 숨겨진 '왜' 라는 논리에 관심을 가졌다. 그는 발달단계를 3수준의 6단계로 나누었는데 개인의 욕구와 지각에 근거하여 판단하는 인습 이전 수준, 사회의 승인과 법에 근거하여 판단하는 인습수준, 사회의 법을 넘어선 공통의 권리 및 의무에 기초하는 인습 이후로 구분된다. Kohlberg의 도덕성 발달단계는 〈표 4-4〉와 같다.

〈표 4-4〉 도덕성 발달단계

수준 1. 인습 이전 수준

판단은 개인적 욕구와 타인들의 규칙에 따른다.

단계1 복종-처벌 지향
규칙은 처벌을 회피하기 위해 따른다. 좋거나 나쁜 행동은 그것의 물리적 결과에 의해 결정된다.

단계2 개인적 쾌락주의
개인적 욕구가 옳고 그름을 결정한다. 도덕적 행동은 자신과 타인을 만족시키는 도구로서 정의된다. 더 이상 규칙이나 법률이 고정적이거나 절대적이지 않다.

수준 2. 인습 수준

판단은 다른 사람들의 인정, 가족의 기대, 전통적 가치, 사회의 법 그리고 국가에 대한 충성에 근거한다.

단계3 착한 소년 착한 소녀 지향
도덕은 다른 사람과 좋은 관계를 유지하는 것으로 다른 사람을 기쁘게 해주고 도와주려 한다.

단계4 사회질서와 권위지향
법은 절대적이며 권위는 인정받아야 하고 사회적 질서는 유지되어야 한다.

수준 3. 인습 이후 수준

공통의 기준이나 권리 및 의무에 따라 행동한다.

단계5 사회적 계약지향
법은 여러 사람이 함께 살기 위해 동의한 장치라고 이해한다. 그러나 법이 사람들이 필요로 하는 바를 충족시키지 못한다면 언제든지 변경시킬 수 있다.

단계6 보편적 윤리 지향
선과 권리는 개인적 양심의 문제이며, 보편적 원리에 의해 모든 인간은 존엄하고 정의의 원칙이 우선되도록 행동한다.

3) Kohlberg이론에 대한 비판

Kohlberg의 도덕성 발달단계 이론과 관련하여 쟁점이 되고 있는 몇 가지는 다음과 같다.

첫째, 도덕성 발달이 불변적인 순서인가에 대한 문제이다. 그는 도덕성 발달이 불변적인 순서로 일어나며, 단계를 뛰어넘지 않으며, 단계순서에 퇴행은 없다고 주장하였다. 그러나 어떤 연구에서는 일시적이긴 했으나 대학생들이 인습적 도덕적 견해를 버리고 상대주의적 의문의 시기로 돌아갔다. 또 개인의 도덕적 선택은 상황에 따라 다른 단계를 반영할 수 있다. 누구를 도와주어야 할 때와 처벌의 위험을 감수하는 것과 관련하여 도덕적 추론을 하도록 하였을 때 도덕적 판단의 수준이 다르다(Eisenberg et al., 1987; Sobesky, 1983).

둘째, 그의 이론의 문화적 보편성과 관련된 문제이다. 5단계와 6단계는 서구적 개인주의적 남성중심적 가치관이다. 반면 가족중심적이거나 집단지향적 문화에서는 가장 높은 도덕적 가치는 개인양심에 근거한 결정보다 오히려 집단의견이 우위에 있다. 또 어떤 문화에서는 단계와 연령과의 관계나 발달속도에서도 차이가 있다.

셋째, Kohlberg의 이론은 도덕적 사고에 관한 것이지 행동에 관한 것이 아니다. 그러므로 도덕적 사고와 도덕적 행동이 반드시 일치한다고는 볼 수 없다. 여러 연구에 의하면 후인습적 수준에 있는 사람이 더 낮은 수준에 있는 사람보다 실제로 더 도덕적으로 행동하지 않는다는 점이다(Kupfersmid, Wonderly, 1980). 또 도덕적 사고의 수준이 6단계에 이르렀다고 해서 나치독일과 같은 강압적 공포적 상황에서 반드시 도덕적 행동을 하는 것은 아니다.

넷째, Kohlberg의 도덕발달 이론은 남성에 대한 종단적 연구에 근거하였기 때문에 여성의 도덕적 추론과 여성의 도덕 발달단계에는 적절치 않다는 점이다(Gilligan, 1982). Kohlberg는 가장 높은 단계의 도덕적 판단은 정의와 공평의 보편적 원칙에 기반을 두었지만, 사회가 여성에게 요구하는 타인에 대한 보살핌과 관계유지에 기반을 둔 도덕적 추론은 3단계에 해당된다. 그러면 여성은 남성에 비해 도덕적으로 열등한가? Kohlberg의 6단계에서 제시된 관념적 도덕성은 성경에서 하느님이 믿음의 증표로 아들의 생명을 요구했을 때 Abraham이 기꺼이 아들을 제물로 바치는 데서 볼 수 있다. 그러나 Solomon왕 앞에서 아기가 죽는 것을 보느니 차라리 거짓을 주장하는 여인에게 자신의 아이를 양보함으로써 자신이 아기의 어머니임을 증명한 그 어머니를 통해 Gilligan은 여성의 책임감의 도덕성을 제시한다.

현실생활에서 사람들이 실제로 내리는 도덕적 추론과 무엇을 결정할 때 중요한 근거가 무엇인지에 대한 Walker(1989)의 연구에서도 남성과 여성 모두 보살핌의 도덕성과 정의는 도덕적 추론의 중요한 기본원칙이었다. Gilligan의 비판과 사상은 도덕성의 구성에 대한 시각을 넓혀 주었다.

4) 학교에서의 도덕교육

아동은 성장 및 다른 사람들과의 상호작용을 통해 도덕성과 가치체계를 발달시킨다. 아동의 도덕적 행동은 그들을 이끌어 온 권위적 인물들의 도덕적 규칙과 원칙의 내면화를 통해 나타난다. 즉 자신의 행동이 교정되거나 어떤 지시를 받았을 때, 그것에 대한 어떤 이유가 주어진다면 도덕적 원칙을 내면화할 가능성이 높다. 또 도덕적 행동에 대한 중요한 영향은 모델링이다. 보살핌이나 관대한 성인 모델들에 일관성 있게 노출된 아동은 타인의 권리와 감정에 대해 더 배려하는 경향이 있다(Lipscomb, MacAllister, & Bregman, 1985). 따라서 교사는 학교나 학급의 분위기를 통해 도덕발달에 영향을 미칠 수 있다. 교사가 '죽어가고 있는 어떤 사람을 위해 필요한 약품을 훔치는 것은 옳은가?' 와 같은 도덕적 딜레마를 제시하여 학생들이 토의하도록 하는 것은 학생들간의 의견의 불일치를 생성하고, 아이들에게 현재 자신이 가지고 있는 도덕적 신념의 적절성에 대해 생각해 볼 기회를 준다. 이와 같은 토의는 도덕발달이 상위수준에 있는 학생들이 하위수준의 아이들의 생각에 영향을 미쳐 더 상위수준으로 옮겨가도록 도와준다.

Kohlberg에 의하면 도덕적 추리의 원리는 직접 가르쳐질 수 없다. 아동은 스스로 도덕원리를 생성해야 한다. 결국 교사의 역할은 그 과정을 촉진하는 것이다 (Yelon & Weinstein,1993).

연 구 문 제

1. Erikson의 이론이 초 · 중 · 고등학교 학생들의 발달을 이해하는 데 주는 시사점을 들어보시오.

2. 학교나 가정에서 아이들의 자아존중감을 길러주기 위해 어떤 방법들이 이용될 수 있는가?

3. 아이들의 성격과 사회성 발달에 미치는 부모의 양육방식을 고려할 때 바람직한 부모의 양육방식에 대해 설명하시오.
4. 학생들의 도덕성 발달을 위해 학교의 도덕교육은 어떤 방향으로 나아가야 하는지 구체적인 예를 들어보시오.

제 5 장

지능과 창의력

1. 지능
2. 창의력

미정이는 수업시간에 공부하는 것 외에 별로 열심히 노력하는 것 같지 않는데도 성적이 좋은 반면, 철수는 늘 밤늦게까지 앉아 공부를 하는 데도 성적이 오르지 않는다. 이런 경우 우리는 지능에 대해 생각해 보게 된다. 그렇다면 지능은 무엇이며 지능검사를 통해 지능을 제대로 측정하고 있는가? 정말 지능이 높으면 학교공부도 잘 하는가? 지능은 높일 수 있는가? 등의 문제들이 이 장에서 논의될 것이다.

이와 함께 요즘 가장 관심의 초점이 되고 있는 창의력에 관해서도 보려고 한다. 지능과 다른 별개의 인간능력인 창의력은 미래세계에서 가장 중요한 인간의 능력으로 이해되면서 교육과 산업분야에서 많은 관심이 집중되고 있다. 창의적인 사람들은 어떤 사람들이며 학교는 창의적인 학생들을 어떻게 육성할 것인지에 관해 보려고 한다.

1. 지능(Intelligence)

1)지능의 개념

지능의 개념에 대해서는 학자들마다 의견이 다르다. 대체로 지능은 학습을 위한 능력, 한 개인이 획득한 총지식, 새로운 상황과 환경에 성공적으로 적응하는 능력 등으로 이해되었다.

지능에 대한 관심은 19세기 말 영국, 미국, 프랑스, 독일학자들이 지능에서의 개인차를 측정하고자 시도한 것이 그 시초이다. 영국의 Galton은 감각 식별능력이 지적 능력과 관계가 깊다고 믿고 감각기능의 개인차를 측정하고자 심리측정실을 1884년에 개설하였고 1905년에 프랑스의 Binet와 Simon이 개발한 지능척도는 지능에 대한 초기 연구에 중요한 업적을 남겼다.

지능에 대한 대부분의 연구는 심리측정적 접근(psychometric approach), 피아제식 접근(Piagetian approach), 정보처리적 접근(information processing approach)중 한 가지를 취하였다. 심리측정적 접근은 지능을 양적으로 측정하는 데 관심을 가졌으며, 따라서 지능검사를 통해 개인이 얼마나 지능이 높은지 측정하는데 관심을 가졌다. 피아제식 접근은 지적 능력의 질적 접근으로 인간이 단계별 발달과정에서 무엇을 할 수 있는지 관심을 가졌다. 정보처리적 접근은 지적 행동의 기초가 되는 과정이나 인간이 지능을 사용하는 방법을 분석하는 데 관심을 가졌다.

2) 지능의 이론

Spearman(1904)은 인간의 지적능력을 일반 지능요인(g요인)과 특수 지능요인(s요인)으로 구성되었다고 보았다. 그는 여러 종류의 성취검사와 정신작업 검사 간의 상관계수에 관한 연구를 통해 일반 지능요인과 특수 지능요인의 존재를 가정하였다. 이는 마치 모든 육상활동에 기초가 되는 일반적인 능력과 단거리, 멀리뛰기, 높이뛰기에 작용하는 특수한 능력요인이 있는 것과 같다. 그는 일반요인으로 언어, 수, 정신속도, 주의, 상상의 5가지 요인이 공존하는 것을 찾아 냈다.

Thurstone(1938)은 Spearman의 이론이 불합리하다고 비판하고 지능이 단일의 특질로 간주되기보다 서로 독립적인 별개의 능력으로 구성되었으며 따라서 개인의 지적 능력을 적절하게 기술하려면 각 능력요인에 대한 각각의 점수를 제시해야 한다고 주장하였다. 그는 일반지능을 측정하는 검사들을 다양하게 수집 분류하여, 다요인분석 방법에 의해 7개의 집단요인이 있는 것을 발견하였다. 이 7개의 요인을 기본정신능력(primary mental ability:PMA)이라 하며 지각속도요인, 수요인, 단어유창성요인, 언어요인, 공간요인, 기억요인 그리고 추리요인으로 분류하였다.

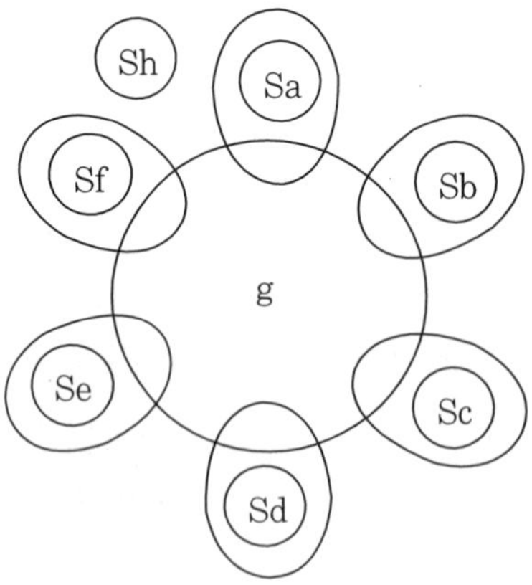

〔그림 5-1〕 일반요인론의 도시

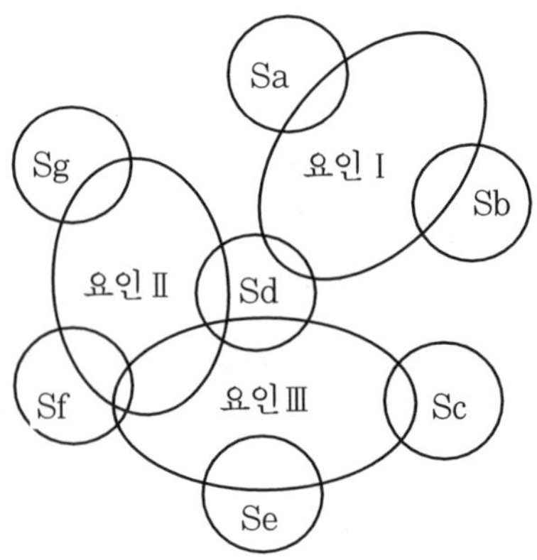

〔그림 5-2〕 다요인론의 도시

Guilford(1959)는 다요인설의 관점에서 Thurstone의 기본정신능력을 확대 발전시킨 지능구조모형(Structure of intellect model)을 제안하였다. 그는 인간의 지능은 3개의 필수적 차원이 존재한다고 보았다. 정신능력에 포함되는 내용(content)의 차원과 그 요인에서 요구하는 조작의 차원(operation) 그리고 그러한 조작이 내용에 작용하여 나타나는 산출(product)의 세 가지가 정신능력에 필수적으로 요구되는 차원이라고 보고, 이러한 내용, 조작, 결과를 조합하면 거기에는 특정한 요인이 발생한다고 가정하였다. 이들 3차원은 처음에는 내용차원이 4개, 조작차원이 5개, 산출차원이 6개로 120개 요인이 제시되었으나 후에 제시된 지능구조모형은 5개의 내용차원과 6개의 조작차원, 6개의 산출차원을 구성하는 요소들이 상호결합하여 얻어지는 180개의 상이한 정신능력으로 구성된다(Guilford, 1988). 〔그림 5-3〕은 Guilford의 지능구조모형이다. 그는 이 각각의 과제를 측정할 수 있는 검사가 개발될 수 있으며 그들이 각각 상호독립적이라고 가정함으로써 g요인의 존재를 부정하였다. 산출차원에서의 6가지 요인으로 단위는 지식과 정보의 형태, 유목은 어떤 공통적 특징을 지닌 일련의 사물의 집합(예: 척추동물), 관계는 두 사물간의 관련성(예: 지구와 달의 비교), 체계는 상호관련된 여러 부분의 복합적인 조직(예:십진법), 변환은 지식과 정보를 다른 모양으로 표현하는 것(예: $\frac{8}{3}=2\frac{2}{3}$), 함축은 어떤 지식이나 정보가 함축하고 있는 뜻(예:인플레이션)을 나타낸다.

Cattell(1963)은 Thurstone이 제작한 기본정신능력 검사 등을 분석하여, 지능에 관한 두 개의 일반요인인 유동적 지능(fluid intelligence/gf)과 결정적 지능(crystallized intelligence/gc)을 추출해 내었다.

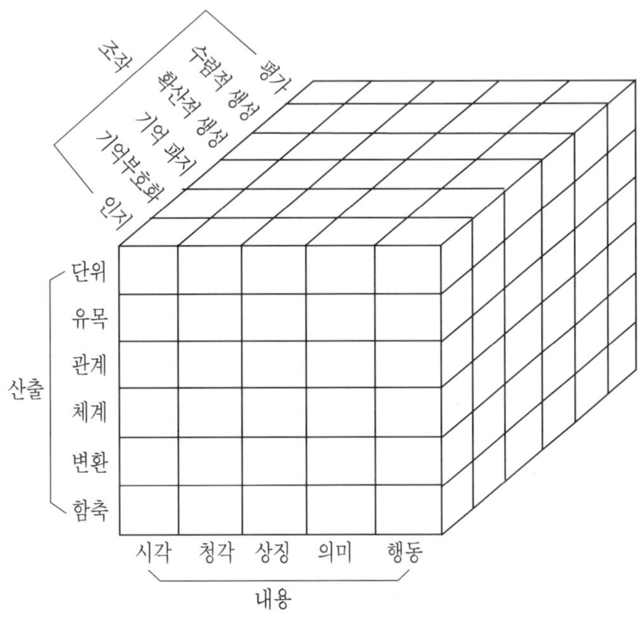

〔그림 5-3〕 Guilford의 지능의 구조

유동적 지능은 유전적, 신경생리적 영향에 의해 발달되는 지능으로, 뇌와 중추 신경계의 성숙에 비례하여 발달한다. 따라서 유동적 지능의 발달은 청년기까지는 증가하나 생리적 발달이 쇠퇴하는 성인기 이후에는 점차 쇠퇴한다. 유동적 지능은 속도(speed), 기계적 암기(rote memory), 지각력(perception), 일반적 추리력(general reasoning) 등의 능력에서 잘 나타난다.

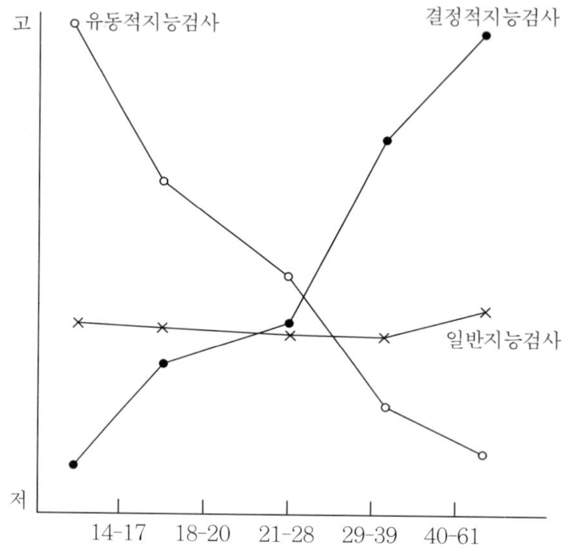

Horn, J. L.(1970). Organization of data on life span development of human abilities. In L. R. Gonlet & P.B. Baltes(Eds.). Life-Span development Psychology: Research and theory, NY:Academic Press, p.63에서 인용

〔그림 5-4〕 발달에 따른 유동적 지능과 결정적 지능 Graph

결정적 지능은 환경적 경험적 문화적 영향에 의해 발달되는 지능이다. 따라서 결정적 지능의 발달은 가정환경, 교육정도, 직업 등의 영향을 받는다. 그리고 결정적 지능은 성인기 이후에도 계속 발달하지만 환경의 질에 따라 차이가 있다. 지속적으로 지적 자극을 추구할 때 결정적 지능은 발달된다. 결정적 지능을 나타내는 능력은 언어능력(verbal comprehension), 문제해결력(problem solving), 논리적 추리력(logical reasoning), 상식(common sense) 등이다.

3) 새로운 지능이론

(1) Sternberg의 지능의 삼위일체 이론(triarchic theory of intelligence)

Robert J. Sternberg(1985, 1990)는 전통적인 지능의 개념에 실제적 지능의 개념을 포괄하는 지능의 삼위일체 이론(triarchic theory of intelligence)으로 지능에 대한 새로운 접근을 제시하였다.

그는 지능을 구성적 부분, 경험적 부분, 맥락적 부분으로 나누었다. 구성적 부분은 개인의 내적 세계와 관련되며 지능작용에서 가장 중심적인 기능을 한다. 기본적인 정보처리를 위해 메타요소, 수행요소, 지식습득요소의 세 가지 요소로 구성된다. 메타요소는 고차적인 정신과정으로 어떤 일을 계획하는 것, 일을 하는 동안 점검하는 것, 일을 평가하기 위한 집행, 통제과정이다. 수행요소는 메타요소의 지시를 실행하는 하위수준의 과정이다. 그러므로 메타요소의 계획에 따라 문제를 해결하게 된다. 지식습득요소는 궁극적으로 메타요소와 수행요소들이 하는 것을 어떻게 해야 하는지를 학습하는 것과 관련되어 있다. 즉 처음에 문제를 어떻게 해결할 것인가를 학습하는 데 사용하는 과정이다. Sternberg에 의하면 종래의 학교 과제해결과 관련되는 인지과정은 분석적 능력에 의존하므로, 이런 능력이 뛰어난 아동은 기존의 지능검사나 성취도 검사에서 높은 점수를 얻게 된다. Sternberg는 분석적 능력의 중요성을 지능의 구성이론으로 체계화하였다.

경험적 부분은 지능의 구성이 인간의 경험과 긴밀하게 관련되어 있어, 인지활동을 위한 지능을 이해하는 데 반드시 고려해야 할 부분이다. 우리들의 경험은 새로운 과제를 처리하고 정보처리를 자동으로 할 수 있는 능력을 증가시킨다. 그러므로 새로운 이론을 개발해 내는 통찰력 있는 학자, 전문적 경영인, 창의적인 과학자, 예술가 등은 경험적 능력이 우수한 사람이다.

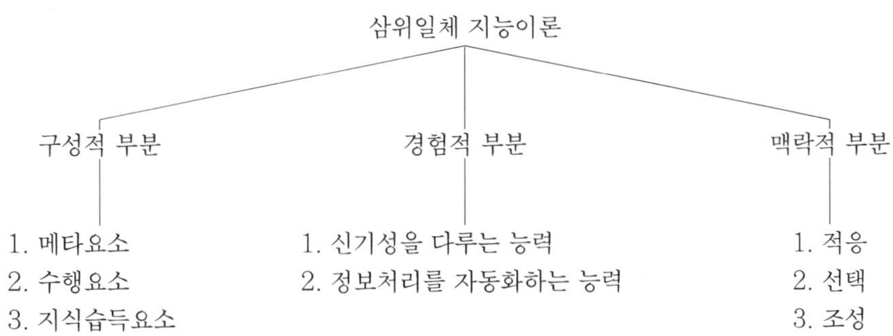

〔그림 5-5〕 Sternberg의 지능구조

맥락적 부분은 외적 세계에 대처하여 적응할 수 있는 기능으로 현실상황에의 적응력을 강조한다. 이 맥락적 능력은 전통적인 지능검사의 IQ나 학업성적과는 무관한 능력이다. 이 능력은 정규적인 학교교육을 통해 길러지는 것이 아니라 일상의 경험을 통해 획득되고 발달되는 능력이다. 맥락적 능력은 실제적 지능개념으로 일상적 문제 해결능력, 실제적인 적응능력, 사회적 유능성 등이 포함된다.

(2) Gardner의 다중지능 이론(multiple intelligence)

다중지능
Gardner가 7가지의 지능 종류에 동일한 비중을 두어 제안한 지능이론

Howard Gardner(1993)의 다중지능 이론은 지능의 구조에 대한 기존의 이론들과는 달리 상관계수와 요인분석에 기초하여 발전된 것이 아니라, 두뇌의 해부학적 구조와 개인이 속한 문화의 시각에서 지적 능력을 분석하여 이론화되었다. 그는 지능을 한 문화권, 또는 여러 문화권에서 가치 있게 인정되는 문제를 해결하거나 산물을 창조해 내는 능력이라고 보았다. 따라서 지능의 개념이 지능검사에 의해 너무 협소하게 정의되는 것과 언어능력 중심과 필답식, 선다형 위주의 측정방식에 대해 비판적인 입장을 보였다. 그는 인간의 지능은 서로 독립적이며 다른 여러 유형의 능력들로 구성되지만 이들은 서로 상호작용하고 있다고 보았다. Gardner가 제시하는 7개의 지능은 다음과 같다.

첫째, 언어적 지능으로 말하기, 읽기, 작문, 듣기 등에서 사용되는 지능이다. 단어의 민감성, 문장 구성의 숙련도, 그리고 언어 사용방법에 대한 이해력 등이 포함된다. 시인, 정치가, 교사 등이 이 지능이 높다.

둘째, 논리수학적 지능으로 논리적이고 추상적인 사고를 하는 지능이며, 대부분 과학적 사고에 이런 능력이 포함된다. 수학문제를 풀거나, 증명을 도출하는 능력 등이다. 수학자, 과학자 등이 이 지능이 높다.

셋째, 공간적 지능으로 물리적 환경을 다루는 데 사용된다. 자동차를 운전하거나 항공기를 조정하는 데 사용된다. 시각적 세계를 정확하게 지각할 수 있고 지각된 것을 변형시킬 수 있으며 균형과 구성에 대한 민감성 그리고 유사한 양식을 감지하는 능력 등이 포함된다. 예술가, 항해사, 건축가, 외과의사 등이 이 지능이 높다.

넷째, 신체 운동적 지능으로 신체를 숙련되게 사용하는 능력이다. 기계체조라든지, 무용과 같은 것에서 나타나는 재능으로 사물을 능숙하게 다루는 능력도 포함된다. 무용가, 외과의사, 운동선수, 공예인, 배우 등이 이 지능이 높다.

다섯째, 음악적 지능으로 노래하고 악기를 연주하며 작곡과 지휘를 하는 것과 관련된다. 즉 개개의 음과 음절에 대한 민감성, 음과 음절을 음악적 리듬이나 구

조로 결합하는 방법에 대한 이해, 음악의 정서적 측면에 대한 이해 등이 포함된다. 음악가나 작곡가는 이 지능이 높다.

여섯째, 대인적 지능으로 다른 사람을 이해하고 그들을 대하는 능력이다. 즉 대인관계 속에서 다른 사람의 기분, 기질, 동기, 의도를 잘 파악하며 그에 대한 지식에 따라 행동할 수 있는 잠재력을 가진다. 이 능력은 직장생활에 매우 중요하며 교사, 종교인, 정치가, 사업가, 행정가 등이 이 지능이 높다.

일곱째, 개인 내 지능으로 자기 자신을 이해하는 능력이다. 즉 어떤 사물에 대해서 자신이 어떻게 느끼고 있는지 알며, 자신의 감정을 이해하고, 자신의 행동에 대한 통찰, 자신의 목표, 욕구, 능력에 적합한 방식으로 행동하는 것이다. 소설가, 임상가 등이 이 지능이 높다.

Gardner(1993)는 종래의 지능이론들은 언어적 지능과 논리 수학적 지능만을 지나치게 강조하여 학교나 가정에서 그 외의 지능이 우수한 아동들의 실제능력을 개발해주지 못한다고 지적하였다. 교육자, 종교인, 외과의사 등은 언어적 지능과 논리 수학적 지능만으로는 직업세계에서 성공할 수 없으며 교육자에게는 대인적 지능이, 외과의사나 건축가에게는 공간적 지능이, 작가에게는 개인 내 지능이, 운동선수에게는 신체운동적 지능이 필수적이다.

4) 지능의 측정

지능은 키나 체중과 같이 직접 측정할 수 없는 것이기 때문에 우리는 사람의 행동을 관찰함으로써 지능의 존재에 대해 추론하게 된다. 따라서 우리가 지능을 측정한다고 하는 것은 인간이 가지고 있는 어떤 것을 측정한다기 보다는 인간들이 행하는 것을 측정한다고 할 수 있다. 이것을 달리기에 비유해 생각해 볼 수 있는데 같은 주자라 하더라도 여러 다른 조건하에서 기록을 잴 때 각각 다른 결과를 보일 것이다. 100m, 500m, 또는 1마일 달리기에서 각 주자마다 차이가 있을 것이며 따라서 여러 조건에서의 평균값은 별 의미가 없다. 또 꼭 100m 달리기이어야 할 필요도 없다. 85m 95m 105m 달리기가 될 수도 있다.

이와 같이 지능검사에 있어서도 실생활의 문제를 해결하는 데 다른 문제, 다른 채점방식에 따라 그 점수가 다를 수 있으며, 문제의 범위는 무한하게 넓고, 동기, 기회, 상황, 격려 등에 따른 다양한 요인들에 의해 영향을 받을 수 있으므로 지능지수에 대해 매우 조심스럽게 접근할 필요가 있다.

지능지수 일반적으로 사용되는 지능검사는 1905년 프랑스의 심리학자인

Binet와 그의 동료인 Simon에 의해 일반학교에서 교육받기에 적합하지 않은 학생들을 선발하기 위해 제작하였다. Binet는 정신연령이란 개념을 제시했는데 각 나이집단에 따라 점수를 표준화하였다. 즉 7세 된 어떤 아동이 일반적인 10세 아동의 점수를 얻었다면 그 아동의 정신연령은 10세에 해당되는 것이다.

정신연령
지능검사에서 그 연령집단의 평균 능력에 기초한 점수

지능지수
정신연령과 생활 연령간의 비율을 지수화한 것

그 후 1916년 미국의 Terman은 정신연령의 개념을 지능지수라는 개념으로 발전시켰는데, 지능지수는 생활 연령에 대한 정신연령의 비율에 100을 곱한 것이다. 즉 예를 들어 정신연령이 10세이고 실제연령이 8세인 아동의 지능지수는 125가 된다(10/8×100=125). 이와 같은 정신연령 개념은 각 아동의 정신연령이 실제연령과 같으면 지능지수는 항상 일정하게 100이 되어 실제연령과의 관계를 잘 나타내 준다. 그러나 이와 같은 방식은 정신연령이 15세 이후에는 거의 증가되지 않으나 실제연령은 계속 증가하기 때문에 지능지수는 15세 이후에는 점점 더 낮아지게 된다. 즉 이와 같은 방식은 지능검사가 어린 아동들에게 행해졌을 때에만 유용하다.

편차지능지수
개인의 수행을 동년배 집단의 다른 사람들과의 평균수행과 통계적으로 비교한 것에 기초한 점수

현재 우리는 편차지능지수를 이용하고 있다. 이것은 지능이 일반적인 모집단에 정규분포되어 점수의 분포가 종모양의 곡선을 이룬다는 것을 가정한다. 일반적으로 지능지수는 평균이 100, 표준편차가 15 또는 16 이다. 따라서 어느 한 학생이 평균보다 1표준편차 위의 점수를 받는다면 115 또는 116점이 되는 것이다.

그러나 만약 어느 A 지능검사는 표준편차 10을 사용하고 어느 B 지능검사는 표준편차 20을 사용하였다면, A 지능검사의 경우 68%의 아동이 90~110 사이의 점수를 받을 것을 기대하지만, B 지능검사의 경우68%의 아동은 80~120에 해당하는 점수를 받게 된다. A 지능검사에서 110을 받은 학생이라 할지라도 B 지능검사의 120에 상관되는 것임을 알 수 있다. 따라서 교사들은 다른 학교에서 다른 지능검사지를 통해 지능지수를 얻은, 전학 온 아이의 능력을 판단하는데 주

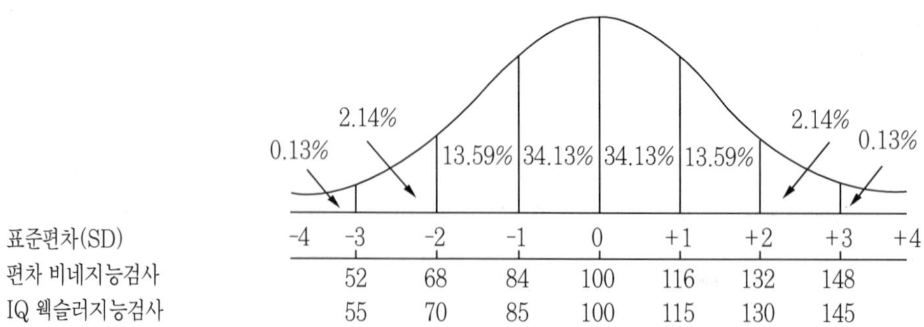

〔그림 5-6〕 IQ의 이론적 분포

의해야 할 필요가 있다.

지능지수는 아동의 현재 학업 성취수준이나 미래의 학업 성취점수와 높은 상관을 가지고 있으므로 지능지수가 매우 유용한 진단도구로 이용되어질 수 있고 학생들의 문제의 원인을 밝히는 데 도움을 줄 수 있다. 그러나 지능지수가 학생들에 대해 잘못된 선입견을 가지게 해서는 안 되며 집단검사만으로는 아동의 인지능력을 충분히 설명할 수 없다는 점을 교사나 부모, 학생 자신들은 염두에 둘 필요가 있다.

5) 지능의 개발

환경의 변화에 의해 지능이 개발될 수 있는지는 오늘날 지능연구의 중요한 문제 중의 하나이다.

지능은 유전적인 요인과 환경적 요인의 두 가지에 의해 영향받는다는 것이 알려져 있지만 그 정도가 얼마나 되는지는 정확하게 알지 못한다. 대체로 유전학자들과 심리학자들의 일치된 연구결과는 같은 유전적 배경을 가진 아이들이 환경적 차이에 따라 최고 25점까지 차이가 있을 수 있다고 한다. 즉 지능지수가 95인 4세 아동은 환경의 적절한 자극에 따라 100~105점도 될 수 있고, 또는 80~85점도 될 수 있다.

가정환경이 IQ점수에 영향을 미친다는 여러 연구결과들이 있다. 입양된 아이들의 환경적 변화 즉 부모, 형제, 친구, 학교, 이웃, 지역사회 등의 변화는 아이들의 지능에 영향을 미친다. 친부모들의 IQ점수를 통한 예측점수보다 좋은 가정에 입양된 아이들의 IQ가 더 높은 것이 입증되었다(Scarr & Weinberg, 1976; Schiff, Duyme, et al, 1982).

R. M. Wolf는 인지발달에 영향을 미치는 가정환경 요인을 분석하기 위해 개인의 특별한 특성과 환경간의 상관정도를 측정하였다. Wolf는 부모들이 아이들의 일반적인 지능의 개발에 미치는 요인들로 부모들의 성취동기에 대한 압력(아이들의 지적능력에 대한 기대, 아이들의 지능개발에 대해 가지고 있는 지식, 아이들의 지능개발을 위해 주는 보상 등), 아이들의 언어발달에 대한 압력(다양한 상황에서의 적절한 언어사용, 어휘확장의 기회제공, 부모들의 모델링), 부모들의 가정에서의 학습기회(책, 정기간행물, 다양한 상황에서의 학습조장물) 등을 들었다. 부모와 아이들간의 지능의 상관정도는 .50 정도이지만, 가정환경적 요인과 아이들의 지능과의 상관은 .76으로 나타나 부모로부터 타고난 지능보다 부모들의 가치나 행동을 통한 환

경적 과정들이 지능에 보다 많은 영향을 미치는 것으로 나타났다(Wolf, 1964). 그러므로 경제적, 사회적으로 적절한 가정환경의 영향을 받을 수 없는 아이들을 위해 일찍부터 사회적인 중재(intervention)가 필요하다.

교육자들은 저소득층 가정 어린이들의 불이익을 줄이기 위한 한 방법으로 조기교육을 지지해왔다. 이들을 위한 다양한 프로그램에 참여한 어린이들은 지능, 성취수준, 학교에서의 성공, 성취목표, 자신과 환경에 대한 느낌 등에서 장기적인 효과를 보여주었다(Lazar & Darlington, 1982). 또한 일반학교에서의 연구(Hebbeler, 1985)를 통해서도 수학과 독서, 지능검사에서 유아교육과 저소득층을 위한 교육의 지속적인 효과를 확인할 수 있었다.

이스라엘 심리학자인 R. Feuerstein은 청소년들의 지능을 증진시키는 프로그램을 개발하였다(Feuerstein, 1988; Feuerstein, Jensen, Hoffman, & Rand,1985). 그는 인지의 성장은 환경과의 상호작용을 통한 우연적 학습(incidental learning)과 학습자들이 문제를 잘 이해할 수 있도록 어른들이 단서를 제공하고 명료화시키고, 강조하고 정교화시키도록 도움을 주는 중재학습(mediated learning)을 통해 가능하다고 보았다. 이와 같은 중재학습을 받지 못하는 아동들의 경우 인지적 경직성과 비유연성, 새로운 상황의 개방성이 부족하게 된다. 10세에서 18세 학생들을 위한 Feuerstein의 프로그램은 전통적 지능검사들과 유사한 추상적인 문제해결 프로그램들로 구성되어 있다. 훈련과정에서는 자기통제와 자기조절을 강조한다. 학생들은 무엇을 학습해야하고 어떤 것이 중요한 것이며, 어떻게 새로운 문제에 적용하는지 알게 된다. Feuerstein의 프로그램은 이스라엘은 물론 세계 여러 나라에서 이용되고 있다(Bransford, Arbitman-Smith, Stein, & Vye, 1985; Campione, Brown, & Ferrara, 1982; Snow & Yalow, 1982).

2. 창의력

1) 창의력의 개념

사회가 고도로 복잡해지고 다원화되어가면서 창의력에 대한 사회적 관심과 요구가 급격히 증대되고 있다. 모든 것이 새로운 상황에서 새로운 적응방식을 스스로 개발하고 대처해 나가려면 미래사회에서는 창의력이 가장 중요한 인간의 능력이 될 것이다. 그러나 창의력이 무엇인지에 대해서는 아직도 단정적으로 표현하기가 어렵다. 예술가의 작품활동에서, 작가의 글쓰기에서, 과학자의 연구활동과 새로운 기술의 개발에 있어서 창의력은 가장 중요한 인간능력 중의 하나이지만 이 능력을 타고나는 것인지, 가르치고 배울 수 있는 능력인지에 대해서 아직도 의견의 일치를 보지 못하고 있는 것이 사실이다.

창의력의 연구와 교육적 관심의 역사는 그리 길지 않다. 역사 이래로 창의력이 인간의 중요한 지적 특성으로 이해되어 오긴 했지만 학문적 관심의 중심영역에 들어온 것은, 1950년 미국 심리학회에서 Guilford가 창의력의 과정(process)과 산물(product), 사람(person)의 중요성과 경험적 연구의 필요성에 대해 연설한 것을 계기로 창의력에 관한 다양한 관점에서의 연구들이 진행되어 왔다.

창의력이 무엇인가에 대해 J. P Guilford는 창의력을 새로운 독특한 아이디어 또는 문제를 새로운 시각으로 보는 확산적 사고(divergent thinking)로 설명하였다. 즉 문제해결을 위해 새로운 가능한 해결책을 생각해 내는 것으로 여러 가지 답이 가능하다. 화가들이 그림을 그리거나 시인들이 시를 쓸 때 최선의 것을 선택하기 전에 가능한 여러 가지 방법들을 탐색하는 것과 마찬가지이다. 그러나 이에 대응되는 개념으로 수렴적 사고(convergent thinking)가 있는데, 이것은 여러 가능성 중에서 지식과 논리적 판단과 추론을 사용하여 한 가지 답으로 수렴되는 것으로 특히 지능과 많은 관련이 있다. 그러나 이 두 사고는 분리되어 기능할 수는 없으며 서로 보완관계로 생각하여야 한다.

확산적 사고
여러 가지 다른 많은 생각이나 다양한 가능성을 생각해 내는 능력

수렴적 사고
여러 가지 가능성중 최선의 답을 선택하는 능력

de Bono도 사고를 수직적 사고와 측면적 사고로 나누었다. 수직적 사고는 논리적 추론을 통해 아이디어나 주장의 옳고 그름을 판단하는 데 이용되며, 측면적 사고는 사고가 좁은 통로에서 벗어나 새로운 방향으로 옮겨가는 것으로 여러 가지 다른 가능성을 생각해 보는 것으로 창의력과 관계 있다.

Torrance(1988)는 창의력을 유추를 통해 표현하였는데, 더 깊이 파는 것이며(digger deeper), 두 번 보는 것이며(looking twice), 냄새를 듣는 것이며(listening for smell), 실수를 넘는 것이며(crossing out mistakes), 파고 드는 것이며(getting in), 문 밖으로 나오는 것이며(getting out), 보려고 구멍을 내어 자르는 것이며(cutting holes to see through), 귀퉁이를 자르는 것이며(cutting corner), 태양에 플러그를 꽂는 것이다(plugging into the sun)라고 표현하였다.

2) 창의적인 사람의 특징

창의적인 사람의 특성으로 D. W. MacKinnon(1962, 1978)은 독립적이고 개

성적이며 자신의 감정과 정서에 개방적이고 민감한 지력을 가지고 있으며 판단보다는 지각과 경험에 더 몰두하며 개방적이고 불완전하거나 애매모호한 상황을 잘 견디고 그것을 완성하고자 한다고 기술하였다.

C. W. Taylor는 창의적인 사람의 특징으로 유연성, 기회에 대한 인식, 애매모호한 것에 대한 인내, 조급한 결론을 내리지 않는 특성들을 들었다. R. J. Sternberg(1988)는 창의적인 사람들의 인성특성으로 모호한 것에 대한 인내, 장애물을 극복하려는 의지, 성장하고자 하는 의지, 내적 동기, 적절한 모험심, 인정받고자 하는 욕구, 인정받기 위해 일을 하고자 하는 의지 등을 들었다. 그는 또 창의력은 다측면적 현상(multifaceted phenomenon)이기 때문에 이와 같은 인성특성들이 적절한 환경 아래 지적 능력과 사고유형들과의 상호작용을 통해 상승작용을 일으킬 때 가장 효과적이라고 주장하였다.

이와 함께 과업에 대한 개인의 내적 동기가 창의적 활동의 결정적 요인 중의 하나로 지적되고 있다(Hennessey & Amabile, 1988). 어린이들의 창의적인 예술활동에 대한 보상의 효과에 대한 Leppper와 그의 동료들의 연구에서(1973), 초기에 높은 수준의 내적 동기를 가지고 시작한 아동들도 상을 받을 것을 기대하면서 그림을 그리게 되면 흥미가 감소하게 되고 보상이 없는 집단이나 통제집단에 비해 그림의 질적 수준도 낮아지는 것으로 평가되었다. Amabile(1988)에 의하면 보상에 대한 기대가 활동 자체에 대한 즐거움을 방해하기 때문에 외적 보상은 창의력에 오히려 부정적 영향을 줄 수 있다. 즉 외적 보상은 활동 자체가 목적이 아니라 수단으로 지각하도록 하기 때문에 활동에 있어서 창의력을 감소시키는 중요한 요인이 될 수 있다.

3) 창의적 활동과정(the process of creative act)

창의적 활동은 주로 다음의 4단계를 거치는 것으로 보인다(Wallas, 1926).

① 준비: 특별한 문제가 연구할 만한 가치가 있는지, 또는 특별한 주제가 연구문제나 책, 그림, 음악에 적절한지를 인식한다.

② 배양: 이 기간 동안 어떤 주제나 문제에 대해 곰곰이 생각한다(가끔 무의식적 수준에서).

③ 영감: 어떤 문제에 대한 가능한 해결책이나 책에 대한 풍부한 아이디어들이 갑자기 의식수준에 나타나는 것이다.

④ 검증: 해결책을 검증하거나, 또는 아이디어들이 실제로 종이나 캔버스 위에

서 실행된다.

준비단계 동안에 창의적인 사람은 의문이 있는 문제나 주제와 관련된 여러 가지 가능성들을 탐색하고 가끔 완전한 멈춤 상태에 도달한다. 해결책이나, 정확한 절차와 방법이 마음속에 떠오르지 않으면 다음에 오는 배양의 시기 동안 창의적인 사람은 잠시 며칠 또는 몇 년 동안 그 문제를 제쳐둔다. Freud와 다른 심층심리학자들은 이와 같은 사고과정은 무의식 수준에서 일어나는 것으로 본다. de Bono의 수평적 사고와 같이 논리적, 순차적 사고(sequential thought)로부터 벗어나 의미를 인식할 수 있을 때까지 새로운 치환이나 새로운 병렬을 시도하면서 지식이 모여진 저장소를 자유롭게 배회하다가 어느 순간 영감(illumination)의 형태로 의식 수준에 나타나게 된다(Nierenberg, 1982).

영감은 주로 시인들이나 예술가들에게 매우 중요한 것으로 인식되어 왔지만 실은 과학자들조차도 이와 같은 영감을 통해 문제를 해결한 경우들이 많다. 시인 Hausmann은 그의 대부분의 시가 '이미 만들어진' 상태에서 영감을 통해 그에게로 다가온다고 표현하였으며, 수학자 Poincare는 아주 다른 활동을 하는 동안에 일련의 영감 속에서 Fuchsian 함수와 관련된 문제를 해결하였으며, 과학자 Kekule가 꿈속에서 벤젠의 화학구조를 발견한 것 등은 창조적 활동의 영감의 중요성을 잘 설명해 준다.

영감 다음으로 검증단계가 있다. 과학이론이 실험실에서 몇 달, 또는 몇 년에 걸쳐 검증되며 또는 소설이나 교향곡은 자세하게 그리고 수정, 재수정 작업을 거쳐야 한다. 그러나 이 검증과정에 있어서는 수렴적 사고가 매우 중요한 역할을 하게 된다. 그러므로 앞에서 논의한 것처럼 수렴적 사고와 확산적 사고를 분리하여 생각하는 것은 무의미하며 이 두 가지 사고는 서로 보완적인 관계에 있다고 할 수 있다.

4) 창의력 검사

심리측정적 연구방법을 통한 창의력 검사는 주로 여러 개의 답이 있을 수 있는 확산적 사고를 측정하거나 한 가지 자극에 대해 얼마나 많은 연상을 할 수 있으며 그 연상의 특별한 정도를 나타내는 아이디어의 유창성을 측정한다. 예를 들면, '물건의 이용'에 관한 검사인데 벽돌이나, 종이 클립, 맥주통, 담요, 책 등과 같은 일상용품의 용도를 가능한 많이 쓰도록 하는 것이다. 다른 검사로는 '단어의 뜻'

1. 그림완성

아래 그림에 선을 덧붙여 재미있는 그림을 완성해 보십시오. 아무도 생각해 내지 못하는 그림을 그려 보십시오. 처음 떠오른 아이디어에 덧붙이거나 그것을 발전시킴으로써 재미있고 짜임새 있는 이야기를 만들어 보십시오. 각 번호 옆에 그림의 제목을 재미있게 써 보십시오.(6분)

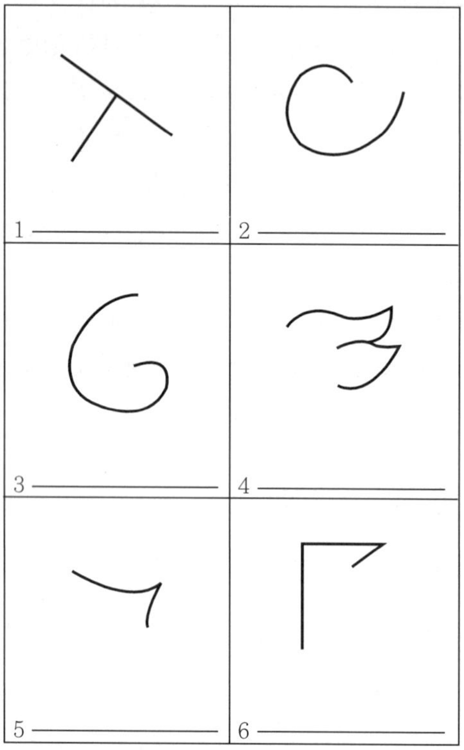

2. 물건의 개량

아래의 그림은 어느 장난감 가게에서나 볼 수 있는 천으로 만든 장난감 원숭이 입니다. 이 장난감 원숭이의 크기는 약 15cm이며 무게는 약 200g 정도입니다. 이제 이 장난감 원숭이를 가지고 아이들이 아주 재미있게 놀 수 있도록 변화시켜 보십시오. 생각할 수 있는 가장 멋지고 재미있고 특별한 방법들을 써 보십시오. 바꾸는 데 비용이 얼마나 드는지에 대해서는 전혀 걱정하실 필요가 없습니다. 다만 어떻게 하면 아이들이 더 재미있게 가지고 놀 장난감이 될 수 있을지만 생각하십시오.(10분)

3. 한번 가정해 보십시오

당신의 상상 속에서 아래의 상황이 일어났다고 한번 가정해 보십시오. 그리고 그로 인해 어떤 일들이 벌어질 수 있는지 생각해 보십시오. 즉 어떤 결과가 생길까요? 가능한한 많은 추측을 해 보십시오.

굉장히 짙은 안개가 지상을 모두 덮어 버려 사람들은 단지 발밖에 볼 수 없게 되는 상황을 한번 상상해 보십시오. 무슨 일이 일어날까요? 떠오르는 아이디어와 추측들을 열거해 보십시오.(5분)

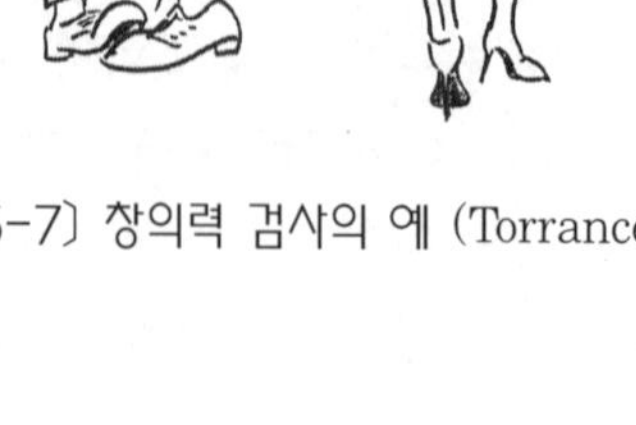

〔그림 5-7〕 창의력 검사의 예 (Torrance 창의력 검사)

을 쓰는 것인데 iron, carpet, bolt 등과 같은 단어가 갖고 있는 적절한 의미를 모두 쓰게 하는 것이다. 또 '인과관계(consequence)' 검사는 일반적인 순서에 따른(예를 들어, 수위 아저씨가 학교 열쇠를 잃어버렸다든가, 모든 사람이 100살까지 산다든가) 특별한 변화에 대한 결과를 생각해 보도록 한다.

도형 검사로는 주어진 원 또는 선 등을 이용해 가능한 많은 물건이나 사물을 그리도록 하는 것이 있으며, 음악적 검사로는 주어진 음악 소절에 대해 마지막 소절을 가능한 많이 생각해 보도록 하는 것이다.

창의력 검사로는 일반적으로 토랜스 창의력 검사(Torrance Tests of Creative thinking)(1966)가 많이 이용되지만, 교실현장에서 교사가 직접 창의력 검사를 만들어 사용할 수도 있다. 채점은 유창성(피검자가 한 반응의 수), 독창성(이들 반응들의 신기성), 융통성(다양성) 등을 평가한다. 독창성을 채점하는 방법은 그 반의 다른 아이들의 반응과 각 어린이들의 반응을 비교하여, 단지 한 아이만 독창적으로 반응하였다면 5점, 두 아이가 반응한 답이면 4점으로 채점하면 된다. 융통성은 반응의 영역이 얼마나 다양한가를 평가하는 것이다(예를 들면, 동물류, 식물류, 가정관련, 운동관련 등)(Fontana, 1988).

그러나 확산적 사고검사는 반응의 개별성을 강조하기 때문에 지능검사에 비해 표준화 작업에 어려움이 있으며 검사의 타당도에 대해 많은 의문이 제기되고 있다. 비록 Torrance(1972, 1981)는 실제생활에서의 창의적 성취수준과 창의력 검사점수의 관계에 대한 종단연구를 통해 어렸을 때의 창의력 검사점수와 성인의 창의적 성취수준간의 유의미한 상관관계가 있음을 보고하면서 창의력 검사의 예언타당도에 대해 긍정적 입장을 보이고 있지만, 짧은 시간동안 제한된 공간에서 쓴 답으로 다양한 상황에서의 창의적 능력을 평가하는 것은 어렵다. 시험상황에 대한 스트레스와 배양기간이 충분하지 못하기 때문에 검사실을 떠나는 순간에서야 가장 적절한 답이 생각날 수도 있는 것이다. 신뢰도의 경우는 어느 정도 높아서 여러 해에 걸쳐 여러 번 검사를 하여도 대부분 비슷한 결과를 보이지만, 창의력 검사도구들이 진정으로 창의력을 측정하고 있는지에 대해서는 아직 의문이 제기되고 있는 실정이다.

5) 창의력과 학교

(1) 교사의 역할

Torrance(1988)는 창의력은 타고나는 것보다도 교육과 훈련을 통해 개발될 수 있음을 강조하였다. 특히 그는 적극적으로 도와줄 수 있는 교사(mentor)의 중요성을 강조하였는데, 그의 22년 동안의 종단연구를 통해 교사들의 영향에 의해 학생들의 삶의 모습이 매우 차이가 있음을 발견하였다. 또한 Bloom(1985)은 각 단계에 맞는 선생님들의 다양한 역할의 중요성을 강조하였다. 결국 창의력의 육성을 위해서는 교실조직 자체보다는 교사의 창의력에 대한 관심과 열정이 더 중요하다. 폭넓은 자신의 관심거리를 가지고 있는 교사, 시간표 내에서 또는 시간표 밖에서 아이들과 즐거움을 나누는 교사, 스스로 생생한 생각을 해 내고 아이디어를 즐기는 교사, 그리고 무엇보다도 질문을 하고 그것을 듣는 교사들이 전형적이고 엄격한 교사보다 창의력 개발에 훨씬 더 적절하다.

Getzels과 Jackson(1962) 연구에서 높은 확산적 사고의 아동이 높은 수렴적 사고의 아동들보다 교사들에게 덜 인기가 있었다는 것은 매우 시사적이다. 학교는 규칙과 규율, 절차를 중시하기 때문에 지능이 높은 아동은 매우 창의적인 아동에 비해 훨씬 잘 적응한다. 창의적인 학생들의 생각이 가치있고 독창적이긴 하지만 그러나 또한 기괴하고 어리석게 보일 수도 있기 때문에 교사들이 창의적 학생들을 진지하지 않고 단지 장난하는 것으로 생각할 수도 있다. 창의력은 어느 순간에 어느 환경에서 적절한 형태로 나타날지 알 수 없으므로 교사는 창의적인 아동들의 특성을 이해할 필요가 있다.

교사들이 창의력을 조장하는 것과 관련하여 가장 염두에 두어야 할 것은, 그들이 무슨 과목을 가르치던 간에 학생들에게 확산적 사고를 조장해 주어야 한다는 것이다. 학교에서는 주로 옳은 답에 대해서만 보상을 해주고 틀린 답은 벌을 주는 경향이 있다. 좀더 새롭고 독창적인 답은 실수의 가능성이 크기 때문에 학생들은 문제에 대한 새롭고 독특한 해결을 시도하지 않고 안전한 정답만을 생각하게 된다. 따라서 교사는 훈계와 수렴적 사고만이 지지되는 분위기가 아니라 상상적 노력이 조장되고 보상되는 환경을 만들기 위한 노력을 해야 한다.

그러나 창의적 행동의 마지막 단계에 검증이 있었던 것처럼 창의적 해결책은 그 일이 적당한지 반드시 검증해 보는 것이 필요하다. 아이들의 창의적 시도는 칭찬되어야 하지만 동시에 검증되어야 한다.

교실에서 토론이나 논쟁을 할 때 교사는 요약을 시도하거나 교사 자신의 해결책을 제시함으로서 창의적 사고를 억제할 수 있음을 주의해야 한다. 교사의 권위 때문에 교사가 제시한 해결책은 어린이들에게 정답으로 간주되며 더 이상 자신의 창의적 생각은 하지 않게 된다. 토론의 마지막에서조차도 교사는 학생들이 제안한 아이디어의 가치에 대해 판단하려는 유혹을 피해야 한다. 마지막 한 마디로 교사의 느낌을 말함으로써 더 이상 아이들이 말할 것이 없도록 하는 것보다는 신중하게 열려진 채로 그대로 두는 것이 좋으며, 아이들에게 더 생각할 수 있는 기회를 주는 것이 좋다.

(2) 교실조직과 창의력

학생들이 스스로 많은 책임을 지며, 활동의 많은 부분의 주도권을 가지는 비형식적인 교실과 매우 형식적이고 구조화된 것을 최선으로 생각하는 형식적 교실 중에서 어느 편이 학생들로 하여금 더 창의력을 발휘할 수 있도록 하는가? 우리는 창의력과 관련하여 자동적으로 전자를 지지하기 쉽지만, 많은 예술가들이나 과학자들에게 자기 분야에서의 훈련과 일련의 고된 작업과정, 끊임없는 적용과정이 필요하다는 것에 대해 생각해 볼 필요가 있다. 무용가, 음악가, 또는 화가들과 같은 예술분야의 위대한 스승들은 자신들의 분야의 기본원리를 익히는 것의 중요성을 강조하였으며, 훈련을 통해 재능을 창의적으로 발전시킬 것을 주장하였다. 그것은 창의적 표현을 격려하는 동시에 표현과 틀이 적절한 형태를 가지는 것이 중요하다는 것을 강조하는 것이다.

Haddon과 Lytton(1971)은 비형식적 초등학교 교육을 받은 아동들이 확산적 사고에 있어서 형식적 교육을 받은 아동들보다 더 높은 성취를 보였으며 중등학교에까지도 그 차이점이 지속되었다고 하였다. 그러나 Benett(1976)가 확산적 사고검사 대신에 창의적 글쓰기와 같은 실제적인 창의적 노력에 대한 검사를 했을 때 그 결과는 형식적 초등학교와 비형식적 초등학교간에는 유의미한 차이가 없었다. 이는 학생들의 창의력을 키우는 데 있어서 단순히 교실조직의 문제보다는 교사의 역할이 훨씬 더 중요하다는 것일 수도 있다.

Wallach(1970)는 창의적 성인은 일반적으로 어린 시절에 풍부하고 다양한 경험에 노출되었으며 질문을 하도록 조장되었고 자신들의 생각을 적극적으로 실험으로 검증하며 자신들의 관심을 취미와 특별한 재능과 기술개발을 통해 추구해 나가도록 조장되는 환경을 가졌음을 발견하였다. 이런 것들은 바람직한 비형식적 교실에서는 물론 창의적인 형식적 교실에서도 가능하기 때문에, 학생들을 적극적으로 수업에 참여하게 하고 아이디어를 조장하기 위해 교사가 수업을 어떤 방식으로 진행하며 문제에 어떻게 접근하는가 하는 것이 어떤 교실조직인가 보다도 더 중요할 수 있다.

(3) 창의적 교수기법

토랜스(Torrance,1962)는 만약…이라면, 어떤 일이 일어날까?(또는 만약…이었다면 어떤 일이 일어났을까?)와 같은 추론과 역할극(role play)을 실시하는 것이 학생들의 창의력을 개발하는 데 효과적임을 주장하였다. 그는 또 몇몇의 특별한 아동뿐만이 아니라 모든 아동들이 창의적 잠재력을 가지고 있으며 훈련을 통해 각 개인이 가지고 있는 창의적 잠재력을 개발할 수 있다는 것을 아이들에게 인식시켜 주는 것이 필요하다고 주장하였다.

창의적 사고를 증진시키기 위한 여러 가지 창의적 사고기법들이 많이 개발되었는데 교실상황에서도 적용될 수 있는 기법들은 다음과 같은 것이 있다.

Parnes(1967)는 브레인스토밍(brainstorming)을 제안하였는데, 브레인스토밍 과정에서는 어떤 것이나 생각나는 대로 말하며 아무리 무모하거나 부적절한 것처럼 보이더라도 판단을 하지 않으며, 어떤 제안에 대해서도 비판하지 않는다. 브레인스토밍 과정은 녹음을 하여 마지막에 테입을 돌려 다시 영감을 자극하거나 일종의 검증단계를 거친다. 가끔 해결될 수 없는 것처럼 보이는 문제들이 이런 방식을 통해 해결될 수 있으며 참여자들은 다른 사람들의 의견을 통해 창의적 아이디어의 영감을 얻을 수 있다. 비판을 하지 않는 분위기는 각각의 사람들로 하여금 문제에 대한 자신들의 생각을 억누르거나 견제하지 않게 한다. Osborn(1963)은 브레인스토밍의 4가지 원리를 판단의 지연, 양의 추구, 자유로운 사고, 결합과 조합을 통한 개선으로 설명하였다. 만약 구성원들이 자신의 생각을 솔직하고 자신있게 표현하기 어려운 경우 브레인라이팅(brainwriting)을 할 수도 있다. 이것은 브레인스토밍과 같은 방법이지만 말을 하지 않고 자신의 아이디어를 종이에 쓴 다음 서로 교환한다.

de Bono는 창의적 사고력 기법으로 CoRT(Cognitive Research Trust) 프로그램과 여섯 가지 사고모(six hat) 방법을 제안하였다. 이와 같은 기법들은 사고를 정리하여 한 번에 한 가지 방식의 사고만을 할 수 있도록 하는 것이다. 이것은 색깔을 인쇄하는 것에 비유할 수 있는데, 색깔을 인쇄할 때 처음에는 각각의 색을 분리하여 칠하지만 결국에는 모든 색깔이 나타나게 되는 것과 같다.

CoRT프로그램에는 PMI 기법이 있는데 이것은 학생들이 어떤 상황에 단순히 반응하는 것이 아니라 먼저 어떤 문제의 긍정적인 면(Plus)을 살펴보고, 그후 부정적 측면(Minus)을 살펴보고, 마지막으로 주목할 만한 가치가 있으나 긍정적인 측면 또는 부정적 측면이라고 할 수 없는 것(Interesting)을 생각하도록 하여 주의(attention)의 방향을 잡아주는 방법이다.

여섯 가지 사고모(Six hat) 방법도 여섯 가지 색깔의 모자를 바꾸어 쓰면서 자신의 모자 색깔이 표상하는 유형의 각각 다른 사고자의 역할을 해 보는 것이다. 이와 같은 방법을 통하면 사람들이 대체로 한 가지 방식의 사고에 얽매여 있거나 자기방어 때문에 할 수 없는 말이나 사고가 가능하게 되며, 반사적 사고가 아니라 여섯 가지의 다른 측면에 주의를 기울일 수 있다.이 사고 기법은 여섯 가지의 다른 색깔의 모자를 쓰면서 스스로 또는 다른 사람들에게 어떤 특정한 양식의 사고를 하도록 요청할 수 있는 형식과 편리성을 갖는다. 각 모자의 색깔에 따른 사고의 특징은 다음과 같다.

백색모: 중립적이고 객관적 사실,자료, 정보
적색모: 감정, 느낌, 육감과 직관
흑색모: 부정적 판단, 어떤 것이 실패할 이유
황색모: 낙관적, 긍정적, 건설적 기회
녹색모: 창의적, 측면적 사고, 여러 가지 해결방안
청색모: 요약, 개관, 결론, 규율의 강조, 사고에 대한 사고

SCAMPER 는 일련의 사고과정을 나타내는 약어로 Bob Eberle에 의해 제안된 창의적 사고방법이다. 다음 순서의 사고과정을 통해 창의적 방법을 생각할 수 있다.

① 대치하기(Substitute) — 다른 것으로 바꾸기
② 결합하기(Combine) — 다른 것과 결합하기
③ 적용하기(Adapt) — 다른 것에서 적용하기
④ 수정하기(Modify) — 새롭게 변화시키기
 확대하기(Magnify) — 크기를 더 크게 하기
⑤ 다르게 활용하기(Put to other uses) — 다른 용도로 이용하기
⑥ 제거하기(Eliminate) — 축소하거나 어떤 부분을 제거하기
⑦ 반대로(Reverse), 또는 재배열하기(Rearrange) — 위치를 바꾸거나 속성을 바꾸기

6) 창의력과 지능과의 관계

지능과 창의력과의 관계에 대한 초기 연구에서 Getzel과 Jackson(1962)은 창의력은 높으나 비교적 IQ가 낮은 집단(고창의력 집단)과, 반면에 IQ가 높지만 비

교적 창의력이 낮은 집단(고지능 집단)을 비교 연구하였다. 두 집단 모두 비슷한 학업 성취를 보였으나 창의력이 높은 집단이 지능이 높은 집단보다 덜 적응적이고 교사들에게 인기가 적었으며 기대보다 과잉성취하는 경향이 있었으며 신선한 유머 감각을 갖고 있었다. 그러나 중요한 점은 확산적 사고와 IQ 점수간의 유의미한 상관관계가 없다는 점이다. 그런데 이 연구의 한 가지 문제점은 연구에 참여한 아동들이 모두 지능수준이 높았으며 전체 표집의 IQ평균이 132였다. 아동의 지적수준의 범위를 더 다양하게 넓혀서 연구한 다른 경우와 결과가 동일하지 않았으며, 관계가 있긴 하지만 그 정도가 얼마나 되는지는 불분명하다고 결론지었다.

현재까지의 가장 분명한 결론은 확산적 사고와 수렴적 사고간의 정적 상관관계는 평균 또는 낮은 지능지수를 가진 아동들에게서 가장 강하게 나타나며 직접적인 선형관계가 적용될 수 있다. 그러나 지능지수의 식역인 110～120 이상부터는 그 관계가 훨씬 더 복잡하고 임의적이다. 즉 지능이 아무리 높다고 해도 확산적 검사(창의력 검사)에서 어느 수준의 점수를 받을지 예측하기가 어렵다. 따라서 이 식역수준까지는 지능이 높으면 확산적 사고능력도 높게 나타나지만 그 이상의 수준에서는 지능이 높다고 해서 반드시 확산적 사고능력이 높은 것은 아니다. 확산적 사고능력을 예술에서의 창의적 능력과 관련하여 가정한다면, IQ 150의 화가의 그림이 IQ가 그 보다 30 정도 낮은 화가의 그림보다 더 훌륭하다고 할 수 없는 것과 같다.

창의적 활동을 하는 데 있어서 높은 지능지수와 높은 확산적 사고능력이 둘 다 필요하다. 이는 특히 과학의 경우에 그렇다. 과학의 기초를 이해하고 연구문제를 규명하고 어떤 문제와 다른 문제들과의 관계를 볼 수 있기 위해서는 창의적 사고능력과 함께 수렴적 사고능력도 필요하기 때문이다. 따라서 가정이나 학교에서 어떤 특정한 능력만을 강조하기 보다는 이 두 가지 능력이 모두 개발되도록 힘써야 할 것이다. Guilford와 그 외 다른 학자들이 강조하려고 한 것도 수렴적 사고의 지나친 강조로 인해 확산적 사고를 너무 무시하고 그 결과 학교에서 거의 창의력을 가르치거나 개발하지 않았다는 점이다.

연 구 문 제

1. 전통적인 지능이론들과 새로운 지능이론의 주요한 차이점은 무엇인가?

2. 본문에서 제시된 창의적 사고기법들 중 한 가지를 교육현장에서 적용해 보시오.

3. 교사가 창의력이 높은 아이들과의 관계에서 유의해야 할 사항을 생각해 봅시다.

제 6 장

학습자의 다양성

1. 학습유형
2. 성차
3. 특수학습자를 위한 교육
4. 영재아 및 영재교육

학교에 입학한 첫날부터 아이들은 다르다. 그들의 키와 몸무게가 다른 것처럼 아이들의 인지능력은 물론 학습속도에서도 차이가 있다. 어떤 아이는 혼자 공부하는 것을 선호하는가 하면 어떤 아이는 여러 사람과 같이 공부하는 것을 좋아하는 아이도 있다. 한 형제나 자매들간에도 어느 아이는 공부를 잘하는 반면 다른 아이는 성적이 좋지 않은 경우도 있다. 이것은 여러 가지 원인이 있을 수 있겠지만 중요한 원인 중의 하나는 바로 학습유형의 차이 때문이다.

1. 학습유형

학습유형
각 개인마다 가지고 있는 새로운 정보를 배우거나 정보를 처리하고 기억하는 방식

학습유형(learning style)은 새로운 정보에 대해 집중하거나 그 정보를 처리하고 기억하는 방식으로 사람마다 차이가 있다(Dunn & Dunn,1994). DeCecco는 학습유형을 개인이 새로운 개념과 원리를 배우는 과정에서 정보를 처리하는 각 개인의 방식으로 정의하였다. 지능은 높을수록 긍정적이고 능력이 있다는 것을 나타내지만, 학습유형은 어느 유형이 다른 유형보다 반드시 더 좋은 것이라고 할 수 없으며 어떤 점에서는 능력과도 무관한 개념이다

Dembo는(1991) 학습유형을 교실상황에서 학습에 영향을 미치는 개인차에 초점을 두었다. 각 개인이 가지고 있는 학습유형은 학업성취나 장기기억 등에 영향을 미치기 때문에, 각 개인의 학습유형에 적절한 교수방법의 적용은 효과적인 학업성취에 매우 중요한 역할을 하게 된다. 학생들이 선호하는 학습유형에 따라 적절한 학습이 이루어졌을 때 학업성취의 향상은 물론 수업에 대한 태도, 규율을 잘 지키는 것 등이 상당히 개선되었다(Andrew, 1990, 1991; Brunner & Majewski, 1990; Sullivan, 1993).

우리가 자신과 주위의 다른 사람들을 비교해 보면, 쉽게 학습유형의 차이점들을 보게 된다. 어떤 사람은 도서관에서 공부해야 능률이 오르는가 하면 다른 사람은 혼자 자기방에서 조용히 공부하는 것을 선호한다. 오랫동안 집중할 수 있는 사람이 있는가 하면 10~15분 이상 집중하는 것이 어려운 사람도 있다. 교사가 학생들의 이와같은 특성들을 관찰을 통해 알게 되면 학생들의 수업 태도를 이해할 뿐 아니라 어떤 과제를 어떤 방식으로 내주고, 어떻게 동기화시킬지를 결정하는데 많은 도움을 받을 수 있다. 예를 들면 학생들의 학습유형에 따라 교실환경을 재배치하든지, 적절한 교수기법들을 사용할 수 있다. 그러나 Dunn & Dunn(1994)은 학생들의 학습유형에 대한 교사의 단순한 관찰만으로는 학생들의

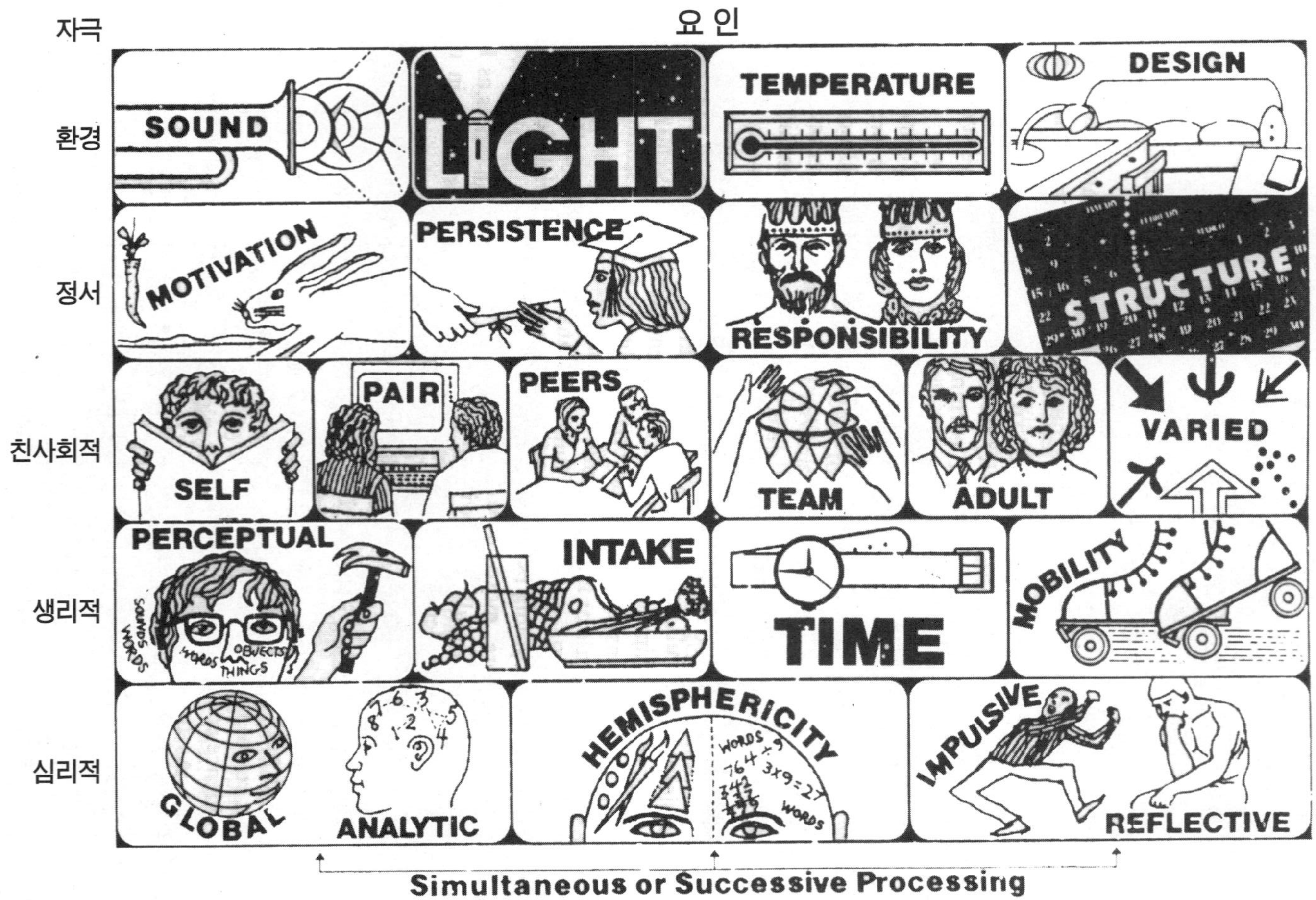

Learning Style Model, Dunn & Dunn(1992). Teaching Secondary Students Their Individual Learning Styles, Allyn and Bacon. p. 4에서 인용

〔그림 6-1〕 Dunn & Dunn의 학습유형

학습유형을 정확하게 진단하는 데 한계가 있기 때문에 학습유형 평가도구를 이용하는 것이 바람직하다고 제안하였다. 학습유형 평가도구로는 The Learning Style Inventory(Renzulli & Smith, 1978), The Learning Style Inventory(Dunn & Price, 1984), Learning Style Profile(Keefe & Monk, 1986) 등이 있다. 학습유형은 중 · 고등학생들의 경우 2~3년 이상 지속되지만, 초등학생들의 경우 지각의 강도가 성장과정에 있는 시기이기 때문에 2~3년에 한 번씩 재검사를 통해 학습유형을 확인하는 것이 필요하다.

Dunn & Dunn(1994)은 21가지 학습유형 요인을 제시하였는데 그 요인들은 〔그림 6-1〕과 같이 분류될 수 있다.

① 환경요인: 소리, 빛, 기온, 가구 및 좌석의 다자인
② 정서적 요인: 동기, 지구력, 책임감(적응성 대 비적응성), 욕구(외적으로 부여된 구조 또는 무엇인가 자신의 방식으로 할 수 있는 기회)
③ 친사회적 요인: 혼자, 둘이, 소집단으로, 팀의 일부분으로, 권위적인 어른이나 친구와 함께, 일상적인 것과 반대되는 다양한 것에 대한 욕구
④ 생리적 특징: 지각의 강도, 하루 시간 동안의 에너지 수준, 공부하는 동안의 음식이나 음료 섭취에 대한 욕구, 움직이고자 하는 욕구
⑤ 사고과정의 경향성: 전체적/분석적, 좌뇌/우뇌, 충동적/숙고적

일반적으로 많이 논의되는 학습유형으로는 충동형과 숙고형, 장의존형과 장독립형, 우뇌형과 좌뇌형이 있다.

1) 충동형과 숙고형

어떤 학생들은 주어진 질문에 대해 생각하는 데 늘 오랜 시간이 걸리는가 하면, 다른 어떤 학생은 항상 질문 즉시 대답한다. Kagan 등(1964)은 Matching Familiar Figure Test(MFFT)를 통해 과제에 대한 반응속도와 반응에서 틀린 수로 개념적 속도(conceptual tempo)라는 학습유형 차원을 제시하였다. 개념적 속도는 충동형과 숙고형으로 나눌 수 있는데, 충동형은 대답은 빨리 하지만 틀린 답이 많은 사람이며, 숙고형은 대답은 늦게 하지만 거의 틀리는 경우가 드물다. Kagan은 충동형과 숙고형은 비교적 일관성 있고 안정된 성격특질이며 만 2세경이면 나타나게 된다고 생각했다. 연구에 의하면 숙고형이 충동형에 비해 학습과제와 같은 문제나 독서, 기업과제 등에서 더 점수가 높았다(Bjorklund, 1989).

그러나 교실상황에서는 정도가 심한 충동형 학생과 숙고형 학생은 둘 다 문제가 있을 수 있다.

충동형 학생은 지능이 낮지 않아도 질문에 대해 생각을 하지 않고 답하기 때문에 독서점수나 학업성취 검사에서 낮은 점수를 받기 쉽다. 한편 숙고형 학생은 까다로운 문제가 있을 경우 한 문제를 너무 오래 가지고 생각하다가 다른 문제들을 놓치는 경우가 생길 수 있다.

교사들은 학생들에게 "생각을 하고 답을 써라." 또는 "한 문제를 가지고 너무 오래 붙잡고 있지 말아라."하는 이야기를 자주 한다. 교사는 학생들의 그와 같은 행동들이 그들이 가지고 있는 학습유형 때문이며 학습유형은 성격의 한 부분임을 이해하여야 하며 특별한 훈련을 통해서 변화할 수 있다는 것을 이해해야 한다.

2) 장의존형과 장독립형

가장 많이 연구된 학습유형 중의 하나가 장의존형(field-dependent)/장독립형(field-independent) 측면이다. Witkin 등(1977)은 개인의 성격적 경향성을 장의존형과 장독립형으로 분류하였는데, 장의존형의 사람은 특히 사회분야에 관심이 많으며 자신의 태도와 믿음을 정할 때 다른 사람들에게 의존한다. 그들은 상당히 사회적 민감성을 고려한다. 반대로 장독립형의 사람은 비사교적이며, 다양한 자극 중에서도 추상적인 것들에 대해 더 관심을 갖는다.

장의존형과 장독립형의 차원은 특별한 상황에서 관계있는 요인을 분리하려고 할 때 방해가 되는 배경요인을 극복할 수 있는 정도를 측정하는 것이다. 방해요인에 대해 독립적일수록 분석적이고 장독립적이며, 방해요인에 의존적이거나 무시하기가 어려울수록 전체적이며(global) 장의존적이다. 〔그림 6-2〕와 같은 숨은 도형을 찾는 검사에서 도형들을 모아 다이아그램을 읽는 데 어려움이 있을 경우 장의존형일 수 있다.

이들 두 가지 유형의 사람들은 환경에 대해 다르게 반응한다. 장의존형은 사람들에게 이끌리며 사람들과 관계 있는 사회과학과 같은 학문이나 가르치는 직업을 선호하며 매우 인간지향적이다. 반면 장독립형은 사람들간의 상호작용을 덜 강조하는 천문학이나 공학과 관계있는 직업을 선호하고 학교에서는 수학이나 물리같이 비인격적이고 추상적인 과목을 선호한다.

사회적 강화도 장독립형의 사람보다 장의존형의 사람에게 훨씬 더 영향력이 크다. 교실상황에서 학생들에게 강화를 줄때 학생들에 따라 강화의 반응이 다른데,

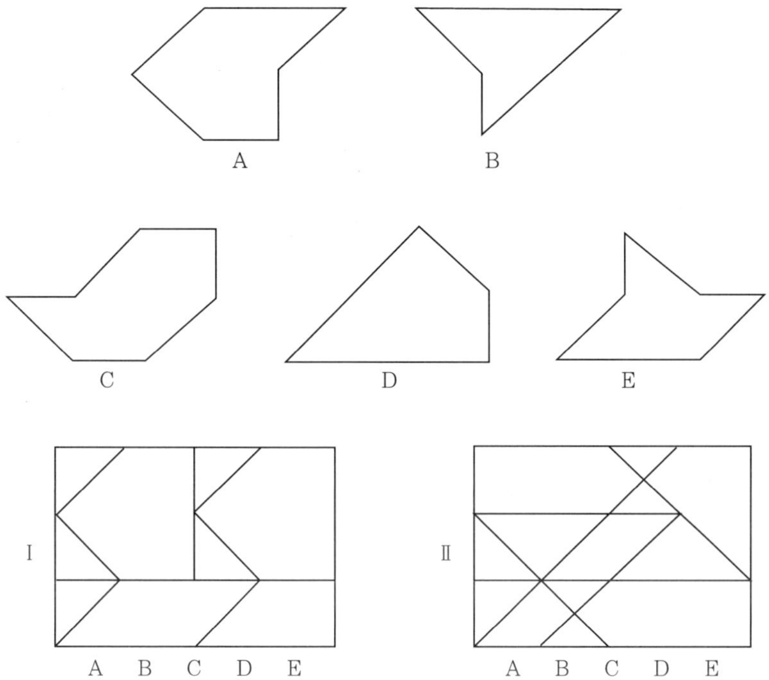

〔그림 6-2〕 Educational Testing Service(1962, 1975)에서 인용.

바로 이것 때문일 수 있다. 또한 과목의 구조의 정도에 따라 다른 선호도를 보이기도 한다. 학습내용이 구조화되어 있지 않을 때 학습자가 그것을 조직하여야 하는데 장독립형의 사람들이 학습내용을 배우고 조직화하는 데 필요한 구조를 더 잘 내면화할 수 있다. 그러나 학습과제가 구조화되어 있을 때에는 장의존형과 장독립형의 학습능력은 대등하다.

장의존형/장독립형 학습유형은 〈표 6-1〉에서와 같이 교사들의 교수유형과 동기화시키는 방법에서도 구별된다. 일반적으로 장독립형 교사는 학생들간의 경쟁을 이용하거나 독립적인 성취를 조장하는 장독립형 교수유형을, 장의존형 교사는 학생들간의 상호작용을 조장하는 장의존형 교수유형을 선호한다.

3) 좌뇌와 우뇌의 정보처리 과정(Hemisphericity)

정보처리와 문제해결에 있어서 뇌의 어느 부분의 이용을 선호하는지는 각 개인마다 다르다(Bjorklund,1989). 인간의 뇌는 좌뇌와 우뇌의 두 부분으로 나눌 수 있는데, 서로 연결되어 있으며 같이 활동하지만 그 기능은 다르다. 우뇌는 직관적

〈표 6-1〉 장의존형/장독립형 학습유형

학습유형	
장의존형	장독립형
전체적으로 지각	분석적으로 지각
전체적 방식의 경험;주어진 구조에 고착	분명하게 경험; 부과된 구조나 제한조건에 따름
개념들간의 일반적이고 폭넓은 구별; 관계를 본다	개념을 구체적으로 구분
사회적 경향성	비인격적 경향성
사회적 내용의 과목을 가장 잘 학습	사회 과목은 단지 과제로 학습
자신의 경험과 관련된 과목에 가장 관심	자신에게 새로운 개념에 관심
외적으로 부과된 목표와 강화를 요구	자기 자신이 세운 목표와 강화를 가짐
조직되어 부과되는 것을 요구	자기 스스로 상황을 구조화
비판에 많은 영향을 받음	비판에 덜 영향을 받음
개념획득을 위해 관객과 같은 접근 태도	개념을 얻기 위해 가설검증 접근 이용

교수유형	
장의존형	장독립형
학생들간의 상호작용이나 토론을 허용하는 교수상황을 선호	강의법과 같은 비인격적 교수상황을 선호; 교수의 인지적 측면을 강조
학생들이 교수에 따르고 있는지 확인하는 질문 이용	주제를 소개하기 위해 질문사용
학생중심의 활동이용	교사에 의해 조직된 학습상황을 이용
학생들에게 사실을 가르치는 사람으로 인식됨	학생들에게 원리를 적용하는 것을 조장하는 사람으로 인식됨
피드백을 거의 사용하지 않음; 부정적 평가를 피함	정확한 피드백을 줌; 부정적 평가를 사용
따뜻하고 인격적인 학습환경을 형성하는 데 강함	학생들의 학습을 조직화하고 안내하는 데 강함

학생들을 동기화시키는 방법	
장의존형	장독립형
언어적 칭찬을 통해서	점수를 통해서
교사를 돕는 것을 통해서	경쟁을 통해서
외적 보상을 통해서(별, 스티커, 상)	활동의 선택, 개인적 목표에 대한 표를 통해서
다른 사람들에게 과제의 가치를 보여줌으로써	과제가 얼마나 유용한지 그들에게 보여줌으로써
윤곽과 구조를 제시함으로써	자신의 구조를 디자인할 자유를 줌으로써

Garger & Guild, *in Curriculum Review* (1984)에서 인용

인 반면 좌뇌는 논리적이다. 우뇌가 정서, 창의성, 직관, 공간적 관계 등과 관련된다면, 좌뇌는 말하기, 논리, 독서, 수학, 추상적 개념 등과 같은 영역과 관계있다.

어느 능력이 더 중요하기 때문에 어느 한쪽 뇌를 특별히 더 개발해야 한다는 주장은 바람직하지 않다. 그러나 우리의 학교교육에서는 주로 어휘, 논리, 수학, 분석기술과 같은 것만을 주로 다루기 때문에 우뇌는 거의 활동을 하지 않게 된다. 상급학년으로 올라갈수록 이와 같은 현상은 더욱 심화된다. Levy(1982)는 좌뇌와 우뇌는 서로 함께 활동하기 때문에 좌뇌와 우뇌를 엄격하게 구분하고, 어느 한쪽의 뇌를 더 개발하는 것은 옳지 않다고 주장하였다. 그에 의하면 문학을 감상하기 위해서는 단어와 문장의 의미를 알고 언어의 리듬과 장면에 대한 느낌, 이미지, 인물의 성격 등을 파악할 수 있어야 하는데 이와 같은 경험은 두뇌의 어느 한 면만으로는 어렵기 때문에 양쪽 뇌의 통합된 활동이 필요하다.

결국 각 학생들의 학습유형의 개인차와 교수학습 방법을 어떻게 연결시키는가 하는 것이 중요하다. 이를 위해 먼저 교사는 학생의 학습유형이 어떤 것인지 판단해야 하고 그에 따른 적절한 교수방법을 찾아야 한다. 학습유형에 따른 적절한 학습방법을 통해 학업성취의 향상을 가져오는 데 대한 연구는 많지 않지만, 대표적 연구로 Cronbach와 Snow의 적성-처치 상호작용 연구가 있다(Aptitude-Treatment Interaction:ATI). 이 연구의 목표는 특정한 학습유형을 가진 학생이 어떤 교육 프로그램이나 치료에서 가장 잘 수행할 수 있으며, 또 다른 특성을 가진 학생은 다른 어떤 교육 프로그램을 통해 가장 높은 학업성취를 보여줄 수 있는지 그 상호관련성을 찾는 데 있다. 그들 연구의 결론은 지적 능력이 높은 학생은 과제에 대해 그들 스스로의 방식으로 구조화할 수 있도록 자유를 줄 때 가장 잘 학습하는 반면에, 지적 능력이 낮은 학생은 구조화된 학습과제를 제시해 줄 때 가장 잘 학습하였다. 그러나 아직 이 연구는 학생들의 지적 능력과 구조화되거나 허용적인 학습환경과의 관계에 대한 연구에 제한되어 있다. 이제까지 연구에서 중요한 점은 학생들이 어떤 학습유형을 선호한다고 해서 학업성취가 향상되는 것은 아니라는 것을 교사들이 이해할 필요가 있다.

2. 성차

소현이와 동준이는 매우 다르다. 그들은 외모는 물론 힘의 세기, 신체적 능력,

지적 능력, 인성 등이 다르다. 그들의 이런 차이점은 그들이 여자이고 남자이기 때문인가? 아니면 단순한 개인간의 차이 때문일까?

1) 성역할 고정관념의 발달

발달심리학자들은 남녀 유아들의 행동에 있어서의 성차가 거의 없다고 하지만, 자유로운 현대사회의 대부분의 부모들은 아동의 성에 따라 유아들에게 각각 다르게 반응하고 있는 것이 확실하다. 아이들이 성장하면서 어머니들은 남자아이들에 비해 여자아이들에게 더 많이 이야기를 해주고 옆에서 더 많이 놀아준다. 남아들의 경우 더 멀리서 더 공격적으로 놀도록 허용해 줄 뿐만 아니라 더 많이 탐색할 수 있게 한다. 부모들은 자신의 아동기에서 비롯된 몸에 배인 태도, 무의식적인 태도로 남아와 여아를 다르게 사회화한다. 또한 아이들이 성장해 가면서 아버지는 아들에게는 능력을, 딸에게는 관계를 강조한다. 그들은 딸에게 의존적이 되도록, 아들에게는 성취자가 되도록 고무시키는 경향이 있다(Shepherd-Look, 1982).

아이들은 또 교사, 친구, 책, TV, VIDEO 등을 통해 여성과 남성에 적절한 성역할이 어떤 것인지를 배우게 되면서 자신이 살고 있는 문화와 전통에 더 적절하다고 기대되는 성역할에 맞는 행동을 하게 된다. 실제로 아동들의 책과 TV내용은 매우 성 고정관념적인 내용들을 담고 있으며, 그 영향력이 매우 크다.

Sandra Bem(1983, 1985)은 남아와 여아가 무엇을 하기로 되어있고 해야 하는지에 대해 사회가 규정하고 있는 성도식(gender-schema)을 관찰하고, 그 도식에 맞는 자아개념을 형성하게 된다고 보았다. 즉 아동은 여러 가지 속성들 중에서 어떤 것이 자신의 성에 적합하고 적합하지 않은지를 학습하게 된다. 따라서 그들은 이와 같은 성도식을 통해 자신의 행동을 판단하게 되고 자아존중감을 가지게 된다.

Bem은 또 성 고정관념은 남녀 모두 자신의 잠재력을 달성하기 어렵게 하므로 가장 건강한 인성은 남녀 모두에게 적합한 인성을 골고루 가진 양성적인(androgynous) 인성이 바람직하다고 주장하였다. 즉 자기주장적이고 독립적이며 자기신뢰적인 남성적 특질과 온정적이고 이해심 있고 세심한 여성적 특질을 모두 가지고 있으면, 자기 성에 적합한 행동이 아니라 상황에 맞는 가장 효과적인 행동을 할 수 있을 것이다.

2) 여아와 남아는 얼마나 다른가?

이제까지의 연구결과를 보면, 현저한 성차가 나타난 것은 아주 소수에 지나지 않는다. 여아가 언어능력이 뛰어난 것과 남아가 수학 및 공간능력이 더 우수하다는 것은 미미한 정도에 불과하며 사춘기 이후에나 나타나기 시작한다. 인성적 차이로는 아동 초기에 남아가 더 야단스럽고 더 많이 싸우며 부모에게 도전적인 반면, 여아는 협동적이고 감정이입적이며 설득을 통해 갈등을 제거하려는 경향이 있다(Maccoby, 1980). 사람들은 양성의 실제적 차이보다도 더 많은 차이가 있다고 믿고 있는 경향이 있다.

〈표 6-3〉 남녀의 차이

범주	남아	여아
신체적 차이	약간 더 크고 무거움 신체적으로 보다 취약함	좀 더 빠르게 성숙함
인지적 차이	10세나 11세 이후에 수리적, 공간적 능력이 약간 더 우수함.	10세나 11세 이후에 언어적 능력이 약간 더 우수함.
인성적 차이	보다 공격적임. 거칠게 논다. 다른 아동들을 지배함. 부모에게 도전함. 위협하거나 힘을 사용함.	보다 협동적임 싸움을 피하기 위해 규칙을 정함 감정이입적임 나이 어린 아동에게 반응적이고 잘 도와줌

Maccoby의 *Social Development*(1980)에서 인용

3) 학교와 성차

학교는 아이들의 성차에 대해 어떻게 반응하는가? 성역할 고정관념을 줄이는 데 기여하기 보다는 오히려 학교가 교과내용, 교사의 아동과의 상호작용, 교실에서의 과제분담 등에서 남녀 학생을 다르게 취급하고 학생들을 성 고정관념적인 아이로 만드는 경향이 있다(Marland, 1983).

실제로 많은 교과서에서 남성들은 다양한 전문직으로, 여성들은 대부분 간호사 또는 가정주부로 그려지고 있으며 남성은 창의적이고 용감하며 모험적이고 능력이 있게, 여성은 유순하고, 수동적이며 의존적이고 두려워하는 성 고정관념적인 모습으로 그려져 있다.

교사들도 남학생과 여학생에 대해 다른 시각을 가지고 있다. 여학생들은 더 조용하고, 더 주의깊고, 성취지향적이며 인내심이 있고 협동적인데 비해, 남학생은

공격적이고, 활동적이며 주의가 산만하다고 교사들이 생각하는 경향이 있다(Brophy & Evertson, 1981). 이것은 여학생들이 남학생들보다 유순하고 복종적이며 조용하기 때문에 교사가 교실을 통제하고 훈육하기 용이한 것과 관계가 있다(Lee,1973). 그러나 한편으로는 남학생들이 더 활동적이고 눈에 잘 띄기 때문에 교사들에게 야단도 많이 맞지만, 칭찬도 더 받고 더 많은 질문을 하며 더 많은 선생님과의 접촉을 이끌어 낸다. 그러므로 Brophy와 Good(1974)은 교실에서의 성차는 교사가 학생들에게 영향을 주기 보다는 학생들이 교사의 행동에 영향을 미치는 것으로 보았다. Sadker와 Sadker(1986)는 남학생들이 SAT와 같은 시험에서 수학과 과학의 점수가 더 높은 것도 수업시간에 주도적이고 질문을 많이 하고 탐색하는 그들의 태도와 관계가 있다고 제안하였다.

4) 어떻게 성역할 고정관념을 줄일 것인가?

성역할
어떤 문화에서 여성과 남성에게 각각 적합하다고 생각하여 수행할 것을 기대하는 행동 및 태도

성역할 고정관념
어떤 문화에서 성을 기준으로 극단적으로 역할을 일반화하여 각 개인의 행동을 억압하는 사회의 관념

교사들은 자신의 기대와 행동이 성역할 고정관념화와 남녀의 학업능력과 행동에 어떤 영향을 미치고 있는지 잘 모르고 있다(Serbin, 1983). 교사가 성역할 고정관념의 주도적 역할을 하고 있는 것은 아니지만 어떤 점에서 교사가 성역할 고정관념에 대한 생각을 변화시키거나 정보를 제공하는 주요 역할을 하지 않으며 수동적으로 성유형화를 강화하는 것이 사실이다(Eccles & Blumenfeld, 1985).

교사가 성역할 고정관념에 얽매이지 않고 평등한 교실환경을 만들기 위해 다음과 같은 역할을 할 수 있을 것이다(Shapiro, Kramer, &Hunerberg, 1981).

① 아이들이 성역할 고정관념과 태도, 사고, 행동에 영향을 미치는 여러 가지에 대해 알도록 도와준다
- 학생들이 성역할 고정관념에 얽매인 행동을 하거나 말을 할 때, "누가 여자이기 때문에, 또는 남자이기 때문에 할 수 없다는 말을 하니?"라고 교사가 반응하고 적절한 남녀의 행동에 대해 생각해보는 기회를 가진다.
- 책이나 잡지, TV, 영화 등의 내용에서 성역할 고정관념에 얽매인 내용들을 분석해 보고 논의하는 시간을 가진다.
- 어떤 성에 대한 자신의 태도나 감정을 얘기할 때 그것은 성과 관련되기 보다는 개인 또는 그 사람과 관련된 문제라는 것을 알도록 도와준다.

② 성에 따라 학생을 나누는 일을 하지 않는다.
- 성별에 따른 좌석배치를 하지 않는다.

- 필요없이 성과 관련시켜 야단치지 않는다.
  (남학생들이 그것은 할 수 있어야지, 여학생들이 그런 일을 하다니.)
- 성과 관련하여 과제를 제시하지 않는다.
  (남학생들은 책상을 나르고 여학생은 정리하는 일을 하여라)
- 성과 관련하여 경쟁을 유도하는 말은 피한다.
  (남학생들과 여학생들 중에 누가 더 잘 할까?)

③ 아이들에게 시대와 문화적 차이에 따라 성역할에 대한 정의가 변화하는 것을 볼 수 있도록 한다.

- 한국에서는 의사가 주로 남자이지만 소련에서는 대부분 여성임을 알도록 한다.
- 농경사회에서 대부분 여성과 남성이 함께 밭에서 일했지만 중국에서는 주로 여성이 일을 하였다.

④ 성역할, 성정체감, 특정한 성에 대한 선호도에는 차이가 있음을 이해하도록 한다.

인간의 느낌이나 특성이 한가지 성에 고정되어 있는 것이 아니며 그것에 따라 특정 성이 선호되는 데 영향을 미쳐서도 안 된다는 것을 이해하도록 도와야 할 것이다. 즉 여자이기 때문에 자기주장이 강해서는 안 되거나 남자이기 때문에 예민하거나 자신의 감정을 드러내지 말아야 하는 것은 아니다.

⑤ 아이들이 놀이나 경험을 통해 다양한 역할을 해 볼 수 있도록 격려한다.

이미 초등학생들은 성별에 따라 분리되어 있으며 이것이 이후의 성별에 따른 행동의 기초가 된다. 그러므로 교사는 혼성집단을 만들어 서로 돕고 과제를 함께 완성하며 함께 계획할 수 있는 기회를 제공하는 것이 필요하다. 그리고 모든 학생들이 골고루 다른 역할을 해보고 책임 질 수 있는 지위를 가질 수 있는 기회를 제공해 주는 것이 필요하다.

3. 특수 학습자를 위한 교육

한 학급 내에 있는 어떤 아이들은 특수교육을 받아야 할 정도로 개인차를 가지고 있다. 신체적 어려움을 가진 아이가 있는가 하면 의사소통 장애나 정서장애를 가진 아이도 있다. 이런 아이들을 분리하여 따로 특수교육을 시키기 보다는 정규 교실에서 특수교사의 도움하에 일반 아이들과 함께 교육시키려는 움직임이 있다.

1) 특수 학습자의 이해

어떤 아이들은 그들의 잠재력을 발휘하는 데 있어서 특수교육과 관련 서비스를 받아야 할 정도로 정신적 특성, 감각능력, 신체운동 및 신체특성, 사회적 행동 또는 의사교환 능력에 있어서 보통 또는 정상 아동들로부터 지나치게 이탈되어 있는데, 이런 아동을 특수아동(exeptional children)이라고 한다. 특수아동은 장애아동(정신지체, 학습장애, 언어장애, 행동장애, 시각장애, 청각장애. 지체장애 등)과 우수아동으로 분류할 수 있다. 그러나 우리 나라 교육법과 특수교육진흥법은 장애아동만을 특수교육 대상자로 정하고 있다.

특수아동은 교사와 학습자의 상호작용이 적절히 이루어질 수 있는 환경에 배치되어야 할 것이다. 동시에 그들은 일반학급의 급우, 가정, 지역사회에서 최소한도로 분리된 환경(LRE, least restrictive environment)에 배치되는 것이 바람직하다. 따라서 그들이 일반학급에서 급우들과 가능한 많은 접촉을 하면서 동시에 그들의 요구에 따르는 특수한 도움을 받도록 하는 주류화(mainstreaming)가 지향되고 있다.

주류화
장애아를 정규교육에서 가르치려는 통합교육의 흐름

가벼운 장애아의 경우 주류화의 결과는 긍정적이다. 가벼운 지체아동의 경우 특수학급에서 보다 정규학급에서 더 잘 성취하였으며(Rubin et al., 1973), 행동문제를 가진 아동들의 70%가 치료를 받지 않고도 자발적으로 개선되었다(Glavin, 1972).

그러나 아동의 이탈정도가 심하거나 특수아동을 통합하여 교육할 수 있는 특수한 교육자료와 설비의 미비 또는 순회교사 제도가 제대로 운영되지 않는 경우, 또 가정 및 지역사회가 아동의 심리적 자유를 제한하고 잠재력의 발달을 억제하는 경우에는 그 아동의 주류화가 오히려 부정적 영향을 미칠 수 있다(김승국, 1989).

가장 힘든 것 중의 하나는 교사가 특수한 아이에게 주의집중해야 하는 것 때문에 가지는 감정의 극복이다. 우리들의 대부분은 특수아들에게 동정심을 가질 수 있지만 그들이 수업을 방해하고 더 많은 문제를 야기시킬 때에는 그들에 대해 불편해 하고 그들을 돌보아야 하는 것을 귀찮아할 수 있다. 그러나 우리는 그들을 남다른 특성을 가진 한 사람으로 보아야 하며 그들이 어떤 특정 영역에서 탁월한 잠재력을 가진 존재임을 잊어서는 안 된다.

2) 유형

(1) 학습장애아

학습장애아(Learning disabled)는 비교적 정상적인 지능을 가지고 있으면서도 학습문제를 가지고 있는 다양한 아동들을 가르킨다. 그러나 집단의 이질성 때문에 간단히 정의하기가 쉽지 않다. 장애아를 위한 교육법(The Education for All Handicapped Children Act(P.L.94-142)에서는 학습장애를 다음과 같이 기술하고 있다.

구체적 학습장애는 언어를 이해하거나 사용하고 말하고 쓰는 데 관련된 기본적인 심리적 과정의 장애로, 듣고 사고하고 읽고 쓰고 철자를 쓰고 셈하는 능력이 불완전하다. 이것은 지각장애, 두뇌의 손상, 최소한의 두뇌의 역기능, 난독증(Dyslexia), 발달적 언어이해 및 구사능력 및 신경의 손상(Aphasia)과 같은 조건들이 포함된다. 그러나 이 용어는 시각, 청각, 운동장애, 정신지체 또는 환경적, 문화적, 경제적 불이익을 일차적 원인으로 하는 학습문제를 가진 아동에게는 적용되지 않는다.

학습장애의 출현율은 학습장애가 정의하기 어려운 것이기 때문에 추정할 수밖에 없다. 우리 나라에는 1978년 초등학생과 중학생 9,990명을 대상으로 한 연구가 있다. 이 조사에서는 학습장애 아동이 1.02% 정도 되는 것으로 보고되었다(김승국, 1990).

학급에서 교사가 학습장애 아동을 구별할 수 있는 방법은 다음과 같다. 주의할 것은 〔표 6-3〕의 특징들을 어떤 학생이 가지고 있다 하더라도 정상적인 성취를 보인다면 그 아이를 학습장애아로 보아서는 안 된다는 점이다.

오늘날 많은 교육학자들은 학습장애아들에게 학습과 관련된 심리적 과정을 훈련시키는 것보다는 어떤 교과목의 내용과 직접 관련된 기법들을 가르치는 것을 강조한다. 이와같은 기법으로는 행동적 접근에서 내용을 소단위로 나누어 학습에 필요한 선수지식을 가르치거나, 인지심리학적 접근으로 정보처리에 기초해 어떻게 배우는지(how to learn)를 가르치는 학습전략등이 있다. 예를 들면 정보를 기억하는 기법이나 작문표현을 개선하는 방법 등을 배우게 된다. 이와 같이 기법들을 가르치는 것은 과거의 역기능적 과정을 훈련시키는 간접적 접근에 비해 학습장애 학생들의 학습에 훨씬 더 효과적이다.

교실에서 교사들이 학습장애아들을 가르칠 때 다음 몇 가지를 염두에 두는 것이 필요하다(Hallahan & Kauffman, 1988).

〈표 6-4〉 학습장애 아동을 확인하는 방법

교실행동	철 자
끊임없이 움직인다. 과제를 시작하거나 완성하는 데 어려움이 있다. 자주 늦거나 결석한다. 일반적으로 조용하며 움추려있다. 친구관계를 갖는 데 어려움이 있다. 쉽게 산만해진다. 행동의 불일치를 보인다. 언어적 지시를 오해하는 경향이 있다.	단어의 순서를 부정확하게 사용한다. 문자와 정확한 발음을 연결시키지 못한다. 단어와 문자를 거꾸로 인식한다 (거울이미지) 비조직화되어 있다.
학문적 증상	**쓰 기**
독 서	줄을 지키지 못한다. 칠판이나 다른 곳에서 베끼는 데 어려움이 있다. 나이에 비해 쓴 표현이 유치하다. 쓰기 작업을 마치는 데 매우 느리다.
인쇄체와 필기체를 혼합하여 쓴다. 읽던 곳을 잃어버리거나 단어를 반복한다. 유창하게 읽지 못한다. 비슷한 단어나 문자를 혼동한다. 말할 때 자주 주저한다 자진해서 읽지 않는다.	**언어** 글자를 따라가는데 손가락을 사용한다. 나이에 비해 언어적 표현이 유치하다.
산 수	**운 동**
상징을 사용해 수를 연결하는 데 어려움이 있다. 수학적 사실을 기억하지 못한다. 덧셈을 할 때 세로 행렬과 공간을 혼동한다. 이야기 문제에 어려움을 가지고 있다. 수학 개념을 이해하지 못한다.	근육운동을 잘 조정하지 못한다 균형의 문제가 있다. 왼쪽과 오른쪽을 혼동한다. 운동에 리듬이 부족하다. 근육의 힘이 부족하다.

(출처)*Summers* (1977), 에서 인용

① 합리적인 목표를 세운다. 어떤 학생들의 경우 IQ가 비교적 높기 때문에 그들이 실제로 할 수 있는 것보다 교사들이 더 많은 기대를 가질 수 있다. 학습장애아들은 실패를 참기 어려워하는 경우가 자주 있기 때문에 그들에게 성공의 경험을 가질 수 있도록 기회를 자주 만들어 주는 것이 좋다.

② 학습장애아들은 분명하게 가르쳐야 하며 지시가 이해되지 않았을 수도 있음을 생각해야 한다. 학습장애아들의 경우 이해한 것처럼 보일지라도 실은 혼동하거나 모르는 경우가 자주 있다.

③ 매우 산만하고 과활동적인 아동의 경우 자리배치에 신경써야 하며 과제에 집중할 수 있도록 하는 것이 좋다.

④ 학습장애 학생들의 감정의 분출에 대비하고 적절한 교실행동에 대해 지침을 세워 그것을 따르도록 한다.

(2) 정신지체아(Mentally retarded)

미국정신박약협회(The America Association of Mental Deficiency(AAMD))에서는 정신지체(Mentally retarded)를 "일반적인 지적기능이 평균보다 의의있게 낮으며, 동시에 적응행동에 결함이 있으며 발달의 시기 동안에 나타난다"고 정의하고 있다.

AAMD의 정의의 특색은 평균 이하의 낮은 지능과 적응적 행동의 부족 모두 나타날 때 정신지체로 명명된다. 이는 정신지체 아동에 대한 적절한 진단과 명칭 붙이기와 관련하여 그들을 보호하려는 의도와 관계있다. 과거에는 개인이 속한 사회적 체계 때문에 정신지체로 불리워진 아동들이 있었다. 그들은 학교에서는 정신지체로 분류되었지만 학교 밖에서는 매우 효율적으로 기능하곤 하였다.

AAMD는 정신지체를 경도(mild), 중등도(moderate), 중도(severe), 최중도(profound)로 나누어 분류하고 있다. 이에 대해 교육자들은 정신지체 아동의 교육적 요구를 기술하기 위해 교육가능 정신지체 아동(EMR the educable mentally retarded), 훈련가능 정신지체 아동(the trainable mentally retarded), 중도 및 최중도 정신지체 아동(the severely and profoundly mentally retarded) 등이다. 교육가능 정신지체 아동은 기본적인 학문교과를 배울 수 있는 아동을 의미하며, 훈련가능 정신지체 아동은 자조와 직업적 기술을 강조하는 기능적인 수준의 학문적 기술을 학습할 수 있는 아동이며, 중도 및 최중도는 통제된 환경에서 어느 정도 사회적 적응을 할 수 있도록 훈련될 수 있는 아동을 의미한다.

AAMD와 교육자들의 분류체계를 비교하면 다음과 같다(김승국, 1990).

〈표 6-5〉 정신지체 분류체계

IQ	85 80 75 70 65 60 55 50 45 40 35 30 25 20 15 10 5			
AAMD의 체계		경 도	중 등 도	중 도	최 중 도
교육자의 체계		교 육 가 능	훈 련 가 능	중도 및 최중도

김승국(1990), 특수교육학 개론에서 인용

AAMD에서는 정신지체의 원인을 ① 감염 및 중독, ② 외상 또는 신체적 원인 ③ 대사 또는 영양 ④ 총체적 뇌질환 ⑤ 미상의 산전 영향 ⑥ 염색체 이상 ⑦ 임신장애 ⑧ 정신병적 장애에 부수되는 지체 ⑨ 환경의 영향 등으로 분류하고 있다(Grossman, 1973).

교실에서 볼 수 있는 정신지체 아동들의 특징은 이전에 학습한 정보를 기억하고 배운 지식을 새로운 상황에 일반화시키고 자기 자신을 스스로 보호하는 기술과 친구들과의 상호작용을 위해서는, 정상적인 아이들에 비해 더 많은 연습과 경험이 필요하다. 그들은 자주 어린아이 같은 행동을 하며 부적절한 교실행동을 보인다. 따라서 친구들로부터 놀림을 당하거나 따돌림을 당한다. 그러므로 그들이 경험한 실패의 역사 때문에 자신이 하고자 하는 것을 스스로 말하지 못하고 의존적이며, 새로운 학습상황에 참여하기를 꺼린다는 것을 교사는 잘 알아야 한다.

일반교실에서 정신지체아들을 지도하기 위해 교사들은 다음 몇 가지 사항을 유의해야 한다(Hallahan & Kauffman, 1988).

① 학습과제를 소단위로 나누고 그것을 적절한 순서로 연계시키고 한 번에 한 가지 기술을 가르친다.
② 연습과 반복이 중요하다.
③ 학생들에게 그들이 배운 것을 암송하게 한다. 이런 과정은 그들의 기억을 도와줄 수 있다.
④ 다양한 동기적 전략을 이용할 수 있다. 수업을 할 때 신기한 것을 제시하는 것이 좋은 전략이 될 수 있지만 너무 많은 변화는 정신지체 아동에게 혼란을 줄 수 있다.
⑤ 스스로 작업을 하든가 숙제를 스스로 완성할 경우 일관성 있게 강화를 이용한다.
⑥ 수업목표의 변화를 가져오기 위해 학생들의 학습과정을 일반적인 기준에서 평가한다.
⑦ 모든 학습활동에 대해 지속적이고 즉각적인 피드백을 제공한다.

대체로 학령 전 경도 정신지체 아동을 위해서는 학습준비 기술교육을 강조하지만, 초등학교 고학년이 되면 주로 생활연령이 9~13세, 정신연령이 6~9세 정도 되므로 학습 준비활동보다는 학문활동에 비중을 두어 교육한다. 중등학교에 이르면 프로그램의 목표를 학문과 직업세계에 필요한 기술개발에 둔다. 학업과 직업경험이 일치되어야 한다는 생각이 일반화되어감에 따라 노학프로그램(work-study program)이 점점 더 보편화되어 가는 경향이다. Hallahan과 Kaufman(1982)은 경도 정신지체자의 교육과정을 〔그림 6-3〕과 같이 도식화하였다.

〔그림 6-3〕 경도 정신지체자의 교육과정

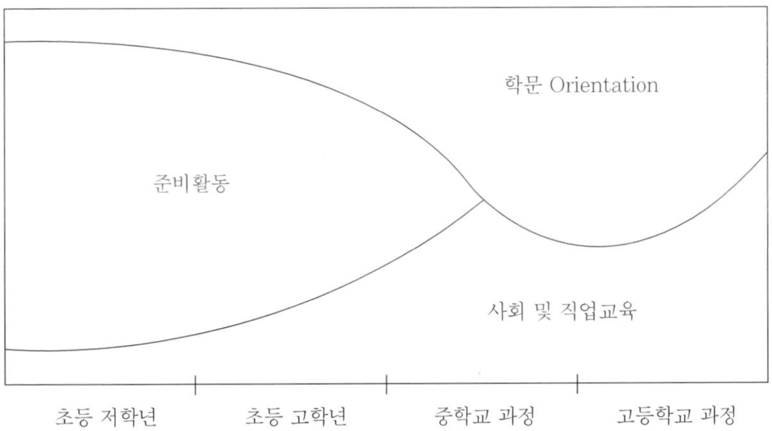

김승국(1990). 특수교육학 개론에서 인용

〔그림 6-4〕 경도 정신지체장의 교육과정

(3) 행동장애아(Behavior Disorders)

정서적 행동적 문제에 대해 정서장애, 행동장애, 사회적 부적응, 심리적 장애 등 여러 가지 용어가 사용되지만, 특수교육학자들은 행동장애로 부르는 것을 선호하는데 그 이유는 행동상의 장애에 주로 관심이 모아지기 때문이다(Hallahan & Kaufman,1988).

행동장애의 특징은 다음과 같다(Hallahan & Kaufman,1988).

1) 지능적, 감각적, 건강요인들로 설명할 수 없는 학습 무능력
2) 동료 및 교사들과의 만족스런 관계를 맺을 수 없는 능력
3) 정상적인 환경하에서 부적절한 행동이나 감정의 유형
4) 일반적으로 불행한 느낌이나 우울감
5) 개별적 또는 학교문제와 관계된 신체적 증상이나 두려움을 발달시키는 경향

행동장애아들의 행동특징은 과잉과 결여(excesses and deficits)로 요약될 수 있다(Whelan & Gallagher, 1972). 과잉행동은 많이 싸우거나 심하게 화를 내는 것과 같이 정도가 너무 심한 것이며, 결여는 사회적 접촉을 하지 않거나 숙제를 완성하지 않는 것과 같은 거의 또는 전혀 관여하지 않는 것이다. 그러나 행동이 과도하거나 행동상 어떤 점이 부족할 때 그것을 결정하는 것이 쉽지 않다는 점이 진단상의 문제점이다.

많은 교사들이 학생들의 과잉행동에는 관심을 갖지만, 관심의 부족, 게으름, 백일몽, 일반적인 수동적 성격 등으로 판단되는 학생들에게는 관심을 보이지 않는 것이 심각한 문제이다. 어떤 경우 전혀 수업 중에 말을 하지 않거나 위축되어 있으며 수줍어하는 아이들도 때로는 교사의 관심과 도움이 필요하다.

행동장애 학생은 남학생들이 여학생들보다 약 2.9배 더 많고(김승국, 1990), 저소득계층에서 더 많았으며, 공부에 문제가 있다.

행동장애의 원인은 생물물리적 요인과 사회심리적 요인으로 나눌 수 있다. 기질이나 다른 생물학적 요인(질환, 영양실조, 뇌상해) 등이 아동의 정서적인 문제를 발전시킬 수 있으며, 사회심리적 요인으로는 부모가 아동의 훈련을 소홀히 하면서도 아동의 문제행동을 다룰 때는 적의적 태도를 보이고 거부하고, 잔인하며 일관성이 없는 행동을 한다면 아동은 공격적이 될 수 있다(Martin,1975). 그러나 가족관계에 관한 경험적 연구는 아동에게 미치는 부모의 영향은 간단한 문제가 아니다. 부모가 아동에게 영향을 미치는 만큼 아동들도 부모에게 영향을 미칠 수 있다. 서로에게 미치는 영향은 호혜적이다(Martin, 1975).

Hallahan과 Kaufman(1988)은 일반교실에서 행동장애 아동을 가르치는 교사들이 주의할 점을 다음과 같이 지적하였다 .

① 특수교육 교사로부터 행동장애 학생들을 위한 행동관리와 교수기법에 관해 조언를 구하라.
② 학생들에게 처음부터 교실에서 지켜야 할 합리적인 표준을 알려 준다.
③ 학생들과 교사의 기대를 분명하고 명확하게 대화한다.

④ 행동에 대해 일관되고 적절한 결과를 제시한다. 적절한 행동에 대해서는 즉각적인 보상을 주며 부적절한 행동에 대해서는 무시하거나 약한 벌을 사용한다.

⑤ 학생들의 학업목표는 현실적인 기대를 개발한다. 과제는 학생의 능력 내에서 도전적이어야 하며 너무 어려운 과제일 경우 목표를 변화시키는 것이 바람직하다.

⑥ 학생의 기분을 이해해 주고 그들의 부적절한 행동의 원인이 사회적 환경(학교나 가정에서의 비난 및 학대)의 부정적 측면에 원인이 있다는 것을 이해해야 한다. 부모, 교사, 친구들과 상호작용의 질을 개선하려는 노력이 필요하다.

(4) 신체장애아(handicapped students)

시각장애(visual impairment) 시각장애에 대한 법적 정의와 교육적 정의에는 차이가 있다. 법적으로는 시력에 의해 정의하는데 잘 보이는 눈의 교정시력이 20/200 또는 그 이하이고, 시야가 20도 이하인자를 맹(盲)이라고 하고 양안 교정시력이 0.02 이상 0.04 미만인 경우를 준맹이라고 하며, 교정시력이 0.04~0.1인 경우를 고도약시, 0.1~0.3인 경우를 중등도 약시, 0.3~0.8일 경우를 경도약시라고 한다. 그러나 특수교육에서는 시력에 의해 정의하지 않고, 안경이나 색안경을 착용함으로써 일반학교 교육을 충분히 받을 수 있는 아동은 시각장애 아동에 포함시키지 않는다. 그러므로 특수교육에서는 시력이 없거나 시력을 교정한 후에도 시력의 제한 때문에 학업 성취를 위해 특수한 교육과정, 교수방법, 자료 및 기기를 요하는 아동을 시각장애아라 한다. 즉 점자(Braille)로 읽기를 배워야 하는 아동을 맹 아동이라 하고 광학기기나 큰 활자로 된 책을 사용할 수 있고 묵자를 읽을 수 있는 아동을 약시 아동이라고 한다. 이와 같이 법적 정의와 특수교육에서의 정의가 다른 이유는 중심시력은 약시에 속하나 점자를 읽기 매체로 사용할 수 없는 아동이 있는가 하면, 시력은 맹에 속해도 확대된 묵자나 광학기기를 사용함으로써 묵자읽기를 할 수 있는 아동이 있기 때문이다(Jones, 1961).

우리 나라의 경우 시각장애 아동의 분포를 보면 잘 보이는 눈의 교정시력이 0 ~ 0.03인 교육적 맹(盲)에 속하는 아동이 0.04%, 교육적인 약시에 속하는 0.04 ~ 0.3인 아동이 0.13% 되는 것으로 밝혀졌다(김승국 등, 1973).

눈의 어떤 부위가 질병, 상해, 유전적 이상, 기타 원인으로 침해를 받게 되면

일시적인 시각장애나 영구적인 시각장애를 일으킬 수 있다. 눈의 보편적인 이상은 굴절이상인 근시, 원시 및 난시, 근기능 결손인 사시, 사위(heterophoria) 및 안구진탕(nystagnus), 백색증(albinism), 백내장 등이 있다.

시각장애의 원인은 다양하며 사회와 시대에 따라 발현 양상이 다르다. 미국 보건교육복지국(United States Department of Health Education and Welfare, 1970)에서는 시각장애의 원인 중 가장 흔한 것은 ① 산전원인 ② 전염병 ③ 상해 ④ 중독 ⑤ 종양 등이며 약 64%는 산전원인이라고 한다.

교사는 시력장애 아동에게서 나타나는 증상들을 알고 있어야 하는데 왜냐하면 정상적인 시력으로 학교생활을 하다가 갑자기 저학년에서 근시 또는 약시가 될 수도 있기 때문이다. 교사들이 주의해야 하는 시력장애 아동의 증상은 다음과 같다(National Society to Prevent Blindness, 1977).

행동

- 심하게 눈을 비빈다.
- 한쪽 눈을 감거나 머리를 한쪽으로 기울이거나 머리를 앞으로 내민다.
- 책을 읽거나 눈을 밀착해야 하는 일에 어려움을 겪는다.
- 눈을 보통 때보다 자주 깜박거리거나 눈을 밀착하는 일을 해야 할 때 화를 낸다.
- 책을 눈 가깝게 잡는다.
- 멀리 있는 것을 선명하게 보지 못한다.
- 눈을 가늘게 뜨고 보거나 미간을 찡그린다.

외모

- 사시
- 눈꺼풀의 가장자리가 붉고, 부풀어 있으며 외피가 있다.
- 눈이 충혈되어 있으며, 눈에 눈물이 고여 있다.
- 다래끼가 자주 난다.

증상

- 눈이 가렵고 화끈거리고 따갑다.
- 잘 볼 수 없다.
- 눈에 밀착된 작업을 한 후에는 어지럽고 두통이 있고 매스껍다.

• 희미하거나 두 개로 보인다.

교실에서 교사들이 시각장애 아동을 도와줄 수 있는 방법이 여러 가지 있다. 밝기, 영상의 크기, 명암, 시간, 거리 등과 같은 요인들이 보는 데 영향을 미칠 수 있다. 학생들이 시각적인 과제를 성공적으로 수행하기 위해서는 적절한 조명과 밝기가 필수적이다. 적절한 자리배치로 창문 가까이의 눈부심을 막거나, 잘 볼 수 있도록 칠판 가까이에 앉게 해야 한다. 큰 글씨로 인쇄되어진 책을 이용하는 것도 좋다. 흰색 바탕에 검은 글씨 또는 검은 바탕에 흰색 글씨의 대비가 부분적으로 보기 어려운 아동들에게 가장 좋은 대비가 된다. 시간도 중요한 요소가 되는데 어떤 학생들은 자주 눈의 휴식시간이 필요하지만, 시각이 제한되어 있기 때문에 속도가 일반 아이들에 비해 늦다. 따라서 이런 아이들이 과제를 완전히 수행할 수 있도록 더 많은 시간을 주는 것이 필요하다.

Hallahan과 Kauffman(1988)은 교실 내에서 시각장애 아동을 돕기 위해 다음과 같은 제안을 하였다.

① 학생들에게 독립심을 키우기 위하여 자신의 물건은 스스로 정리할 것을 요구한다.
② 시각장애 아동들이 의존적이 되지 않을 정도 만큼 정상아동들이 교실에서 시각장애 아동들을 안내하도록 한다.
③ 시각장애 아동을 정상적인 친구들과 똑같이 다룬다; 아이들에게 같은 기대를 유지하도록 한다.
④ 시각장애 아동과 정상아동과의 상호작용을 격려한다.
⑤ 시각장애 아동들이 가능한 많은 활동에 참여하도록 격려한다. 만약 그들이 그 반의 나머지 아이들과 같이 활동하는 것이 불가능하다면 대안적 활동이 미리 계획되어야 한다.
⑥ 같은 반의 다른 아이들에게 주어지는 것과 같은 종류의 과제나 책임을 지운다.

청각장애 청각장애자는 농자(deaf person)와 난청자(hard of hearing person)로 분류된다. 농자(聾者)는 보청기를 착용하거나 착용하지 않은 상태에서 귀만으로 말을 들어 이해할 수 없는 정도(일반적으로 70dB ISO 이상)로 청각에 장애가 있는 사람이며, 난청자는 보청기를 착용하거나 착용하지 않은 상태에서 귀만으로 말을 들어 이해하기가 불가능하지는 않으나 곤란한 정도(35~69 dB ISO)

로 청각에 장애가 있는 사람이다.

아동기의 청각장애의 주요 원인은 풍진, 뇌막염, 조산 및 임신합병증 등이며 학교연령 집단의 30% 정도가 귀와 관련된 문제를 가지고 있다(Moores,1987).

우리 나라의 경우 27dB ISO 이상되는 청각장애 아동은 0.3% 정도 되는 것으로 나타났다(김승국, 1973).

교사나 부모들은 아동들이 교실에서 듣는 데 문제가 있는지 주의할 필요가 있다. 초등학교를 보내면서 약간의 난청이지만 진단을 받지 않는 경우가 종종 있다. 그들은 교실에서의 교육적 사회적 요구에 자신들이 적응하지 못하는 것에 대해 좌절하거나 불안해 수 있으며, 또는 교사들로부터 학습이 느리다든가 동기가 없다든가 부끄러워한다거나 게으르다는 평가를 받을 수 있다.

아동이 다음과 같은 특성을 보이면 청각장애가 있을 가능성이 있으며 검사를 받게 해야 한다(Stephens, Blackhurst, & Magliocca, 1982).

① 귀와 연합되어 있는 신체적인 문제가 있는 것으로 여겨진다.
② 조음을 잘하지 못한다. 특히 자음의 생략을 보인다.
③ 라디오, 텔레비전 또는 레코드를 들을 때 다른 사람들이 불평을 말할 정도로 음량을 높인다.
④ 좀더 잘 듣기 위해서 지나치게 머리를 치켜올리거나 말하는 사람쪽으로 방향을 돌린다.
⑤ 금방 한 말을 다시 하라고 자주 요구한다.
⑥ 보통의 소리로 한 말에 반응을 보이지 않거나 주의를 기울이지 않는다.
⑦ 구두활동에 참여하기를 좋아하지 않는다.

아동들은 들으면서 언어를 배우고, 해석하고, 모방하기 때문에 청각손상은 언어 및 대화능력의 발달을 제한한다. 소리를 내고 성인들이 적절하게 말하는 것을 제대로 들을 수 없기 때문에 제대로 청각적 피드백을 받지 못할 경우 대화의 문제가 생기게 된다. 그러므로 청각손상이 시작된 시기가 언제인가 하는 것이 아동의 언어발달을 결정하는 매우 중요한 요소 중의 하나이다.

또 언어는 학교학습에서 매우 중요한 역할을 하기 때문에 청각장애 아동들이 학업에 문제가 있는 것은 바로 여기에 기인한다.

과거에는 청각장애아들의 지능이 낮다는 잘못된 믿음을 가졌으나 농아의 사고과정은 정상아이들과 유사하며 단지 언어지능 검사에서 낮았다. 농아들에게 효과적인 대화훈련을 시킨다면 그들의 잠재력을 개발할 수 있다.

언어능력의 결함은 청각장애아들의 성격 및 사회성 발달에도 영향을 미친다. 청각장애 아동은 놀이를 할 때 다른 사람의 의도를 잘 이해하지 못하기 때문에 부적절한 반응을 보일 수 있다.그러나 언어장애치료(speech therapy), 독순술(lipreading), 수화법(sign language) 등을 배움으로써 과거에 비해 훨씬 효과적으로 기능할 수 있게 되었다(Hallahan & Kaufman, 1988).

학급 내의 난청을 가진 아동들을 돕기 위해 다음과 같은 방법들이 제안되었다(Hallahan & Kauffman, 1988).

① 학생들이 시각적, 청각적 단서의 이점을 가질 수 있는 자리에 앉도록, 교실에서 자유롭게 자리를 정하도록 허용하라.

② 다른 교실이나 운동장 밖에서 나는 소음이나 시각적, 청각적 방해요인을 최소화시켜라. 이것은 보청기를 끼는 아이들의 경우에도 주변의 모든 소음들이 증폭되므로 문제가 된다.

③ 청각장애 아동과 교사와의 거리를 약 6피이트 정도를 유지하여 학생이 독순술을 이용할 수 있는 기회를 극대화하는 것이 좋다. 청각장애 아동에게 말할 때는 학생을 마주보라.

④ 자연스럽게 말함으로써 독순술을 조장하라. 어떤 사람들은 청각장애아에게 말할 때 특별히 과장하여 입을 움직이는 경우가 있다. 그러나 그것이 아이들을 돕기보다는 정상적인 화법의 틀에서 벗어나기 때문에 오히려 혼돈을 야기시킬 수 있다.

⑤ 청각장애 아동들은 잘 듣지 못하기 때문에 교실에서의 토론에 위축될 수 있다. 그들을 토론에 참여시켜 다른 아이들로부터 지지를 받게 하거나 같은 답을 하도록 하는 질문을 함으로써 확신감을 가지게 할 수 있다.

⑥ 청각장애 아동들은 이해하지 못하는 것을 이해하는 것처럼 하는 기술을 가지고 있음을 주의해야 한다. 친구들을 모방하는 과정을 통해 이런 기술을 가지게 된다(친구들이 손을 드는 것을 보고 자기도 따라서 들고, 웃으면 따라서 웃는다). 청각장애 아동들이 누구에 대해 이야기하고 있는 것인지 주의할 수 있도록 말하기 전에 반드시 학생들의 이름을 불러라.

⑦ 학생들이 질문하도록 격려한다.

⑧ 시각적 보조자료를 이용하려는 노력을 기울이라(OHP, 칠판). 강의내용이 쓰여진 요약된 자료를 주거나 친구들의 노트를 복사할 수 있도록 하는 것도 청각장애 학생들에게 도움이 될 수 있다.

4. 영재아 및 영재교육

1) 영재아의 특성

영재아에 대한 대립되는 무수한 정의가 있지만, 미국 공법 94-142, 제902항인 우수아동법에서는 영재아를 다음과 같이 정의하고 있다.

영재아(gifted), 재능아(talented)는 지적 능력, 창의성, 특정 학문능력, 지도력, 연기 또는 시각예술에서 탁월한 성취능력을 분명히 나타내거나 잠재적인 능력을 가지고 있는 것으로 판명되며 학교에서 일반적으로 제공되지 않는 서비스나 활동이 요구되는 학령 전, 초등학교, 중등학교, 청년이 그 대상이다.

영재아에 관한 연구가 과학적으로 이루어지기 전에는 영재아를 비정상적인 관점에서 파악했기 때문에 '몸이 허약하다' '성격이 괴팍하다' 와 같은 비정상적인 특성들에 대한 언급이 많았다. 그러나 Terman이 그의 '천재의 유전적 연구' 에서 특수재능아들의 특성을 다음과 같이 목록화하여 특수재능아를 정상적인 범주에서 이해할 수 있는 길을 열었다(Platow, 1984).

① 나이에 비해 기민성이 있다.
② 관찰력이 예민하다.
③ 학습에의 열정이 있다.
④ 부단히 질문을 제기한다.
⑤ 어느 것에나 광범위한 관심을 나타낸다.
⑥ 자기발전에 대한 열망이 있다.
⑦ 학교성적이 우수하다.
⑧ 언어구사력이 뛰어나다.
⑨ 독서력이 좋다.
⑩ 사태판단을 할 때 자신의 주관을 나타내 보인다.
⑪ 독창적인 사고를 한다.
⑫ 핵심적인 답변을 한다.
⑬ 특출한 유머감각이 있다.
⑭ 주의집중력이 강하다.
⑮ 나이 또래보다 연상의 친구를 사귄다.

⑯ 자아의식이 강하다.

그러나 아직도 누구를 영재아 또는 재능아로 부를 것인지에 대해서는 의견이 일치되지 않고 있다. 학교에서 이용되는 영재아 또는 재능아 판별기준으로는 성취도검사 점수, 지능검사 점수, 교사의 추천, 부모의 추천, 학생 인터뷰, 성적, 학급에서의 수행정도, 창의성 등이다. 그러나 학생들을 선발하는 데 사용되는 정의가 너무나 다양해서 학생들에게 제공되는 프로그램과 학생선발 도구가 일치하지 않는 경우들이 있다. 또한 어떤 영재프로그램에 선발 되는데는 지능검사 점수가 주로 많이 이용되는데 독립적인 활동과 특별한 재능이 요구되는 프로그램에서는 지능이 높은 것은 실은 별 의미가 없다. 따라서 교사들은 어떤 학생이 영재아 또는 재능아로 불리워진다 하더라도 어떤 영재프로그램에는 적절하지 않을 수 있다는 것을 인식해야 한다.

2) 영재교육

영재아들을 돕는 기본적인 접근으로는 풍부화(enrichment)와 가속화(acceleration)가 있다. 풍부화는 정규학급에 있으면서 특수 교육과정 자료를 제공받는 것이다. 학교체제에서 하루 중 대부분은 같은 연령의 학생들의 학급에서 수업을 하며 특별한 몇 과목만 다른 학년 수준의 과목을 수강하게 된다. 또는 학교수업 이후에 대학이나 지역사회 프로그램을 통해 학교에서 다루지 않는 영역들을 깊이 있게 학습할 수 있다. 그외에도 특별히 관심있는 연구소나 클럽에 가입하거나 독립연구(independent study), 지도교사 프로그램(mentor program), 현장견학, 토요프로그램(Saturday Program), 여름캠프, 세미나 등이 있다.

독립연구 독립연구 또는 개별탐구 학습은 문헌조사연구(Library research project)와 과학실험연구(Scientific research projects)로 대별된다.

문헌조사 연구는 정해진 주제에 대하여 도서관에 가서 관련문헌을 조사하는 것이 대부분이지만 때로는 현장 견학을 하고 관련문헌을 조사하기도 한다. 문헌연구의 주제는 학생의 흥미에 기초를 두며 학생이 선정하도록 권장하는 것이 바람직하다. 영재를 위한 과학실험연구는 삼부심화학습(Renzulli, 1977)과 Purdue 모델(Feldhusen & Kolloff, 1978)이 대표적이고 성공적인 예이다. 이 모델들은 학생들을 문제의 인식 및 문제의 해결에 참여시키고 그 분야의 전문가들과 직접 교류할 수 있도록 하는 것이다. 특히 학생들의 직접적인 문제해결을 강조하여 학생 개개인이 자신의 지식체계를 스스로 구성해 가도록 이끄는 기능을 한다.

사사 프로그램(mentor program) 사사 프로그램은 학생이 전문가의 연구실이나 사무실을 직접 찾아가서 배우거나 전무가를 학교에 초빙해 강의를 듣는 것이다. 이 프로그램들은 학생 개인의 능력에 따른 개인지도제라고 할 수 있으며 주로 중 · 고등학생을 대상으로 영재학생의 진로지도를 한다. 사사 프로그램의 주목적은 자신이 미래에 무엇을 하기 원하는가를 깨닫게 하는 내적 체험의 촉진에 있다. 사사제도는 또한 정규 학교에서 체험하기 어려운 교육환경을 제공해 줌으로써 배움에 대한 동기가 강한 학생의 잠재적 능력을 발전시킬 수 있다(Cox & Daniel, 1983; DeMott, 1981).

현장견학(Field trips) 현장견학은 현장에 직접 가 봄으로써 보다 산 교육을 체험해 보기 위한 것으로 장래의 자기 진로를 결정하는 중요한 경험이 될 수 있다. 현장 견학은 학생이 뚜렷한 목적의식을 가지고 임할 때 효과적이다. 예를 들면 해결해야 할 문제가 있든지 발표할 연구과제가 있는 경우이다. 성공적인 현장견학을 위해서는 인솔교사의 일방적인 강의보다는 학생들이 직접 피부로 느끼고 질문하고 해답을 구하는 경험을 갖도록하여 지적 호기심과 학습의욕을 고취해 주는 것이다.

토요 프로그램(Saturday Program) 토요 프로그램은 영재아들이 일상적인 학교수업에서 파생되는 스트레스와 문제를 동질집단끼리 편성함으로써 극복하고 지도하는 방법 중의 하나이다. 주로 자원봉사 교수, 지역사회의 전문분야 인사 등이 주로 맡는다. 이 프로그램에서는 기본적 사고능력 계발과 광범한 지식을 습득할 수 있는 기회를 제공함으로써 인지적 발달을 촉진시킬 뿐만 아니라 정석적 사회적 발달 특히 동기와 자아개념을 발달시켜 준다. 지적 능력이나 예술적 소질이 뛰어난 또래들을 사귀거나 사회적 저명인사나 예술가 등을 연결시켜 주기도 한다.

특수학교 설립에 의한 방법 우리 나라의 과학고등학교가 여기에 해당된다. 재능아들을 위한 별도의 특수학교로 창의력과 사고력 신장을 위한 심도있는 과학재능 교육 등이 가능하다. 미국의 일리노이수학과학고등학교 등이 대표적이다.

가속화는 월반이나 조기입학을 통해 영재아동의 교육과정을 가속화하는 것이다. 예를 들면 12년이 걸릴 고등학교까지의 교육을 9년만에 마치는 경우이다. 가속화된 학생은 상급학년 학생들의 학습경험을 가지거나 어떤 학년을 건너뛰거나 특수학교에 가거나, 대학과정과 고등학교 과정을 동시에 이수하는 방법 등이 있다.

① 상급학교 조기입학제도(Early Entrance to School/college)

상급학교 조기입학제도는 능력이 우수한 학생에게 상급학교에 정규 과정보다 빨리 진학허가를 해 주는 것을 말한다. 예를 들어, 중학생 중 우수학생은 고등학교에, 고등학생 중 우수학생은 대학에 입학이 허가되는 교육제도이다. 현재 우리나라의 과학고등학교와 한국과학기술원이 이 제도를 사용하고 있다.

② 월반제도(Grade Skipping)

각급 학교 내에서 우수학생에게 학년을 한 단계 이상 건너 뛰도록 허락해 주는 교육제도이다.

③ 대학 과정 조기 이수제도(College courses in high School)

중 · 고등학교 우수학생에게 대학교과목을 수강하도록 허가하는 교육제도를 말한다. 실제로 외국에서는 본인의 능력만 되면 고등학생이 대학교과목을 수강할 수 있고 대학의 학부학생이 대학원의 석 · 박사 과정 교과목을 수강하는 것이 허용되어 있다. 우리나라도 한국과학기술원에서는 학부과정 학생 중 우수학생은 대학원 과정의 과목을 조기에 수강할 수 있다.

가속화는 비민주적이고 또래집단으로부터 격리되어진다는 점에서 비판되지만, 지겹지 않고, 학습동기를 가지게 하고, 어려서부터 자신이 선택한 분야로 가도록 한다는 점에서 지지된다(Pressy, 1963). 가속화에 관한 연구 26개를 메타분석한 결과, 가속화를 경험하지 않은 같은 영리한 학생에 비해 가속화를 경험한 영리한 학생은 평균 약 한 학년 수준 정도 올라갔으며 그들은 또한 그들과 같이 공부한 상급학년의 영리한 학생들과 같은 수준의 성취를 보였으며, 태도, 적응, 사회적, 정서적 측면에서 부정적 효과를 보이지도 않았다(Kulik & Kulik, 1984). 그러나 이와 같은 긍정적 결과에도 불구하고 영리한 학생들을 위한 가속화는 그렇게 자주 이용되지 않는다.

연 구 문 제

1. 자신의 학습유형은 어떻다고 생각하는가?

2. 교사가 학생들의 학습유형의 개인차를 아는 것이 어떤 도움이 될 수 있겠는가?

3. 자신의 학교생활의 경험 중에서 성역할 고정관념적인 경험들을 들어보시오.

4. 특수교육에서 주류화를 위해 우리의 교육은 어떤 준비가 필요한가?

제 3 부

학습과 동기화

교사의 가장 중요한 역할은 학생이 학습하는 것을 도와주는 것이다. 교육심리학자들은 심리학적 이론과 연구로부터 수업에 적용할 수 있는 일반적인 학습원리를 얻기 위하여 노력해 왔다. 다양한 심리학파가 각기 서로 다른 관점에서, 다른 연구방법론을 이용하여 학습을 연구해 온 결과, 교사가 학생의 학습을 어떻게 도와주어야 하는가에 대한 서로 다른 이론들이 존재한다. 3부는 행동주의 학습이론과 인지주의 학습이론을 포함한 학습이론에 관한 2개의 장과 학습동기에 관한 1개의 장으로 구성되어 있다.

다양한 학습이론에 대한 이해는 교육현장에서의 교사에게 많은 도움을 준다. 어떤 한 이론에만 몰두하여 오직 그 이론에서만 해답을 얻으려는 태도는 교사에게 매우 위험하다. 다양한 이론은 각기 장점과 단점을 갖고 있기 때문에, 교사가 갖고 있는 목적에 따라, 상황에 따라, 그때 그때 적합한 학습이론을 이용할 필요가 있다. 그러나 또한 Hilgard와 Bower의 지적(1975)처럼 '약상자'에서 약을 꺼내 먹듯이 학습원리를 현장에 적용해서도 안 된다. 교사의 학습이론에 대한 철저한 이해와 현명한 판단, 경험 등이 뒷받침되어야만 학습원리들이 교육현장에 도움이 될 수 있을 것이다.

제 7 장

학습의 행동주의적 접근

1. 학습의 개념
2. 고전적 조건형성
3. 조작적 조건형성
4. Bandura의 관찰학습

"나에게 건강한 몇 명의 유아를 주시오. 그러면 잘 만들어진 나의 특별한 세계에서 그들의 재능, 취미, 버릇, 적성, 인종에 관계없이 의사, 변호사, 예술가, 상인, 대통령 혹은 거지나 도둑이라 할지라도 당신이 선택하는 것 중의 하나가 되도록 그를 훈련시킬 것을 보장합니다(Watson, 1926, 10쪽)."

위의 John Watson의 주장은 환경을 조성하고 적절한 강화만 주어지면 어떤 행동도 학습시킬 수 있다는 것을 의미한다. 당신은 이 주장에 대해 어떤 견해를 갖고 있는가? Watson과 같은 초기 행동주의자들은 사고, 의도와 같은 내적 정신과정은 관찰될 수 없고, 과학적으로 연구될 수 없다는 이유로 철저히 학습에서 배제하였다. 학습을 행동의 변화라고 가정하고 행동과 관찰 가능한 반응에만 초점을 맞추는 것이 행동주의적 관점의 한계로 지적되기도 한다. 그러나 동시에 행동주의적 관점은 학교 현장에서 수업을 진행해 나가는 데, 학생들의 바람직한 행동을 격려하고 좋지 못한 행동을 억제하는 데 사용할 수 있는 매우 효과적인 이론으로 인정받고 있다.

1. 학습의 개념

많은 사람들이 학교 공부의 측면에서만 학습을 생각하지만 인간행동의 대부분은 학습된 것이다. 청소년이 자기가 좋아하는 연예인의 옷차림이나 말투를 배우며, 대학생이 방학중에 새로운 스포츠인 수상스키나 스키를 배우고, 중년의 많은 사람들이 건강에 관심을 가지면서 새로운 식이요법을 배운다. 때로는 의도적으로 노력하지 않아도 배우게 되는 경우도 많다. 상점에서 물건을 고를 때, 자신도 모르게 광고에서 새로 선전하는 상품을 고르는 것도 학습된 행동의 예이다. 또, 선생님이 "수업 끝나고 교무실로 와."라고 하거나, 갑자기 사장실에 불려 들어가게 되면 자신도 모르게 가슴이 뛰고 긴장되는 것을 느낄 것이다. 이런 모든 행동이 모두 학습에 의한 것이다. 따라서, 학습의 원리를 탐구하면 왜 우리가 지금처럼 행동하는지를 쉽게 이해할 수 있게 된다. 학습심리학자는 학습이론을 교육현장에 적용하는 것을 연구의 궁극적 목적으로 생각해 왔고, 교육자는 학습과 기억에 지속적인 관심을 가져왔다. 어떻게 더 효과적으로 가르치고 훈련시킬 수 있는가? 망각을 감소시키거나 방지할 수는 없는가?

1930년에서 1960년대의 학습연구는 행동주의 심리학의 영향으로 주로 통제

학습에 대한 행동주의적 관점
인간의 관찰 가능한 행동에 초점을 맞추며 행동의 변화를 야기하는 환경적 자극의 역할을 강조함

학습
경험이나 관찰의 결과로 유기체에게 일어나는 비교적 영속적인 행동의 변화 또는 행동잠재력의 변화

된 실험실에서 동물을 대상으로 이루어졌다. 행동주의 심리학자들은 사고와 감정은 관찰될 수 없는 것이라는 생각하에 오직 명백한 행동에만 초점을 맞추어야 한다고 주장했다. 그러나 1960년대에 들어와 인지심리학의 등장으로 사고, 의도, 느낌, 기대 등과 같이 직접 관찰할 수 없는 내적 요소에도 관심이 모아졌다. 최근의 신행동주의 심리학자들은 학습의 행동주의적 관점을 관찰이 가능하지 않은 내적 영역에까지 확대하고 있다.

교사는 학생이 보여주는 관찰 가능한 행동 - 예를 들어 과제를 직접 수행해 나가는 과정중의 행동이나 교실에서 나타내는 행동 - 에 관심을 보여야 함은 물론, 추상적 사고나 태도와 같이 관찰하기 어려운 특성에도 관심을 가져야 한다. 이러한 점에서 교사에게는 학습의 행동주의적 접근과 인지주의적 접근에 대한 이해가 함께 요구되어진다.

학습이란 '경험이나 관찰의 결과로 유기체에게 일어나는 비교적 영속적인 행동의 변화 또는 행동잠재력의 변화'라고 정의된다. 이 정의를 분석해 보면 학습의 개념을 더 정확히 파악할 수 있다.

첫째, '행동의 변화 및 행동잠재력의 변화' : 어떤 것을 할 수 있다고 하더라도 그것이 늘 외현적으로 표현되는 것은 아니다. 이러한 점에서 학습(learning)과 수행(performence)은 구분되어진다. 학습은 행동잠재력의 변화를 가리키며, 수행은 이 잠재력이 행동으로 전환되는 것을 말한다. 따라서 행동의 변화뿐 아니라, 지금 외현적 행동으로 나타나지 않더라도 동기화되면 언제든지 수행될 수 있는 잠재력의 변화도 학습에 포함된다. 둘째, '경험이나 관찰의 결과' : 코가 간지러우면 재채기를 하고, 뜨거운 것을 만졌을 때 얼른 손을 떼는 것과 같은 단순한 반사행동과, 아기가 때가 되면 서고 걷는 등의 성숙에 의한 행동의 변화는 학습에 포함되지 않는다. 경험이나 관찰의 결과에 의한 행동 또는 행동잠재력의 변화만이 학습에 포함된다. 셋째, '비교적 영속적' : 약물중독이나 피로에 의한 행동의 변화처럼 상황이 바뀌면 즉시 사라지는 것은 학습에서 제외된다. 전에 자전거 타는 것을 배웠던 사람은 몇 년간 타지 않았어도 조금만 연습하면 곧 탈 수 있는 것처럼 학습의 효과는 비교적 오래 지속된다.

2. 고전적 조건형성

1) Pavlov의 실험

러시아의 생리학자 Ivan Pavlov(1849-1936)에 의해 실시된 개의 타액 분비에 관한 일련의 실험으로부터 고전적 조건형성(Classical Conditioning)에 대한 연구가 시작되었다.

자연상태에서 음식물이 주어지면 개는 침을 분비한다. 이것은 어떤 학습도 포함되지 않은 무조건 반응(unconditioned response:UR)이며, 이런 반응을 야기한 음식물은 무조건 자극(unconditioned stimulus:US)이다. 자연상태에서 종소리를 듣고 침을 흘리는 개는 없다. 그러나 종소리와 같은 중성 자극(neutral stimulus)을 무조건 자극인 음식물과 반복적으로 연합시키면, 개는 음식물이 주어지지 않은 채 종소리만 들어도 침을 흘리도록 조건형성된다. 이때 종소리인 중성자극은 조건자극(conditioned stimulus:CS)이 되고, 침흘리는 반응은 조건반응(conditioned response:CR)이 된다.

무조건 반응
무조건 자극이 제시되었을 때 인출되어 나오는 자연적 자동적인 반응

무조건 자극
유기체로 하여금 자동적으로 정서적 생리적 반응을 일으키게 하는 자극

중성자극
반응을 일으키지 못하는 자극

조건자극
조건형성 후에 정서적 생리적 반응을 일으키는 자극

조건반응
조건자극에 의해 인출되도록 학습된 반응

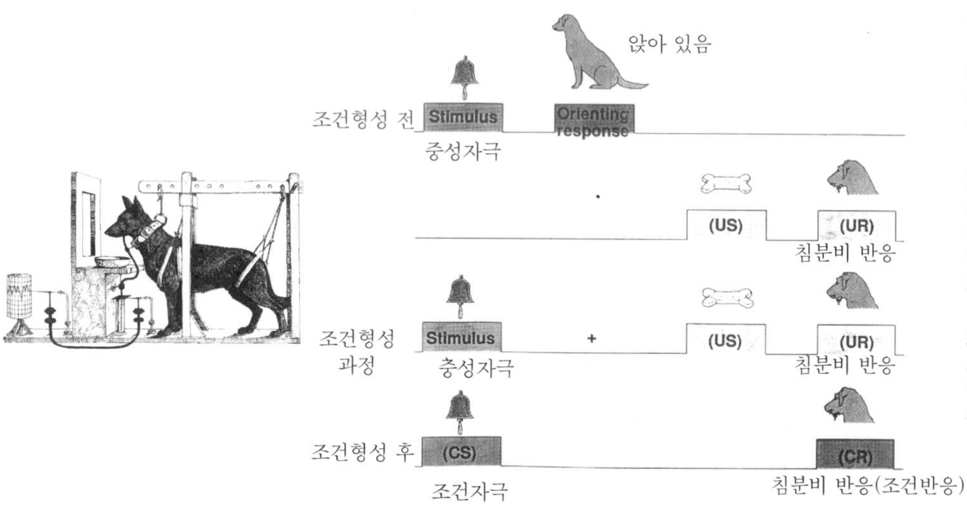

〔그림 7-1〕 Pavlov의 실험장치와 고전적 조건형성의 3단계

2) 기본개념

위의 실험에서처럼 특정한 종소리에 침을 흘리도록 학습되어진 개는 똑같지는

자극일반화
훈련을 받은 자극뿐만 아니라 다른 유사한 자극에도 반응함

않아도 조건자극의 종소리와 유사한 종소리에도 침을 흘리는 반응을 보인다. 이처럼 처음의 자극과 유사한 다른 자극에 대해서도 동일한 반응을 나타내는 현상을 자극일반화(stimulus generalization)라고 한다. J. B. Watson의 연구에서 흰 쥐에 대한 공포반응을 학습한 Albert는 흰 쥐뿐 아니라 흰 색 털코트, 흰 털실, 흰 수염에까지 그 반응을 일반화시켰다.

변별
비슷하지만, 서로 다른 자극에 대해 다르게 반응하도록 학습하는 것

한편 특정한 종소리 후에는 반드시 음식물이 제공되지만 다른 종소리에는 음식물이 제공되지 않으면, 개는 곧 음식물이 주어지는 특정한 종소리에만 침을 흘리고 다른 종소리에 침을 흘리는 반응은 중지한다. 즉 두 자극을 변별(discrimination)하게 된다.

소거
조건자극이 제시되나 학습된 반응이 점차 사라짐

일단 획득된 조건반응도 조건자극이 무조건 자극과 결합되지 않은 채 중성 자극인 조건자극만 계속 단독으로 제시되면, 즉 종소리만 들려주고 음식물이 제공되지 않으면 학습된 조건반응은 희미해져 결국 사라져 버리는 데 이를 소거(extinction)라 한다.

자발적 회복
소거 후 무조건 자극과 연합되지 않은 조건자극에 조건반응이 다시 나타남

소거절차가 이루어 진 후에도 음식물과 연합시키지 않은 채 다시 종소리만 반복적으로 개에게 들려주었을 때, 소거되었던 종소리에 침을 흘리는 반응이 재훈련없이 다시 나타난다. 이를 조건반응의 자발적 회복(spontaneous recovery)이라 한다. 이때 반응의 강도는 전의 절반 정도밖에 되지 않으나, 자발적 회복은 학습이란 영원히 소멸되는 것이 아님을 시사해 주고 있다.

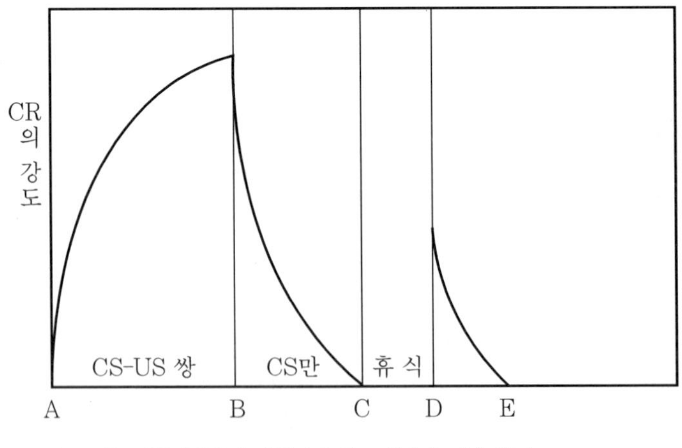

A → B : CS와 US가 연합되어 있고 학습은 계속 증가
B → C : CS만이 제시됨. C지점에서 반응은 소거됨
C → D : 휴지기 후에 D지점에서 자발적 회복이 나타남
D → E : 다시 CS만 제시되면 반응은 급격히 소멸

〔그림 7-2〕 조건반응의 형성과 소거, 자발적 회복

3) 교육에 대한 시사점

이제 우리 인간과 고전적 조건형성이 어떻게 관련되어 있는지를 살펴보자. 우리가 갖는 대부분의 정서적 반응이나 태도는 고전적 조건형성의 결과이다. 우연히 어떤 그림을 보고 고향에서 보냈던 즐거웠던 어린 시절이 생각나 유쾌했던 경험은 없는가? 또는 병원이라는 소리만 들어도 벌써 무서워 울음을 터뜨리는 아이를 본적이 있는가? 이처럼 그림이나 병원이라는 중성자극이 특정한 정서반응을 야기시킨다.

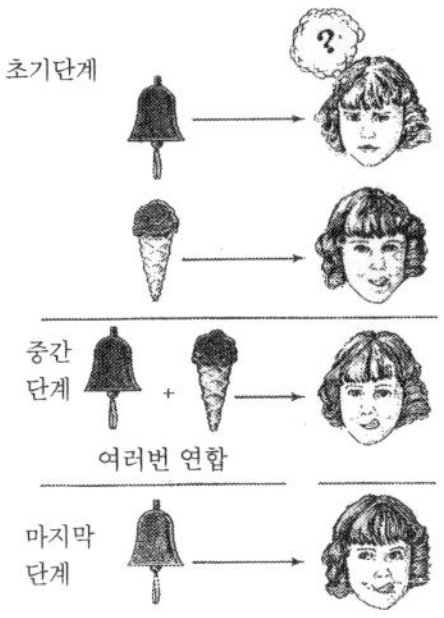

초등학교에 입학한 1학년 영희가 학교 생활을 통해 학교에 대해 갖게 되는 정서적 반응을 예상해 보자. 영희가 학교에 등교한 첫날이나 첫 주에 선생님이 반갑게 미소로 맞아 주며 머리를 쓰다듬어 준다면, 영희는 당연히 기쁨을 느끼게 된다. 선생님의 미소와 머리 쓰다듬는 행위는 무조적 자극으로 무조건 반응인 기쁨 반응을 유발한다. 이 경우에 중성자극이던 교사와 학교는 미소와 머리 쓰다듬는 행위와 같은 무조건 자극과 연결되기 때문에, 영희는 교사와 학교에 대해서도 비슷한 긍정적 반응을 경험하게 된다. "엄마, 학교는 참 재미있어, 선생님도 너무 좋아."하면서 학교 생활을 즐겁게 받아들이는 영희의 모습을 그리는 것은 어렵지 않다. 한편, 전혀 다른 경우도 상상해 볼 수 있다. 영희가 첫 주에 등교할 때마다 매우 무서운 표정의 교사가 교문에서 학생들을 야단치고 벌주는 광경을 본다면, 또 때로는 영희에게도 "복장이 그게 뭐냐? 단추 잘 채워."하거나, "선생님한테 인사하는 법도 유치원에서 안 배웠니?"라고 야단을 치면, 영희는 당연히 두려움을 느끼게 된다. 이 두려움은 학교, 교사 또는 학교에서의 전반적인 생활이나 공부 등에까지 연결될 수 있다. 아마 학교에서 돌아온 영희는 "엄마, 선생님 너무 무서워서 싫어, 학교도 공부도 참 재미없어." 이렇게 말하지는 않을까?

경수는 종례시간에 선생님이 '다음 주에 시험'이라고 발표하는 순간부터 매우 불안해지며 속까지 메스꺼워졌다. 경수의 이런 반응은 무엇 때문일까? 경수는 전에 시험에 실패한 후 부모나 교사로부터 심한 꾸지람을 들었거나 친구로부터 놀림을 받아(무조건 자극), 좌절감이나 불안감(무조건 반응)을 경험했는지 모른다. 이제 중성자극인 시험의 발표나 실시 자체가 조건자극이 되어, 시험 결과를 얻기도 전에 시험불안이라는 조건반응을 야기시키고 있다.

성진이는 사회시간에 선생님이 학생에게 질문을 하기 위하여 교실을 쭉 훑어보면, 벌써 얼굴이 달아오르고 가슴이 뛰기 시작한다. 얼마 전 수업중에 선생님의 질문에 엉뚱한 대답을 했더니 선생님이 학생들 앞에서, "얘들아 여기 웬 철학자가 한 분 계시는구나." 하고 몹시 빈정거리신 적이 있다. 그 이후부터 선생님이 질문하려는 태도만 보여도 당황해서 자기도 모르게 얼른 고개를 숙이고 눈을 맞추려고 하지 않게 되었다.

실제적으로 환경의 모든 요소가 정서적 반응을 유발하는 자극과 결합되어질 수 있다. 교사의 다정한 미소는 기쁨을, 거친 말투는 두려움을 유발시키는 무조건 자극들이다. 나아가 학교의 다양한 변인이 이런 무조건 자극과 결합되면 앞의 무조건 반응과 비슷한 정서적 조건반응이 유발된다. 조건형성은 학습자가 의식하지 않는 사이에 일어나므로, 학습자 자신이 그러한 정서적 반응을 어떻게 획득했는지 이해하기는 어렵다. 만일 교사가 고전적 조건형성의 개념을 충분히 이해한다면, 현재 많은 학생들이 겪는 심리적 문제를 이해하고 해결하는 데 도움을 줄 수 있을 것이다.

과거에 실패를 겪었거나 두려움을 경험한 아이들은 그와 유사한 상황을 회피하려는 경향을 보인다. 학생들이 부정적인 경험을 할 수 있는 상황을 피해가게 하기보다는 즐거운 자극을 제공하여 그 상황에 참여하도록 하거나, 두려워하는 상황이 실제로는 아무렇지도 않다는 것을 경험할 수 있게 그 상황에 직면하도록 격려하는 것이 필요하다. 한 번에 고쳐질 수 없는 경우에 체계적인 둔감법(systematic desensitization)을 사용하는 것이 효과적이다. 불안을 치료하는 경우라면 먼저 불안감을 조성하는 데 관련되어 있는 장면들을 찾아 낸다. 여기서 불안을 가장 적게 일으키는 장면부터 가장 많이 일으키는 장면까지 위계를 만들어 가장 낮은 불안의 장면부터 차례로 경험시키는 것이다.

> **체계적 둔감법**
> 고전적 조건형성 원리를 심리치료에 적용한 Wolpe의 치료기법으로, 가장 낮은 불안이나 공포의 단계부터 차례로 경험시켜 결국 불안이나 공포를 치료함.

다른 사람 앞에서 발표하는 것에 두려움을 느끼는 학생이 자발적으로 손을 들고 발표하기를 기대할 수는 없다. 그렇다고 해서 무조건 그 학생에게 학급에서 발표하도록 강요하는 것은 학생을 더 위축시킬 위험이 있다. 아주 쉬운 주제에 대하여 발표하게 하거나, 적은 인원의 소규모 집단에서 발표할 기회를 주어 점차적으로 그 상황에 적응해 나가도록 하는 것이 필요하다.

시험불안을 가진 학생인 경우에 시험치는 방법을 먼저 가르쳐 주어야 한다. 예를 들어, 국어시험의 경우 반드시 지문을 꼼꼼하게 읽고, 질문의 내용을 먼저 파악하는 방법을 훈련시킨다. 또 쉽고 적은 분량의 테스트를 여러 번 경험하게 하고, 이 내용은 시험 빈도가 잦은 내용이라거나 이런 식으로 문제가 출제될 확률이 높다는 등으로 공부하는 데 힌트를 줌으로써 시험불안을 경감시켜 나갈 수 있다.

또한 학습해야 할 과제를 즐겁고 긍정적인 활동과 연합시킴으로써 학습을 즐겁게 만들 수 있다. 우리가 처음 숫자를 배울 때나 영어의 A B C..를 배울 때, 노래로 숫자나 알파벳을 익혔던 기억들을 가지고 있지는 않는가? 중성적인 학습과제를 즐거운 활동과 연합시키면 학습도 노래나 게임처럼 즐겁게 느껴지는 긍정적인 정서반응을 유도할 수 있다.

3. 조작적 조건형성

고전적 조건형성은 학생들이 경험하는 비의도적인 다양한 정서반응을 설명해준다. 그러나 대부분의 경우 학생들은 자신이 알지도 못하는 자극에 의해서 수동적으로 반응을 유발하기 보다는 학습과정에 자발적으로 참여하여 의도적으로 행동한다. 이러한 의도적인 행동의 학습과정에 관한 것이 바로 조작적 조건형성(Operant Conditioning)이다. 고전적 조건형성이 반응을 유발하는 조건자극에 관심을 두었다면, 조작적 조건형성에서는 행동의 결과에 초점을 맞춘다. 즉 어떤 행동이 긍정적인 결과를 낳았는지 또는 부정적인 결과를 낳았는지에 따라 앞으로 그 행동이 계속 나타날 가능성이나 강도가 달라진다고 본다.

1) Thorndike와 Skinner의 연구

Pavlov와 거의 같은 시기에 동물의 학습과정에 대한 연구를 시작한 Edward Lee Thorndike에 의하면 학습의 기본형태는 시행착오 학습(trial-and-error

시행착오 학습
문제해결 장면에서 해결에 효과적인 반응을 적중시킬 때까지 여러 가지 반응들을 시도해 보는 것

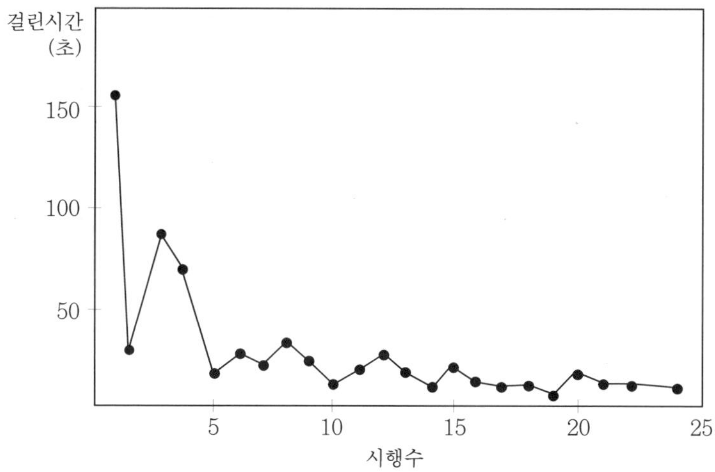

〔그림 7-3〕 Thorndike가 관찰한 문제상자 안의 고양이가 보인 수행상의 점진적 향상

learning)이다. 그의 실험에서 문제상자 안에 넣어진 고양이는 상자 밖에 놓여진 먹이를 먹기 위해서 상자의 문을 여는 행동을 학습해야 했다. 고양이는 상자 안에서 할 수 있는 다양한 행동을 하던 중 우연히 문을 여는 장치를 건드려 상자를 탈출하게 된다. 고양이를 계속적으로 상자에 다시 넣어 반응하게 하면 고양이는 점차적으로 만족한 결과를 주는 행동, 즉 문을 여는 행동을 학습하게 되고, 결국엔 상자 안에 넣어지자 마자 문을 여는 장치를 건드리는 행동을 반복하게 된다. 이때 고양이는 탈출 방법을 간파하거나 통찰에 의해서 보다는 반복적인 시행착오 방법으로 학습하게 된다는 것이다.

반응적 행동
자극에 의해 인출된 행동

조작적 행동
알려진 자극에 의해 인출되는 것이 아니라 유기체가 단순히 방출해낸 행동

조작적 조건형성 이론을 체계화한 Burrhus Frederic Skinner는 자극에 의하여 인출(elicit)되는 반응적 행동(respondent behavior)과, 자극에 의해 인출되는 것이 아니고 유기체에 의하여 자발적으로 방사(emit)되는 조작적 행동(operant

〔그림 7-4〕 Skinner 상자

behavior)을 구분한다. 대부분의 인간 행동이 반응적 행동이 아니라 조작적 행동이라고 생각한 Skinner는 고전적 조건형성의 원리는 학습된 행동의 일부분만을

설명하고 있다고 보았다. Skinner와 Thorndike는 많은 점에서 의견의 일치를 보였지만, Thorndike가 문제를 해결하는 데 걸리는 시간에 관심을 가졌다면, Skinner는 어떠한 보상이 조작적 행동을 일어나게 하는 데 어떻게 영향을 미치는가에 더 관심을 보였다.

Skinner의 실험은 먹이통과 연결되어 있는 지렛대와 먹이 접시가 장치된 Skinner 상자에서 주로 이루어졌다. 이 상자에 넣어진 쥐는 이리 저리 돌아다니며 탐색하기도 하고 바닥을 긁기도 한다. 그러한 행동들은 어떤 자극에 의해 유발된 행동이라기보다는 자발적으로 선택한 조작적 행동이다. 그러던 중에 우연히 지렛대를 누르게 되고 먹이 접시에 먹이가 나와 먹이를 먹게 된다. 이러한 반응과 결과가 여러 번 반복되면서, 지렛대 누르기와 먹이와의 관계를 점차적으로 학습하게 된다. 이제 그 관계를 학습한 쥐는 지렛대를 누르는 행동을 반복하고, 조작적 조건형성은 이루어지게 된다.

2) 기본개념

자극일반화와 변별, 소거, 자발적 회복 등의 현상은 고전적 조건현상에서 설명되었으므로 여기서는 조작적 조건형성에서 가장 중요한 개념인 강화에 대해 설명한다.

(1) 강화(reinforcement)의 유형

강화란 행동의 발생 빈도를 증가시키는 것으로, 정적 강화(positive reinforcement)와 부적 강화(negative reinforcement)로 나뉜다.

정적 강화란 어떤 행동 후에 긍정적이고 유쾌한 것이 제공되어 그 행동이 다시 일어날 확률이 증가하는 것을 말한다. 쥐가 지렛대를 누르면 먹이를 주어 지렛대를 누르는 행동을 반복하게 하거나, 수업시간에 학습태도가 좋은 학생을 칭찬함으로써 계속 좋은 수업태도를 갖게 하는 것 등이 그 예이다.

부적 강화란 어떤 행동을 하고 나면 싫은 대상이나 자극이 제거되므로 그 행동을 다시 할 확률이 증가하는 것을 의미한다. 교사가 수업 도중 아이들이 떠들 때 "조용히 해!"라고 소리치면 아이들이 금방 잠잠해지므로 소란스러워질 때마다 계속 소리치는 행위나, 연체료 내는 상황을 피하기 위해 매달 마감일 전에 돈을 지불하는 행위 등이 여기에 속한다. 부적 강화는 행동의 빈도를 감소시키려는 의도를 가진 벌과는 구별된다.

정적 강화
행동 후에 긍정적인 자극을 제시하여 그 행동의 강도와 빈도를 증가시킴

부적 강화
행동 후에 혐오 자극이 제거되어 그 행동의 강도와 빈도를 증가시킴

강화물(reinforcer)의 종류는 사탕으로부터 교사의 칭찬이나 상에 이르기까지 다양하다. 과자나 사탕과 같이 그 자체로 생리적 욕구를 만족시켜 주는 것을 일차적 강화물(primary reinforcer), 그 자체로 강화능력을 갖지 않는 중립자극이 일차적 강화물과 결합하여 강화의 속성을 갖게 되는 것을 이차적 강화물(secondary reinforcer)이라 한다. 하나 이상의 일차적 강화물과 연결되어 있는 이차적 강화물을 일반화된 강화물(generalized reinforcer)이라고 하는데 그 대표적인 예가 돈이다. 음식은 배가 고픈 사람에게만 효과적으로 작용하지만, 돈은 그 사람이 배가 고프든 안 고프든 언제나 효과적인 보상물로 쓰일 수 있다. 교실 현장에서 사용되는 가장 대표적인 일반화된 강화물은 토큰으로, 선생님이 학생에게 주는 별 도장이나, 스티커 등이 대표적인 토큰 강화의 예이다. 토큰을 다양한 일차적 강화물과 연결시켜 각자가 원하는 것과 교환할 수 있게 한다면, 토큰은 교육 현장에서 매우 유용하게 사용될 수 있다. 예를 들어, 1주일에 스티커 10장 이상을 모으면 책이나 장난감 등과 같은 상품 중에서 자기가 갖고 싶은 것을 고르게 한다든지, 청소 당번을 면제시켜 주거나, 1일 반장을 시켜 줄 수 있다.

일반화된 강화물
하나 이상의 일차적 강화물과 짝 지워져 강화 속성을 갖게 되는 자극으로 매우 광범위하게 적용될 수 있다.

〈표 7-1〉 강화와 벌의 유형

	제공되거나 박탈되는 자극의 유형	
	긍정정 자극	부정적 자극
반응 후에 무엇이 제공되는 경우	정적 강화	벌 I (수여성 벌)
반응 후에 무엇이 박탈되는 경우	벌 II (박탈성 벌)	부적 강화

(2) 벌(punishment)

수여성 벌
행동 후에 혐오자극이 제시되어 그 행동의 발생 빈도를 감소시키는 것

원하지 않는 행동을 감소시키고자 할 때 주어지는 것이 벌로, 부정적인 자극을 제공하는 벌(표 7-1 의 벌 I)과 긍정적인 자극을 박탈하는 벌(표 7-1의 벌 II)의 두 가지가 있다.

벌 I(수여성 벌): 꾸중이나 처벌처럼 행동 후에 부적 자극이 주어지는 경우이다. 적절히만 사용되면 목적 행동은 즉시, 지속적으로 억제되어진다(Johnston, 1972). 그러나 이러한 벌을 사용하는 데는 여러 위험이 따른다. 종종 벌의 강도가

너무 약해 행동을 억제하는 데 실패하기도 하고, 벌은 강한 정서를 수반하기 때문에 행동이 얼마나 잘못되었는가의 정도에 따라서가 아니라 교사 자신의 화난 정도에 따라 벌의 강도가 정해지기도 한다. 또, 교사가 학생들이 잘못된 행동을 할 때만 관심을 갖고 벌을 주는 경우도 있다. 이럴 때 아이들은 교사의 관심을 끌기 위해 벌이 주어질 행동을 반복하는 경우도 있어 애초의 교사의 의도와는 달리 벌이 정적 강화의 역할을 할 수도 있다.

기존의 연구에 의하면 벌이 효과적으로 사용되려면, ① 벌은 억제되어야 할 행동이 일어난 직후에 즉시 주어져야 하며, ② 가능한 한 강한 벌이 주어져야 하고, ③ 벌을 피할 수 있는 상황이 제공되어서는 안 된다. 만일 아이가 잘못한 후에 늘 손바닥을 싹싹 빌고 눈물을 흘리며 용서를 빌어 처벌을 피할 수만 있다면, 정말 후회해서라기보다는 벌을 피하려는 목적으로 용서를 청하는 그런 행동을 계속 반복하게 될지 모른다. ④바람직한 행동이나 대안이 벌과 함께 제시되어야 한다 (Gage & Berliner, 1992).

박탈성 벌
행동후에 정적자극이 제거되어 그 행동의 발생빈도를 감소시키는 것

벌 Ⅱ(박탈성 벌): 부정적인 자극을 제시하지 않고 단지 긍정적인 자극만을 빼앗는 것으로, 교육 현장에서 벌 Ⅰ에 비해 좀 더 긍정적인 벌로 받아들여지고 있다 (R. V. Hall & M.C. Hall, 1980). 좋지 않은 행동을 했을 때, 재미있는 T.V. 프로그램을 보지 못하게 하거나, 외출을 금지하는 것이다. 또, 종종 우리가 사용하는 타임 아웃(time out)이라는 벌도 여기에 속한다. 떠드는 학생을 벽면을 보고 서 있게 하거나, 아무 재미도 없는 빈방에 혼자 있게 두어 다른 사람과 격리시킴으로써 그 행동을 감소시킬 수 있다.

(3) 강화계획(reinforcement schedules)

새로운 행동을 학습할 때, 만약 정확한 반응마다 매번 강화를 받는다면 그 새로운 행동을 더 빨리 학습할 것이다. 그렇다면 학습된 행동을 적절한 수준으로 계속 유지하기 위해서 강화는 얼마나 자주 주어져야 하는 것인가? 교사가 학생의 행동 하나 하나를 한 번도 빠뜨리지 않고 100% 강화하기란 불가능하다. 또 실제로 우리는 뚜렷이 강화받지 않아도 많은 행동을 꾸준히 지속하고 있으며, 학습된 행동이 일어날 때마다 빠짐없이 강화하기보다는 간헐적으로 강화하는 것이 그 행동을 지속시키는 데 더 효과적이다. 이것이 Skinner(1957)가 이야기한 부분 강화 효과(partial reinforcement effect)이다. 정확한 반응마다 매번 강화받던 유기체가 정확한 반응의 일정 백분율만을 강화를 받던 유기체보다 소거과정에서(즉 더 이상 보상이 주어지지 않을 때) 더 빨리 그 반응을 소멸한다는 것이다. 즉 부분강

부분 강화 효과
가끔씩 강화를 받는 행동이 매번 강화를 받는 행동보다 소거되는 데 더 시간이 걸린다는 사실

화가 완전(100%)강화보다 행동을 소거하기 어렵다.

부분 강화계획은 강화물이 제시되어지는 시간 간격에 따른 간격계획(interval schedule)과 반응의 횟수에 따른 비율계획(ratio schedule)으로 나뉜다. 각각은 다시 간격이나 비율이 고정적인지 변동적인지에 의해 세분된다.

연속 강화계획
적절한 반응마다 매번 강화를 주는 조건

부분 강화계획
모든 적절한 반응에 강화가 주어지는 것이 아니라 부분적으로만 강화를 주는 조건

고정간격 강화계획
일정의 시간 간격이 경과한 후에 일어 난 반응만을 보상하는 조건

고정간격 강화계획(fixed interval schedule)은 일정한 시간 간격 후의 반응을 강화하는 것이다. 만일, 매 5분마다 보상이 주어지면 다음 보상의 시간을 예측하게 되어 강화가 주어진 바로 직후에는 반응을 하지 않고 기다리는 모습을 보이게 된다. 야간 자율학습 시간에 교사가 30분 간격으로 교실을 들른다면 학생들은 교사가 교실에 나타날 시간을 예상해 그 즈음에만 조용히 하는 경향이 있다.

변동간격 강화계획
어떤 평균의 시간 간격이 경과하고 난 후의 반응만을 보상하는 조건

변동간격 강화계획(variable interval schedule)은 계획 전체를 보면 강화가 주어지는 시간 간격의 평균은 일정하나, 강화가 주어지는 시간 간격은 매번 다르다. 이 강화계획에서 반응은 느린 속도로 꾸준히 계속되며, 강화 후에 반응이 잠시 줄어드는 경향은 나타내지 않는다. 예를 들어, 교사가 3시간의 자율학습 시간 동안 평균 6번 교실에 들르지만 그 간격이 일정하지 않은 경우를 생각해 보자. 학생들은 교사의 방문을 예측할 수 없기 때문에 교사가 들른 직후라 하더라도 비교적 조용히 하는 행동을 지속하는 경향이 있다. 예고없이 시시때때로 치러지는 모의고사는 학생들을 지속적으로 공부하게 만들 수 있다. 그러나 이러한 변동간격 강화는 학생들을 불안하게 만들 수 있으므로 그 시행에 주의를 기울여야 한다(Crooks, 1988).

고정비율 강화계획
n번째 반응만을 보상하는 조건

고정비율 강화계획(fixed ratio schedule)은 일정한 반응 횟수에 따라 강화가 주어지는 것으로, 지속적으로 반응하기만 하면 규칙적으로 보상이 주어지는 것을 알기 때문에 빠르고 일정한 속도로 반응한다. 예를 들어, 교사가 "앞으로 30분 동안 수학 문제 30문제를 풀면, 15분의 휴식시간을 주겠다(간격 강화계획)."라고 말하는 대신, "수학 문제 10문제를 풀면 15분의 휴식시간을 주겠다(비율 강화계획)."라고 말할 때, 학생들은 더 높은 수준의 수행을 보일 것이다. 고정간격 강화계획에서처럼 강화 후에 잠시 반응이 줄어 드는 현상이 있다.

변동비율 강화계획
유기체가 보상을 받으려면 어떤 평균 수의 반응을 해야 하는 조건

변동비율 강화계획(variable ratio schedule)은 강화를 받기 위해 요구되는 반응수가 매번 다른 경우로 언제 강화받을지 모르기 때문에 반응을 많이 해야 하고 꾸준히 해야 한다. 초등학교 아이들의 경우 교사의 질문에 답하기 위하여 열심히 손을 든다. 40명 학생 중에 30명 정도의 학생이 매번 손을 든다고 하자. 평균적으로 한 아이가 지명될 확률은 1/30이지만, 실제로 교사가 학생의 좌석이나 출석번호 순으로 지명하지 않는 한 그 확률은 매 질문마다 아주 다양해 진다. 이렇게 변

동비율에 의해 강화받기 때문에 자발적으로 대답하고 싶은 학생은 더 열심히 계속 손을 들게 된다.

간격강화에 비해 비율강화에서는 학습자가 비교적 빠르게 반응하는 모습을 보인다. 한편, 고정강화에서는 앞으로의 강화를 예측할 수 있으므로 강화가 기대대로 주어지지 않으면, 일반적으로 빨리 포기하게 되고, 결국 그 행동은 소멸하게 된다. 그러나 변동강화의 경우, 강화가 주어지는 간격이나 비율을 점진적으로 늘려 강화가 거의 주어지지 않게 되더라도 반응은 지속적으로 일어난다. 따라서 높은 수준의 수행을 위해서는 비율강화가, 반응의 지속성을 높이기 위해서는 변동강화가 효과적이다.

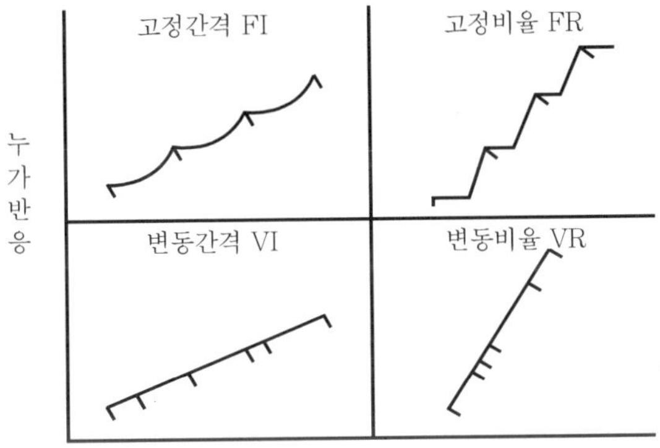

아래 방향으로 그려진 짧은 선분은 강화를 나타내며, 특정한 시간에서의 반응비율은 그 지점에서의 곡선의 기울기로 나타난다. 변동비율 계획(VR)과 변동간격 계획(VI)은 안정된 반응비율을 유지하며, 한계는 있지만 일반적으로 강화의 빈도가 클수록 곡선의 기울기는 가파르게 된다. 한편, 변동비율의 반응률이 변동간격의 반응률보다 높게 나타난다. 고정비율 계획 (FR)과 고정간격 계획(FI)은 각각의 강화 후에 휴지기가 나타나는 반응 패턴을 유지한다.

〔그림 7-5〕 여러 가지 강화계획에서 생성된 전형적인 누가기록

(4) 강화의 상대성

무엇이 강화물로 효과적일까? 우리는 칭찬 같은 언어적 강화, 미소나 포옹 등의 신체적 강화, 사탕을 제공하거나 오락시간을 갖게 하는 강화, 또는 스티커나 별 도장과 같은 토큰 강화 등이 포함된 긴 강화물의 목록을 작성할 수 있다. 사람마다 더 선호하는 바가 다르고, 상황에 따라 그 선호가 바뀌기도 한다.

강화의 상대성에서 중요한 Premack의 원리(Premack, 1959)란 학습자에게 다양한 활동을 할 기회를 주고 관찰하여 각 행동의 발생 빈도를 파악해, 가장 자주 행하는 행동을 덜 자주 하는 행동을 보상하기 위하여 쓸 수 있다는 것이다. 산수

문제를 풀면(낮은 빈도의 행동), 운동장에서 놀게(높은 빈도의 행동) 해주겠다는 제안이나, 김치먹기를 싫어하는 아이에게 김치를 한 번 먹으면 아이가 좋아하는 햄을 한 조각 먹게 해 주겠다는 제안으로 낮은 빈도의 행동을 점진적으로 증가시킬 수 있다.

Premack 원리
더 선호하는 행동은 덜 선호하는 행동을 강화하기 위하여 사용될 수 있다는 원리

한 연구에 의하면 어떤 교사가 만화책만 읽으려는 학생에게 주 정부의 독서과제인 Dickens의 『David Copperfield』란 책을 읽게 할 때 Premack 원리를 이용하였다(Gage & Berliner, 1992). 처음에는 이 독서과제 책을 5분 읽으면 만화책을 25분 읽게 하였고, 다음엔 독서과제 책을 10분 읽으면 만화책을 25분, 나중에는 각각의 책에 15분씩이 주어졌다. 결국 학생들은 Copperfield 를 읽는 데 점차 흥미를 느껴, 주어진 시간 내에 책읽기를 끝낼 수 있었다. 만일 이런 방법이 사용되지 않았다면 이 학생들이 독서과제로 주어진 어려운 책을 끝까지 읽어낼 수 있었을까?

Premack 원리는 보상의 역할을 할 수 있는 것은 개인마다 다르며, 항상 변화할 수 있다는 것을 우리에게 시사한다. 따라서 교사는 학생을 주의깊게 관찰하여 그들이 선호하는 대상이나 활동의 다양한 목록을 준비해서, 상황에 따라, 개인에 따라, 그들이 가장 선호하는 것으로 보상하도록 주의를 기울어야 할 것이다.

조형
바라는 반응이 그냥 일어나기를 바라기보다는 목표를 작은 단계로 나누어 점진적으로 강화해 가는 과정

(5) 조형(shaping)

교사가 기대하는 바람직한 행동을 학생이 보여주지 않을 때, 교사는 막연히 그 행동이 일어나기만을 기다리고 있어야 하는가? 집에서건 학교에서건 전혀 책을 읽지 않는 학생은 책을 읽지 않기 때문에 그 행동에 대한 강화를 받지 못한다. 즉 독후감을 써서 상을 타거나, 책 읽는 행동으로 부모나 교사에게 칭찬받을 기회를 갖지 못한다. 이 학생이 책을 읽는 모습을 저절로 보일 때까지 기다리는 것이 바람직한가? 이런 경우 완전한 모습의 행동을 기다리지 않고 만들어 나가는 조형(shaping)의 방법이 필요하다.

새로운 행동을 좀더 빨리 습득하게 하거나, 좋지 못한 행동을 수정하려 할 때 조형의 절차를 이용한다. 조형을 사용하려면 교사는 학생이 학습하기를 바라는 최종목표의 행동을 몇 개의 작은 단계로 나눈 후, 바라는 행동에 근접한 행동들을 계속해서 점진적으로 강화해 나가야 한다. 책상에 5분 이상을 앉아 있지 못하는 아이에게 처음부터 30분 동안 앉아서 책을 읽기를 기대할 수 없다. 처음에는 책을 읽지 않아도 책상 앞에 5분을 앉아 있으면 강화하고, 다음엔 10분, 다음엔 책을 펴고 10분 앉아 있으면…, 이런 식으로 진행해 나간다. 이때 주의할 점은 한

번에 너무 많은 것을 기대하지 말고 아주 작은 단계로 나누어 조금씩 진행하여야 한다는 것이다.

3) 교육에 대한 시사점

조작적 조건형성은 행동수정과 프로그램 수업이라는 두 측면에서 그 교육적 응용을 생각해 볼 수 있다.

(1) 강화와 벌의 효과적 사용을 통한 행동수정

행동수정
행동을 변화시키기 위하여 행동주의 학습원리를 적용하는 것

교사는 학생들의 바람직한 행동은 유지시키고 좋지 않은 행동을 교정하기 위해 매일 강화와 벌을 사용한다. 과연 강화와 벌은 얼마나 효과적인가? 벌은 그 행동을 잠시 억압만 할 뿐 지속적인 억제효과를 갖고 있지 않다거나, 벌이 주어졌을 때보다 정적 강화가 주어졌을 때 교실내의 부적절한 행동이 더 많이 감소되었다는 연구들이 정적 강화의 상대적 효과성을 입증하고 있다(Williams, 1987).

억제효과가 기대만큼 크지 않은 벌을 고집하기보다는 가능하다면 벌 대신 경고를 사용해 보는 것도 한 방법이다. 경고가 부적절한 행동을 감소시키지 못하고 정적 강화가 역할을 못할 때만 벌을 사용하는 방법을 쓴다면 전체적으로 벌을 줘야 하는 상황이 줄어 들 것이다. 불가피하게 벌을 사용해야 한다면 교사는 자신의 개인적 감정을 수반하지 않고, 충분한 귀납적 설명과 함께 최대한 공평하게 벌을 적용할 수 있어야 한다. 또 부적절한 행동을 야기하는 상황을 제거한다든지, 적절한 다른 대안을 제시하는 것도 한 방법이다. 어머니의 지갑에서 돈을 몰래 꺼내는 경우에 어머니의 지갑을 아이가 보지 못하는 장소에 보관하고 대신 심부름 등으로 아이가 돈을 벌 수 있는 긍정적 기회를 제공하는 것이다. 또는 수업시간에 계속 소근거리는 두 학생의 좌석을 1분단과 4분단으로 멀리 떼어 놓거나, 수업태도가 좋은 학생과 짝을 지워 주는 것도 그 예이다.

벌은 바람직하지 못한 행동을 잠시 억압만 할 뿐으로, 그 행동을 완전히 효과적으로 소거하는 방법은 '무시하기' 이다. 성적이 하위권인 민수는 학교에서 수업시간에 선생님과 눈이 마주치는 경우도, 질문에 답할 기회도 거의 주어지지 않는다. '선생님이 내 이름을 아시기나 하나?' 하고 의심하는 민수에게 "민수, 수업시간에는 떠들지 마라." 하시는 선생님의 지적은 더 이상 벌이 아닐 수 있다. 이렇게 벌은 때로는 교사의 관심을 끌고 싶은 학생에게는 정적 강화로 사용될 수 있기 때문에, 부적절한 행동에는 전혀 관심을 보이지 말고(무시하기), 대신 적절한 행동

을 했을 때만 관심을 보여 주는 교사의 태도가 필요하다. 그러나 실제적으로 '무시하기' 에 의한 소거 과정은 매우 느리게 진행되기 때문에 무시하기를 포기하고 다시 벌의 사용에 의존하는 경우가 많다. 교사의 벌을 일종의 정적 강화로 받아들이는 학생의 경우에 이렇게 주어지는 벌은 부분 강화의 효과를 갖게 되므로 더욱 그 행동을 부추길 위험이 높다. 또한 교사가 아무리 문제 행동을 무시하여도 같은 반 학생들이 그 행동에 반응을 보인다면, 그 학생은 정적 강화를 받게 되는 결과가 된다. 따라서, 현실적으로 교육현장에서 이 무시하는 방법이 효과를 거두기는 매우 어렵다.

그렇다면 정적 강화는 언제나 효과적인가? 앞에서 언급한 Premack 원리가 시사하듯이 모든 학생에게 다 효과적인 강화물이란 있을 수 없다. 교사는 학생에 대한 지속적인 관심과 관찰로 그들의 선호도를 알고 있어야 하며, 또한 이를 효과적으로 교육 현장에 적용할 수 있는 전문적 지식과 기술을 익혀야 한다.

프로그램 수업
학습자에게 작은 단계로 정보를 제공하는 절차로, 학습이 적절히 일어났는지에 대해 즉시 피드백을 제공하며, 학습자 스스로 학습속도를 조절할 수 있게 함

(2) 프로그램 수업(programmed instruction)

Skinner는 교사의 도움을 적게 받으면서 스스로 학습할 수 있다는 측면에서 프로그램 수업을 개발하고, 교수기계(teaching machine)의 사용을 주장하였다. 수업이 프로그램화되면, 내용은 논리적 계열에 따라 소단위로 나누어져 제시되고, 각 부분마다 항상 학습자의 반응이 이루어지고 그 반응에 즉각적인 피드백이 주어진다.

1950년대 프로그램 수업의 내용은 책이나 교수기계로 제시되었지만, 이제는 컴퓨터로 수업의 내용을 제시할 수 있고, 이것을 컴퓨터 보조수업(computer-assisted instruction; CAI)이라 한다.

무엇보다도 프로그램 수업은 학습자가 자신의 능력과 속도에 맞추어 학습을 통제해 나갈 수 있기 때문에 학습의 개별화를 가능하게 하며, 학생의 능동적인 참여를 요구한다는 장점이 있다. 또 컴퓨터를 이용한 CAI의 경우, 전통적 수업에서는 할 수 없는 재미있는 시각 자료의 제시와 게임과 유사한 상황으로 학생을 동기유발시킬 수 있다. 또한 교사의 입장에서도 학생의 오답을 보고 그때마다 자신의 수업을 개선해 나갈 수 있다. 반면 프로그램 자료를 개발하는 데는 상당한 시간과 노력이 교사에게 요구된다. 또한 학습자가 적극적으로 참여한다고 해도 주어진 프로그램하에서만 진행되기 때문에 창의력을 증진시키기 어렵고 자기표현의 기

회를 제한하게 된다. 실제로 CAI는 학업성취가 낮은 학생들에게 효과적인 것으로 나타났지만(Kulik, Bangert, & Williams, 1983), 프로그램 수업이 다른 형태의 수업보다 월등히 더 훌륭하다거나, 다른 수업을 대체할 수 있다고 증명되지는 않았다. 수업의 개별화를 위해서 다른 수업방법과 병행해서 보완적으로 활용될 수 있을 것이다.

4. Bandura의 관찰학습

조건형성 이론에서는 직접적인 강화나 벌 없이는 어떤 학습도 일어나지 않는다고 가정한다. 이것이 사실인가? 우리가 극장에서, 식당에서, 또는 버스 안에서 하는 적절한 행동들은 어떻게 배워졌는가? 먼저 행동을 표출한 후, 그 행동에 대해 강화나 벌이 주어진 결과로 현재 그 행동을 학습하였나? 모든 행동이 이러한 직접적인 조건화에 의해서만 학습된다면, 예를 들어, 불의 위험성을 학습하기 위해서는 모든 아이가 직접 불을 접하는 생명의 위험도 감수해야 할 것이다. 그러나 대부분의 경우 우리는 단순히 다른 사람의 행동을 관찰함으로써 학습할 수 있다.

이러한 학습현상을 관찰학습(observational learning)이라고 하며, 행동주의 이론에 비해 학습에 있어서의 인지과정의 중요성을 강조한다. 관찰학습은 모델의 행동을 모방함으로써, 또 대리적 조건형성(vicarious conditioning)을 통해서 이루어진다. 즉 인사를 하는 모습이나 영어 단어를 말하는 입의 모습 등을 모방해 학습은 일어나며, 다른 사람이 상이나 벌을 받는 것을 보고 대리경험에 의해 자신의 그 행동을 증가시키거나 감소시킬 수 있다. 우리가 획득하는 대부분의 정보가 다른 사람과의 상호작용에서 온다는 점에서 Albert Bandura의 이론을 사회학습 이론이라고도 한다. 모델을 직접 관찰함으로써 이루어지는 경우가 많으나, 최근에는 대중매체의 발전으로 언어나 사진, 그림과 같은 상징적 모델을 모방하는 경우도 많다. 사실 어떤 상황에 처했을 때 대처하는 방법을 상세히 가르쳐 주는 안내서가 없다면 고도로 산업화된 현재에 살고 있는 우리는 계속 발생하는 문제를 효과적으로 처리하기 위하여 많은 시간과 노력을 낭비해야만 할 것이다.

관찰학습
주의의 사람과 사건들에 주의집중함으로써 정보를 획득하는 학습

대리적 조건형성
직접 상과 벌을 받지 않고, 다른 사람이 보상과 벌을 받는 것을 관찰하는 것에 의해 그 행동의 반복 정도가 형성되는 과정

관찰학습의 연구는 Bandura로부터 시작되었다. 그의 대표적인 연구(1963)는 공격적 모델이 등장하는 비디오를 본 아이들의 행동에 관한 것으로, 인형을 발로 차는 공격적인 모델을 본 아이들이 아무 모델도 보지 않은 통제집단의 아이보다 더 공격적으로 행동하였다. 또 다른 연구(Bandura, 1986)에서 세 집단의 아동에

게 각각 다른 내용의 비디오를 보여 주었다. 제1집단은 공격적 모델이 공격성을 보이고 상을 받는 비디오를, 제2집단은 공격성을 보이고 벌을 받는 내용의 비디오를, 제3집단은 공격적 행동 후에 상도 벌도 주어지지 않는 내용의 비디오를 각각 보았다. 결과, 상을 받는 것을 본 제1집단의 아이들이 가장 공격적으로 행동했고, 벌을 받는 것을 본 제2집단의 아이들이 가장 덜 공격적이었다. 이 연구에 의해서 강화란 수행변인이지 학습변인은 아니며, 학습과 수행은 구분되어야함이 확인되었다.

학습의 많은 부분은 다른 사람의 행동을 관찰하고 모방함으로써 이루어진다.

1) 관찰학습의 과정

Bandura(1977)는 관찰학습에서 주의집중 단계, 파지 단계, 재생 단계, 동기화 단계의 네단계를 고려해야 한다고 하였다.

주의집중 단계(attentional phase): 학습하기 위해서는 우선 모델에게 관심을 주의집중해야 한다. 연구 결과들을 보면 모델이 성, 연령에서 자신과 비슷할 때, 또는 매력적이거나, 존경을 받거나, 지위가 높고, 유능할 때 주의집중을 보다 많이 받는 경향이 있다.

파지 단계(retention phase): 관찰에서 얻은 정보를 사용하기 위해서는 그것을 언어적 방법이나 심상을 사용하여 머리 속에 기억해야 한다. 예를 들어, 테니스의 서브 기술을 배운다고 하자. 모델을 관찰하는 동안 모델이 행하는 것을 말로 되뇌

일 수 있고, 후에 수행하기 위해서 그 행동을 차례대로 마음속에서 말로 암송할 수 있다(어깨는 돌리고, 눈은 고정하고, 팔목을 젖히고 등으로). 또는 모델을 관찰하면서 그 사람이 서브 넣는 모습을 지속적이며 쉽게 상기시킬 수 있는 시각적 영상으로 만들기도 한다. 일단 정보를 인지적으로 저장하고 나면, 관찰학습이 일어난 뒤 오랜 시간이 경과해도 이용할 수 있다.

재생 단계(reproduction phase): 많은 정보를 기억했지만 그것을 다 자연스럽게 행동으로 바꾸기 힘든 경우도 많다. 특히 운전, 테니스 등과 같이 고도의 숙달된 운동행위를 요구하는 경우에는 더 그렇다. 관찰한 행동을 잘 재생하기 위해서는 많은 연습이 필요하고, 자신의 행동을 관찰하고 자신의 행동과 기억하고 있는 모델의 행동을 비교하면서 계속 자기의 행동을 수정하여 모델의 행동을 재생할 수 있게 해주는 교정적 피드백(corrective feedback)이 필요하다. 가수의 춤을 흉내내는 아이들은 거울 앞에서 연습하는 데 얼마나 많은 시간을 보내는가!

동기화 단계(motivational phase): 모델의 행동을 습득하고, 기억하고, 능숙하게 수행할 수 있는 능력을 가지고 있다 하더라도, 그 행동이 바람직하게 받아들여지지 않는다면 그것은 행동으로 수행되지 않는다. 어떤 학생이 아무리 요즘 유행하는 춤을 멋지게 출 줄 알아도 소풍이나 장기자랑 시간이 아닌 학교의 수업시간에 춤을 추지는 않는다. 사회학습 이론에서는 조작적 조건형성과는 달리 행동의 결과는 학습을 유발하는 변인이 아니고 수행을 동기화한다고 본다. 일반적으로 정적 강화가 주어지면 빠르게 행동으로 전환될 뿐만 아니라 주의집중 과정이나 파지 과정에도 영향을 미친다. 또 다른 사람이 어떤 행동으로 정적 강화를 받는 것을 관찰하기만 해도, 그 행동에 주의를 기울이게 되고, 적극적으로 파지하며, 나중에 빠르게 행동으로 수행되도록 동기화된다. 즉 강화가 대리적으로 경험되어 자신의 비슷한 행동도 비슷한 결과를 가져올 것이라고 예상할 수 있게 된다 .

2) 교육에 대한 시사점

학생들은 그들의 대부분의 시간을 보내는 학교에서, 교실에서 관찰을 통해 많은 것을 배운다. 학생들은 교사가 수학시간에 수학문제를 푸는 방법을 보거나, 과학시간에 실험도구를 다루는 법을 보고 새로운 지식이나 기술을 습득한다. 특히 조작적 조건형성이 비효율적이거나 위험할 때 이 관찰학습은 더 효과적이다. 예를 들어, 당신이 자동차 운전을 처음 배울 때, 운전 강사가 당신이 옳은 반응을 할 때까지 기다리는 시행착오 방식으로 운전을 가르치기를 원하는가? 그보다는 운전 강사가 어떻게 시동을 켜고, 가속 페달과 브레이크 페달을 언제 어떻게 밟는지, 핸들은 어떻게 조작하는지를 시범으로 보여주고 당신이 그것을 따라 하게 한다면 훨씬 쉽게 효율적으로 배울 수 있을 것이다.

모델링
모델을 관찰함으로써 행동, 사고, 정서에 나타난 변화

또한 동일시의 대상으로의 교사의 행동을 통해, 즉 교사가 자신의 지적 호기심을 어떻게 표현하는지, 다른 사람과 어떻게 상호작용하며 자신의 감정을 표출하는지를 보면서 정의적 특성도 학습해 나간다. Clarizio(1980)의 연구는 영문학에 대한 학생들의 관심을 불러일으키기 위한 한 교사의 예를 통해 교사가 모델로서 얼마나 중요한 역할을 하는지를 잘 보여주고 있다. 이 교사는 학생들이 수업을 받기 위해 교실을 들어 올 때, 미소를 짓거나 크게 웃기도 하고, 때로는 찡그리기도 하며서 아주 흥미있게 책을 읽는 모습을 보여주었다. 학생들은 점차 교사가 읽는 책에 관심을 표현하게 되었고, 그럴 때마다 교사는 수업시간에 그 책에 대해서 설명을 하기도 하고, 재미있는 부분을 읽어 주기도 하여 학생의 관심을 강화하였다. 때로는 학생들에게 최근에 그들이 흥미있게 읽은 책에 대해 말해 보도록 요청하기도 하였다. 이렇게 하여 이 교사는 독서의 즐거움을 말로 설명할 뿐 아니라 그 자신이 갖고 있는 독서에 대한 흥미와 즐거움을 증명해 보였다.

이처럼 관찰학습은 새로운 행동을 획득하게 할 뿐만 아니라, 이미 학습한 반응을 촉진시키기도 하고 억제 약화시키기도 한다. 교사가 어떤 학생의 바람직한 행동을 칭찬하거나 바람직하지 못한 행동을 벌줌으로써, 그 학생뿐만 아니라 그것을 보는 다른 학생들에게도 어떻게 하면 칭찬을 받고, 벌을 받는지를 암시하는 것이다.

때때로 학생들은 알고 있지만 그 행동을 실천에 옮기지 못하는 경우가 있다. 학교에서 인사예절에 대해 배웠지만 어른들께 예의 바르게 인사하지 않는 초등학생이 있다고 하자. 텔레비전 프로그램에서 자기 또래의 어린이가 예의 바르게 행동할 뿐만 아니라 좋은 예절로 칭찬받는 것을 보면 자신도 알고 있던 인사하는 행동을 자주 수행하게 될 것이다(반응촉진 효과). 따라서 교사는 수행변인으로서의 강화를 적절히 사용하여 학생들의 기존의 행동 중에서 바람직한 행동을 유발하는데도 주의를 기울여야 한다.

모델의 행동이 부정적인 결과를 초래하는 것을 지켜 본 아이들은 모델이 한 행동을 감소시키는 '반응억제 효과'를 보인다. 한편, 모델이 금지된 행동을 했으나 부정적인 결과를 초래하지 않는 장면을 본다면 전에는 억제했던 행동들이 많이 나타날 수 있다(역억제 효과). 많은 교실에서의 행동은 상과 벌의 대리적 경험에 의해 학습된다. 만일 한 학생이 학급 친구를 때리거나 괴롭혀도 벌을 받지 않는 것을 본다면 다른 학생들도 그러한 행동을 억제하려고 하지 않을지 모른다. 또 그 학생이 학급 친구들로부터 상당한 지명도를 갖고 있는 경우라면 그 모델 학생이 학급에 미치는 파급효과는 매우 크다. 따라서 지속시키고 싶은 바람직한 행동이나 중단시키고 싶은 좋지 못한 행동에 적절히, 그러나 확실히 상과 벌을 사용하면 파급효과를 긍정적으로 활용할 수 있을 것이다.

파급효과
모방을 통한 행동의 전염적인 확산

연 구 문 제

1. 고전적 조전형성과 조작적 조건형성의 차이점과 유사점을 설명하라

2. 물에 대한 심한 공포를 갖고 있어 수영은 물론이고 목욕하는 것조차 두려워 하는 한 아이가 있다. 당신은 이 아이가 물에 대한 공포를 극복하고 수영을 배울 수 있도록 돕기 위해서 어떤 방법을 사용할 것인가?

3. 김교사가 수학을 가르치는 중학교 3학년 1반은 수업태도가 몹시 좋지 못하다. 수업분위기를 바로잡고 수업을 진행해 나가기 위해서는 어떻게 해야 되겠는가? 정적 강화, 부적 강화, 벌의 개념을 이용하여 방법을 구상해 보시오.

4. 강화에 대한 전통적 행동주의 이론의 입장과 Bandura의 입장을 비교하시오.

5. 관찰학습의 입장에서 우리가 아동 및 청소년의 텔레비전 프로그램의 내용에 관심을 가져야 하는 이유에 대하여 생각해 보시오.

제 8 장

학습의 인지심리학적 접근

1. 형태주의 전통
2. 기억의 정보처리 모델
3. 기억의 구조 : 명제 망조직 모델
4. 개념형성과 문제해결
5. 지식의 획득과 메타인지
6. 학습의 전이

지금까지 행동주의 학습의 양식에 대하여 알아보았다. 그러나 대개의 인간의 학습은 행동주의적 접근에서 연구된 것보다는 훨씬 복잡할 뿐 아니라, 학습과 기억 및 망각은 떼어서 생각할 수 없다. 학습, 기억 및 망각의 과정은 관찰할 수 있는 과정이 아니며, 단지 성취도의 변화로부터 추론할 수 있을 뿐이기 때문이다. 이 장에서는 보다 복잡한 인간의 학습과정을 다루는 인지심리학적 접근에 대해 알아본다.

1. 형태주의 전통

형태주의
독일의 합리주의에서 나온 심리학파로 1912년 베를린 학파의 Wertheimer에 의해 발표되었고, Köhler 및 Koffka 등이 대표적인 학자이다.

구성주의, 기능주의 및 행동주의는 모두 과학을 경험적으로 연구한다는 방법론을 실행하려는 연합주의적 심리학 이론인데 반하여, 형태주의는 독일의 합리주의에서 나온 이론이다. 이 이론은 1912년 Berlin학파의 Max Wertheimer에 의해 발표되었으며, 대표적인 학자로는 Wolfgang Köhler와 Kurt Koffka가 있다. 이들은 심리학의 연구방법이, 특히 감각과 지각에 대한 접근방법이 너무 원자적이고 분석적이라서 행동과 경험에 포함된 기본과정을 이해하는 데 도움이 되지 못한다는 시각에서 형태주의 심리학(Gestalt Psychology)을 만들었다. 형태주의의 기본 원리는 "부분들의 성질은 전체에 대한 부분들의 관계에 의존하고, 부분의 질은 전체 속에 있는 부분의 위치, 역할 및 기능에 의존한다"는 표현에 잘 드러나 있다.

형태주의 이론가들은 주로 지각과 문제해결 과정에 관심을 기울였는데, 그들은 같은 시기에 미국에서 연구하고 있던 행동주의자들이 학습과 문제해결을 자극-반응 연합의 점진적 증가로 간주하는 것을 거부하였다. 그들은 학습을 지각장(perceptual field)의 재구성에 의한 것이라고 보았으며, 따라서 이와 같은 학습은 '통찰적(insightful)'으로 이루어진다고 보았고, '생산적 사고(productive thinking)'에 대한 많은 연구에서 통찰적 해결의 예를 제시하였다. 따라서 그들은 학습을 인간의 사고과정에서 자연스럽게 파생되는 현상으로 보았다. 형태주의 이론가들은 '학습된 것'은 지각체제화의 법칙에 의해 결정된 산물로 간주하였고, '수행된 것'은 문제해결 과정이 어떻게 그 장면을 분석하는가와 또 그 과정이 과거 경험의 흔적을 어떻게 응용하는가에 달려 있다고 보았다.

Köhler와 Koffka는 Thorndike의 시행착오 이론과 행동주의적 견해를 비판하였는데, Köhler는 원숭이를 대상으로 실험한 결과를 근거로 자신의 비판을 증명하였다.

통찰학습
Köhler의 학습 이론으로, 주어진 지각장의 무관했던 구성요소들이 경험과 재구성에 의해서 목적과 수단이 연결되어 문제가 해결되는 문제해결 학습을 의미한다.

1) 통찰학습

Köhler(1917)는 Sultan이라는 원숭이를 대상으로 원숭이가 문제를 해결하는 과정을 실험하였다. 그는 원숭이를 우리에 가두고 우리의 천정에 매달린 바나나를 따먹으려는 원숭이를 관찰하였다. 이때 우리 안에는 〈그림 8-1〉과 같이 상자들을 넣어 두었는데, 상자들은 포개어 놓고 올라설 수 있는 도구들이다. 처음에 원숭이는 껑충거리거나 우리 안을 왔다갔다 하며 바나나를 따려고 하지만 뜻대로 되지 않자 실망하였다. 얼마 지난 뒤에 원숭이는 우리 구석의 상자와 천장의 바나나를 한참 쳐다보다가, 갑자기 상자를 끌어다 올라서서 바나나를 따는 행동을 하였다. 장대를 도구로 사용하게 하는 실험에서도 원숭이는 갑자기 장대를 들고 가서 바나나를 딸 수 있었다. 원숭이는 바나나를 따려는 목적을 달성할 수 없을 때, 인지적 불평형 상태를 경험하며, 이러한 불평형은 행동을 계속하게 하는 '동기'로 작용하게 된다.

〔그림 8-1〕 도구를 사용하여 문제를 해결하는 Köhler의 통찰학습 실험

이와 같은 현상에 대해 Köhler는 우리에 갇힌 원숭이가 '장(field)' 또는 '형태(Gestalt, form)'가 되는 우리 안에서 바나나를 따려는 목적을 달성하기 위해 장대나 상자를 수단으로 사용하게 된 것으로 설명하였다. 이때 원숭이는 '아하!' 하는 것을 경험하며, 주어진 형태에 맞게 목적과 수단을 연결시키는 통찰을 경험하였다고 보았다. 즉 주어진 장(場)의 무관했던 구성요소들이 재구성에 의해서 목적과 수단이 연결되는 문제해결이 이루어진 것이다. Köhler는 이러한 상황을 겪어 보는 것이 곧 학습이라고 하였고, 학습이 이와 같이 통찰에 의해서 이루어진다고 하여서 통찰학습이라고 한다.

통찰학습의 특징은 다음과 같다.

① 문제해결이 갑자기 일어나며 완전하다.
② 통찰에 의해서 획득한 해결을 바탕으로 하는 수행에는 거의 오차가 없고 원활하다.
③ 통찰에 의해서 얻어진 문제해결은 상당 기간 동안 유지될 수 있다.
④ 통찰에 의해서 터득한 원리는 쉽게 다른 상황에 적용된다.

2) 생산적 사고

생산적 사고
경험과 상상력의 통합에 의한 새로운 체험으로, 문제해결 과정의 창의적 사고를 의미한다.

형태주의의 창시자인 Wertheimer는 형태주의 원리를 교육에 적용하여, '생산적 사고(productive thinking)'를 유도하는 학습에 대해 언급하였다. 그는 기계적 암기를 위주로 하는 학습은 학습자가 사실과 법칙을 이해하지 않고 배우기 때문에 쉽게 잊어버리며, 따라서 기계적 암기학습의 전이도 상당히 제한적이라고 보았다. 반면에 형태주의의 원리를 기초로 사고하면, 제시된 것들의 관계와 의미를 재구조화하여 생산적 사고를 유도할 수 있다고 하였다.

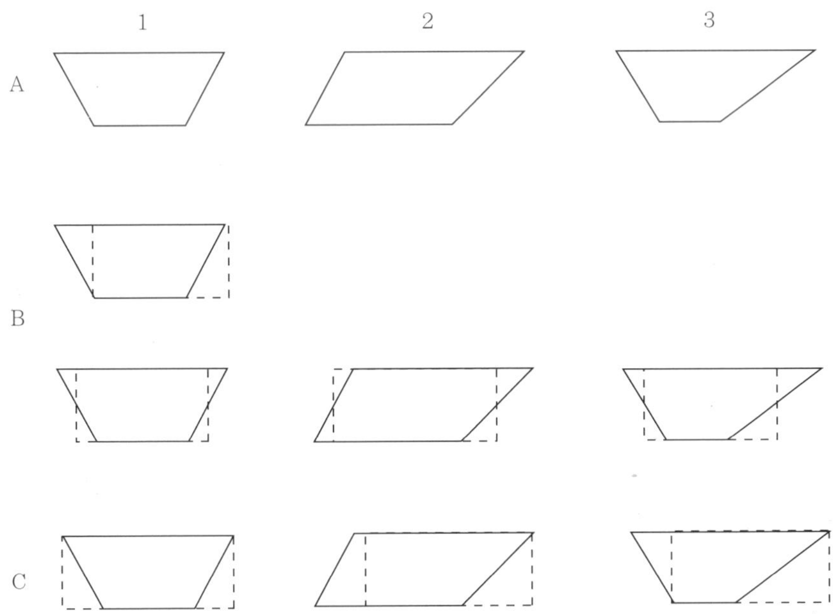

그림B는 원리를 이해한 학생들이 그린 보조선이고, 그림C는 맹목적으로 학습하는 학생들의 보조선이다 (김영채, 1991)

〔그림 8-2〕 Wertheimer가 제시한 생산적 사고의 예

그는 평행사변형의 넓이를 계산하는 방법을 예로 들어 생산적 사고를 설명하였다. 평행사변형을 제시하고, 윗 변의 양 꼭지점에서 밑변에 수직으로 보조선을 그리면, 양쪽에 똑같은 모양의 삼각형이 나오는 것을 보여준다〔그림 8-2〕. 그 다음 평행사변형의 전형적인 모양이 아닌 특수한 형태를 제시하면 생산적 사고에 의해 과제를 해결하는 학생은 그렇지 않은 학생보다 훨씬 쉽게 넓이를 계산할 수 있다. 즉 생산적 사고는 한번 터득한 원리를 다른 상황에서 쉽게 응용할 수 있는 '전이'와 관련된다.

2. 기억의 정보처리 모델

인지심리학은 각기 다른 분야에서 연구한 여러 학자들에 의해서 출현되었다. 행동주의 심리학에서 인지심리학으로의 전환에는 행동주의 심리학자들 스스로 처음에 추측하고 기대했던 것보다 S-R 연합이 훨씬 더 복잡한 양상을 띠는 듯하다는 인식이 크게 영향을 미쳤으며, 다른 한편으로는 정보이론이 대두되었던 것이다. 정보이론은 약호화와 해독이 전달과정에 매우 중요하다는 점에 착안하였는데, '정보의 통로(informationcanal)'는 오늘날 우리가 '정보처리'라고 부르는 그 전달과정이 행해지는 곳으로 '블랙박스'로 확대되었다(Aebli, 1980).

이와 같은 배경 밑에서 인지심리학은 정보처리 모형을 이론의 뼈대로 삼고 있다. 인지심리학자들은 기억에 대해 특별히 관심을 갖고 있는데, 인간의 학습은 주의 기울이기(attention), 지각(perception), 부호화(encoding), 저장(storage) 및 인출(retrieval) 등의 과정을 거치게 된다는 것이 정보처리 이론가들의 입장이다. 정보처리 이론 중 대표적인 모델은 Atkinson 과 Shiffrin(1968)의 다중저장고 모델이다. 이 모델은 정보가 인간에 의해 어떻게 처리되는지 기술하는데, 먼저 환경에서 들어온 자극은 감각저장고에 아주 짧게(약 0.5초 미만) 등록-저장되며, 등록되지 못한 대개의 자극들은 소실된다. 이때 '선택적 주의'는 자극이 감각기억을 거쳐 정보가 되는 과정을 좌우하는데, 주의집중에 의해서 소실되지 않은 정보는 단기기억(STM)으로 옮겨진다. 단기기억에서도 효과적으로 처리된 정보는 1분 이상의 기억을 의미하는 장기기억(LTM)으로 전이된다.

정보처리 모델의 발달과 밀접히 관련되는 것은 컴퓨터 과학 및 인공지능(artificial intelligence)의 발달인데, 인공지능이란 컴퓨터가 지능적으로 행동하도록 하는 것을 말한다. A. Newell과 H. A. Simon은 피츠버그의 카네기멜론 대학교에서 인간의 문제해결에 대한 컴퓨터 모의실험에 대해 연구하였고, Marvin Minsky는 M.I.T.의 연구소에서 인공지능에 대해 연구하였다. 컴퓨터 모의실험과 인공지능에 대한 연구의 시사점은 인지심리학자들에게 전달되었고, 또 인지심리학에서의 학문적 진전은 다시 컴퓨터 과학과 인공지능 연구자들에게 전수되었다. 인지심리학자들은 인간이 정보를 받아 처리하는 과정이 컴퓨터가 하는 것처럼 수행한다고 주장한다. 컴퓨터 행동과 인간행동이 비교되면서 컴퓨터는 인간사고의 처리과정을 진정으로 반영할 수 있을 때까지 수정된다. 즉 컴퓨터가 작동하는 동안의 처리방식에 대한 이해는 심리학자들에게 인간의 마음속에서 작용하는 처리방식에 대한 이해를 제공해 준다는 것이다. 일단 정보의 처리과정이 이해되면, 다음으로 정보처리 능력의 향상을 위한 교수전략 모델이 개발될 수 있을 것이다. 인간 정신기능의 컴퓨터 모의실험은 작곡, 수학의 풀이, 장기두기, 번역 및 일반적 문제해결 등의 많은 구체적 분야에서 연구되었다(Schönpflug & Schönpflug, 1983).

인지심리학적 관점에서 인간의 행위는 목표지향적인데, 인간이 행위를 시작하고 끝내는 데에는 실제의 상태에 대한 인식과 목표 및 목표 달성이라는 요소들이 관련된다. 3명의 심리학자는 인간의 조절자적 행위를 나타내는 TOTE-모델을 개발하였는데, TOTE-모델은 행위의 기본구조로 4단계의 순환적 조절을 나타내며, 인간의 정보처리 과정에 기본단위를 제공하고 있다(Miller, Galanter & Pribram, 1960). 이 이론에 의하면 정신적 조작은 계획이며, 계획은 TOTE라고 불리는 개개의 특정한 단위들에 의해 짜여진다. TOTE는 다음 의미의 머리글자이다:

TOTE-모델
인간의 조절자적 행위를 나타내는 모델로, 정보처리과정의 분석단위이다.

검사(Test) : 개인은 각 상황을 평가한다.

조작(Operate) : 개인은 최초의 평가에서 결정된 것에 따라, 문제해결을 위하여 어떤 행위를 취한다.

검사(Test) : 이 행위가 문제를 해결하는 데 기여했는지를 확인하기 위하여 재검사한다.

종결(Exit) : 만일 문제가 해결되었다면, 이 특정한 과정을 끝내고 다음 과정으로 이동한다.

TOTE-단위의 예를 들면, 손톱의 길이를 검사한 다음(검사), 손톱이 길므로 손톱을 깎는다(조작). 그리고서 다시 한 번 손톱의 길이를 검사하며(검사), 손톱의 길이가 적당하다는 목표에 도달되었으면 행위를 종결하는 것이다(종결).

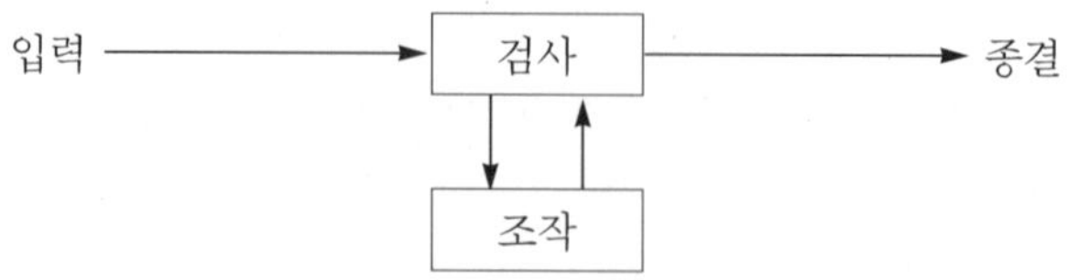

〔그림 8-3〕 TOTE-모델

1) 감각저장고와 주의

인간의 지각(perception)은 감각기억, 주의 기울이기 및 형태재인에 의해 가능하다. 감각기관에 등록되는 자극이나 정보는 먼저 감각저장고에 들어가는데, 이러한 감각기억은 0.5초 미만 정도 유지된다. 시각적 감각기억(iconic memory)에 대한 대표적인 실험은 Sperling에 의한 것으로, 4개씩 세 줄로 구성한 철자자극(모두 12개)을 짧은 시간 제시한 다음 피시험자들에게 읽은 것을 보고하도록 하였다. 이때 전체보고법을 사용하였을 때는 4~5개 정도의 철자를 기억할 수 있었는데 반해서, 부분보고법을 사용하였을 경우는 12개의 철자 중 9~10개까지의 철자를 기억한다는 것을 발견하였으며, 시간이 1분 정도 경과하였을 때는 재생할 수 있는 철자가 다시 4개 안팎으로 감소하는 것을 발견하였다. 즉 자극에 노출된 직후의 재생능력이 높은 것은 감각기억을 증명해 주는 것이다. 청각적 감각기억(echoic memory)에 대한 연구도 마찬가지의 결과를 얻었다.

감각기억
감각기관에 등록되는 자극이나 정보로 0.5초 미만 정도 유지되는 기억이다.

기억의 과정에 주의(attention)가 영향을 미치는 순간이 언제인가에 대해서는 주의에 대한 이론가들에 따라 다소 차이가 있긴 하지만, 주의를 기울인다는 것은 한 가지 대상이나 생각의 흐름에 선택적으로 초점을 두어(focusing) 집중(concentration)하는 것을 의미한다. 인간의 주의집중력은 제한되어 있어서 한 순간에 한 가지 또는 일부의 자극에만 주의를 집중할 수 있을 뿐인데, 분명한 것은 주의를 받은 자극과 정보만이 다음의 기억저장고인 단기기억으로 전이될 수 있다는 점이다.

2) 단기기억과 장기기억

감각저장고에 들어간 자극이나 정보에 주의를 기울여 정보가 소실되지 않고 지각되면, 이 정보는 단기기억으로 들어온다. 단기기억이란 몇 초 동안의 짧은 기억인데, 따라서 상당히 빠르게 망각이 진행된다. 우리가 쉽게 경험할 수 있는 단기기억의 예로 전화걸 때 번호를 돌리는 상황을 들 수 있는데, 암기하고 있지 못한

번호로 전화를 거는 경우 전화번호부를 한 번 보고 암송(rehearsal)하여 다이얼을 돌리게 되는데, 전화를 걸 때는 암송한 채로 다이얼을 돌렸으나 이 번호가 기억되는 것은 아니다.

단기기억의 저장이 상당히 불안정하다는 점에 대한 연구는 Peterson & Peterson(1959)에 의해서 시행되었다. 그들는 피시험자들에게 무의미 철자쌍 목록(예를 들면 YGM같은)을 제시하고 그 목록을 기억하도록 하였는데, 연구자들은 피시험자들의 암송을 방해하기 위해서 목록을 암기하는 동시에 어떤 숫자에서 3씩 빼기를 요청하였다. 그 결과 자료제시 직후의 재생률은 88%인데 반해, 3초가 경과할 때마다의 재생률은 62%, 41%, 25%, 18%, 16%, 15%로 점차 낮아지는 것을 발견하였다. 즉 단기기억의 정보는 적절한 전략을 구사하지 않으면 곧 소실되어 버리는 불안정한 것이다(Gage & Berliner, 1992).

단기기억
감각기관이 주의를 받아 전이된 기억으로, 용량이 제한되며(7±2), 30초 안팎의 짧은 불안정한 기억이다.

뿐만 아니라 단기기억은 용량의 제한을 보인다. G. Miller(1956)는 단기기억의 용량이 7±2 청크(Chunk)임을 밝혔다. 청크란 하나의 의미단위를 말하며, 따라서 가장 간단한 것으로는 숫자나 철자가 될 수도 있고, 단어가 될 수도 있으며, 또는 하나의 문장이 청크가 되기도 한다. 따라서 순간적으로 노출되는 정보가 이 용량을 초과하는 경우 처리되지 못한 정보는 없어진다. 따라서 정보를 유의미한 것으로 묶어 조직화시키면(정보의 조직화), 파지할 수 있는 정보의 양을 늘릴 수 있다.

단기기억에서 적절히 처리된 정보는 장기기억으로 통합된다. 장기기억의 저장 용량은 무제한이기 때문에, 장기기억에 들어있는 정보(지식)는 결코 소실되지 않는다. 따라서 장기기억은 어떻게 저장하는가의 문제보다 어떻게 인출할 것인가의 문제와 더 긴밀한 관계에 있다. 장기기억의 정보들은 비활성화된 상태에 있기 때문에 이 정보를 인출하려면 정보를 활성화하여야 하는데, 정보가 활성화되면 단기기억의 일부로 간주한다. 정보가 활성화되기 위해서는 시간이 필요하다.

장기기억
단기기억이 암송 등의 적절한 조직화에 의해 전이된 기억으로, 1분 이상의 영구적 기억이다.

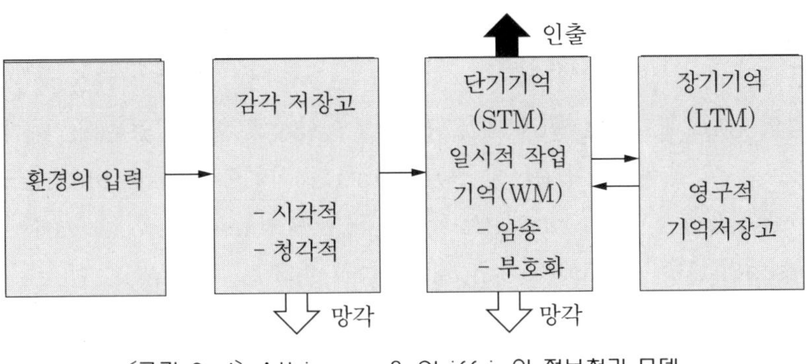

〔그림 8-4〕 Atkinson & Shiffrin의 정보처리 모델

장기기억에 대한 한 실험은 장기기억의 정보를 단기기억으로 활성화시키는 데 걸리는 시간을 잘 보여 주었다. 학습자들은 '개-3' 또는 '바닐라-8' 등과 같이 연합쌍으로 제시된 것을 학습하였다. 한 쌍을 2초 동안 학습한 다음에 학습자들은 즉각적으로 또는 지연조건으로 기억검사를 받았다. 지연조건에서 학습자들은 48초 동안 수학문제를 풀도록 하였다. 검사는 '개' 또는 '바닐라'가 제시되면 쌍을 이루었던 숫자를 답해야 하는 것이었다. 검사 결과 즉각적 검사의 학습자들은 98%를 정확히 회상하는 데 반하여, 지연조건에서는 48% 정도의 회상율을 보였다. 즉 정보가 아직 단기기억에 머무르는 동안 회상시킨 경우와 정보가 일단 장기기억으로 전이된 다음 다시 정보를 활성화시키는 것 사이에는 재생률의 차이가 상당히 있음을 보여주고 있다. 또한 이 연구는 회상하는 데 걸린 시간도 측정하여 정보를 활성화시키는 데는 시간이 경과된다는 것을 입증하였는데, 즉시 회상했을 때는 회상하는 데 1.31초가 걸린 반면, 지연조건에서는 1.96초가 걸렸다. 즉 이 시간의 차이는 장기기억이 활성화되는 시간을 의미한다(Anderson, 1980, 169~170쪽).

장기기억의 인출에 크게 영향을 미치는 변수가 학습과 인출 사이의 시간과 연습의 양 또는 학습 정도라는 연구 결과들은 교육심리학적으로 대단히 의미있다.

3. 기억의 구조 : 명제 망조직 모델

인간의 장기기억은 경험했을 당시나 학습했던 상황을 그대로 보존하지 못한다. 상황에 대한 경험적 장면을 간직하고 있는 부분도 있지만, 대개는 의미로 저장되고 표상된다. 그 의미가 장기기억 안에서 어떻게 표상되는가는 인지심리학자들의 큰 관심사일 뿐 아니라, 언어학습이나 텍스트의 이해와도 밀접하게 관련되기 때문에 교육심리학에서도 학생들의 기억구조에 흡수될 수 있는 자료를 제공하고 난이도를 조정해야 한다는 관점에서 기억의 구조는 매우 중요한 이론을 제공한다.

기억의 구조 모델들은 70년대로 접어들며 활발히 연구되었는데, 지식표상의 대표적인 모델은 Collins와 Quillian의 TLC(Teachable Language Comprehender), Anderson과 Bower의 HAM(Human Associative Memory), Anderson의 ACT(Adaptive Control of Thought) 및 Norman, Rumelhart와 Linsay의 활성화된 망조직이 있다(Wender, Colonius & Schulze, 1980). 이 모델들의 공통적인 기본 가정은 한 개념의 의미적(semantic) 내용은 다른 개념과의

특수한 관계에 의해 규정된다는 것이다.

인간의 기억표상에 대한 최초의 모델은 Collins와 Quillian의 TLC 모델이다. 이 모델의 예들은 인공지능과 인지심리학의 깊은 관련성을 보여준다. 그러면 이 모델에서는 개념들의 의미가 어떻게 표상되는가? 의미의 표상은 사전의 정의방식과는 다르며, 대신 개념들은 소속된 개념수준에 정돈되어 놓여지며 중요한 속성들을 표현한다. 〔그림 8-5〕는 3단계의 개념수준을 가정하고 있는 가설적 기억구조를 보여준다(Collins & Quillian, 1969, 241쪽).

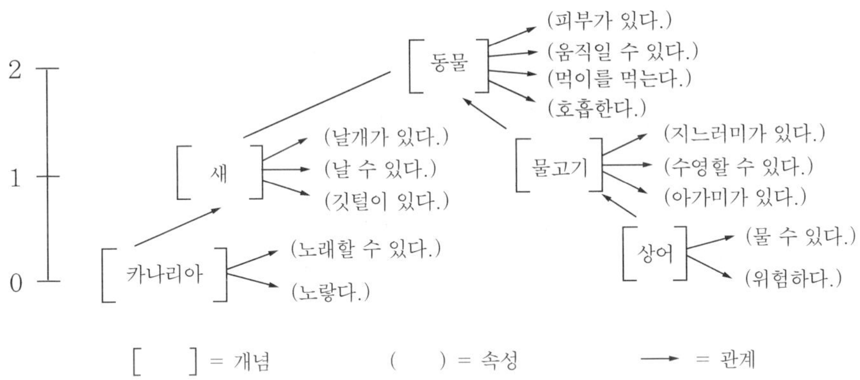

〔그림 8-5〕 Collins & Quillian의 3단계 개념위계

TLC에서의 개념 정의방식은 망조직(network)에 의해 표현되는데, 여기서 개념과 속성은 마디(node)로 나타내며 개념과 속성은 화살표에 의해서 연합되고 있음을 보여 준다. 화살표는 두 종류로 나뉘는데, 하나는 한 개념이 소속되는 상위개념을 보여주는 관계이고(상위개념-연합, superset- associations), 다른 것은 한 개념의 속성들을 보여주는 관계이다(속성-연합, property- association). 속성은 다시 두 가지 구성요소로 정의되는데, 관계(relation)와 대상(object)이 그것이다. 〔그림 8-6〕은 한 성인의 지식구조에 대한 가장 간단한 묘사이다.

Anderson과 Bower의 HAM은 보편적 인간 기억체계를 설계한 최초의 모델로서, 인간의 기억표상과 인출과정의 다양함을 묘사하고 있다. HAM 모델의 기본적 지식단위는 하나의 사실이나 한 가지 주장을 나타내는 진술 또는 명제(proposition)이다. Anderson과 Bower는 진술을 나타내는 다양함을 제한하려

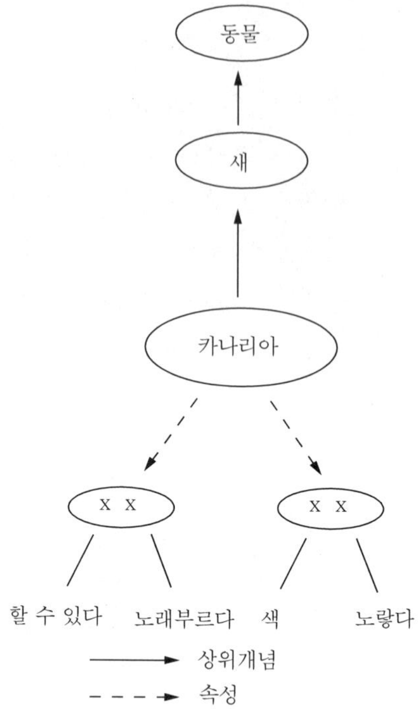

〔그림 8-6〕 TLC에 의한 기억구조의 한 부분

고, 사람들이 생각하며 구성할 수 있는 것 또는 이해할 수 있는 것이 표상에 나타날 수 있어야 한다든가, 저장된 정보를 찾을 때 표상은 효율적인 발견을 가능하게 하는 것이어야 한다는 등의 '표상의 목표'를 세웠다(Anderson & Bower, 1973, 152쪽).

HAM 모델의 몇 가지 예를 들면, 다음과 같다

① 희진이는 예쁘다.

② 어머니는 배추국을 끓이셨다.

③ 수한이는 부엌으로 급히 갔다.

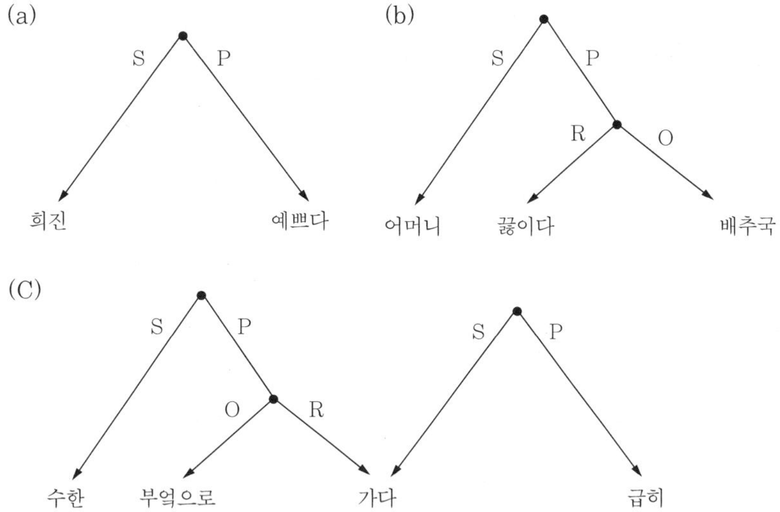

S: 주어　　P: 서술어　　R: 관계　　O: 대상

〔그림 8-7〕 HAM에 의한 기억표상

Anderson은 HAM 모델의 단점을 보완하여 ACT 모델을 개발하였는데, 학습하고 경험한 결과 장기기억 안에 들어 있는 지식은 명제로 표상된다는 것은 이 모델에서도 마찬가지이다. 〔그림 8-8a〕와 〔그림 8-8b〕는 "나는 어제 식당에서 굴을 먹었다"라는 문장의 표상이 HAM 모델과 ACT 모델에서 각각 어떻게 다르게 나타나는가를 비교하여 보여준다.이 모델은 장기기억으로부터의 인출과정에서, 인간의 기억은 추상적이며 의미에 따라 저장되어 있다는 것을 보여준다.

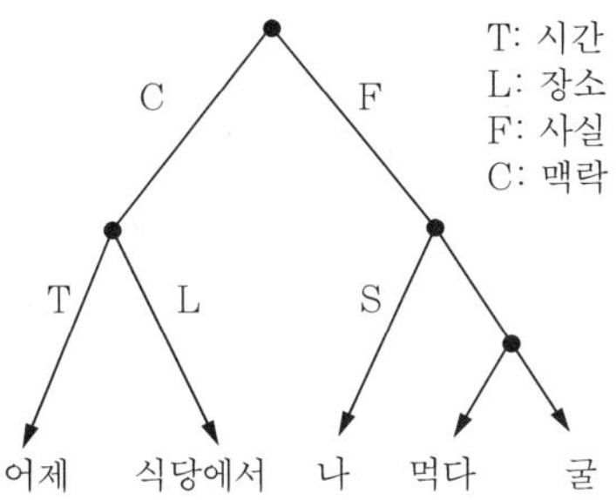

〔그림 8-8a〕 HAM 모델

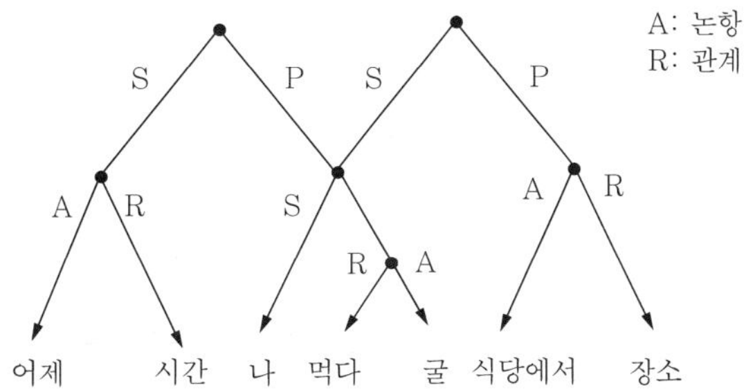

〔그림 8-8b〕 ACT 모델에서는 시간과 장소의 처리가 달라진다

명제
하나의 주장이 될 수 있는 최소 지식의 단위

인간의 기억구조 또는 지식의 표상에 보편적으로 이용되는 것은 명제 망조직 (propositional network)이다. '명제'란 하나의 주장이 될 수 있는 최소 지식의 단

위이며 따라서 옳고 그름을 판단할 수 있는 최소의 의미단위이다. 명제들의 특징 중 하나는 이것들이 위계적인 관계를 형성해서, 한 명제가 다른 명제의 단위가 된다는 점이다. 기억을 표상하는 망조직 모델에서 명제들은 타원으로 표시되며, 타원은 명칭이 있는 화살표로 관계(relation)와 논항(argument)으로 연결된다.

다음의 문장을 예로 들어본다.

(a) 선생님은 학생회장인 수빈이에게 초록색 깃발을 주셨다.

이 문장은 다음과 같은 단문들로 구성된 것이며, 이 각각의 문장이 명제가 된다.

(b) 선생님은 수빈이에게 깃발을 주셨다.
(c) 수빈이는 학생회장이다.

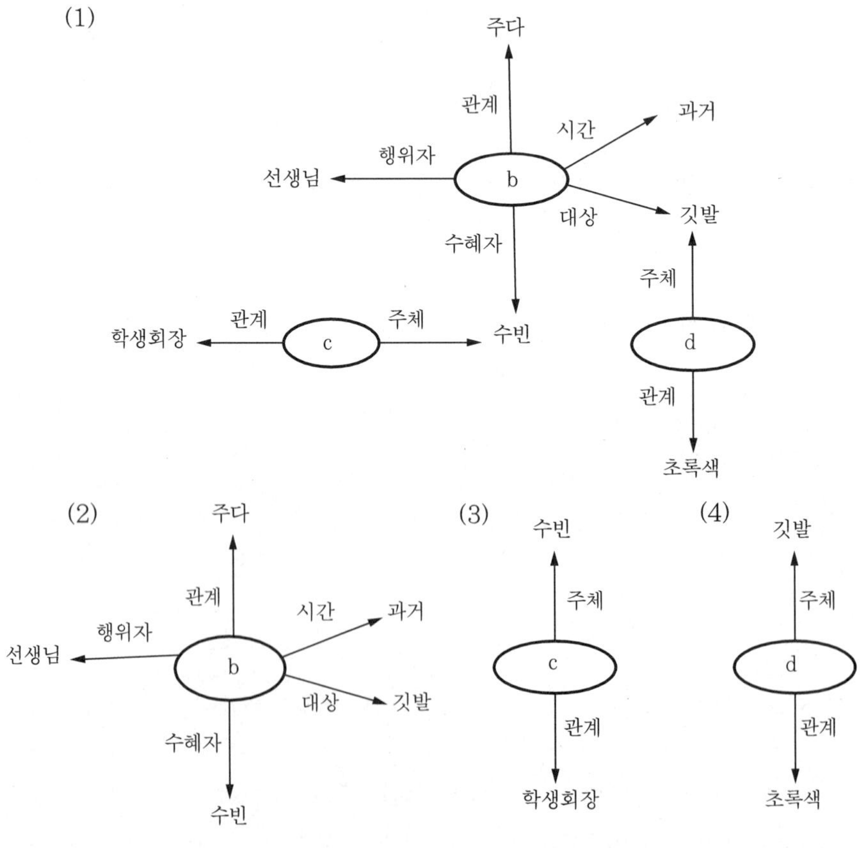

〔그림 8-9〕 명제 망조직 표상의 예

(d) 깃발은 초록색이다.

만약 a의 문장이 "학생회장인 수빈이는 선생님에게서 깃발을 받았는데, 그 깃발은 초록색이었다."로 제시되었다고 해도, 이 문장의 명제는 마찬가지인 것이다. 이 문장을 명제 망조직으로 표시한 것은 〔그림 8-9〕와 같다. 이 예들은 Rumelhart, Lindsay와 Norman(1972)이 제안했던 망조직 모델을 다소 변형시킨 것이다.

Kintsch 와 van Dijk은 다소 다르게 명제를 나타내었다. 그들은 각 명제를 한 '관계' 와 순서가 정해진 '논항들' 을 포함하는 목록으로 표시하였다. 문장의 동사, 형용사 및 관계용어들이 관계이며, 명사들은 논항에 해당한다. 위의 명제 b, c, d를 Kintsch의 지식표상 방식으로 나타내면 다음과 같다. 그는 관계와 논항의 목록을 괄호 안에 넣어 표시한다. 이러한 표시방식은 명제들의 위계를 쉽게 알게 해준다.

(e) ('주다' , 선생님, 깃발, 수빈, '과거')
(f) ('학생회장인' , 수빈)
(g) ('초록색인' , 깃발)

기억의 구조에 대한 연구결과들은 학습에 있어서 선행지식의 중요성을 증명해 보인다. 학생의 지식수준과 너무 동떨어진 내용의 학습은 학생의 기억구조에 연결되는데 실패할 확률이 높기 때문에 학습효과는 낮아질 수 밖에 없다. 또한 초등학교나 중 · 고등학교의 교과서를 저술하는 데에도 인간의 기억구조에 대한 지식은 학습을 촉진시킬 수 있는 문장구성에 적절히 활용될 수 있다.

4. 개념형성과 문제해결

사고와 문제해결 영역은 개념학습에 대한 연구를 통해 발전되었다. 현재의 개념학습에 대한 연구는 인간을 대상으로 하고 있지만, 이 분야 연구의 출발은 동물의 학습에 대한 연구인 '변별학습' 부터이다. 예를 들어, T자 미로의 한쪽 끝에는 먹이를 놓아두고, 다른 한쪽 끝에는 아무것도 놓아두지 않으면, 배고픈 쥐는 점차 먹이를 얻는 쪽을 변별하여 먹이가 놓인 쪽으로 달려가게 된다는 것이다. 그러나

가설
예측되는 관계의 성질을 진술해 놓은 것으로, 문제해결 전에 보이는 체계적 반응경향성

인지적 접근을 하는 학자들은 위와 같은 주장에 반대하며, 쥐들의 미로수행을 검토해 보면 우연수준에서 거의 완벽한 수행수준으로 갑자기 바뀐다는 점을 강조하였다. 이에 대한 설명으로 '해결 전 행동'을 가정하며, 따라서 동물들이 문제를 해결하기 전에 보이는 체계적인 반응경향성에 대해 '가설(hypothesis)'이란 용어를 사용하였다. 문제를 해결하기 전의 행동은 가설을 생성하는 단계이며, 가설은 통찰적으로 이루어지는데, 이러한 가설검증 모형은 개념학습에 효율적으로 활용되고 있다. 〈표 8-1〉은 행동주의 학습이론가들의 입장과 인지적 접근을 하는 학자들의 견해 차이를 보여준다.

〈표 8-1〉 행동주의적 학습과 인지적 사고의 차이

학　　습	사　　고
직접 경험에 근거한 행동의 변화	직접 경험을 뛰어넘는 행동의 변화
밖으로 표출되는 시행착오 행동	내면화되는 시도행위
점진적인 행동의 형성	종종 갑작스런 통찰 ('아하'-경험)
주로 구체적 학습조건에서의 경험	주로 상징과의 관계 (대개 언어적인)
단순한 자극-반응 연결의 획득 또는 그러한 연결이 더 복잡한 자극-반응-양식으로 조합됨	의미 관계와 의미의 발견, 형성 및 응용
성취는 외적 학습조건에 강력히 달려 있다.	성취는 사고하는 사람의 능력에 강력히 달려 있다.

1) 개념의 형성

개념은 사고의 기초가 되므로, 사고와 이해를 위해서 개념학습은 매우 중요하다. 이 세상에 대해 알고 있는 지식의 대부분은 개념 및 개념들간의 관계를 포함한다. '개념'에 대해 쉽게 접근하기 위하여 다음과 같은 일상적 예를 들어본다.

> 한 살인 경주는 처음으로 '아빠'라는 말을 했으며, 분명히 자신의 아버지를 염두에 두고 부르는 듯했다. 그러나 놀랍게도 경주는 자주 만나는 이웃의 남자 어른들도 아빠라고 불렀다. 그러나 짧은 시일 내에 경주는 이 '아빠'라는 단어를 자신의 아버지에게만 사용하게 되었다. 즉 '아빠'라는 단어를 사용하는 경우 자신의 아버지와 다른 남자 어른들을 구별할 수 있게 된 것이다. 뿐만 아니라 이 아이는 곧 자신의 친구들도 그들의 아버지한테 '아빠'라고 부른다는 것을 경험하고, 모든 아이들이 아버지를 가지며 또 자신의 아버지에게만 '아빠'라고 부른다는 사실을 알게 된다.

위의 예에서 경주는 어떠한 준거를 설정하느냐에 따라 '아빠' 라는 개념을 획득했다고 볼 수도 있고, 또는 아직 아니라고 볼 수도 있다. 경주가 자신의 아버지에게만 이 개념을 사용하고, 자신의 아버지에게는 다른 남자들이나 친구들의 아버지에게와는 다른 방식으로 행동한다는 점에서는 아이가 아버지에 대한 개념을 획득한 것이지만, 아버지라는 개념이 '남자' 와 '부모' 라는 속성의 조합이라는 점은 아직 확실히 알지 못할 것이기 때문이다. 바로 그러한 점 때문에 어린아이들은 매우 젊거나 아주 늙은 남자에게 '아빠' 라는 개념을 사용하는 데 어려움이 있다.

개념은 범주에 대한 심적 표상인데, 이러한 개념의 1차적 기능은 인지적 절약(cognitive economy)이라고 볼 수 있다(Rosch, 1978). 만약 개념이 없다면 우리는 각각의 대상, 사건, 생각들에 대해 고유한 이름을 불러야 할 것이며, 따라서 세상을 이해하는 데 필요한 심적 사전(mental lexicon)이 엄청나게 커질 것이다. 또 하나의 중요한 개념의 기능은 개념이 지각적 정보와 비지각적 정보를 연결시켜 준다는 점이다. 따라서 개념은 우리에게 주어진 정보 이상의 것을 알게 해 준다. 예를 들어, '사과' 라는 개념은 '둥글고 붉다' 라는 정보뿐 아니라, 맛은 새콤달콤해서 식사 후에 먹으면 좋다거나, 나무에 달리기 때문에 따야 한다거나 하는 정보를 동시에 연결시켜 준다. 개념의 세번째 기능은 이들이 조합되어 복합개념과 복합사고를 형성할 수 있다는 점이다. 예를 들어, '아동복' 은 어린이를 지칭하는 '아동' 이라는 개념과 옷을 말하는 '복(服)' 이라는 개념의 조합으로 어린이들의 옷을 의미하는 복합개념이 된다(이영애, 1992).

개념에 대한 고전적 정의는 "개념 X를 안다는 것은 X에 속하는 사례들이 가지고 있는 속성을 안다는 것"이다. 예를 들어 '어머니' 라는 개념은 여자이며 결혼한 사람이고 자녀를 가졌다는 속성을 알게 한다. 그러나 70년대에 들어와서 고전적 정의에 맞지 않는 개념들에 대한 구분을 하였는데, 이러한 개념을 고전적 개념에 대비시켜 모호개념(fuzzy concept)이라고 한다.

모호개념은 개념의 전형성(typicality) 효과와 잘 조화되는데, 개념의 전형성에 대한 연구는 개념에 대한 새로운 연구 방향을 제시했었다. 예를 들어, '과일' 이라는 개념에 대해 생각할 때, 사과와 포도는 전형적인 과일이지만 건포도나 무화과는 덜 전형적인 과일인 것이다. 〈표 8-2〉는 Malt와 Smith의 개념의 전형성에 대한 연구 결과이다. 모호개념의 특성들은 몇몇 범례들에서만 발견되는데, 이러한 특성들의 집합을 원형(prototype)이라고 한다. 원형은 한 개념의 가장 좋은 본보기만을 정확히 서술하는데, 따라서 한 개념의 내용은 그 개념의 원형이다. 〈표 8-3〉은 새와 과일에 대한 원형의 일부이다.

〈표 8-2〉 과일과 새에 속한 열다섯 범례들에 대한 전형성 평정

과일	평정	새	평정
사과	6.25	울새	6.89
복숭아	5.81	파랑새	6.42
배	5.25	갈매기	6.26
포도	5.13	제비	6.16
딸기	5.00	매	5.74
레몬	4.86	지빠귀	5.47
블루베리	4.56	찌르레기	5.16
수박	4.06	올빼미	5.00
건포도	3.75	독수리	4.84
무화과	3.38	도요새	4.47
코코넛	3.06	닭	3.95
석류	2.50	홍학	3.37
애보카도	2.38	신천옹	3.32
호박	2.31	펭귄	2.63
올리브	2.25	박쥐	1.53

〈표 8-3〉 새와 과일 개념에 대한 원형의 일부

새		과일	
덮개	………… 깃털	색깔	………… 빨강
이동	………… 날다	형태	………… 둥글다
크기	………… 작다	크기	………… 작다
먹이	………… 벌레	맛	………… 달다
의사소통	………… 노래하다	결	………… 매끈하다
서식지	………… 나무	즙의 정도	………… 즙이 많다

개념을 형성하는 과정은 가설을 형성하고 검증하는 과정이다. 〔그림 8-10〕은 가설을 검증하는데 사용하는 자극 카드이다. 예를 들어서 1의 카드에서 a가 맞는 것이라고 한다면, 우리는 '검은 색이 맞다' 또는 '철자 X가 맞다'는 가설을 세울 것이다. 따라서 카드 2를 제시하면, 가설에 따라 a 또는 b를 맞는 것으로 택할 것이다. 또한 개념을 형성할 때 우리는 피드백을 사용하게 된다. 이러한 전략을 '이기면 머물고, 지면 바꿔라(win-stay, lose-switch)' 전략이라고 한다. 가설에 따라 수행하였을 때, 확인이 되면 가설을 유지하고, 수행의 결과가 틀렸을 때는 가설을 변경하게 되는 것이다.

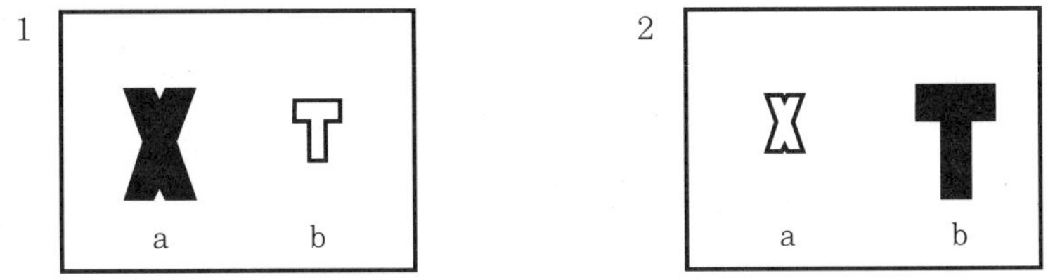

〔그림 8-10〕 개념학습에 대한 실험

〔그림 8-11〕은 Edna Heidbreder의 개념학습에 대한 실험을 보여준다. 그의 실험에는 69명의 대학생들이 피시험자로 참석하였는데, 각각 제시된 그림에 대한 음절을 개념으로 익혀서 그 다음의 시행에서 해당되는 개념을 말하게 하였다.

이 실험에서 Heidbreder가 보여주고자 했던 것은 시행에 제시된 그림과 음절을 쌍연합으로 학습하는 것보다는 개념형성을 통해 과제를 해결하는 것이 더 빠르고 또 더 나은 성취도를 보인다는 것과 추상적인 개념에서 더 개념형성이 어렵다는 것이었다. 사람 얼굴은 'RELK'로, 5개는 'DILT'로 나타낸다는 것을 파악한 피시험자는 16회의 시행 중 처음부터 정답을 알아냈는데, '사람' '나무' '건물'과 같은 개념 보다는 '5'와 같은 개념에 있어서 규칙 발견에 훨씬 큰 어려움을 나타냈다.

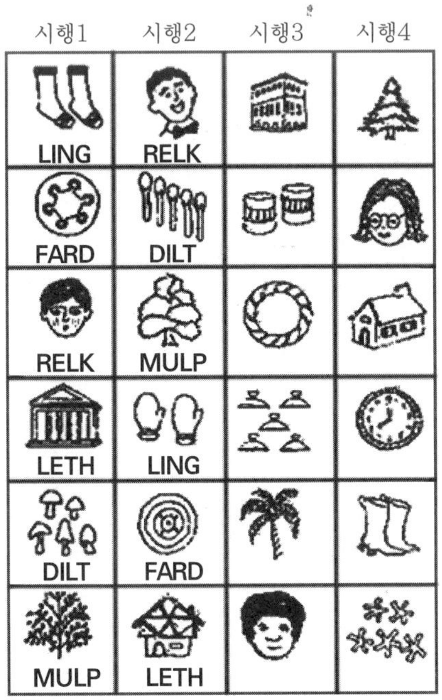

〔그림 8-11〕 Heidbreder의 개념형성 실험 자료

Bruner(1956)는 〔그림 8-12〕와 같은 자극 카드를 사용하여 우리가 개념을 학습할 때 어떠한 전략을 사용하는가에 대하여 연구하였다(Bruner, Goodnow & Austin, 1956). 그는 개념을 형성하는 과정에 사용되는 전략에는 수용방법(reception method)과 선택방법(selection method)이 있으며, 다시 수용방법은 전체적 전략(wholist strategy)과 부분적 전략(partist strategy)으로 나뉘어진다는 점을 발견하였다. 수용방법이란 실험자가 한 번에 하나씩의 자극 카드를 보여주면 피시험자는 각 카드가 긍정적 예인지 또는 부정적 예인지 답하고, 실험자는 그의 답이 맞았는지 틀렸는지 피드백을 주는 것이다. 선택방법은 피시험자가 81장의 카드를 모든 본 후, 한 번에 하나씩 선택하여 그것이 현재 검증되고 있는 개념법칙의 긍정적 예인지 부정적 예인지 말하고, 실험자는 피드백을 주는 것이다. 전체적 전략이란 자신의 반응이 맞았을 때의 사례에 공통적인 속성들을 모두 기억하고 다른 것은 모두 무시하는 전략이며, 부분적 전략이란 한 번에 하나의 가설로 시작하여 그 후 제시되는 자극들에 있어서도 맞으면 가설을 유지하고 맞지 않을

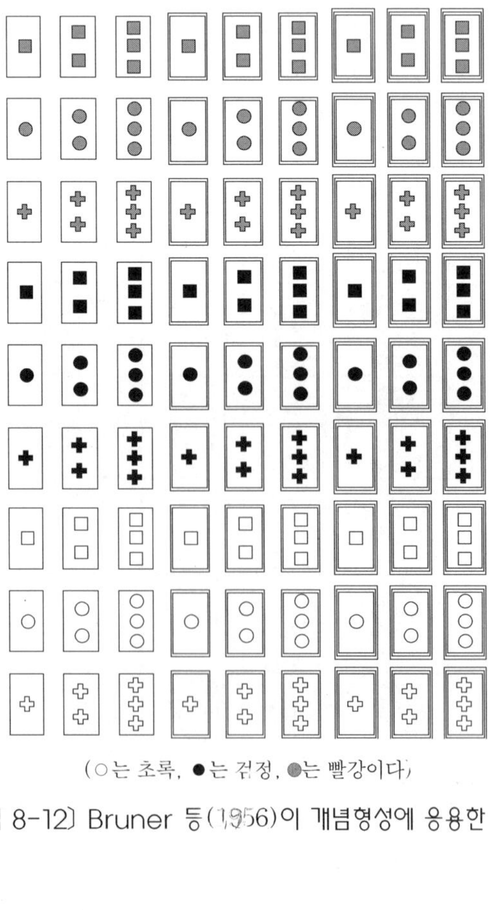

(○는 초록, ●는 검정, ●는 빨강이다)

〔그림 8-12〕 Bruner 등(1956)이 개념형성에 응용한 자료

때는 그때까지의 경험을 기초로 새로운 가설을 형성하는 것이다.

〔그림 8-12〕는 각각 세 값을 갖는 네 가지 속성들(자극의 수, 경계선의 수, 형태, 색)의 결합에 의해 형성된 예들로 구성된다. 개념을 파악하기 위해서는 우선 어떤 특징이 적절한지 속성을 파악하고(attribute identification), 그 특징들을 연결시키는 규칙의 종류를 발견해야 한다. 개념형성의 규칙에는 접속개념(conjunctive concept), 분리개념(disjunctive concept), 관계개념(relational concept)이 있다.

접속개념
2개 이상의 특징들의 접속(and)으로 형성된 개념

분리개념
어떤 차원의 한 값 또는(or) 다른 차원의 어떤 값을 가지고 있느냐에 따라 정의된 개념

관계개념
두 차원간의 관계에 의해 정의된 개념

개념형성에 대한 실험 결과를 요약하면 다음과 같다.

① 개념형성의 성취도는 지능이 높아질수록 향상된다. 특히 분화된 언어적 표현과 체계적인 문제해결 전략을 사용할 수 있는 조작적 사고능력이 중요하다.
② 아동과 청소년의 경우에는 나이가 들어가면서 현저히 개념형성의 성취도가 높아졌다. 이는 양적인 측면뿐 아니라, 질적인 측면의 향상을 의미한다.
③ 개념을 형성하는 능력은 일반적인 문화적 삶의 조건과 특수한 개인의 학습경험에 달려 있다.
④ 개념형성은 과제가 복잡할수록 어려워진다. 예를 들어서 5세 유아에게 '중간의' 라는 개념을 가르치기 위해서 3개의 오렌지, 5개의 바나나, 3대의 장난감 자동차, 3개의 밤 및 5송이의 꽃을 예로 사용한다면, 너무 많은 속성들 때문에 아이는 개념을 배우지 못할 것이다.
⑤ 관련되는 속성이 명백하지 않을수록 개념형성은 어렵다.
⑥ 획득해야 하는 개념이 추상적일수록 개념의 형성은 어렵다.
⑦ 학습상황을 어떻게 조성하는가가 개념형성을 쉽게도 어렵게도 한다. 결정적인 것으로는 교수양식, 정적인 예와 부정적 예들의 배열, 도움을 줄 수 있는 정도 및 옳고 틀린 답에 대한 피드백을 들 수 있다.

2) 문제해결

학생들에게 어느 영역의 지식을 가르친다고 하는 것을 그 지식을 직접적으로 각인시키는 것이 아니라 학생들 스스로 지식을 동화시키는 과정에 참여하게 하는 것이다(Bruner, 1970). 학생들에게 문제를 제시하여 그 문제를 스스로 해결할 수 있도록 자극하고, 그 과정에서 그들이 획득한 특수한 경험을 그들의 일반적인 문제해결 전략의 향상에 더 잘 적용할 수 있도록 돕는다면, 우리는 위와 같은 목표

에 가장 쉽게 도달할 수 있을 것이라는 생각에 대개의 학자들은 찬성한다. 따라서 그러한 교육학적 프로그램을 실현시키기 위해 문제해결 행동에 대한 심리학적 이론은 상당히 유용하다.

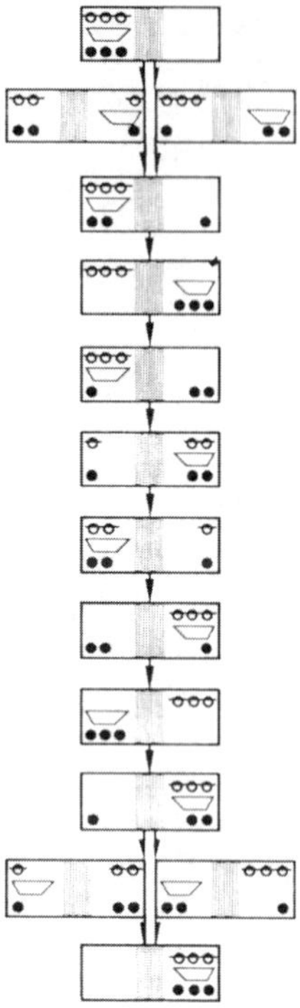

〔그림 8-13〕

이미 앞에서 논의된 개념형성이나 형태주의 심리학에서 언급된 통찰적 사고도 문제해결의 연구영역이 되겠지만, 문제해결을 언급할 때 가장 자주 응용되는 문제영역은 잘 구조화된 문제들인데, 이를 다시 분류하면 변환문제들(problems of transformation)이나 구조찾기 문제(problems of inducing structure) 또는 배열문제(problem of arrangement)들로 나눌 수 있다(Greeno, 1978).

문제해결 영역에서 가장 널리 인용되는 변환문제로는 '하노이 탑 문제'나 '선교사와 식인종 문제'(그림 8-13 참고)를 들 수 있다. 선교사와 식인종 문제를 요약하면 다음과 같다: 선교사 3명과 식인종 3명이 왼쪽 강가에서 오른쪽 강가로 건너려고 하는데, 배는 한 척이 있고, 이 배에는 동시에 2명까지만 탈 수 있다. 그러나 강의 어느 쪽에 서든지 식인종의 수가 선교사보다 많으면 선교사는 잡혀 먹힌다. 어떻게 하면 가장 적은 횟수로 선교사와 식인종이 모두 무사히 강을 건널 수 있을까?

이러한 변환문제에서 '문제'는 최초의 상태(현재의 상태)와 목표(원하는 결과) 및 목표에 도달하는 수단으로 구성된다. 문제를 해결할 때는 목표를 향해 이동하는 과정에서 하위목표를 설정하여 이를 달성해야 한다. '문제해결'이란 이전에 배웠던 규칙을 그대로 적용하는 것이 아니라 새로운 해결책을 만들어 내는 것을 뜻한다.

문제해결은 주어진 과제환경과 문제해결자 사이의 상호작용인데, 따라서 문제를 해결하는 데는 1차적으로 문제해결자의 정보처리 체제가 큰 역할을 하는데, 해결자의 지식상태나 기억이 깊이 관여된다. 문제를 해결하기 위해서는 문제에 대한 적절한 표상이 필수적인데, 문제를 표상하기 위하여는 제시된 문제를 잘 정의하고 또 문장을 이해해야 한다.

문제를 해결하기 위해서는 전략이 필요한데, 이러한 문제해결 전략에 대한 학자들의 견해는 두 가지이다. 하나는 문제해결 전략이 일반적이라는 입장과 효과적인 문제해결 전략은 문제의 영역에 따라 달라진다는 입장이다. 발견법

(heuristics)은 문제를 해결하는 일반적인 전략인데, 대표적인 발견법으로는 '수단-목표 분석(means-ends analysis)' 또는 '유추에 의한 사고(analogical thinking)' 등을 들 수 있다.

문제해결의 전략이 일반적이라는 학자들은 문제해결의 단계를 IDEAL의 5단계로 나타냈다.

1단계. I (identify the problem) : 문제를 파악한다.
2단계. D (define and represent the problem) : 문제를 규정하고 표상한다.
3단계. E (explore possible strategies) : 가능한 전략들을 탐색한다.
4단계. A (act on the strategies) : 전략을 실행한다.
5단계. L (look back and evaluate the effects of your activities) : 실행에 따라 나온 결과를 돌이켜보고, 평가한다.

문제해결은 환경의 대상과 요소들을 새로운 방식으로 표상하고 배열하는 능력에 달려있다. 즉 우리가 경험하고 교육 받은 결과 형성된 전형적으로 생각하는 방식은 많은 경우 문제의 해결에 방해를 초래한다. 이에 대하여 N. R. F. Maier(1931)나 K. Duncker(1935)는 실험을 통해 연구하였는데, 이러한 현상을 '기능적 고착(functional fixedness)' 이라고 한다. 즉 기능적 고착이란 대상이나 주어진 환경을 늘 익숙한 방식으로 접근하고 대하는 것을 일컫는 개념으로, 우리가 어떤 대상을 한정된 사용 목적에 국한시키는 정도를 Duncker는 각 대상에 대한 '기능치(functional value)' 로 산출하였다.

기능적 고착
사물을 관습적 기능에 따라 고정적으로 표상하는 현상

5. 지식의 획득과 메타인지

메타인지
자기 자신을 대상으로 하면서, 행하는(doing) 데에 관련된 인지적 측면을 겨냥하고 있는 사고의 형태 또는 인지체제에 관한 통제와 조절과정(집행기능)

1) 학습에 대한 자기통제 : 메타인지

'메타인지' 라는 개념은 1970년대에 J. Flavell에 의해서 도입되었다. 그러나 메타인지라는 용어가 사용되기 훨씬 이전부터 이 개념이 뜻하고 있는 것에 대한 연구는 진행되었었고, 그 역사적 뿌리도 매우 다양하다. A. Brown(1984)은 메타인지라는 분야가 나오게 된 역사적 근거를 다음과 같이 나누고 있다.

① 자신의 인지활동의 인지적 통로에 대한 '진술적 보고(verbal reports)'에 대한 연구들로, '우리는 자신의 고유한 인지과정에 대해 의식적인 통로를 갖고 있는가?' 또는 '우리는 이 과정에 대해서 옳게 진술할 수 있는가?' 하는 것이 관심사였던 연구들이다.

② 인간이나 인공지능에 있어서 정보처리 모델 내의 행위의 통제에 관한 연구들로, 누가 또는 무엇이 인지조절에 책임이 있으며, 어떤 지식 또는 지식의 형태를 행동기전이 처리해야 하는가 하는 것이 연구의 대상이었다.

③ Piaget와 그 동료들의 연구대상인 발달과 학습 중에 나타나는 자기조절 및 개념의 재구성에 대한 연구들이다.

④ Vygotsky의 발달이론에서 연구된 타인의 조절이 자기조절로 옮겨지는 과정에 대한 연구이다.

그러나 위의 연구의 역사들에서 보여주는 것처럼 메타인지라는 개념이 유래된 전통이 다양하다는 점과, 또 메타인지가 고유한 인지체계에 대한 지식과 조절에 관계되어 있기 때문에, 종종 무엇이 '인지'이고 무엇이 '메타인지'에 대해 명확히 가려내는 데에 어려움이 있다.

Flavell은 "자기 자신을 대상으로 하면서, 행하는(doing) 데에 관련된 인지적 측면을 겨냥하고 있는 사고의 형태"를 메타인지라고 하였다. 그는 메타인지에 대한 연구에서 주로 '지식성분(아는 것에 대해서 알기, knowing about knowing)'에 관심을 가졌는데, 어린 아동과 나이든 아동의 차이 그리고 성취도가 높은 학생과 낮은 학생의 차이는 다른 무엇보다도 특히 자신들의 인지적 기능에 대한 본인 지식의 복합도와 분화도의 차이에 기인된다는 것이다(Flavell & Wellman, 1977).

Flavell은 인지적 감독(cognitive monitoring) 모델을 다음과 같이 제시하였다.

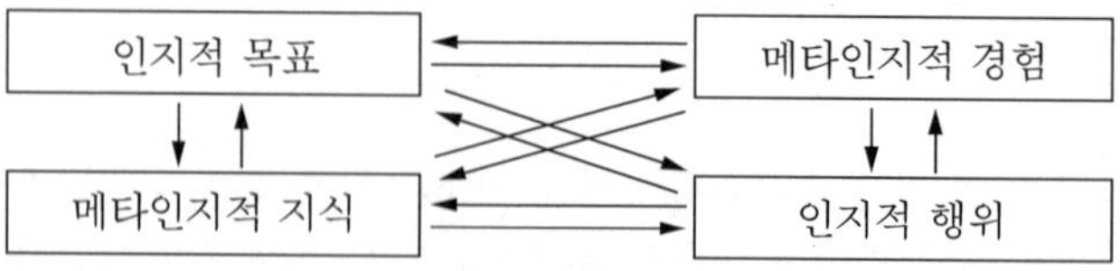

〔그림 8-14〕 Flavell의 인지적 감독 모델

Flavell은 메타인지의 분류를 시도하였는데, 먼저 메타인지적 지식과 메타인지적 경험으로 크게 나누고, 메타인지적 지식은 사람변인, 과제변인 및 전략변인에 대한 지식으로 분류하였다. 지식변인들은 비교적 안정적이며 확인해 낼 수 있는 것이 특징이다. 메타인지적 경험이란 모든 형태의 의식적 경험과 관계되며, 주로 방금 진행된 정신적 활동 및 때로는 이전의 경험에까지도 관계된다(Flavell, 1979; Flavell, 1981; Kluwe, 1982).

다른 방향에서 메타인지에 접근한 학자는 A. Brown이다. Brown은 인지체제에 관한 통제와 조절과정을 메타인지의 주요 내용으로 보고, 이와 같은 메타인지의 기능에 대해 특별히 '집행기능(executive function)'이라는 표현을 사용했다. 그는 학습부진 아동들에 대한 연구에서, 그들의 학습부진이 주로 의도적 학습조절력의 결핍에서 기인된다는 사실을 밝혀냈다. 그는 이해, 문제해결 및 기억과제에서 메타인지적 집행기능이 다음과 같은 역할을 한다고 보았다(Brown, 1978; Brown & DeLoache, 1978).

① 나는 무엇을 아는가 (메타이해)
② 어느 정도로 잘 할 수 있을까? (예언)
③ 이 과제를 수행하기 위해서 어떤 순서로 할 것인가 (계획)
④ 지금까지 잘 했었나? 또 잘 하고 있는가? (감독과 검토)

2) 학습전략

학습전략에 대한 정의는 학자들간에 다소 차이가 있으나, 인지적 입장을 취하는 학자들은 '한 과제에 내포된 정보를 이해하고 기억하여 그 정보를 시간이 경과된 후에 인출하여 다시 사용할 수 있게 학습자가 행하는 활동들'이다. 대표적인 학습전략으로 Robinson의 PQ4R과, Dansereau 등의 MURDER-전략 프로그램을 소개한다.

Robinson은 PQ3R을 학습전략으로 제안하였는데, 후에 PQ4R로 수정하였다. 이는 preview, question, read, reflect, recite, review의 첫 글자를 딴 것인데, 그 내용은 다음과 같다.

PQ4R
Robinson의 학습전략으로 사전검토, 질문, 읽기, 숙고, 암송, 복습을 의미한다.

① 사전검토(Preview) : 내용을 훑어본다. 개관, 목표, 각 절의 소제목 등을 우선 읽어 자신의 도식을 활성화시키면 다음의 내용을 해석하고 기억하는데 도움이 된다.

② 질문(Question) : 그 내용에 대해서 질문해 본다. 각 절에 대해 책을 읽는 목적에 관련된 질문을 던져본다.

③ 읽기(Read) : 질문했던 문제를 생각하며 읽는다. 내용의 난이도나 책을 읽는 목적에 따라 읽는 속도를 조절한다.

④ 숙고(Reflect) : 학습자료에 대해 숙고한다. 자료에 대한 숙고는, 이미 알고 있던 것과 연결시키고, 소주제들을 주요 개념이나 원리에 연결시키며, 모순된 점을 발견하고, 모의 문제들의 해결에 원래의 학습자료를 이용하는 것을 의미한다.

⑤ 암송(Recite) : 질문에 묻고 답하면서 내용을 기억한다. 읽는 목적이나 처음에 가졌던 질문들에 대해 책을 보지 않고 답할 수 있는가? 암송은 책읽기 과정을 감시해준다. 읽은 부분에 대해 이해하지 못한 것이나, 다시 읽어야 할 곳을 일러준다.

⑥ 복습(Review) : 마지막 단계로써 질문에 대해 명확하게 답하지 못했던 점을 겨냥하여 자료를 다시 읽는다. 효과적인 복습은 새로 학습한 내용을 장기기억 속으로 완벽하게 통합시킨다.

단일한 학습전략의 효과가 연구 결과에 명백히 나타나지 않았는데, 학자들은 그 이유를 학습전략의 사용에도 개인차가 있고 또 특정의 학습활동에 대한 선호가 다양하기 때문으로 생각했다. 따라서 학습과정을 돕는 다양한 전략들이 함께 훈련되기 시작하였는데, 더불어 인지적 과정을 촉진하는 전략뿐 아니라 자기조절적 또는 동기적 전략들을 함께 훈련시키게 되었다.

MURDER-전략 프로그램
복합적 학습전략 훈련 프로그램으로, 분위기, 이해, 회상, 탐색, 정교화, 복습을 포함하며, 그 첫 자를 딴 명칭이다.

Dansereau 등 (1979)은 대학생들에게 학습전략을 가르치려고 MURDER-전략 프로그램을 개발하였다. 이 명칭은 mood, understand, recall, detect, elaborate, review의 첫 글자를 딴 것이다.

① 분위기(Mood) : 학습분위기를 조성한다.

② 이해(Understand) : 주어진 과제의 목표와 조건을 이해한다.

③ 회상(Recall) : 과제와 관련된 정보를 찾는다.

④ 탐색(Detect) : 빠진 점, 틀린 점, 정보를 조직하는 법 등을 찾아 낸다.

⑤ 정교화(Elaborate) : 정보를 적절한 반응으로 정교화한다.

⑥ 복습(Review) : 잘 학습되지 못한 부분을 다시 살펴본다.

6. 학습의 전이

전이(transfer)란 일반적으로 한 학습자료(학습자료 1)에서 배운 것이 다른 자료의 학습(학습자료 2)에 영향을 주는 것을 의미한다. 자료 1의 학습이 자료 2의 학습에 촉진적인 영향을 미치는 경우를 긍정적 전이(positive transfer)라고 하며, 자료 1을 학습한 내용이 다음의 자료 2의 학습에 장애를 초래하는 경우를 부정적 전이(negative transfer)라고 한다. 그런데 부정적 전이는 기억의 순향간섭의 한 형태이다.

전이효과의 검토는 학습자료 2의 성취도에 대한 간단한 실험연구를 통해서 밝혀지는데, 실험집단은 먼저 학습자료 1을 받아 학습하고 그 다음 자료 2를 학습하여 자료 2에 대한 성취도 검사를 받는데 반해, 통제집단은 단지 학습자료 2만을 학습하고 성취도 검사를 받게 한다. 이때 학습자료나 학습요소가 상당히 유사한 경우는 전이가 촉진되나(Thorndike의 동일요소설), 유사한 학습자료나 학습요소에 대해 다른 반응으로 답해야 하는 경우에는 오히려 부정적 전이가 나타난다. 먼저 배운 규칙이나 원리가 효과적으로 다시 응용되는 긍정적 전이효과가 나타날 때, 이를 학습 장면(learning set)이라고 한다. 조건화에 의한 학습에서 전이란 자극일반화의 특수한 경우이다.

Gagné는 전이를 수평적 전이(horizontal transfer)와 수직적 전이(vertical transfer)로 나누었다. 수평적 전이는 일반적으로 '전이'라고 할 때 생각되는 현상으로, 한 분야에서 학습된 것이 다른 분야나 또는 실생활에 응용되는 것을 의미한다. 수직적 전이는 낮은 수준에서의 학습이 그보다 고차적인 정신활동을 요구하는 수준에서의 학습을 촉진시키는 것을 말하므로, 따라서 낮은 수준의 하위능력은 다음의 더 높은 수준의 학습의 선행조건임을 의미한다. 그의 학습의 위계를 따르면, 개념학습을 하기 위해서는 변별능력이 전제되어야 한다.

현대적 관점으로 Salomon과 Perkins(1989)는 전이를 '자동적 전이(substantive transfer)'와 '절차적 전이(procedural transfer)'로 나누어 기술하였다. 자동적 전이란 고도로 연습된 기술의 자발적이고 자동적인 전이를 의미하며, 이런 종류의 전이에서는 깊은 생각이 요구되지 않는다. 예를 들어, 운전이 능숙한 사람은 차종이 다른 차를 운전하게 된다고 해도 어려움이 없을 것인데, 그러한 상황에서 '자동적 전이'가 일어났다고 볼 수 있다. 절차적 전이는 한 상황에서 학습

긍정적 전이
자료 1의 학습이 그 이후 자료 2의 학습에 촉진적인 영향을 미치는 경우이다.

순향간섭
망각에 대한 이론 중 하나인 간섭이론으로, 먼저 학습한 내용이 나중에 학습한 내용의 기억을 방해하는 현상을 의미한다.

부정적 전이
자료 1의 학습 내용이 다음의 자료 2의 학습에 장애를 초래하는 경우이다.

수평적 전이
한 분야에서 학습된 것이 다른 분야나 또는 실생활에 응용되는 것을 의미한다.

수직적 전이
낮은 수준에서의 학습이 그보다 고차적인 정신활동을 요구하는 수준에서의 학습을 촉진시키는 것을 의미한다.

한 추상화된 지식을 다른 상황에 의식적으로 적용하는 것이다. 이런 전이는 두 가지 방식으로 일어나는데, 하나는 장래에 사용할 의도를 가지고 어떤 원리나 전략을 학습하는 경우이고, 다른 하나는 먼저의 경우와는 달리 새로운 문제에 직면해서 다른 상황에서 배운 지식을 되돌아보면서 이 문제를 해결하는 데 도움이 될 지식을 찾을 때 일어난다.

전이가 일어나려면 학생들은 우선 학습하고 이해해야 하는데, 전이의 가능성은 학생들이 얼마나 적극적으로 학습에 참여했는가에 달려 있다. 그렇게 하기 위하여 교사는 학생들이 새로 배운 개념, 원리 또는 전략들을 여러 상황에서 연습하게 유도해야 할 것이다. '초과학습' (overlearning)도 전이를 촉진시키는 방법이다.

초과학습
학습한 내용의 100%를 인출할 수 있는 상태 이상으로 하는 학습형태로, 망각을 줄이고 전이를 높인다.

연 구 문 제

1. '생산적 사고'의 예를 자신이 가르칠 내용에 적용시켜 보시오.

2. 학생들의 기억을 향상시키고 망각을 줄일 수 있는 방법에 대해 생각해 보시오.

3. 문장을 3개 만들어 그 문장의 명제 망조직을 그려보고, 또 Kintsch와 van Dijk의 방법으로 나타내시오.

4. 자신이 가르칠 교과목에서 개념학습의 예를 들어 보시오.

5. 문제해결 학습의 중요성에 대해서 논의해 보시오.

6. 학습에 있어서의 메타인지의 역할과 그 활용에 대해 생각해 보시오.

제 9 장

동기화와 학습

1. 동기화의 개념과 역할
2. 동기의 종류
3. 귀인이론
4. 학습동기를 증진시키는 방법

학생이 하려는 마음을 갖지 않으면 학습이 일어나기를 기대할 수 없다. 민수는 누가 강요하지 않아도 스스로 공부하지만, 철호는 부모나 교사의 감시 아래서 하는 척하는 모습만을 보이고 내내 공상 속에 잠겨있다. 수현이는 일주일에 한 시간뿐인 세계사 수업시간을 일주일 내내 기다리며 수업내용에 흥미를 느끼지만, 수학시간에는 통 흥미를 느끼지 못하고 졸기만 한다. 당연히 흥미를 느끼고 스스로 하고자 하는 학생이, 흥미를 느끼는 과목에서 더 많이 배운다. 따라서, 어떻게 학생으로 하여금 학습하려는 마음을 갖게 할 수 있는가는 교육현장에서 부모와 교사가 늘 접하는 과제이다.

또한 우리는 학생들이 학교를 졸업한 후에도 지속적으로 자신의 흥미를 개발하고, 지적, 예술적 활동을 계속적으로 추구해 나가기를 바란다. 이런 측면에서 동기는 학업성취를 촉진하는 수단인 동시에, 자기동기화(self-motivation) 그 자체가 교육의 정의적 목표이다. 지능에 비하여 정의적 특성이 후천적 경험에 의하여 더 많이 형성될 수 있다는 기존의 연구 사실을 인정한다면, 이러한 정의적 특성을 개발하기 위해서 학교현장에서는 더 많은 교육적 노력을 기울여야 할 것이다.

1. 동기화의 개념과 역할

1)동기화의 개념

동기화
행동을 유발, 방향제시, 유지시키는 내적 상태

동기화(motivation)에 관한 연구는 인간이 왜 어떤 행동을 하는지에 대한 원인을 탐구한다. 동기화는 우리가 무엇을 원함을 의미(행동의 방향)하며, 그 무엇을 어느 정도 원하는가에 따라 어떤 행동을 얼마만큼의 강도로 행하느냐가 결정되어진다. 즉 동기화란 어떤 행동의 방향과 강도를 정해주는 심리적 요인이다. 우리는 교육심리에 대하여 알고 싶고, 좋은 교사가 되고 싶은 동기에서 '교육심리' 강좌를 선택한다. 이것이 동기의 방향성이다. 또한 이 동기가 얼마나 강한가의 정도에 따라 서로 다른 행동들이 나타난다. 어떤 학생은 한 번의 결석도 없이 강의에 출석해 수업을 듣고 열심히 토론에 참여하기도 하지만, 어떤 학생은 수업시간중에 자주 졸며 결석도 빈번히 한다.

동기는 다양한 시각에서 조명될 수 있는데, 최근 인간의 행동을 새로운 관점에서 이해하고자 하는 변화가 '강화에서 인지에로의 변화(from reinforcement to cognition)' 이다(정종진, 1996). 행동주의 심리학에 바탕을 둔 강화이론은 인간을 외적 자극에 대해 수동적으로 반응하는 존재로 파악하고, 외적 보상 또는 강화가 동기의 원천이라고 주장한다. 이에 비해, 인지적 접근은 인간을 환경에 능동적으로 대응하는 존재로 보고, 미래의 결과에 대한 주관적인 기대가 동기에 영향을 미친다고 주장한다. 따라서 동기의 인지이론적 접근에서는 인간이 어떻게 상황을 받아들이고, 사건을 어떻게 해석하며, 정보를 어떻게 처리하는가 하는 인지적 매개과정에 초점을 둔다. 행동을 결정짓는 것은 실제의 자극이 아니라, 그 자극을 지각한 내용과, 행동에 의해서 초래될 사건에 대한 신념, 기대, 예상이라는 것이다. 이러한 동기에 대한 인지적 입장 중 학습동기와 관련된 것이 이 장의 뒷부분에서 설명될 귀인이론이다.

2) 동기화의 역할

즐거운 학습은 학생들을 스스로 학습에 참여하고 몰두하게 한다.

동기화의 개념을 이해하면 행동과 학습의 흥미있는 사실들을 좀더 잘 이해하고 설명할 수 있게 된다. 행동을 지속시키기 위한 적절한 강화물을 결정하기 위해, 목표지향적인 행동을 설명하기 위해, 다양한 과제를 하는 데 걸리는 시간의 양을 설명하기 위해 동기화의 개념이 사용된다. 또한 학업성취와 인과적으로 연결되어 있는 동기는 학업성취를 위한 수단인 동시에 교육의 목적으로도 작용한다(Gage & Berliner, 1992). 동기화의 이러한 역할에 대해 더 자세히 알아보자.

첫째, 만일 교사가 학생의 어떤 행동의 빈도, 지속 기간, 강도를 증가시키기를 원하면, 그 행동을 강화시켜야 한다. 그러기 위해서 각 학생이 가치있다고 여기는 것을 강화물로 사용해야 하는데, 각 학생들의 동기를 참조하면 어떤 것이 강화물로 적절한지를 알아 낼 수 있다. 모든 학생을 다 동기유발시킬 수 있는 단 하나의 강화물이란 없다(제7장 참조). 선생님의 인정을 받고 싶어하는 아이에게는 교사가 머리를 쓰다듬어 주는 것이 강화물로 사용될 수 있으나, 자율적인 아동, 특히 또래집단으로부터의 인정을 받고 싶은 욕구가 큰 아동에게 교사의 머리 쓰다듬는 행위는 부정적으로 작용할 수도 있다.

둘째, 많은 철학자들은 목적적인 행동을 동물과 구별되는 인간행동의 뚜렷한 특성으로 지적한다. 예를 들어, 어떤 주제에 관한 보고서를 작성한다고 하자. 먼저 과제로 주어진 책을 사기 위해 서점에 가서 책을 구입하고 읽어야 한다. 써야 할 보고서 양식에 대해 교사에게 질문을 하기도 하며, 때로는 친구와 그 주제에 관해 토론도 한다. 보고서를 쓰기 위해 책상에 앉아 종이를 준비하고 일정시간 동안 써야 하며, 쓴 다음 수업시간에 교사에게 제출한다. 이러한 각각의 행동은 명백한 목적을 가진 하나의 커다란 행동으로 조직된다. 이때 동기화는 개개의 행동을 하나의 통합된 행동으로 조직화하는 역할을 한다.

셋째, 동기연구에서 얻은 가장 중요한 결론 중의 하나는 특정 과제에 소요되는 시간과 그 과제에 대한 동기화는 정비례 관계라는 것이다(Atkinson. 1980). 즉 교사가 학생의 동기화 정도를 안다면 학생이 학습과제에 얼마만큼의 시간을 투입할 것인가를 예측할 수 있다. 학문적 과제에 소요된 시간의 양은 학생의 학업성취도의 좋은 예언자인 것으로 밝혀졌다(Berliner, 1990). 또 학생들로 하여금 성공 후에 주어질 보상과 실패 뒤에 따를 나쁜 결과를 예상하게 함으로써 그 과제에 더 몰두하게 만들 수 있다. 교사가 학생이 주어진 학습과제를 다 끝마치는 데 가치를 별로 두지 않거나, 학생의 자긍심에 상처를 주거나, 학습과제를 재미없게 만들면 그 과제를 하기 위해 소요되는 시간은 감소한다.

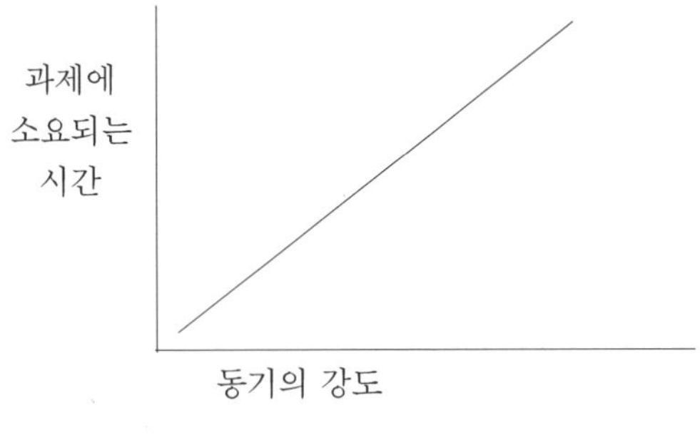

〔그림 9-1〕 동기의 강도와 그 과제에 소요되는 시간과의 관계

성취과다
지능에 비하여 기대이상의 성취를 보이는 경우

성취부진
지능에 비하여 기대이하의 성취를 보이는 경우

넷째, 지능이나 학문적 적성(scholatic aptitude)으로 설명될 수 없는 학업성취도의 차이를 설명하는 데 동기화의 개념이 필요하다. 지능과 학업성적과의 상관은 .45 정도로, 우리는 지능은 낮으나 학업성취도가 높은 경우, 또는 지능은 높으나 학업성취도는 낮은 경우를 쉽게 발견하곤 한다. 지능과 학업성취간의 정적관계에도 불구하고 이러한 예외적인 경우를 설명하기 위하여 성취과다(overachievement)와 성취부진(underachievement)의 개념을 사용한다. 이 개념은 또한 지능은 같지만 성취가 다른 학생들을 설명하는 데도 도움을 준다. 한 연구는 동일한 지능지수의 학생들이 동기에서 어떤 차이를 보이는지 조사하였다(Ringness, 1966). 지능지수가 120 이상이면서 평균성적이 B 이상인 중 3의 정상성취 학생 30명과 모든 다른 변인은 같지만 평균성적이 C 이하인 성취부진 학생 30명을 대상으로 여러 방법을 통해 동기를 측정하였다. 조사결과 정상성취 학생들은 성취하려는 동기(motivation to achieve)는 더 높았고, 친애동기(motivation to affiliate)는 낮았다. 반면에 성취부진의 학생은 친애동기는 높았지만, 성취하려는 동기는 낮았다. 또한 성취부진 학생들은 성취과다 학생에 비해 학습습관이 나쁘며, 학습기술이 부족하고, 교과에 성실하게 몰두하지 않으며, 목표를 낮게 설정하는 것으로 밝혀졌다(Mitchell & Piathowska, 1974).

다섯째, 학생의 동기화는 학업성취를 위한 수단인 동시에 그 자체가 교육의 목적으로 작용하기 때문에 교사에게 있어 매우 중요하다. 우리는 학생이 학교를 졸업한 후에도 학문적이거나 심미적인 활동에 흥미를 갖고 계속 참여하기를 바란다는 점에서, 특히 정의적 특성인 동기는 후천적 경험에 의해서 많이 형성된다는 점에서 동기화는 학교교육이 추구해야 하는 목표 중의 하나이다.

2. 동기의 종류

욕구의 위계
Maslow의 이론으로 기본적 생리적 욕구에서 자아실현의 욕구까지 일곱 수준의 인간 욕구

1) Maslow 의 욕구의 위계

인본주의 심리학자 Abraham Maslow는 그의 저서 『동기와 성격』(Motivation and Personality)에서 인간의 다양한 욕구는 아래 단계의 욕구가 충족되어야만 윗 단계의 동기가 발현되며, 궁극적으로 자아실현에 도달한다는 욕구의 위계(a hierarchy of needs) 이론을 정립하였다.

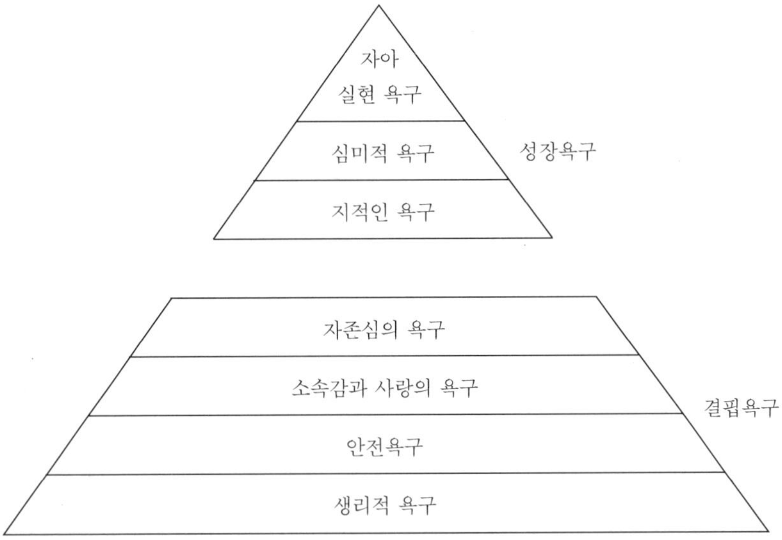

〔그림 9-2〕Maslow의 욕구의 위계

결핍욕구
욕구의 위계 중 우선적으로 만족되어야 하는 아래 네 가지의 욕구

성장욕구
욕구의 위계 중 위의 세 가지의 욕구로 결코 완전히 만족되지 않음

결핍욕구(deficiency needs)는 맨 밑의 생리적 욕구부터 안전에 대한 욕구, 소속감과 사랑에 대한 욕구, 자존심의 욕구까지를 포함하며, 성장욕구(growth needs)는 맨 위의 자신의 잠재력을 최대한 발휘하려는 자아실현의 욕구, 심미적 욕구와 지적 욕구를 포함한다. 결핍욕구와 성장욕구는 여러 면에서 대조된다. 먼저, 결핍욕구는 긴장을 해소하고 평형을 복구하려고 하나, 성장욕구는 긴장의 즐거움을 지속하길 원한다. 결핍욕구를 충족하는 것은 안도감과 포만감을 낳지만, 성장욕구는 충족되더라도 보다 더 많은 것을 성취하고 싶은 욕구를 낳기 때문에 결코 완전히 충족될 수 없다. 또한, 성장욕구가 강한 사람은 자율적이고 자기지시적이라서 스스로를 도울 수 있지만, 결핍욕구는 주로 다른 사람에 의해서 충족되는 경향 때문에 결핍욕구가 강한 사람은 타인지향적이고 곤경에 처했을 때 다른 사람의 도움에 의존한다(Biehler & Snowman, 1990).

인간이 반드시 위계에 따라서 행동하지는 않는다는 점에서 Maslow의 이론이 비판을 받고 있기는 하나, 교육현장에 중요한 시사점을 주고 있다. 생리적으로 만족스럽고, 학교에서 안전함과 소속감을 느끼고, 자신에게 자긍심을 가질 수 있다면, 그 학생은 지적 욕구를 충족시키려는 적극적인 모습을 보이게 될 것이다. 그러나 빚독촉의 심리적 부담감과 명절 때의 외로움을 견디지 못하고 자살을 기도하는 중 3 소년 가장에게 학습의 의욕을 기대할 수 있을 것인가? 만일 굶주리고 있는 아이가 있다면, 또는 어른 없는 집안의 가장으로 모든 일을 책임져야 하기 때문에 늘 신체적, 정신적으로 지친 아이가 있다면, 교사는 학습의 가치를 학생에게 설명하기 전에 정부나 복지기관의 도움으로 그들이 기본적, 생리적 욕구를 해소시킬 수 있도록 노력해야 한다. 또한 요즘과 같이 심각한 학교폭력으로 학생이 학교에서 심리적, 신체적으로 위협을 느낀다면, 학생들은 학교를 즐거운 학습장소로 생각할 수 없다. 그들은 학교가기를 두려워할지 모른다. 또래집단으로부터 따돌림을 당하는 학생의 경우나, 성적만이 중요시되는 학교사회에서 나쁜 성적으로 늘 다른 학생의 들러리가 되는 학생들 경우도 마찬가지이다. 그들이 학교라는 사회에 소속감을 느끼지 못하면, 결국은 이탈하고 비행을 저지르게 될지도 모른다. 공부 이외의 다양한 학생활동, 예를 들어, 취미나 동아리활동을 활성화시켜 학교생활에 흥미를 갖게 하면서 학생들이 학교에서 자신의 위치를 찾을 수 있도록 도와주는 것이 필요하다. 자존심의 욕구 측면에서 생각해 보면, 학생이 갖게 되는 자아개념은 학업성취와 밀접히 관련되어 있다. 학교생활을 해나가는 동안 교사는 학생의 자아개념 형성에 중요한 영향을 미친다. 교사가 학생의 능력을 열등하게 보고 자존심을 깍아내리면, 학생들은 포기하여 학습에 적극적으로 참여하지 않으며 점점 학습에 대한 흥미도 의욕도 잃어간다. 반면 교사가 학생의 장점을 찾아내어 칭찬과 격려를 아끼지 않는다면, 자신감과 지적 욕구가 유발되어 학생들은 적극적으로 수업에 참여하게 된다.

2) 내재적 동기와 외재적 동기

학습의 행동주의적 접근에서 언급되었던 B. F. Skinner 등의 행동주의 심리학자들은 외적 강화의 중요성을 강조한다. 학생들이 상을 받을 것을 기대해서, 또는 부모님을 기쁘게 해드리기 위해서, 과제를 끝마치거나 공부를 열심히 한다면, 이 학생들은 외재적으로 동기화(extrinsic motivation)되어진 것이다. 즉 과제나 학습 자체에는 관심이 없이, 관련되지 않은 외부의 것을 얻기 위해 노력하는 것을 의미한다. 한편, John Atkinson(1964)은 성취동기의 연구에 기대 등의 인지 개념을 도입하였다. 내적 동기를 강조하는 인지심리학자들은 인간을 원래 자신의 능력을 발달시키고 자신의 성취를 즐기도록 동기유발되는 존재로 보았다. 예를 들어, Piaget는 평형, 동화, 조절의 개념에 기초하여 유기체는 끊임없이 평형의 상태를 유지하려는 내적인 욕구를 가지고 있다고 보았다. 외부의 아무런 보상이 주어지지 않는 상황에서도 어떤 활동에 적극적으로 참여한다면 내재적으로 동기화(intrinsic motivation)되어 진 것이다. 즉 그 과제나 활동 자체에서 만족감을 느끼

외재적 동기
과제와 관련없는 외부의 보상을 얻으려는 것과 관련된 동기

내재적 동기
과제를 하거나 활동하는 그 자체가 보상이 되는 동기

는 것이다.

내적 동기화는 외적 동기화보다 더 바람직한 것으로 여겨진다. 내적 동기화된 학생들은 외적 결과에 연연해 하지 않고 학습이나 행동을 강하게 지속하며, 내적 동기는 기계적 암기학습이 아닌 이해를 통한 개념학습을 주도한다(Stipek, 1996). 보상을 받기 위해 쉽고 빠른 해답을 얻으려고 하는 외적으로 동기유발된 학생에 비해, 내적으로 동기유발된 학생은 학습을 즐거운 것으로 받아들여 도전과 호기심을 즐긴다.

한편, "보상은 아이를 망친다: 아이들은 오직 상을 받기 위해서만 행동한다.", 또는 "책을 읽게 하기 위해서 상을 주다 보면 아이들 스스로 책을 읽는 즐거움을 개발할 기회를 갖기 어렵다." 등의 표현처럼 외적 보상에는 한계가 있다. 또 지나친 외적 보상은 다음과 같은 위험을 내포하고 있기 때문에 사용에 신중해야 한다. 첫째, 자신이 남에 의해 조정당하고 있다고 느끼기도 하며, 다른 사람의 인정을 받기 위해 애쓰는 자신의 모습을 부정적으로 보게 될 수 있다. 둘째, 시험을 치르거나 한 학기가 끝나면, 배웠던 것을 쉽게 잊어 버리고, 배운 것을 실제에 적용하는 데도 관심이 없기 때문에 학습의 전이는 거의 일어나지 않는다. 즉 학습이 목적이 아니라 일시적인 수단이 되는 것이다. 셋째, 학생들은 자율적이기보다 점점 교사에게 의존적이 되어 간다(Biehler & Snowman, 1990).

때때로 이미 내재적으로 동기화된 학생은 외재적 보상을 제공한다고 해서 더 동기유발되지는 않는다. 수행된 과제의 질은 고려하지 않고 오직 그 활동에 참여했느냐의 여부에 의해서만 보상이 주어진다면 학생의 내재적 동기는 감소된다. 그러나 외적 보상이 내적 동기를 항상 방해하는 것은 아니다. 과제가 적절히 도전적일 때, 보상이 미리 정해진 기준에 의해서 주어질 때, 또 보상 정도가 자신이 지각한 자신의 기술에 적절하다고 느낄 때, 학생의 내재적 동기는 증가되었다(Morgan, 1984). 또 외적 보상이 타인에 의해서 조종받는다는 피드백(controlling feedback)의 의미에서가 아니라, 자신이 얼마나 잘하고 있는가의 정보적인 피드백(informational feedback)으로 사용될 때, 과제에 대한 관심이 증가했으며 내재적 동기가 손상되지 않았다(Graham & Weiner, 1996).

교육현장에서 외적 보상을 제거하는 것은 현실적이지도 바람직하지도 않다. 적절하게 조심스럽게 사용되기만 하면 외적 보상은 매우 효과적이며, 실재로 내재적으로 동기유발되지 않은 학생은 외재적으로 동기유발될 수 밖에 없다. 지금은 피아노를 연주하는 것 자체가 즐거워서 피아노를 치는 피아니스트도 아마 처음에는 부모님의 기뻐하는 표정이나 선생님의 칭찬 때문에 피아노를 치기 시작했었는지 모른다. 직장 생활이 짜증나고 재미없는 성인의 경우에도 돈을 벌어 휴가 때 원하는 곳으로 여행을 가기 위해서 직장생활을 지속해 나간다. 이처럼 외적 보상은 학생의 학습을 유발하기 위하여 효과적으로 사용될 수 있다. 자유로운 대학 생활을 기대하기 때문에 힘든 고 3 시절을 견뎌나가는 것처럼, 학생들은 과제가 끝나면 주어질 보상을 예상하기 때문에 현재의 하기 싫은 과제에 몰두하도록 설득되어질 수 있다.

학생들마다 학습과제를 수행해 나가는 데 있어서 내재적으로 외재적으로 동기화되어지는 정도에는 차이가 있다. 교사는 이 두 가지 동기를 모두 고려해야 하며 사용에 신중을 기해야 한다. 학생이 과제 자체에 흥미를 느끼고 있을 때 무분별하게 외적 보상을 사용해서는 안 된다. 내재적으로 동기화되어지는 학생에게는 내재적 동기를 강조하고, 학습과제에 전혀 흥미를 갖지 않는 학생에게는 외재적으로 동기화시켜 주는 것이 좋다. 또한 교사는 학생들이 갖고 있는 최소한의 내재적 동기라도 자극하고 육성해야 한다(Brophy, 1988). 어떤 것이 더 강조되어야 하는지에 대해서는 일치된 의견은 없고, 학습동기를 유발하기 위해 한 가지만의 방법을 사용하는 것은 학생들의 긍정적인 동기를 해칠 위험이 있으므로 학교현장에서는 보다 종합적인 동기유발 전략을 이용해야 한다.

성취동기
성공을 향해 노력하고 탁월해지려는 욕구

3) 성취동기

(1) 성취동기의 개념

왜 어떤 사람은 혹독한 추위와 고통을 참아가면서 산을 오르고 남극을 횡단하는 모험을 하는 것일까? 어떤 외적인 보상을 기대하기 때문에 그런 행동을 하는 것일까? 아니다. 그들에게는 "장애를 극복하고, 어려운 어떤 것을 가능한 빨리 훌륭히 해내려는" 욕망이 있다(Murray, 1938). 그들의 행동은 도전적이고 어려운 과제를 성취하는 것 그 자체에 관심을 갖고 그 분야에서 탁월해지려는 욕망인 성취동기(achievement motivation)에 의해서 설명이 가능하다.

David McClelland와 John Atkinson이 성취동기를 연구한 대표적 학자이다. 성취동기를 측정하기 위하여 McClelland는 주제통각검사(Thematic Apperception Test: TAT)를 고안해 내었다. Freud의 자유연상법에서 시사받은 McClelland는 각 개인이 자유롭게 상상하는 이야기는 자신의 동기를 반영한다고 가정하였다. 그 가정하에 상황이 확실하지 않은 몇 장의 그림을 보여주고 일련의 질문을 통해 피험자로 하여금 그 그림에 대해 자신이 상상하는 이야기를 꾸며 보게 하여 그것을 분석하고 점수화하였다.

예를 들어, 책이 펼쳐져 있는 책상 앞에 앉아 있는, 그러나 책에서 눈을 떼고 위를 바라보고 있는 소년의 그림을 보여준 후 다음과 같이 질문한다.

> 어떤 일이 일어 나고 있는가? 소년은 누구인가?
> 과거에는 무슨 일이 일어 났는가? 어떻게 이런 상황이 벌어졌는가?
> 소년은 무얼 생각하며, 무얼 원하는가? 다른 사람들은 그에게서 그것을 원하는가?
> 앞으로 무슨 일이 벌어질 것인가? 소년은 무엇을 하려고 하는가?

이 그림에 대한 반응에서 "18세 정도의 이 소년은 지금 Descartes의 철학과 Thomas Aquinas의 철학을 조화시켜 보려고 하고 있다. 이미 몇 권의 철학 서적을 탐독했으며 이제 자기 어깨 위에 세상의 무게를 느끼고 있다"고 말한 사람은 높은 성취동기를 갖고 있는 것으로 판명되었고, "그는 지금 부모를 골탕먹이려는 마음을 먹고 가출을 생각하고 있다."는 성취동기가 낮은 사람의 해석이다(Atkinson & Raynor, 1975). 사람의 성취동기는 그 개인차가 크므로 교사는 높은 성취동기를 가진 학생과 낮은 성취동기를 가진 학생이 누구인지를 알아내어 적절한 수업을 계획하는 것이 필요하다. 그러나 실제적으로 심리학에 대한 전문지식이 부족한 교사가 교실현장에서 TAT 검사를 실시하고 활용하는 것이 용이한 일은 아니다.

(2) 성취동기와 학업성적

Wendt(1955)의 연구는 성취동기와 학업성적과의 관계를 잘 밝혀 주고 있다. 성취동기 수준은 수학과제를 행하는 데 있어서 시도된 과제의 양(quantity)과 정확히 수행된 과제의 질(quality)과 관련되어 있었다. 성취동기가 높은 학생은 외부 감독 없이 자신이 스스로 성취의 속도를 조절할 수 있었던 비정규 시간에도 높은 성취정도를 유지하였다. 즉 성취동기는 과제지속력과 정적으로 관련되어 있었다. 또한 성취동기가 높은 학생은 낮은 학생에 비해 실패하는 과제에서조차도 과제지속력이 긴 것으로 나타났다(Weiner & Kukla, 1970). 성취동기가 높은 학생은 자신의 실패를 외부의 탓으로 돌리기보다는 자신의 노력 탓으로 보고, 노력하면 대부분의 과제를 더 성취할 수 있다고 믿는다. 국내연구에서도 높은 성취동기 집단은 낮은 집단에 비해 실패를 내재적 요인으로 귀인하는 경향이 높았다(신우

성공추구 학생
적절히 어려운 목표를 세우고 위험을 감수하면서 성취하기를 원하고 실패를 두려워하지 않는 유형으로 실제 성공을 많이 경험하게 됨

실패회피 학생
실패를 두려워하여 지나치게 낮은 목표나 높은 목표를 설정해 그들 자신의 수행이 평가받는 상황을 피하려는 유형

실패수용 학생
실패를 자신의 낮은 능력으로 귀인해 자신에 대해 냉담해지고 무기력함을 느끼는 유형

엽, 1980).

이러한 성취동기를 성공추구 동기와 실패회피 동기의 관점에서 설명할 수 있다. 우리는 늘 성공하기 위해서만 동기유발되어지는 것은 아니다. 때때로 실패에 따르는 남의 비난이나 조소, 벌에 대한 두려움 때문에 동기유발되기도 한다. 쉬운 과제보다는 어려운 과제를 성취했을 때 성취감은 더 증가하므로, 높은 성취동기는 그 과제에 수반되는 위험을 감수하게 한다. 이렇게 성공의 가능성과 성취의 가치는 서로 반비례의 관계(incective value of success = 1- probability of success)에 있다. 따라서 성공추구 동기가 강한 사람은 종종 중간 정도의 난이도의 과제(즉 성공과 실패의 확률이 50:50인 과제)를 선택하는 경향이 있다. 반면, 성공추구 동기보다는 실패회피 동기에 의해 행동하는 사람은 비현실적으로 목표를 매우 높게 또는 매우 낮게 설정하는 경향이 있는데, 이는 어려운 과제에서의 실패는 자신의 탓이 아닐 수 있고, 반면에 아주 쉬운 과제라면 성공할 것이 확실하기 때문이다. 즉 실패회피 동기가 강한 사람은 자신을 평가해야 하는 상황을 피할 수 있는 과제나 행동을 선택한다(Atkinson & Litwin, 1960 ; Heckhausen, Schmalt, & Schneider, 1985).

또한 성공추구 동기가 강한 사람과 실패회피 동기가 강한 사람은 과제의 성공과 실패에 의해서도 다르게 영향받는다(Weiner, 1974). 실패회피 동기보다 성공추구 동기가 강한 사람은 성공했을 때보다 실패했을 때 더 강하게 성취동기가 증진되고, 실패회피 동기가 강한 사람은 실패했을 때는 동기가 감소되나 성공했을 때 성취동기가 증진된다. 일반적으로 성취동기가 높은 학생은 도전적인 과제물, 명백한 피드백, 재도전의 기회 등이 주어질 때 동기유발되며, 실패회피 동기가 높은 학생은 성공에 대한 지속적인 강화가 주어지고, 실패로 인한 당황감을 방어할 수 있을 때 동기유발된다.

실패를 피하려는 강한 욕구는 과거에 자신의 능력으로 달성할 수 없는 목표를 설정하는 등의 이유로 반복되는 실패를 경험한 사람들에게서 발달한다. 『실패 없는 학교(school without failure)』의 저자 Glaser는 인생에서 성공하기 위해서는 그들의 삶에서 가장 중요한 부분에서 먼저 성공을 경험해 보아야 한다고 주장한다. 대부분 아이들의 경우 학교가 그 중요한 곳이다. 그러나 전통적으로 학교에서 이루어지는 상대평가는 단지 소수의 학생에게만 성공감을 느끼게 하고 대부분의 학생들에게는 실패감을 느끼게 하며, 그 결과 삶의 다른 부분에서 성취하려는 욕구마저 억누른다. 교사는 다양한 난이도의 여러 과제와 다양한 학습장면을 설정해 모든 학생에게 성공을 경험할 수 있는 기회를 주도록 노력하는 것이 필요하

다. 교사는 성공이나 실패 그 자체보다는 노력하고 무엇을 행하는 과정이 더 중요하다는 것을 학생들이 깨닫도록 가르칠 수 있어야 한다.

학생들은 학교생활을 통해 성공과 실패를 계속 경험해 나간다. 학생들은 이러한 성공과 실패의 원인을 무엇이라고 여기며 그 원인을 어디로 돌리는가에 따라 어떤 행동을 하고 어떤 감정을 느끼는가? 이제 성공과 실패의 원인을 체계적으로 연구한 귀인이론에 대해서 알아보자.

3. 귀인이론

1) 인과적 차원, 정서

수학시험에서 좋지 못한 점수를 받은 후 각기 그 원인을 다르게 설명하고 있는 학생들을 다음과 같이 상상해 볼 수 있다. 그들이 다음 수학시험을 위해 취할 행동도 그 이유만큼이나 다양할 것이다.

"나는 수학적인 머리가 없나 봐." : 능력 부족
"나는 시험준비를 충분히 하지 못했어." : 노력 부족
"이번 시험은 이제껏 내가 본 시험 중에서 가장 어려웠어." : 과제의 어려움
"예상문제를 영 잘못 짚었는 걸." : 운

성공이나 실패의 원인을 찾으려고 하고 그 원인을 무엇으로 귀인하느냐에 따라 후속행동과 정서적 경험이 영향을 받는다고 보는 것이 Bernard Weiner의 귀인이론(attribution theory)이다. 위의 예처럼 학생들이 그 원인으로 가장 많이 귀인하는 것이 능력, 노력, 과제의 난이도, 운이다(Bar-Tal & Darom, 1979 ; Frieze & Snyder, 1980). 이와 같은 귀인들은 원인의 소재(locus of control), 안정성(stability), 통제가능성(controllability)이라는 세 가지 차원으로 분류할 수 있으며, 세 차원 모두가 동기에 중요한 시사점을 준다(Weiner, 1986).

귀인이론
성공과 실패에 대한 설명이 동기와 행동 정서에 어떤 영향을 미치는가에 대한 이론

원인의 소재
성공과 실패에 대한 책임을 내적, 외적 어디에 두는가

원인의 소재란 그 원인이 내부에 있느냐, 외부에 있느냐의 차원이다. "나는 수학적 재능이 있어", "나는 정말 열심히 공부했어"처럼 성공을 자신의 능력이나 노력으로 돌리면 내적으로 귀인하는 것이고, 과제의 난이도나 운은 외적 요인으로 분류된다. 내적-외적 차원은 자신감, 자존심, 죄책감, 수치감 등의 정서적 경험과

관련되어 있다. 성공이나 실패를 내적 요인의 탓으로 돌린다면, 성공은 자부심과 동기증진을 가져오지만 실패는 수치감을 가져온다. 만일 외적 요인탓으로 돌린다면, 성공하면 외부의 힘에 감사하게 되지만, 실패는 분노를 야기할 것이다. 모든 원인을 외적 차원으로만 귀인하려는 학생들은 학업성취에서 자신이 할 수 있는 것이 거의 없다고 믿고 있기 때문에 동기유발의 정도는 매우 낮다.

안정성
성공과 실패에 대한 원인이 시간의 경과나 과제에 따라 변하는가

안정성 차원은 그 원인이 시간의 경과나 특정한 과제에 따라 변화하는가의 여부에 따라 안정과 불안정으로 분류된다. 예를 들어, "열심히 공부하지 않아 성적이 좋지 못하다"고 노력으로 귀인하는 경우, 다음 시험에는 자신의 의지에 따라 노력을 더 기울일 수 있기 때문에 불안정적이다. 반면에 능력은 비교적 고정적이라고 생각되는 안정적 요인이다. 안정성 차원은 미래에 대한 기대와 관련되어 있다. 자신의 성공 또는 실패를 자신의 능력이나 시험의 난이도와 같은 안정적 요인에 귀인하면, 미래에 비슷한 과제에서도 같은 결과를 기대할 것이다. 그러나 학생들이 불안정적 요인에 귀인하면 그 결과는 예측할 수 없다.

통제가능성
성공과 실패에 대한 원인이 자신의 의지에 따라 통제될 수 있는가

통제가능성 차원은 그 원인이 학생의 의지에 의해 통제되어질 수 있느냐의 여부에 따라 통제가능과 통제불가능으로 분류된다. 예를 들어, 노력은 자신의 의지에 따라 그 정도를 조절할 수 있으므로 통제가능한 요인이지만, 자신의 지능은 통제불가능한 요인이라고 생각한다. 통제가능성 차원은 자신감과 미래에 대한 기대와 관련이 있다. 수학시험에서의 높은 점수를 통제가능한 요인으로 귀인하면 자부심을 느끼면서 다음에도 비슷한 결과를 기대할 수 있다. 반면에 통제불가능한 요인으로 귀인하면 '정말 운이 너무 좋았어'라는 식으로 안도하며 앞으로도 그런 행운이 계속되기만을 바랄 수밖에 없다.

학생들은 자신의 성공과 실패의 원인을 귀인할 때 늘 비슷한 방식으로 반응하는 경향이 있다. 나아가 어디로 귀인하는가의 경향은 앞으로 선택하는 과제의 종

〈표 9-1〉 (수학시험)실패에 대한 인과적 차원 분류

차원 분류			실패에 대한 이유
내적	안정	통제불가능	나는 수학적 머리가 없어.
		통제가능	나는 정말 게을러서 공부를 많이 안 하는 편이야.
	불안정	통제불가능	시험보는 날 지독한 감기가 걸렸었어.
		통제가능	시험보기 전날 TV 보느라 공부를 못 했어.
외적	안정	통제불가능	그 과목의 pass 기준점수가 너무 높아.
		통제가능	그 선생님은 우리 누구도 존중해주지 않아.
	불안정	통제불가능	어떤 때는 정말 운이 없어.
		통제가능	시험 전날 친구들이 찾아와 늦도록 놀고 갔어.

류, 과제의 수행속도, 과제 지속력에 영향을 미치는 것으로 나타났다(Bar-Tal, 1978; Weiner, 1974). 국내 연구에서도 학업성취도에 따른 성패귀인의 차이가 밝혀졌다. 학업성취가 높은 집단은 성공을 능력과 같은 내부에 귀인하고, 성취수준이 낮은 집단은 실패를 능력결여로 귀인하며 성공은 오히려 운에 귀인하는 정도가 높았다(박영신, 1986). 실패를 누적적으로 경험한 학습자일수록 학업의 실패를 내적 원인(무능력, 노력 부족)으로 지각하는 경향이 높았다(박영신, 1989). 예를 들어, 자신의 성공을 시험문제가 쉽거나, 운이 좋다는 등의 외부적 요인에 주로 귀인하고, 자신의 실패를 능력의 부족 같은 내부적 요인에 주로 귀인하는 학생이 있다고 하자. 그 학생은 그러한 식으로 매사에 귀인하다 보면 점점 과제에 성공하기 위하여 노력해야 할 필요성을 느끼지 못하게 된다. 따라서 자신의 능력이나 노력에 대한 자부심을 가질 기회를 갖지 못하며, 때로는 학습된 무기력을 형성하기도 한다.

학습된 무기력
과거의 경험에 의해 아무리 노력해도 성공할 수 없다고 느낌

매우 부정적인 자아개념인 학습된 무기력(learned helplessness)은 실패를 내적, 안정적, 통제불가능한 능력으로 귀인하는 것과 관련되어 있다. 학습된 무기력이란 아무리 노력해도 성공할 수 없다는 실패할 운명으로 태어났다고 느끼는 것으로(Seligman, 1975), 동기적, 인지적, 정서적 결손을 나타낸다. 이런 유형의 학생은 실패를 거듭할수록 "나는 멍청해"라고 그 실패를 내적으로 귀인해, 절망감과 수치심을 가지며, 아무것도, 아무도, 자신에게 도움을 줄 수 없다고 생각해 도움을 구하려고 하지 않고, 과제를 수행하려는 시도조차 보이지 않는다(Covingon & Omelich, 1981). 과제를 수행하려는 시도를 보이지 않기 때문에 이들의 낮은 성취도가 종종 노력 부족으로 간주되기도 한다. 따라서 교사는 단순히 학습을 소홀히 하는 학생과 방어적 방편으로 학습을 회피하는 학습된 무기력감을 가진 학생들을 구별해 지도할 수 있어야 한다. 한편, 한 국내 연구(박영신, 1996)에 의하면 주관적

〈표 9-2〉 귀인과 정서와의 관계(Weiner, 1980)

귀인	정서 결과:성공	결과:실패
능력	긍정적 자아개념, 미래의 성공에 대한 기대, 자신감, 유능감.	부정적 자아개념, 의기소침, 무능감, 굴욕감.
불안정한 노력	열의, 자부심	수치, 죄책감
안정된 노력	평온(긴장이완감)	수치, 죄책감
외부의 사람이나 기관	감사	공격, 분노
운(재수)	놀라움	놀라움

실패지각 집단(자신의 성적이 좋지 않다고 생각하는 집단)이 주관적 성공지각 집단에 비해 실패를 노력에 더 많이 귀인하는 모습을 보였다. 이 결과는 '무능하기 때문에' 라는 원인보다 '노력이 부족해서' 라는 원인이 자기의 가치감을 덜 훼손한다는 점에서, 실패지각 집단이 실패를 노력 부족으로 귀인함으로써 능력에 대한 존중감의 상실을 방어하려는 욕구가 작용하고 있을 가능성이 높은 것으로 해석되었다.

교사는 학생의 실패에 대해 화를 내기도 하고 때로는 동정심을 표현하기도 한다. 이때 그 대상이 되는 학생은 어떤 정서를 경험하게 되는가? Graham의 연구(1986, 1990)는 교사의 분노는 학생의 노력 부족에 대한 표현으로, 교사의 동정심은 학생의 능력 부족에 대한 표현으로 생각되며, 아주 어린 아동들도 그 사이의 관계를 파악하고 있음을 보여주었다. 그리고 학생들은 교사의 생각에 부응하듯이 행동한다. 학생의 실패를 노력 부족으로 귀인하고 화를 내면 학생은 죄책감을 느끼며, 이 죄책감은 다음 과제에 동기유발하는 힘으로 작용할 수 있다. 반면에, 교사가 능력부족으로 생각하고 동정심을 표현하면 학생은 수치감을 느끼는데, 이 수치감은 동기유발로 작용하기 보다는 학생들을 위축하게 하고, 열등감과 무력감을 느끼게 한다. 교사는 때로는 학생에 대한 애정이나 보살핌의 표현으로 동정심을 표현하기도 한다. 그러나 학생이 교사의 동정심을 이 학생은 성공할 수 있는 능력이 없다는 믿음에서 기인한다고 간주할 때, 그 부정적 피해는 매우 크다. 따라서 교사는 학생에게 비판을 하거나, 칭찬으로 격려하거나, 도움을 제공할 때, 학생이 교사의 그러한 행동을 어떻게 받아들이는지에 대해 주의를 기울여야 한다.

자아개념
자신에 대한 지각

또한 귀인유형은 학습자로서의 자아개념에도 관련되어 있다. 성공을 내적 요인으로 귀인하고("나는 머리가 좋아" 또는 "내가 적절히 노력했기 때문이야"), 실패를 외적 요인으로 귀인하는("정말 운이 나빠서") 학생은 긍정적인 자아개념을 형성한다(Johnson, 1981). Schunk(1984)도 성공은 능력으로, 실패는 노력으로 귀인하는 것이 자기유능감을 높이는 데 긍정적으로 작용한다고 밝혔다. 한편, 교사가 학생의 성공을 지나치게 노력에 귀인하는 것은 상대적으로 학생의 낮은 능력을 인정한다는 의미도 포함될 수 있으므로, 학습의 초기단계에서는 성공의 원인을 노력으로 귀인하고, 학습이 진행될수록 학생의 능력으로 귀인하는 것이 바람직하다.

2) 귀인훈련 프로그램

실패의 책임을 능력과 같은 안정적, 통제불가능인 내적인 원인으로 돌리고, 성공을 불안정적이며 외적인 운으로 귀인하는 학생은 학습과제에 대해 동기유발이 되지 않아 결과적으로 저조한 학업성취를 보이게 된다. 학생들의 이러한 부정적이고 자기패배적인 귀인양식은 교정되어야 한다.

다음의 〈표 9-3〉은 바람직한 귀인유형과 바람직하지 않은 귀인유형을 보여준다.

〈표 9-3〉 바람직한 유형과 바람직하지 못한 유형의 정서와 행동

	성공/실패 →	귀인 →	정서/기대 →	행동
바람직 하지 않은 유형	성공	운	무관심/성공에 대한 최소한의 기대	과제에 기꺼이 참여하려는 열의의 결여
	실패	능력 부족	수치, 무능력, 좌절/성공에 대한 기대 감소	회피, 과제에 대한 지구력 부족
바람직한 유형	성공	높은 능력	자긍심, 자존심/성공에 대한 기대 증가	과제에 적극적으로 참여
	실패	노력 부족	죄책감/비교적 높은 성공에 대한 기대	과제에 적극적으로 지속적으로 참여

Fosterling, F. (1985). Attributional retraining: A review, *Psychology Bulletin*, 48, 495-512에서 인용

귀인훈련 프로그램의 목적은 적절하지 못한 귀인유형을 바람직한 귀인유형으로 바꾸어 주는 것이다. Weiner(1982)는 실패 → 추론된 능력 결핍 → 무력감 → 성취 감소와 같은 흐름의 귀인유형을 실패 → 노력 부족 → 죄책감과 수치감 → 성취 증가와 같은 흐름으로 변경시키는 것을 목적으로 보았다. F. Fosterling(1985)이 기존의 15개 훈련 프로그램에 대한 연구를 조사한 결과, 훈련 프로그램의 효과는 입증되었다.

예를 들어, 체념감과 학습에 대한 무기력을 나타내는 아동들이 25일간의 훈련 프로그램을 통해 산수시험의 실패를 자신의 책임, 부족한 노력으로 돌리게 되었다(Dweck, 1975). 또, G. R. Andrews 와 R. L. Debus의 연구(1978)는 교사가 학생들의 내적 귀인을 체계적으로 강화하고 내적으로 귀인하는 모습을 보여주었을 때, 학생들은 내적 통제성을 학습할 수 있음을 보여 주었다. 그릇된 귀인유형을 갖고 있는 학생들에게 자신을 스스로 감독하고, 가르치고, 강화하는(self-monitoring, self-instruction, self-reinforcement) 전략을 사용하게 했을 때, 바람직한 귀인유형을 효과적으로 형성할 수 있었다(Diner & Dweck, 1978). 즉 수학문제를 풀 때 학생들에게 '포기하자' 나 '이 문제는 풀 수 없어' 라고 말하는 대신, '좀 더 열심히 하자' 나 '새로운 방법으로 풀어 보자' 라고 자기 자신에게 이야기하는 것이 동기유발의 중요한 요인으로 작용한다.

이러한 연구결과가 의미하는 것은 무엇인가? 체계적인 귀인훈련 프로그램은 학생들이 지니는 바람직하지 못한 귀인유형을 적절히 변경시킬 수 있으며, 자신의 능력이 부족하다는 고정관념에 사로잡힌 많은 학생들에게 큰 혜택을 줄 수 있음을 말한다. 따라서 학생이 실패에 체념하거나 자신의 탓이 아니라는 책임감이 결여된 모습을 보일 때, 교사는 그 학생을 위한 체계적인 귀인훈련 프로그램을 시행하여 학생의 귀인유형과 성취동기를 개선할 수 있어야 한다. 무력감을 학습한 학생뿐 아니라, 실제 학업능력이 떨어지는 정신지체 아동도 단지 귀인유형을 변화함으로써 많은 긍정적인 성취를 얻을 수 있다. 노력은 정말 많은 것을 성취시킨다. 그렇지만 실패를 무조건 노력으로만 귀인한다고 모든 문제가 해결되는 것은 아니며, 실제적으로 적절하지 못한 경우도 있다. 수현이는 이번 중간고사의 영어 시험을 위하여 일주일 전부터 열심히 공부하였지만 자신의 기대에 훨씬 못 미치는 성적을 얻었다고 하자. 자신은 매우 노력했다고 생각하며 나쁜 성적을 납득하기 힘들어 하는 수현이에게 "노력부족이야. 다음 시험에는 더 노력해야지"라고 귀인하는 것은 수현이를 동기유발시키지 못한다. 이러한 경우, 결과를 잘 분석한 후, 이번 시험에서 문법공부에만 초점을 맞추고 독해력의 공부는 소홀히 했다든지 등으로 노력 귀인보다는 잘못된 학습방법이나 습관 등으로 전략 귀인하는 것이 보다 효과적이다.

노력 귀인
성공이나 실패의 원인을 노력으로 귀인함

전략 귀인
성공이나 실패의 원인을 학습방법이나 학습전략 등으로 귀인함

4. 학습동기를 증진시키는 방법

교육현장에서 학생의 학습동기를 어떻게 증진시킬 것인가는 매일 매일 교사의 최대 관심사이다. 어떤 학생은 적극적으로 학습에 임하지만, 어떤 학생은 동기결여된 부적절한 목표를 설정하기도 한다. 성취와 관련된 자신의 능력을 어떻게 파악하느냐에 따라 학생들의 행동은 매우 다르게 나타난다. 따라서 성취와 관련된 학생의 인식을 긍정적으로 변화시킨다면 학생의 학습동기를 증진시킬 수 있다. 학급에서 학생들의 학습동기를 유발시키거나 증진시킬 수 있는 방법에 대해서 알아보자.

1) 과제의 변인

① 도전적인 과제를 제시한다: 무조건 쉬운 과제가 학생을 동기유발시키지 않

는다. 주어진 과제의 난이도를 어떻게 판단하느냐에 따라서 학생들은 그 과제에서의 자신의 성공 정도를 예측한다. 자신의 능력에 비추어 어려운 과제라고 판단하면 성공에 대해 낮은 기대를 하고 낮은 자아효능감을 경험한다. 한편, 쉬운 과제가 주어지면 성공의 기대는 높아질 수 있으나, 쉬운 과제는 능력의 발휘를 별로 요구하지 않으므로 자부심이나 만족감을 느끼기 힘들다. 따라서 성취하기 위해서는 학생의 상당한 노력이 요구되는 중간 정도 난이도의 도전적인 과제를 제시하는 것이 바람직하다. 도전적인 과제를 비교적 단기적으로 성취할 수 있도록 몇 부분으로 나누어 제시하고, 각 부분이 진행되어 가는 중에 정확하고 빈번한 피드백을 주면 학생들은 과제를 성취해 나가는 자신의 능력에 대한 자부심을 경험하게 된다.

② 학급 구성원에게 차별화된 다면적인 과제를 제시한다: 교실의 모든 학생이 동일한 과제와 동일한 자료를 학습하는 경우 자연스럽게 학생들간의 상대적인 비교가 이루어진다. 이런 경우 시간이 지날수록 한 학생의 학급에서의 상대적인 위치는 고정되며, 결국 능력은 변하지 않는 고정적, 안정적 특성으로 인정되는 경향이 있다. 이렇게 능력에 대한 고정적 견해(entity view of ability)를 형성하면 열심히 노력하지 않는다. 그러나 학생들에게 과목에 따라, 때에 따라, 다양한 또는 서로 다른 과제가 주어지면 학생들을 상호 비교하기란 매우 어렵다. 과목에 따라, 때에 따라 자신들의 상대적인 성취가 일관적이지 않을 때, 학생들은 능력은 영역특수적(domain-specific)이며, 계속 증진된다는 증가적 견해(incremental view)를 갖게 된다. 이러한 증가적 견해를 가진 학생들은 자신의 능력을 증진시키는 방향으로 동기유발되어진다.

능력에 대한 고정적 견해
능력은 변화될 수 없는 고정적 특성이라는 견해

능력에 대한 증가적 견해
능력은 변화될 수 있는 특성이라는 견해

③ 흥미를 유발하고 호기심을 자극할 수 있도록 과제를 구성한다: 학생이 관심있어 하는 것이나 실제 상황과 연결된 과제, 호기심을 자극하는 과제는 학생들의 학습에 대한 동기화를 촉진시킨다. 어린 학생들에게는 학습할 내용과 관련된 대상을 탐색하고 조작할 수 있는 기회를 주면 호기심을 쉽게 불러일으킬 수 있을 것이고, 고학년인 경우 모의실험을 통해 수업을 진행해 나갈 수 있다. 예를 들어, 학급을 몇 개의 집단으로 편성한 후 각 집단에게 하나의 국가를 구성하는 과제를 준다. 각 나라는 국호, 국기, 상징 등을 결정해야 하고, 정부 행정을 담당하는 사람을 선발해야 한다. 각 나라에 각기 다른 자원이 있다고 가정하면, 각 나라는 필요한 자료를 얻기 위하여 서로 교역을 해야 한다. 거기에는 적절한 경제 조직과 경제 정책이 있어야 한다. 국가의 주어진 과제를 수행하기 위하여 국민의 협의를 거쳐야 하기도 하고, 다른 나라와의 갈등을 겪기도 한다. 이런 과제를 해 나가는

과정에서 학생은 국가의 역할, 세계의 경제, 국제 갈등에 대해서 흥미를 갖고 배우게 될 것이다.

2) 교수방법 및 평가의 변인

협동학습은 학습을 즐겁게 하고 서로의 학습을 도와줄 수 있어 동기를 증진시킨다.

협동학습 구조
다양한 능력을 가진 학생들로 집단을 구성하고, 개인적 성취가 아닌 집단의 성취에 의해 보상하는 구조

① 협동학습을 활용하고 모든 학생들에게 성취할 수 있는 동등한 기회를 제공한다: 가장 높은 수준의 동기유발과 학습은 협동학습 구조-개인적 성취에 의해서가 아니라 학생이 속한 집단의 성취에 기초해서 각 학생을 평가하는 것-에서 가능하다. 짝이나 팀을 이루어 작업하는 학생들은 서로의 학습을 도와줄 수 있다. 한 학생이 문제에 부딪치면 팀의 구성원으로부터 즉각적인 도움을 받을 수 있기 때문에 동기는 더욱 증진된다. 능력별로 집단편성을 하지 않고, 다양한 능력의 학생들을 같은 집단에 편성하여 모든 집단이 이길 가능성을 동등하게 하면, 개인적 경쟁구조에서는 이길 희망을 전혀 갖지 못하던 낮은 능력의 학생들도 쉽게 동기화된다. 특히 난이도가 비교적 높고, 문제해결 기술을 요구하는 과제에서 낮은 능력의 학생들이 경쟁보다는 협동에 의해서 높은 성취를 얻을 수 있었다(Slavin, 1995). 또 높은 능력을 가진 학생도 협동학습에서 더욱 자신의 능력을 발전시킬 수 있다. 질문을 하고, 답을 구하고, 설명을 시도하는 학생은 질문도 대답도 하지 않는 학생에 비해 더 많이 배운다. 실제로 좋은 설명을 하기 위해서는 정보를 조직하고, 자신의 말로 다듬고, 실례와 비유를 생각해 내서 제시해야 하기 때문에, 설명을 잘 하는 것이 설명을 듣는 것보다 학습에 더 중요하다(Webb, 1989). 다른

학생에게 잘 설명하기 위해 노력할수록 더 많이 배울 수 있다.

② 학생의 성취를 다른 학생과 비교하는 상대적 관점에서 판단하지 말고, 과제의 완성이나 개인적 성장측면에서 판단한다: 다른 구성원에 비해 얼마나 잘했느냐의 상대적 경쟁적인 의미로 성공을 판단하는 경우, 학생들은 성취의 주요 변인으로 능력을 강조하였다. 반면, 주어진 과제의 수준을 달성했는지 또는 전에 비해 개인적으로 나아졌는가에 따라 성공을 판단하는 경우, 학생들은 노력을 중요하게 여겼다(Ames, 1992). 자신의 성공과 실패를 통제가능한 변인인 노력으로 귀인하게 되므로 쉽게 동기화된다. 노력과 성취간의 관계를 보여주고, 학생이 스스로의 진보를 볼 수 있도록 자주 피드백을 제공한다. 잘한 것은 무엇이고, 잘못한 것은 무엇인지, 향상을 위해서 어떻게 해야 될 것 같다는 구체적 제안을 해서 학생의 과제를 돌려주는 것이 학생의 동기화에 도움이 된다. 때때로 학생들에게 전에는 어려워했으나 이제는 쉬울 것 같은 질문이나 과제를 내주고, 그들이 얼마나 향상되었는지를 보여주는 것도 필요하다.

③ 칭찬을 할 때 통제적 측면이 아닌 정보적 측면을 강조한다: 보상이 통제적으로 사용되면, 즉 학생이 어떤 특정한 방식으로 행동하고 느끼도록 칭찬을 일종의 압력으로 사용하면, 학생들은 자기 통제감을 덜 경험하고 따라서 그들의 내재적 동기는 감소된다. 예를 들어, 교사가 학생에게 "잘했어! 마침내 내 지시를 정확히 따르니까 수를 받았잖아."라고 칭찬할지 모른다. 이것은 교사에게 그 공을 돌리고 학생의 자기 결단이나 내재적 동기를 무시하는 고도로 통제된 언급이다. 만일 교사가 같은 일에 대해, "잘했어! 가정법에 대한 이해가 많이 향상되어 수를 받았구나."라고 칭찬할 수 있다. 이러한 언급은 학생이 잘하고 있음을 알려 줌으로 학생의 내재적 동기를 증가시킬 수 있다.

④ 보상은 학생이 노력이나 진보를 보였을 때 제공한다: 학습을 위하여 외적인 보상이 필요한 경우를 교사는 흔히 접하게 된다. 그러나 학생이 이미 활동에 흥미를 갖고 있을 때 보상을 하는 것은 내재적 동기를 해칠지도 모른다는 것을 기억해야 한다.

3)교사의 변인

① 학생을 위해 학습동기에 대한 시범을 보인다: 교사가 교과목에 대하여 열심히 탐구하는 모습을 보이면 이 모습은 학생에게 전달되어 학생들의 동기를 증진시킨다. 특히 어려운 학습문제를 다루기 위하여 교사 자신이 다양한 접근을 시도

열심인 교사의 모습은 학생에게 전달되어 동기를 증진시킨다.

해 보일 때, 교사는 학생들에게 좋은 모델이 된다. 그러한 과정을 통해 학생은 교사에게조차 학습이 쉽고 순조로운 것이 아님을 깨닫게 된다.

② 교사는 공부 잘하는 학생과 못하는 학생에 대한 차별없이 개인의 능력을 최대한 이끌어주도록 해야 한다: 학생의 성취, 동기, 포부수준, 자아개념은 모두 교사의 기대에 의해서 영향을 받는다(제12장 참조). 만일 학생이 항상 토론에서 제외되고 교사의 단순하고 냉담한 피드백을 받는다면, 늘 교사의 관심을 받고 긍정적 피드백을 받는 학생에 비해 낮은 학업성취를 할 가능성이 높다. 따라서 교사는 평가와 훈육절차를 공정하게 하고, 모든 학생을 골고루 학습과제에 참여시키고, 학생들이 학습할 능력이 있다고 교사가 믿고 있음을 학생들에게 전달한다. 특히 성취수준이 낮은 학생들에게는 좀더 대답할 시간을 주고, 많은 단서를 제공하며, 과제물을 돌려줄 때 향상을 위한 구체적 제안점을 적는다면 큰 도움이 될 것이다.

연 구 문 제

1. Maslow의 욕구위계 이론이 교육에 시사하는 바가 무엇인지를 생각해 보시오.

2. 김교사가 국어를 담당하는 고등학교 2학년 5반은 능력별 반편성에서 소위 열

반이다. 그래서인지 학생들은 수업시간에 질문도 대답도 거의 하지 않는 매우 소극적인 모습을 보인다. 김교사는 어떤 방법으로 학생들을 동기유발시킬 수 있는가?

3. 학습동기를 증진시키는 한 방법인 협동학습 전략을 초등학교와 고등학교에서 직접 사용해 보고자 한다. 어떻게 협동학습 전략을 전개해 나갈지 각각 적절한 예를 사용하여 그 방법을 구상해 보시오.

제4부

교수의 이론과 실제

유능한 교사가 되기 위하여 갖추어야 할 조건과 알아야 할 지식이 많지만, 무엇보다 중요한 측면은 학생들을 가르치는 일(교수)과 관련된 것이다. 교실에서 진행되는 활동의 핵심은 가르치고 배우는 일이기 때문이다. 제한된 시간 내에 효율적으로 가르치기 위해서 교사는 어떤 점을 고려하여야 할까? 주어진 조건인 학생들의 특성과 현실적인 여건을 고려할 때, 무엇을 가르치며 또 어떻게 가르치는 것이 바람직할까? 4부에서는 교수에 관련된 이론과 방법을 광범위하게 취급할 것이다.

학교교육에 대한 비판이 제기된 이후, 형식교육의 문제점에 대해 교사들은 어떠한 대안을 갖고 있는가? 또 지금까지 우리의 학교교육이 지(知)에 치중하였다면, 앞으로의 교육은 어떠한 방향으로 나아가야 할 것인가?

교실에서 교사의 역할은 단지 지식을 가르치는 것뿐 아니라, 학생들의 정서를 안정시키고 생활하는 방법을 지도하는 것까지 포함해야 할 것이다. 그렇게 하기 위하여 교사는 자신 스스로의 모습에서 어떤 점을 늘 염두에 두어야 하며, 또 학생들을 어떤 방식으로 대해야 할까?

제 10 장

교수모형과 교수방법

1. 교수의 과제와 목표
2. 교수모형
3. 교수방법
4. 개인차의 고려

학습에 대한 심리학적 연구에 비해 교수과정에 대한 연구는 제한된 편이다. 이러한 현상을 반영하듯 "과연 교수영역의 독자적 이론이 필요하며 또 가능하기나 한 것인가?" 내지는 "교수이론은 결국 학습이론의 '거울상'은 아닐까?" 하는 등의 질문이 제기되곤 했다. 바꿔 말하면, 학습의 법칙에 대한 지식이 충분한 교사는 적당한 학습조건을 극대화시켜서 효율적으로 학생들을 가르칠 수 있지 않을까 하는 생각이다.

그러나 이러한 생각은 부분적으로만 맞다. 학습이론과 교수이론의 관계가 아주 긴밀하다는 데에는 이의가 없지만, 그렇다고 해서 교수이론이 전적으로 학습이론으로부터 유도될 수 있는 것은 아니다. 이 문제에 대해 N. L. Gage는 다음과 같은 유추를 통해 설명하였다(1972):

> "… 농부는 식물이 어떻게 자라는지 알아야 하는데, 식물이 어떻게 땅과 물과 햇볕의 영향을 받는지 알아야 한다. 그와 마찬가지로 교사는 아동들이 어떻게 학습하는지 알아야 하는데, 아이들의 학습이 학습동기와 학습의 선행조건 및 칭찬과 처벌에 따라 어떻게 영향받는지 알아야 한다. 그런데 농부가 더불어 알아야 하는 것은 토지를 어떻게 경작해야 하는가 하는 것이다. 즉 땅을 어떻게 갈며 어떻게 씨를 뿌리고 잡초와 해충을 잡아주며 어떻게 수확하여 시장에 내어 놓는지도 알아야 하는 것이다. 교사 역시 어떻게 가르치는가에 대해 알아야 하는데, 학생을 어떻게 동기화시키며 어떻게 그들의 학습 선행조건을 평가하는지, 또 학습자료를 어떻게 제시하는지 알아야 하며, 동시에 인지구조가 어떻게 형성되는지 알아야 한다…. 교수이론은 교사가 어떻게 행동하며 왜 그렇게 행동해야 하는지 그리고 그러한 행동이 어떤 영향을 줄 것인지에 대하여 명확하게 제시할수 있어야 할 것이다."(91쪽)

1. 교수의 과제와 목표

'학습이론'이 겨냥하는 것이 경험조건적 행동변화가 '왜' 그리고 '어떻게' 나타나는가에 대한 것이라면, 교수이론은 '무엇'이 일어나고 일어나야만 하는가에 관한 것으로 이를 통해서 학생에게서 나타나기를 기대하는 행동변화에 어떻게 영향을 주는가에 대한 것이다. 즉 교수이론은 "학습하게 하는 것"에 대한 법칙성에 관한 것이다. 따라서 교수이론은 항상 처방적(prescriptive, 특정한 행동변화가 가장 잘 일어날 수 있도록 하기 위해서 해야만 하는 것을 명시한다.)이며 규범적(normative,

학습목표를 언급하고, 세우고 또 구체화시킨다.)인 진술로 표현된다.

교수목표
교수 결과 학생들이 알아야 하는 기술이나 개념들에 대한 진술로, 학생들의 행동이 그 쪽으로 지향하고 변화되어야 한다고 기대하는 사고, 감정, 행동의 방향을 명백하게 서술한 것.

교수전략의 첫째 조건은 "어디로 향한 수업활동인가?"라는 교수목표에 대한 설정이다. 즉, 교사와 학생이 교수활동과 학습활동을 할 때 목표가 뚜렷하면 교수와 학습의 효과가 높을 것이라는 말이다. 교수목표는 교수활동의 출발점이기 때문에 효율적으로 가르치기 위해서는 수업목표가 명료해야 한다. 교수목표란 가르침에 의해서 학생들의 행동이 지향하고 변화되어야 한다고 기대되는 사고, 감정, 행동의 방향을 명백하고 간결하게 서술하는 것을 뜻한다. 교사와 학생이 기본요소가 되는 '가르치는 일'은 시간과 공간의 제약을 받기 때문에, 시간을 효율적으로 사용하여 계획적인 교수를 하려면 먼저 교수목표를 분명히 정해야 한다.

적절한 교수목표의 기능은 다음과 같다.

① 교수목표는 평가와 긴밀하게 관련된다. 즉 교수목표는 학생들의 성취도를 평가하는 준거를 제공한다.
② 교수목표는 학생들이 성취하여야 할 학습범위를 제한하고 명확하게 해준다.
③ 교수목표는 교사가 수업을 체계적으로 전개시키는 데 기본지침이 될 뿐 아니라, 교수절차상의 근거를 제공한다.
④ 교수목표는 학생들의 학습동기를 높여준다.

교수목표는 한 단위의 수업을 시행한 뒤 학생들이 알아야 한다고 기대하는 기술(skills)이나 개념(concepts)들에 대한 진술이다. Mager(1975)는 교수목표란 그 목표가 어떻게 측정될 것이라는 점에 대해 명백히 진술하는 것이라야 한다고 하였다. 몇 가지의 예는 다음과 같다:

◀ 100개의 나눗셈 문제(27÷3 같은)를 제시했을 때, 학생들은 3분 내에 100 문제에 대해 정확하게 답해야 한다.
◀ 학생들은 '생물'을 특징짓는 기능을 최소한 5개 열거할 수 있어야 한다. (호흡, 생식 등)
◀ 학생들은 고호와 고갱의 회화 양식을 비교하고 대조시켜 에세이로 쓸 수 있어야 한다.
◀ 시대적 상황이나 배경을 기술한 목록을 제시했을 때, 학생들은 1910년의 한일합방에 영향을 준 역사적 요인들을 적어도 5개 이상 가려낼 수 있어야 한다.

Mager는 수업목표를 행동목표로 불렀으며, 수업목표는 수행, 교수조건, 준거의 3부분으로 진술되어야 한다고 하였다.

〈표 10-1〉 Mager의 수업목표

	수행 (performance)	조건(conditions)	준거 (criterion)
	목표는 항상 학습자가 행할 것으로 기대하는 것을 진술해야 한다.	목표는 항상 수행하는 조건을 묘사해야 한다.	가능한 경우마다, 목표는 수용할 수 있는 수행의 준거를 묘사해야 한다.
이 질문에 대한 답을 찾아야 한다.	학습자는 무엇을 할 수 있어야 하는가?	어떤 조건하에서 당신은 학습자가 그것을 할 수 있게 되기를 원하는가?	그것은 얼마나 잘 행해져야 하는가?
예	형용사와 부사를 정확하게 사용할 수 있어야 한다.	수식어구가 빠져 있는 문장을 10개 제시했을 때…	학생들은 제시된 10문장 중에서 적어도 9개의 문장에 적절한 형용사나 부사를 선택할 수 있을 것이다.

Bloom과 동료들은 1956년에 교육의 연구와 실제에 막대한 영향을 끼친 『교육목표의 분류』라는 책을 출간하였다. 그들은 교육목표를 단순한 데에서 복잡한 것으로, 사실에서 개념으로 분류하였다. Bloom의 교수목표 분류의 핵심요소는 다음과 같다:

① 지식(정보를 회상하기): Bloom의 목표위계에서 가장 낮은 수준으로, 수학의 사실들이나 공식 또는 과학의 원리 및 동사변화를 기억하는 것과 같은 목표를 일컫는다.

② 이해(정보를 번역하기, 해석하기 또는 추론하기): 이해목표는 학생들이 정보를 사용할 수 있는 능력을 지녔을 뿐 아니라 그 정보를 이해했다는 것을 보여줄 것을 요구한다.

③ 적용(원리나 추상적 개념의 사용): 적용목표는 학생들이 실제적 문제를 해결하는 데 지식이나 원리를 사용하도록 요구한다. 예를 들면, 일정 규격의 수영장에 물을 넣으려면 얼마의 물이 있어야 하는지를 계산하기 위하여 기하학적 지식과 원리를 사용하는 것이다.

④ 분석(복합적 정보를 보다 단순한 부분으로 자르기): 분석목표는 학생들이 복합적 정보 안에 놓여 있는 구조를 볼 수 있게 한다.

⑤ 종합(전에는 없던 어떤 것을 만들어 내는 것): 종합목표는 학생들이 완전히 새

로운 생산물을 창조해 내도록 기술(skill)을 사용하는 것이다.

⑥ 평가(주어진 규준에 따라 어떤 것을 판단하기): 평가목표는 학생들에게 어떤 준거나 규준에 의거하여 가치판단하게 한다.

〈표 10-2〉 Bloom의 교수목표 분류에 대한 예(Slavin, 1991, 215쪽 인용)

	예 1: 원의 넓이	예 2: 이야기의 주제	예 3: 아프리카의 식민지화
지식 (knowledge)	원의 넓이 공식 제시	"주제"에 대한 정의	아프리카가 어떻게 식민지로 나누어졌는지 보여주는 연대기 작성
이해 (comprehension)		이야기의 주제를 찾아내는 방법에 대한 예들을 제시	유럽 국가들에 의한 식민지화를 보여주는 아프리카 지도의 해석
적용 (application)	실생활과 관련된 문제에서 원의 넓이공식 적용		
분석 (analysis)		이야기의 주제를 확인	아프리카를 식민지화하는 데 사용된 여러 다른 유럽 국가들의 목적과 방법을 대비시킨다.
종합 (synthesis)	원통의 부피공식을 유도하기 위하여 원의 넓이와 정육면체의 부피에 대한 지식 사용	읽은 이야기의 주제를 토대로 새 이야기 쓰기	유럽인들에 의한 아프리카의 식민지화에 대해 '반투' 족장의 시각으로 수필을 써본다.
평가 (evaluation)		이야기를 평가한다.	

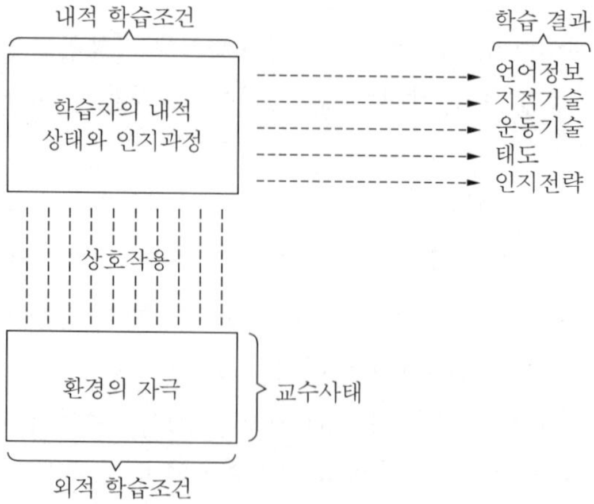

〔그림 10-1〕 교수-학습의 기본요인(Gagné, 1985)

Gagné는 교수 및 학습과 관련하여 학습 결과 획득하게 되는 영역을 다섯으로 나누었는데, 언어정보(verbal information), 지적기술(intellectual skills), 인지전략(congnitive strategies), 운동기술(motor skills) 및 태도(attitudes)이다. 따라서 교사들은 교수목표를 계획하거나 평가할 때 이 영역들을 고려하여야 할 것이다. 〔그림 10-1〕은 이와 같은 5개 영역의 학습 결과가 나오게 되는 학습의 조건을 보여준다(각 영역들에 대한 자세한 기술은 2절의 3)항을 참조하시오).

2. 교수모형

1) Glaser 의 교수모형

Glaser는 교수의 과정을 교수목표, 학습자 특성, 수업절차 및 교수평가의 네 가지 구성요소로 나타냈다.

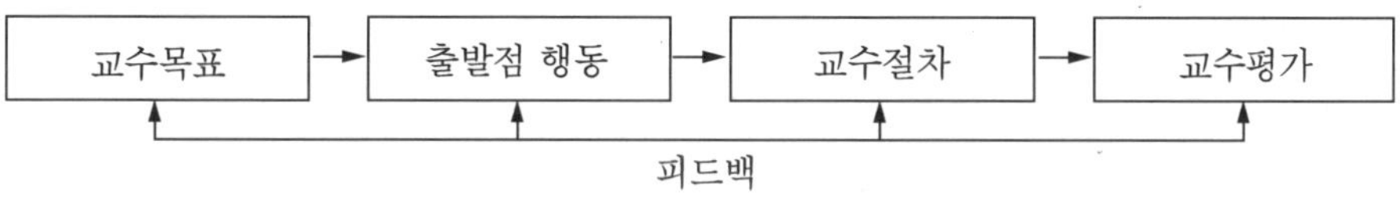

〔그림 10-2〕 Glaser의 교수모형

Glaser 교수모형의 특징은 첫째, 교수의 한 단계는 후속되는 다음 단계 활동의 내용을 결정하도록 되어있으며, 둘째, 학생들의 개인차를 교수에 반영시킬 수 있다는 점이고, 셋째, 각 단계는 피드백에 의해서 유기적으로 상호관련되어 있으며, 넷째, 교수와 평가의 밀접한 관계를 나타내고 있다.

교수목표는 교사가 가르치고 학생들이 학습하는 데 지침이 되며 평가의 준거가 되는 것이어야 하므로, 목표진술은 구체적이고 명세적이어야 한다(1절참조). 또한 교수목표는 학생들에게 의미가 있어서 학생들에게 도움을 줄 수 있는 것이라야 하며, 현재 학생의 학습준비도를 고려할 때 학생이 성취할 수 있는 것이어야 한다.

출발점 행동은 교수활동이 시작되기 전 학생이 지니고 있는 지적, 정의적 상태를 의미하는 것으로, 적절한 교수전략과 계획을 수립하고 실천하는 데 필요한 기초를 제공해 주는 것이라고 할 수 있다. 따라서 학습자의 출발점 행동에 따라 교수계획이나 전략이 달라질 수밖에 없다. 교수과정의 초기에 학생의 출발점 행동을 파악하기 위하여 진단평가를 한다. 또한 출발점 행동은 지적 영역과 정의적 영역으로 나누어 볼 수 있기 때문에 흥미, 태도 및 자아개념 등에 대한 진단도 필요하다.

교수절차는 학습자에게 가르칠 내용을 교사가 직접 가르치는 과정이다. 교수목표에 따라 교수방법과 매체를 선정하고 적절한 교수법을 처방하여 수업시간마다 수업을 진행시키고, 형성평가를 통해 교수목표의 달성 여부를 확인하며, 그 결과를 교사와 학생에게 피드백한다. 교과목이나 학습집단의 특성에 따라 개인차를 고려하는 교수법도 이 과정에서 처방해야 한다(ATI, TTTI).

ATI
aptitude-treatment interaction, 학습자의 적성과 교수법의 상호작용

TTTI
trait-treatment-task interaction

교수의 결과에 대한 평가는 교수목표에 기준을 두고 목표가 얼마나 달성되었는지 평가한다. 교수의 과정에서 평가는 학기말 또는 단원말에 실시하는 총괄평가를 의미한다. 평가의 결과는 교수의 각 단계에 다시 피드백하게 된다. 기타 평가에 대한 자세한 설명은 13장을 참조하기 바란다.

2) 목적에 의한 교수모형의 유형

Joyce와 Weil(1996)은 교수하려는 목적에 따라 교수모형을 4군으로 분류하였는데, 사회적 모형군, 정보처리 모형군, 학생 개개인에게 초점을 둔 개인적 모형

〈표 10-3〉 사회적 교수모형군

모형	주요이론가	목 적
학습의 파트너 모형 긍정적 상호의존 구조화된 탐구	 D. Johnson & R. Johnson M. Calderon/ E. Cohen Robert Slavin	협동학습 모형으로, 전 교과목에 적용되며, 학생의 자존감과 사회적 기술 및 단결을 높이고, 학문적 학습목표를 높여 준다.
집단탐색	John Dewey/ Herbert Thelen	민주사회의 교육은 학생들에게 민주적 과정을 직접적으로 가르치는 것이기 때문에, 학생들에게 문제를 규명하게 하고, 그 문제에 대한 다양한 관점을 찾게 한다. 또 정보와 아이디어 및 기술을 숙달하기 위하여 함께 공부하게 하고 동시에 사회적 능력을 발달시킨다.
역할놀이	Fannie Shaftel/ George Shaftel	학생들이 자신들의 사회적 행동, 사회적 상호작용 내에서의 그들의 역할 및 효과적인 문제해결 방법을 이해하도록 돕는다.
법률탐구	Donald Oliver/ James Shaver	학생들이 속한 지역사회, 시 또는 도, 국가 및 국제적 차원에서 사회적 이슈를 취급하게 한다.

군 및 행동주의 체제 모형군이 그것이다.

사회적 모형군은 집단 내 사람 사이의 문제를 처리하는 기술 같은 다른 사람들과의 관계를 강조하는 모형들로부터 민주적인 사회적 과정에의 참여능력 개발을 촉진시키는 모형까지 포함하고 있다. 즉 개인이 타인과 관계하는 능력을 증진시키고, 민주적인 과정에 열정을 지니며 또 사회에서 생산적으로 일하는 것을 중시하는 입장이다. 여기에는 학습의 파트너 모형(Partners in Learning), 역할놀이 모형(Role Playing), 법률탐구 모형(Jurisprudential Inquiry) 및 개인차를 고려하는 교수모형들이 있다.

정보처리 모형군은 사고하는 것을 배우는 것과 관련된다. 여기에 속하는 다양한 교수모형들은 정보를 찾고 숙달하고 또 조직화하는 능력을 증진시키며, 가설을 세우고 검증하는 능력 및 적용시키는 능력들을 키워준다. 여기에는 귀납적 사고(Inductive Thinking), 개념의 획득(Concept Attainment), 과학적 탐구(Scientific Inquiry)와 탐구훈련(Inquiry Training), 창의적 사고를 증진시키기(Synectics), 선행조직자(Advance Organizers) 교수모형이 있다.

개인적 모형군은 통합된 감정, 즉 개인적 정체성을 발달시키는 데 초점을 두고

〈표 10-4〉 정보처리 교수모형군

모형	주요 이론가	목　　적
귀납적 사고모형 (분류 지향적)	Hilda Taba	정보를 분석하고 개념을 만들어 내는 능력을 키운다. 즉 정보를 발견하고 조직화하기 및 가설을 세우고 검증하는 것을 가르친다.
개념획득	Jerome Bruner	귀납적 모형과 상당히 유사한데, 개념을 명료화하고 개념의 형성을 훈련시키는 데 효과적이다.
선행조직자 모형	David Ausubel	학생들에게 강의, 읽기 및 기타의 매체를 통해 제시된 학습자료의 이해를 돕는 인지구조를 제공한다.
과학 탐구	Joseph Schwab	Schwab이 주도한 생물학 연구위원회(Biological Sciences Study Commitee)의 작업을 예로 들어, 과학의 연구과정(목록을 모으고 분석하며, 가설과 이론을 검토)으로 인도한다.
탐구훈련	Richard Suchman	인과관계를 추론하고, 더욱 정교하게 의문을 개진하고 개념과 가설을 만들고 그것을 검증하는 것을 학생들에게 가르친다.
창의적 사고력	Bill Gordon	학생들의 창의적 문제해결력을 키우고, 광범위한 주제들에 대해 새로운 관점을 얻을 수 있게 하기 위하여 고안되었다.

있다. 즉 이 교수모형들은 개인과 자아의 발달을 지향하며, 정서적인 생활을 중시한다. 학습자 개인이 자신이 처한 환경과 생산적 관계를 이룰 수 있도록 돕고, 능력있는 사람으로서의 자신을 지각하게 하는 데 목적이 있다. 여기에는 비지시적 수업(Nondirective Teaching), 자기에 대한 개념(Concepts of Self)에 관한 교수모형이 있다.

〈표 10-5〉 개인적 교수모형군

모 형	주요 이론가	목 적
비지시적 교수모형	Carl Rogers	상담이론에서 나온 교수모형으로, 교사와 학생 사이의 돈독한 관계를 강조한다. 학생들에게 자기 자신의 교육을 주도하는 데 어떻게 주된 역할을 할 수 있을지 가르친다.
자존감 강화 모형	Abraham Maslow	학생들의 개인적 이미지가 가능할 수 있게 교사들이 행동할 수 있는 원리를 탐색하여, 학생들의 자기 존중과 자기 이해의 욕구 및 다른 학생들로부터의 지지와 존중에 대한 욕구를 직접적으로 알게 한다.

행동주의 체제모형군은 Skinner의 '학습'에 대한 수많은 연구들로부터 출발한 것이다. 이 모형들은 상당히 광범위하게 적용되는데, 정보, 개념 및 기술을 가르치는 데에서부터 이완을 증가시키고 공포를 줄이며 습관을 변경하고 자신의 행

〈표 10-6〉 행동주의 교수모형군

모 형	주요 이론가	목 적
완전학습 프로그램 스케줄	Benjamin Bloom B. F. Skinner	행동주의 체제 이론이 가장 일반적으로 학문적 목표에 적용된 데가 완전학습이다. 기초적 기술에서부터 더 복잡한 학문적 원리에까지 적용할 수 있는 교수모형이다.
직접교수	Tom Good/ Jere Brophy	유능한 교사와 그렇지 못한 교사간의 차이에 대한 연구 및 사회학습 이론으로부터 직접적 교수모형이 나왔는데, 학습목표의 직접적 진술, 목표와 관련된 행위들, 진전에 대한 감독, 성취에 대한 피드백 등이 잘 연결되어 학습을 촉진시킨다.
시뮬레이션	Carl Smith/ Mary Smith	사람을 인공두뇌 시스템으로 간주하며, 교수절차는 수행에 대한 정보와 시범, 모의적 실행, 피드백으로 이어진다. 훈련 시스템의 일부로 모의장치가 활용된다.

동통제력을 배우는 데까지 응용된다. 여기에 속하는 교수모형으로는 완전학습과 프로그램 수업(Mastery Learning and Programmed Instruction), 직접교수(Direct Instruction) 및 시뮬레이션에 의한 학습(Learning from Simulations)들이 있다.

3) R. Gagné의 교수 · 학습 모형

제2차 세계대전의 출현은 설득력 있는 학습이론이었던 행동주의와 형태주의 심리학을 쇠퇴시키는 계기가 되었다. 당시 심리학자들의 우선적 과제는 군대를 위한 훈련과 검사를 개발하는 것이었고, Gagné 역시 이러한 영향 밑에 연구하였다. 그는 레이더 기술자를 비롯하여 비행기 조종사에 이르기까지 인간의 기술(human skill)을 현실적으로 평가할 수 있는 방법을 개발하기 위하여 연구하였

〈표 10-7〉 학습결과의 5개 영역

학습범주	이 범주의 학습성취에 대한 묘사
1. 언어정보	저장된 정보를 인출하여, 그 정보에 대해 진술한다. 예를 들면 '애국심'에 대한 정의를 풀어서 말한다.
2. 지적 기술	개인이 환경의 개념화에 반응하게 하는 지적 조작으로, 상징을 사용하여 환경과 상호작용한다.
변별학습(discrimination)	인쇄된 b와 d를 구별한다.
개념학습	
구체적 개념 (concrete concepts)	대상이나 사건을 '개념' 안에 분류한다; 트라이앵글 등의 구체적 예를 통해 학습한다.
정의된 개념 (Defined concepts)	'자유' '애국심' 등의 분류에 의해 학습한다.
규칙의 학습(rule learning)	관계를 나타내는 수행과 관련된 상황에 반응한다. 예를 들면 5+2, 6+1 등에 덧셈한다.
상위규칙 학습(문제해결) (higher-order rule learning)	문제를 해결하기 위하여 하위 규칙을 연결시킨다. 예를 들면 지형과 위치가 주어졌을 때, ㄱ 지역의 강우량을 예측하는 규칙을 찾는다.
3. 인지전략	학습자의 사고와 학습을 통제하는 과정이다. 예를 들면 과제물 작성을 위해서 요점 카드를 만든다.
4. 운동기술	일련의 육체적 움직임을 행할 수 있는 능력이다. 구두끈을 매거나 접영을 시범할 수 있다.
5. 태도	사람들, 대상 및 사건에 긍정적 또는 부정적으로 행위하는 성향이다. 예를 들면 박물관을 즐겨 방문하고, 록 콘서트는 기피한다.

다. 그러나 이러한 군사훈련에 관련된 그의 연구들은 성공적이지 못했고 대신 그는 효과적인 교수의 원리를 발견하였다. 그가 제안한 성공적 교수의 원리는 첫째, 수업은 최종적 과제에 도달하기 위한 일련의 구성과제(component tasks)들로 제시되어야 하고, 둘째, 각각의 구성과제들은 숙달되어야 하며, 셋째, 그 구성과제들은 가장 적절하게 궁극적 과제로 전이될 수 있도록 계열화되어야 한다는 것이다(Gagné, 1962).

Gagné(1974, 1977; Gagné & Briggs, 1979)의 교수모형은 정보처리적 모형으로 분류될 수 있는데, 그는 자신이 분류한 5개 범주 각각의 학습결과에 대해 학생들이 학습할 때 충족되어야 하는 학습의 조건을 제안하였고(그림10-1 참조), 그는 이 조건들을 '교수사태' (events of instruction)를 묘사하는 데에 연결시켰다.

그가 제안한 학습국면(learning phase)과 교수사태(instructional events)의 관계는 〔그림 10-3〕과 같다. □ 안에 든 학습국면은 학습자의 내적 사태를 의미한다.

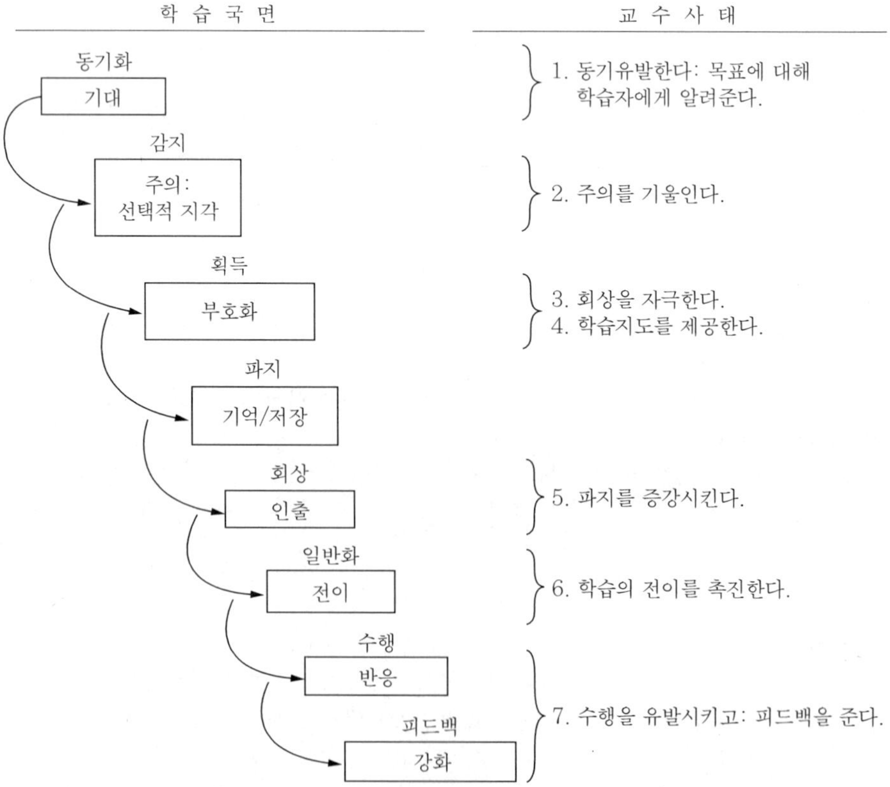

〔그림 10-3〕 Gagné의 학습국면과 교수사태

3. 교수방법

1) 강의와 설명

강의법은 가장 빈번하고 광범위하게 사용되는 교수법인데, 그 이유는 강의법이 대체로 한 명의 교사가 많은 학생들을 대상으로 하므로 비용이 많이 들지 않고, 또한 교사가 강의법을 세밀하게 계획하고 능숙하게 활용할 때 교수목표를 효과적으로 달성할 수 있기 때문이다. 외형적으로 강의는 일방적 의사소통으로 보이지만, 내용적으로는 교수자와 학생 사이에 끊임없는 상호작용이 일어나는 역동적인 과정이며, 능숙한 강의는 학생들에게 배우는 즐거움과 만족을 줄 수 있다.

반면 강의법은 무엇보다도 학습자가 자신의 학습과정에 '수동적 역할'을 하며 시대에 뒤떨어진 방법이라는 비판도 받는다. 또한 강의가 지겹다든지 시간낭비라든지 하는 지적도 있는데, 그러나 명확히 해야할 것은 교수자의 잘못을 강의법의 단점으로 간주해서는 안 된다는 점이다. 특히 학습자의 수동성에 대한 견해는 논쟁의 여지가 있는데, 왜냐하면 '조용히 앉아 있다'는 자체만으로 수동적이라고 할 수 없기 때문이다. 학생들이 강의를 들으며 논리적인 측면을 이해하고 타당성을 판단하며 사실들을 평가하는 한, 학생들은 수동적이 아니다.

강의의 주요 요소는 의도(intentions), 전수(transmission), 수용(receipt) 및 산출(output)로 이 네 가지 요소가 강의의 모형을 구성하게 된다. 각각에 대한 설명은 다음과 같다:

① 의도 : 강의자의 목표는 항상 특정 범위의 논제들을 제공하고, 이해를 생성하며 흥미를 자극해야 한다는 세 측면을 고려해야 한다.

② 전수 : 강의자는 언어적, 비언어적 또는 시청각적 보조구의 활용으로 메시지를 전달한다.

③ 수용 : 교사에 의해서 전달된 정보와 의미 그리고 태도는 학생들에 의해 인식될 수도 있고 그렇지 않을 수도 있는데, 메시지는 학생들의 단기기억을 거쳐 장기기억으로 수용된다.

④ 산출 : 교사와 강의에 대한 학생들의 즉시적인 반응으로, 대체로 비언어적이지만, 이러한 반응은 교수자에 의해 해석될 수 있다. 강의의 산출요소는 교수자에 의한 직접적 강의와 컴퓨터나 TV 강의의 근본적 차이이다.

2) 질문하기

'질문하기'는 학생들의 사고와 학습을 자극하는 효과적인 방법이므로, 질문은 교수의 핵심이라고 할 수 있다. 가르치는 과정에서의 질문의 빈도와 학업성취도와의 관계에 대한 연구들은 효율적으로 가르치는 교사들이 질문법을 자주 사용한다는 점을 보여준다. 질문은 교사와 학생간의 언어적 의사소통을 촉진하며 학생들의 주의집중을 유도하고, 적절한 질문은 학생들의 사고와 인지활동을 자극하는 동시에 학생들의 지식과 이해를 평가할 수 있게 한다. 또한 질문은 학생들의 사회적 행동을 통제하는 효과도 있어, 학생들의 바람직한 행동을 격려하고 그렇지 못한 행동을 제한하기도 한다.

교수과정에서의 질문하기는 질문의 빈도, 질문의 인지적 수준, 기다리는 시간 Ⅰ(Wait-time Ⅰ), 질문 던지기(Directing Questions) 및 재차 질문 던지기와 탐색하기(Redirecting Questions and Probing)와 관련된다. 간략하게 살펴보면 다음과 같다(Gage & Berliner, 1992, 536-545):

질문의 빈도 질문의 빈도와 학업성취도 사이의 관계는 일관성 있게 나타나지 않지만, 학문적 질문의 빈도가 높고 특히 과학과목에서의 빈번한 질문은 성취도를 높이는 것으로 보인다. 학생들이 토의를 하는 경우 빈번한 질문은 오히려 방해가 된다.

질문의 인지적 수준 Bloom의 교수목표 분류에서 언급되었던 위계에 따라 질문의 인지적 수준을 나누어 볼 수 있다. 단순한 지식을 요구하는 낮은 수준의 질문에서부터 분석이나 종합 및 평가를 요구하는 높은 수준의 질문까지 가능하다.

기다리기 교사가 질문한 뒤 학생이 응답하기 전까지의 시간 간격을 기다리는 시간 Ⅰ이라고 부른다(Rowe, 1974). 기다리는 시간 Ⅱ란 학생이 답한 후 교사가 반응하기까지의 시간 간격을 의미한다. Rowe는 두 종류의 기다리는 시간이 평균 1분이었다고 한 반면, Giaconia(1987)는 9명의 초등학교 교사를 대상으로 조사한 결과 1.5에서 3.9초 정도 기다리며, 학생이 답한 뒤 교사가 반응하기까지는 .63초에서 2.15초 정도 기다리는 것으로 나타났다.

질문 던지기 호명이 먼저인가 질문의 내용을 먼저 말해야 하는가? 질문을 먼저하고 호명하는 것이 전체 학생들이 질문에 대해서 생각하게 하는 데 효과적이지만, Brophy와 Evertson(1974)의 연구는 호명 후에 질문하는 것이 3학년 학생들의 읽기 성취도를 높여 주었다는 것을 보여준다. 저학년 학생들 경우에는 불안을 감소시켜주기 위해서 호명하고 질문하는 것이 효과적일 수 있으므로 예상할 수 있는 순서에 따라 답하게 하는 것이 좋다.

재차 질문 던지기와 탐색하기 질문을 받은 학생이 부적절하거나 틀린 대답을 하는 경우를 생각해 볼 수 있다. 어떻게 해야할까? 두 가지 방법으로 접근할 수 있는데, 재차 질문 던지기를 사용하거나 탐색하기를 시도할 수 있다. '재차 질문 던지기'는 다른 학생에게 같은 질문을 던지는 경우로, 이 질문법과 학생들의 학업성취도와의 상관관계는 일관성 없이 나타난다(Wright & Nuthall과 Brophy & Evertson의 연구에서 .54인데 반해서 Anderson, Evertson & Brophy의 연구에서는 -.65). '탐색하기'는 학생이 틀린 응답을 했을 때, 같은 학생에게 말을 바꾸어서 다시 질문하는 것이다. 만일 학생의 답이 옳았을 경우에는 처음 답의 함축성을 찾는 다른 질문들을 던지게 된다.

3) 소집단 협동학습

소집단 협동학습은 학생들의 긍정적 상호의존 관계를 중시하고 개개인의 책임감을 강조하기 때문에 일반적으로 긍정적인 평가를 받고 있다. 협동학습의 효과를 네 가지로 요약하면, 첫째, 인지적 측면을 향상시켜 학생들의 학업성취도를 높여주고, 둘째, 학생들의 사회적 관계를 조장하며, 셋째, 학생들의 자아존중감을 높여주고, 넷째, 학생들은 다른 학생들에 대한 감정이입 능력을 높여 친사회적 행동을 키워준다.

그러나 협동학습이 학교현장에서 제대로 응용되고 있지 못한 이유는 소집단 학습은 대체로 소음과 소란을 동반하기 쉬우며, 경우에 따라서는 집단학습이 학생들간의 긴장과 갈등을 고조시키기도 하고, 또 책임감을 다하지 못하는 학생의 경우 집단 속에 가려져 있을 수도 있기 때문이다(Ringelmann-효과).

Ringelmann-효과
협동학습을 할 때, 집단과 과제가 적절하게 조직되지 못하면 책임을 다하지 못하는 학생이 집단 속에 가려져 눈에 띄지 않는 경우를 의미한다.

Huber(1987)는 협동학습에 대한 '3 구성요인 모델'을 제안하였다. 즉 소집단 협동학습의 핵심은 집단 구성원들 사이의 정보교환인데, 정보의 내면화와 외면화는 집단과정을 가동시킨다. 이 때 언어는 정보의 연결점을 제공한다.

내재적 조건으로서 논쟁점과 갈등은 개개인의 학습과정을 촉진하는데, 왜냐하

(그림 10-4) 초등학교 교실의 소집단 협동학습

면 자신의 생각과 다른 학생들의 생각을 명료하게 꺼내어 경우에 따라서는 그 생각들을 서로서로 조화시켜야 하기 때문이다. 이는 마치 동화와 조절에 의해 평형을 찾아가는 Piaget의 모델과 같다. 개인 내의 갈등은 지식에 대한 호기심, 적극적인 정보찾기, 학습 대상에 대한 가치평가, 자아가치 및 사회적 관계를 조장한다.

외재적 조건을 고려할 때, 우선 일반적으로 학교현장에서 응용되는 협동학습의 모순점을 언급해야만 한다. 말 그대로 학습과정에서 학생들 사이의 협동을 유도하려는 '협동학습'이 집단간의 과도한 경쟁으로 유도되고 있는 점이다. 따라서 외재적 조건은 이와 같은 모순점을 해결할 수 있도록 다음과 같은 방향으로 형성되어야 한다.

첫째, 협동적 과제구조
둘째, 평가체제의 기회균등
셋째, 협동적 피드백 구조
넷째, 새 학습내용의 동화단계를 획득한 지식의 응용단계와 구별한다.
다섯째, 집단과정에 대한 고려

소집단 협동학습의 유형들로는 능력별 팀학습(STAD), 토너먼트식 학습(TGT),

외재적 조건들
- 과제의 구조
- 평가양식
- 피드백 양식
- 교수법상의 "적응"
- 과정의 반영

내재적 조건들
- 개인 간의 논쟁점
- 개인 내의 갈등
- 지적인 호기심

정보의 내면화
외면화

〔그림 10-5〕협동학습의 조건들

과제 분담학습 Ⅱ(Jigsaw Ⅱ), 팀보조 개별학습(TAI), 과제 분담학습 Ⅰ(Jigsaw Ⅰ), 자율적 협동학습(Co-op Co-op), 집단조사(GI) 등이 있다. 능력별 팀학습은 가장 기초적인 소집단 학습의 형태로 이질적인 4~5명의 학생들로 구성되며, 교사가 제시한 교재를 서로 가르치며 배운다. 구성원들은 형성평가에서 100% 득점을 목표로 하는데, 학습한 내용에 대한 평가는 개별적이며, 이 개별점수를 팀점수로 환산한다. 예를 들면 각 팀마다 협동학습 이전의 평가에서 1등이었던 학생들을 비교하여 형성평가의 득점에 따라 1, 2, 3등의 학생에게 8, 6, 4점을 주고 나머지 학생들에게는 2점을 주어, 팀별로 합산한 것이 팀점수가 된다. 덧붙여 개인별 향상점수가 팀점수로 추가된다.

토너먼트식 학습은 기본적인 원리에서는 능력별 팀학습과 같은데, 단지 평가하는 과정에 토너먼트식 방식을 도입하는 것이 다를 뿐이다.

4. 개인차의 고려

교사들에게 있어서 항상 문제가 되는 것은 지적으로 다양하고 특질도 다양한 학생들을 어떻게 효율적으로 가르칠 수 있는가 하는 점이다. 수업을 받기도 전에 이미 내용을 잘 알고 있는 학생에서부터 반복해서 설명해도 이해하지 못하는 학생까지 한 교실 안의 학생들의 개인차는 매우 크다. 이와 같은 개인차는 유전적인 영향으로도 나타나며, 또 학년이 올라가면서 학습의 누적으로 부익부-빈익빈 현상이 나타나기 때문에 상급학년, 상급학교로 올라갈수록 점점 더 커지는 경향을 보인다.

교수와 학습에 영향을 주는 개인차의 원인들로는 가장 직접적으로 지능(5장 참조)의 차이에서부터 인지양식의 차이, 학습방법의 차이, 선행지식의 차이 등을 들 수 있다.

1) 완전학습

> 학습단원별 집단 기초수업을 한 직후 학습목표로 세워둔 준거에 도달된 학생과 그렇지 못하여 부가적인 시간과 도움을 필요로 하는 학생을 찾아내기 위하여 형성평가를 실시한다. 추가의 시간과 도움이 제공되고, 학생들이 이 지원을 활용할 동기가 부여된 경우, 90% 이상이 마침내 설정한 기준에 도달하게 된다(Bloom, 1974, 684쪽).

완전학습은 개인차의 문제를 해결하기 위해서 B. Bloom에 의해 제안된 교수법이다. '완전학습' 은 대부분의 학생들이 학습자료가 적절하게 계열화되고 또 각 개인의 학습속도에 맞게 시간이 충분히 제공되면 그 교과목을 완전히 이해할 수 있다는 이론에 근거하고 있다. 따라서 완전학습을 추구하기 위해서는 도달되어야 하는 목표수준을 명확히 하고 다양한 학습시간을 제공해야 한다. 따라서 완전학습에서는 정규 시간이외의 보충교육을 언제 할 수 있는가 하는 점이 매우 중요한데, 대개는 쉬는 시간을 활용하거나 방과 후 시간을 이용한다.

그러나 완전학습의 큰 단점은 추가의 보충교육 시간을 어떻게 확보하는가의 문제이다. 정규 교육과정에서 주어진 수업시간 이외의 시간을 갖는다는 것은 쉬운 일이 아니며, 만약 정규의 수업시간을 완전학습을 위해서 할애하는 경우에는 수업의 내용이 줄어들 수밖에 없는 문제점이 있다. 덧붙여서 완전학습의 도달준거를 객관적으로 결정하는 것이 불가능한 경우가 많다는 점과 능력에서 나타나는 개인차를 성취도에서는 나타나지 않게 하려는 생각이 너무 이상적이라는 비판이 있다.

2) 개별화 수업

주어진 학습자료를 이해하는 데 어려움을 겪는 학생들의 경우 교사가 1:1로 도움을 주면 학생의 성취도에 큰 변화가 나타나는 점이 발견되었다. 1:1 교수가 효과적인 중요한 근거 하나는 1:1의 수업은 개별화된 교수를 제공할 수 있다는 것과 따라서 학생의 부족한 점을 정확히 겨냥한 수업을 할 수 있다는 점이다. 즉 학생의 학습속도나 과제유형에 따른 이해력의 차이를 정확히 반영하여 가르칠 수 있다는 점이다.

그러나 현실적으로 모든 학생들을 1:1로 가르치는 것은 불가능하며, 따라서 그와 유사한 학습효과를 가져오는 교수법이 제안되었는데, 그것이 '개별화 수업'이다. 개별화 수업으로는 프로그램 교수법, TAI(Team Assisted Individualization) 및 CAI(Computer-Assisted Instruction)가 있다.

(1) 프로그램 교수법

행동주의 학습 이론가인 Skinner에 의해서 고안된 수업방식으로(7장 참조), 학생들은 프로그램화된 학습자료를 자신의 선행지식 수준에 맞춰 자신의 속도로 스스로 수업하는 것이다. 예를 들면 초등학교의 수학시간에 어떤 학생은 구구단을, 다른 학생은 두 자리의 수 곱셈을 같은 시간에 각각 공부하는 식이다. 따라서 프로그램 교수법에 활용할 교재는 학생들이 실수하게 되는 확률을 낮추고 단계적으로 수업을 진행할 수 있도록 수업자료의 내용을 작은 단위로 나눈다. 미국에서 이 방법이 전성기를 누리던 1970년대 중반 가장 보편적으로 사용되던 프로그램 교수법은 IPI(Individually Prescribed Instruction)이다.

프로그램 교수법은 실망을 안겨준 미국의 20세기 초반의 교육적 연구 중 하나다. 큰 기대와 막대한 투자에도 불구하고 프로그램 교수법은 효과적인 교수효과를 보여주지 못했다. 그럼에도 불구하고 프로그램 교수를 위한 자료는 전통적인 교수법에 대한 보조수단으로 여전히 자주 사용되고 있다. 이 교수법은 점차 CAI로 대치되어 가고 있다.

(2) TAI

프로그램 교수법의 실패는 아마도 수업의 질이 떨어지고 학생들의 동기수준은 낮아졌으며 또한 교수시간이 줄어든 데서 그 원인을 찾을 수 있을 것이다(Slavin, 1991). 예를 들면 교사들은 가르치는 데 사용할 시간을 자료의 점검과 관리에 소모하게 되고, 또 매일 반복되는 교수자료의 자율적 학습은 학생들을 지루하게 하여 학생들의 동기를 저하시켰던 것이다.

미국의 연구자들은 프로그램 교수법의 단점을 보완할 수 있는 수학 교수 프로그램을 개발하였는데, 그것이 TAI이다. 이 프로그램은 시작할 때는 프로그램 교수법과 같이 학생들 개인이 자신의 능력에 따라 자기의 속도로 개별화 수업을 한다. 그러나 다음 단계에서 학생들은 4명이 한 조가 되는 '조'를 짜서 구성원들 서로가 돕고 답지에 맞춰 서로의 결과를 점검하고, 지속적으로 정확하게 서로의 학습을 격려한다. 이때 '조'는 혼합능력 학습팀(mixed ability learning team)으로 구성된다. 이러한 형식은 교사에게 교수에 전념할 시간을 더 주고, 학생들에게는 조 구성원들끼리의 격려와 도움으로 과제를 끝까지 해 낼 수 있는 동기를 부여하였다. 연구결과 TAI는 학생들의 수학 성취도를 크게 높여 준다는 것을 보여주었다.

(3) CAI

최근 개별화 수업으로 주목을 받고 있는 것은 컴퓨터 보조 수업인 CAI이다. 이 교수법의 기본 가정은 컴퓨터를 개인교사로 활용하여 컴퓨터가 1:1 교수에서 가능한 역할을 하는 것이다. 컴퓨터는 학생들에게 정보를 제공하고 학생들의 이해 수준을 평가하며 필요한 경우에는 보충학습을 제공하기도 한다. 이론상으로 잘 고안된 CAI는 완벽한 교수 프로그램인데, 왜냐하면 컴퓨터는 학생들의 반응을 즉시 분석해서 특수 주제나 기술에 대해 학습시간이 더 필요한지 아닌지를 결정해주기 때문이다. 또한 종이와 연필을 이용한 학습에서보다 학생들은 컴퓨터와의 학습에 지속적인 흥미를 보여 학습동기를 높여 준다.

1968년 Atkinson은 교사의 도움 없이 수행할 수 있는 국어 프로그램을 개발하였는데, 타자기 자판과 텔레비전 화면 그리고 매우 빠른 영사 슬라이드 및 컴퓨터로 통제되는 녹음테이프가 장치된 컴퓨터 앞에 앉아서 국어학습을 하는 것이었다. 이 교수법은 상당히 효과적이었지만 비용이 너무 많이 든다는 단점이 있었다. 그러던 것이 컴퓨터의 가격이 내려가고 대중에 확산되면서 교육에 컴퓨터를 이용할 수 있는 가능성이 매우 커지게 되었다. 우리 나라에서도 점차로 컴퓨터를 이용한 수업이 초·중·고등학교에서 응용될 것이라고 생각된다.

현재 상당히 많은 CAI 프로그램이 만들어지고 있으며, 대부분의 프로그램은 수학과 과학을 위한 것이다. CAI 프로그램으로는 연습 프로그램(Drill and Practice Programs), 개인교수 프로그램(Tutorial Programs), 모의실험(Simulations), 교육적 게임(Educational Games), 실용 프로그램(Utility Programs) 등이 있다.

연 구 문 제

1. Glaser의 교수모형을 중심으로 각 단계에서 고려해야 할 사항을 자신이 맡고 있는(맡게 될) 학생들의 학년과 교과목을 반영하여 들어 보시오.

2. 자신이 맡고 있는 과목에는 어떤 교수모형이 적절할지 목적에 따른 교수모형의 유형을 참고하여 말해 보시오.

3. Gagné의 학습결과 5영역을 들고, 학습국면과 교수사태를 연결시켜 순서대로 설명해 보시오.

4. 협동학습의 종류와 진정한 협동학습이 되기 위한 조건들을 들어 보시오.

5. 개인차를 고려하는 수업을 열거하고, 그 실제적 활용 방안에 대해서 토의하시오.

제 11 장

인본주의 교육

1. 인본주의 교육의 성격
2. 인본주의 교육의 원리
3. 인본주의 교육의 제한점
4. 열린 교육

"학교의 역할은 아동을 똑똑한 사람으로 만드는 것이 아니라, 똑똑하고 훌륭한 사람으로 만드는 것이다(K. Ryan)."

"우리는 아이들에게 꽃을 키우는 방법을 가르쳐야 할 때에 꺾은 꽃을 쥐어주고 있다. 우리는 그들의 머리가 발전하도록 가르치는 것이 아니라, 이미 발전된 것들로 채워 넣고 있다(J. W. Gardner)."

1. 인본주의 교육의 성격

역사적으로 교육은 지식이나 기술의 개발을 강조하는 인지적인(cognitive) 측면과 가치관이나 태도 형성을 강조하는 정의적인(affective) 측면의 두 가지 흐름 속에서 전개되어 왔다. 인본주의 교육가들은 대부분의 학교교육이 인지적인 목표만을 편중되게 강조하였기 때문에 사실적인 지식이나 기술을 주입하는 방식으로 교육을 해왔다고 비판한다. 전통적인 교육은 그러한 과정에서 아동의 정서, 느낌, 태도, 소질, 가치와 같은 정의적인 욕구나 아동들의 타고난 창의성이나 독립심을 키우는 데 오히려 방해가 되어 왔기 때문에, 아동의 창의성과 예술에 대한 흥미, 호기심, 독립성 등을 키우는 것을 목표로 하는 인본주의 교육이 필요하다고 주장한다. 특히 전통적인 교수방법으로 전혀 교육의 효과를 얻지 못하는 학생들을 위하여 교육의 혁신이 강조되었다. 인본주의 교육에서 수업은 아동의 느낌과 판단에 따라 아동중심으로 이루어져야 하며, 아동 개개인의 특성에 적합한 개별화된 형태의 교수가 필요하다. 즉 모든 상황에서 누구에게나 적합한 교수방법은 있을 수 없다. 이 장에서는 인본주의 심리학자들의 인간관과 교육관을 살펴보고, 그들이 제시하는 인본주의 교육의 목적과 교사와 학생간의 새로운 역할 제시를 통하여 인본주의 교육의 성격을 조명해 보자.

1) 인본주의 심리학과 인본주의 교육

인간행동에 대한 이해를 행동을 관찰하는 쪽의 견해가 아니라 행동하는 사람의 입장에서 이해하고자 하는 시도가 1940년 후반에 임상심리 및 상담심리학 분야에서 일어났다. 인본주의 혹은 현상주의로 알려진 이 심리학의 새로운 운동은 인간이 자신의 삶을 스스로 결정할 수 있고 자신의 잠재력을 충분히 발달시킬 수 있는 자아실현적 존재라는 것을 전제로 한다. 인본주의 심리학자들은 인간은 자신의 행동을 스스로 결정하며, 인간의 행동은 그 개인의 자각과 느낌이 단서가 된다고 주장한다. 그들은 한 개인의 행동은 기본적으로 자신과 자신을 둘러싸고 있는 세계를 어떻게 지각하는가에 의해 결정되며, 행동주의 심리학자들이 주장하는 바와 같이 인간은 오로지 환경의 산물이 아니라 인간으로서 자신의 독특한 잠재력을 실현시키려는 욕구에 의해 동기화되고 자유선택과 자유의지를 가지고 있다고 말한다. 대표적인 인본주의 심리학자 중 한 사람인 A. Combs(1974)는 한 개인을 이해하기 위해서 우리는 그가 세상을 보는 것처럼 보고, 자신과 자신을 둘러싸고 있는 세계에 대하여 어떻게 느끼고 생각하고 있는지를 이해해야 한다고 말한다. 즉 한 개인이 그의 행동을 지각하는 양식이 곧 그의 행동을 이해하는 단서가 된다.

이러한 원리를 교육에 적용할 때, 학생의 행동을 이해하고자 한다면 교사는 학생이 자신의 행동을 어떤 방식으로 지각하고 있는지를 알아야 할 것이다. 교사가 보기에 비정상적이고 이상한 행동이 학생의 관점에서는 전혀 문제가 되지 않을 수도 있다. 따라서 인본주의자들은 인간의 행동을 바꾸기 위해서는 그 사람의 관점을 바꾸어야 한다고 주장한다. 또한 이 원리는 학습의 문제와도 관련된다. 학습은 새로운 정보를 획득하는 부분과 그 정보를 개인화하는 부분으로 볼 수 있는데 새로운 정보가 그 학생에게 개인적으로 의미가 없으면 습득된 정보는 쉽게 잊혀져 버리고 만다. 따라서 가르치는 것의 문제는 어떻게 교과를 제시해 주는가의 문제뿐만 아니라 학생이 그 교과에서 개인적인 의미를 이끌어 낼 수 있도록 도와주는가의 문제라고 할 수 있다.

가장 널리 알려진 인본주의 심리학자인 Carl Rogers(1969)는 인간의 선천적인 자아실현의 경향성을 인정하면서 교육의 목적은 충분히 기능하는 인간(fully functioning man)이 되도록 도와주는 것이라 하였다. 충분히 기능하는 인간이란 자기성장을 이루고 타인과의 관계를 원만하게 만드는 건강하고 창의적인 성격을 가지고 있는 사람을 의미한다. 그는 심리치료에서 치료자가 환자의 잘못을 지적하기보다는 따뜻하고 긍정적이며 수용적인 태도로 환자의 느낌과 생각을 감지하고 공감할 수 있을 때 치료가 가장 잘 일어난다고 하였다. 이러한 상황에서 환자는 더 자신을 수용할 수 있게 되고 자신에 대해서 더 잘 알게 되기 때문이다. Rogers는 자신의 경험을 통하여 이러한 비지시적 또는 인간중심의 상담이 교육에도 성공적으로 적용될 수 있다고 하였다. 즉 교사는 심리치료자와 같이 학생들의 잘못을 지적하기보다는 학생들을 있는 그대로 무비판적으로 수용하여 그들의 느낌과 생각을 이해함으로써 학생들의 학습을 동기화시키거나 문제행동을 줄일 수 있다는 것이다. 그러므로 교사는 인간중심 치료자가 하는 것처럼 지지적인 환경을 만들도록 노력해야 한다.

2) 인본주의 교육의 목적

이상과 같이 인본주의 심리학의 이념이 교육에 도입되었고, 인본주의 교육은 여러 가지 면에서 전통적인 교육과는 상이한 교육의 목적을 가지고 전개되었다. 인본주의 교육의 목적은 아동들이 스스로에 대해서 더 잘 깨닫고 자신을 수용할 수 있도록 도와주며 다른 사람과의 관계를 배우는 것이다.

인본주의 교육에서는 학습자의 독립적이고 독창적인 능력이 중요시된다. 인본주의 교육의 목적은 아동들이 자기지시성을 증가시키고 독립적으로 의사결정을 할 수 있게 도와주는 것이다. Rogers는 "우리는 지식의 가치보다 독립성의 가치를 더 소중히 해야 한다. 우리가 독립에 가치를 둘 때만이 자기지시적이며 자기주도적 학습, 또한 독창성을 키우기 위한 학습의 조건이 조성된다."고 하였다.

또한 교육은 인간의 창의성을 길러주는 데 초점을 두어야 하며 정서, 가치, 감성, 태도, 도덕 등 학생들의 정의적인 욕구에 더 관심을 가져야 한다. Gage와 Berliner(1991)는 실제의 학습과 관련하여 모든 인본주의 교육이 공통적으로 지향하고 있는 정의적인 목표를 다음과 같이 정리하였다.

- 학습자의 자기 주도성과 독립성을 증대시키는 것
- 학생들이 학습할 내용을 결정하는 데 있어서 많은 책임감을 가지는 것
- 학습자의 창의력과 호기심을 키우는 것
- 예능에 대한 흥미를 유발하는 것

인본주의 교육은 궁극적으로 학생들이 자아실현을 하는 것을 돕는다. 자아실현의 경향을 가지고 있는 사람들은 자기지시적이고, 자신감이 있으며, 성숙하며, 자신의 목적에 대해서 현실적이고 융통성이 있다. 또한 사회에 적응적이고 자신이 원하는 사람으로 되어가는 사람들이다. 자아실현을 하는 인간을 육성하는 것은 우리 자신에게 달려 있으며, 그러한 학습자를 양성하기 위해서 특별한 능력이나 재능은 필요하지 않고 다만 올바른 환경만이 요구된다. 올바른 환경에서는 학생들이 자기 자신의 감정을 있는 그대로 받아들이고 다른 사람을 충분히 이해할 수 있다. 즉 인본주의 교육의 목표는 자유로운 학습의 분위기를 조성함으로써 자아실현을 하는 인간을 길러내는 것이라 할 수 있다.

A. Combs의 인본주의 교육의 목적
• 학습자의 요구와 목적을 수용하고 학습자 고유의 잠재력을 개발할 수 있는 교육 프로그램이나 교육 경험을 창조하는 것 • 학습자의 자아실현과 자아의 적합성을 촉진시키는 것 • 다양한 문화적 특성을 가진 사회에서 살아갈 수 있는 기본적인 기술과 능력(예를 들어, 학문적 능력, 인간관계의 능력, 의사소통의 능력, 경제적 능력 등)을 배양시키는 것 • 교육적 결정과 실행의 개별화 • 교육의 과정에 있어서 느낌, 가치, 지각의 중요성을 인식하는 것 • 도전적이고 지지적이며 자유로운 학습의 분위기를 조성하는 것 • 타인의 가치에 대한 존중과 관심, 그리고 갈등을 해결하는 기술을 발달시키는 것

3) 교사와 학생의 새로운 역할

인본주의 교육의 기본적인 전제는 학생들이 스스로 자신의 교육을 주도하여 무엇을 배워야 할 것인지를 선택하고, 언제 어떻게 배워야 하는가에 대한 실제적인 결정권을 가지고 있다는 것이다. 이러한 관점에서 학생은 단순히 정보를 받아들이는 수동적인 개체이기보다는 자기 스스로 동기화할 수 있고 스스로 학습하는 능동적인 교육의 주체이다. 이처럼 인본주의적 접근은 교사와 학생의 종래의 역할을 바꾸어 놓았다. 교과목을 선택할 권리는 교사가 아니라 학생에게 주어지며, 학습을 이끌고 가는 것도 학생이다. 대부분의 인본주의 교육자들은 표준화된 교육과정과 수업계획, 시험, 강제적인 수업참여, 성적표 등은 강조되어서는 안 될 혹은 아주 없어져야 하는 것으로 생각하고 있다. 인본주의 교수의 기초는 교사는 학생들의 자아실현의 욕구를 바탕으로 학습을 계획, 조직하고 학습의 분위기를 조성하여 학생들이 의미있는 사건들과 만날 수 있도록 해야 한다는 것이다. 이것이 이루어질 때 "학생들은 배움을 바라고, 성장하기를 원하며, 발견하고 싶어하고, 창조의 욕구를 가지게 될 것이다(Rogers, 1959)." 인본주의자들은 교사가 다음과 같은 사람이어야 한다고 주장한다.

- "교사는 신뢰롭고, 성실하며, 학생들을 존중하고, 그들과 공감해야 한다(Rogers)."
- "교사는 학생들이 성장하고 배우는 것을 도와 주어야 한다(Maslow)."
- "교사는 민감해야 하고, 신뢰롭고, 자신감이 있으며, 다양한 기술을 가지고 학습을 촉진할 수 있는 사람이어야 한다(Combs)."

2. 인본주의 교육의 원리

자아실현적인 인간을 길러 내기 위한 인본주의 교육의 방침은 무엇인가. Rogers(1969)는 학생들이 자기주도적 학습을 할 수 있도록 도와줄 수 있는 몇 가지의 원리를 제안하였는데 인본주의 교육은 다음의 다섯 가지 원리를 가지고 실제 교육의 현장에서 적용된다. 첫째, 학생들은 그들이 필요하고 알기 원하는 것을 배워야 한다. 둘째, 배우기를 원하는 것 그리고 어떻게 배우는가를 아는 것이 사실적인 지식의 습득보다 중요하다. 셋째, 자신의 평가만이 유일하고 의미있는 방식의 평가이다. 넷째, 느낌은 사실만큼 중요하며 어떻게 생각하는가를 배우는 것만큼 어떻게 느끼는가를 배우는 것도 중요하다. 마지막으로, 학습은 학생들이 위협을 느끼지 않는 상황에서만 이루어진다. 이러한 인본주의 교육의 원리에 대해 구체적으로 살펴보자.

1) 자기주도적 학습

자기주도적 학습
학생들이 스스로 학습의 내용을 계획 · 결정하고, 학습을 진행하며, 학습의 결과에 대한 평가를 하는 학습자중심의 학습형태

인본주의 교육의 첫번째의 원리는 학생들이 스스로 학습의 내용을 결정하여야 한다는 것이다. 인본주의 심리학에서 인간은 학습에 대한 타고난 욕구와 잠재력을 가지고 있다고 하였다. 학습은 이러한 학습자의 호기심, 욕구, 흥미를 만족시킬 수 있을 때에만 의미가 있다. 따라서 교실 내에서 학생들의 호기심과 탐색욕구를 만족시키고 흥미를 지속시키며, 학생들 스스로 어떤 것이 중요하고 의미있는 것인지를 알아내고 선택할 수 있는 자유가 주어져야 한다.

이러한 학생중심 교육의 관점에서 보면 교사나 어른들이 아동들의 학습에 관여하는 것은 어린이들에게 고통을 주는 것이고, 시간낭비일 뿐이다. 이러한 자기주도적인 학습의 관점은 다음에서 잘 표현되어 있다.

> "어른들이 아이들에게 새로 산 장난감의 엔진을 어떻게 움직이는지 시범을 보일 때, 아이들의 삶의 기쁨, 발견의 기쁨, 어려움을 극복하는 기쁨을 빼앗게 된다. 그보다 더욱 나쁜 것은 어린이에게 자신은 열등하니까, 어른의 도움에 의지하여야 한다고 믿게 만드는 것이다. 학교의 학과공부가 그리 중요하지 않다는 것을 학부모들이 이해하기란 어렵다. 어른들과 마찬가지로 어린이들도 자신들이 배우고 싶은 것을 배운다. 상을 주거나 점수를 매기거나 시험을 치르게 하는 이 모든 것들은 올바른 인격

발달이 본궤도에서 벗어나게 만든다." (Neill 1960; 김은산, p. 41)

학습의 주제가 자신과 관련될 때 학생들은 학습의 과정에 적극적으로 참여를 하게 되고, 학습은 촉진된다. Rogers는 학습의 내용이 학습자의 자아를 유지 또는 증진시키는 것과 관련된다면 평소의 학습시간에서 1/3에서 1/5 정도의 시간만으로도 학습이 가능하다고 하였다. 학습이 학습자 자신의 요구와 목적에 부합되고, 그 학습을 학습자 자신이 주도할 수 있을 때, 학습은 가장 효과적으로 이루어지게 된다.

실제로 전통적 방법과 비교하여 자기주도적 학습은 과연 어떤 효과를 나타낼 수 있는가. Cambell(1964)은 역사, 지리, 수학과 같은 교과목 학습에서 수주 동안 정규적인 교실학습과 자기주도적 학습의 차이를 비교하였다.

실제로 학생들은 수년간 무엇을 해야 하는지를 지시받아 왔기 때문에 짧은 자기주도 학습의 경험은 별로 인상적이지 못하였지만, 최소한 그들이 발견한 것은 결과에 있어서 자기주도 학습이 해롭지 않았다는 것이다. 또한 자기주도적 학습을 실행하고 있는 서머힐 학교 동창생들의 연구보고는 매우 흥미롭다. 그들 자신이 그 학교의 학생들이었던 부모들은 아이들을 10세 혹은 12세 이후에는 다른 학교로 옮겼는데 그 이유는 학교의 학업적 측면에 대한 불신 때문이었다. 그러나 성에 대한 건강한 태도, 자신감을 가지고 편하게 윗 사람들을 대할 수 있는 것, 인격적 성장을 계속하는 것, 타인에 대한 더 깊은 이해 등을 자신들이 얻은 잇점으로 보고하고 있는 것은 자기주도적 학습의 긍정적 결과로 주목할 만한 가치가 있다.

2) 학습방법에 대한 학습

인본주의 교육의 두번째의 원리는 학교는 학습을 지속하기 원하는 학생, 그리고 어떻게(How) 학습하는가를 아는 학생을 양성해야 한다는 것이다. 무엇(What)을 학습하였는가 하는 실제적인 지식의 측면은 학생들이 학습하기를 원하는 한, 학습을 계속하는 한, 그리 중요하지 않다는 것이다.

"우리는 아이들에게 꽃을 키우는 방법을 가르쳐야 할 때에 꺾은 꽃을 쥐어주고 있다. 우리는 그들의 머리가 발전하도록 가르치는 것이 아니라 이미 발전된 것들로 채워 넣고 있다."는 J. W. Gardner(1963)의 견해에 모든 인본주의 교육자들은 동의한다. 학교교육에서 가장 중요한 것은 사고하는 방법이나 학습하는 방법을 습득하는 것이다.

Rogers 역시 현대사회에서 가장 유용한 학습은 학습에 대한 학습을 하는 것, 경험에 대한 지속적인 개방성과 변화의 과정에 자신을 일치시키는 것이라 하였다. 실제로 변화는 오늘날의 생활에서 중요한 핵심요소가 되었고, 지식 역시 계속적으로 변화하는 흐름 속에서 생성된다. 그러므로 과거의 학습은 현재에 더 이상 그 기능을 성공적으로 수행하지 못할 것이며, 현재 필요한 것은 변화하는 환경 속에서도 새로운 학습을 계속할 능력이 있는 사람들이라는 것이다. 따라서 교육자들은 학생들이 스스로 동기화되도록 하고 학생들에게 학습하는 방법을 가르쳐 주어야 한다.

3) 자기평가

인본주의 교육의 세번째 원리는 자기평가만이 의미있는 유일한 평가라는 것이다. 인본주의 교육자들은 교사들에 의해 등급, 점수, 성적표의 형태로 이루어지는 표준화된 평가도구들은 학습에 방해가 된다고 주장한다. Glasser(1969)는 하나의 정답만이 있는 질문을 사용하고 과도한 양의 기억을 요구하는 객관식 검사에 반대하면서, 학생들은 다른 학생들과의 비교나 등급 매김이 없이 다만 자기 자신의 기준에 의해서 평가되어야 한다고 하였다. 인본주의 교육자들은 평가가 궁극적으로 학생들에게 피드백을 주고 지도를 하기 위한 것이라면 많은 양의 암기를 요구하는 객관식 검사보다는 open-book test를 사용하여야 한다고 하였다.

비교와 등급 매김은 학생들에게 모욕감을 준다(Holt, 1964). 등급을 매긴다는 것은 외부인으로 하여금 자신의 노력을 평가하는 권리를 양도하는 것이며, 더욱 바람직하지 못한 것은 학생들이 자신의 만족보다는 좋은 등급을 받기 위해서 공부하게 한다는 것이다. 또한 등급 매김은 학생들에게 열등감을 느끼게 하고, 특히 평가가 공개적으로 이루어지면 실패한 학생들은 사회적인 정체성에 심각한 피해를 받는다. 따라서 어떤 인본주의 교육자들은 학생들의 성적표는 원하는 사람들에게만 보여주어야 하며 학생의 소유이므로 학교를 떠날 때 가져가도록 해야 한다고 주장한다.

학습자가 자신과 자신의 미래에 대해서 진정으로 책임을 가질 수 있게 되는 것은 어떠한 기준이 자신에게 중요하며, 자신은 어떠한 목표를 추구하고 있으며, 어느 정도까지 이 목표를 성취하였는지를 스스로 평가할 수 있을 때 가능하다. 독립성, 창의성, 자기신뢰는 자아비판, 자기평가가 중심이 되고 다른 사람들에 의한 평가는 이차적인 평가가 될 때 촉진된다(Rogers, 1969). 모든 학습자들은 자신의 행동을 스스로 평가해야 하며 그럼으로 인해 자신에게 적합한 기준이 어떤 것인가를 결정해야 한다.

인본주의 교육자들은 교사와 학생들이 정기적으로 학습 활동을 선정하고 계획하며, 평가의 준거를 의논하고 결정하여 학생들이 자기 평가를 실행하고 익힐 수 있는 기회를 주어야 한다고 주장한다.

4) 감성의 중요성

인본주의 교육자들은 인지적 영역과 정의적 영역을 구분하지 않고, 학습의 과정에서 지식 못지 않게 감성의 중요성을 주장한다. 그들은 사랑, 고통, 우정, 기쁨 등을 연구하고, 정서를 억압하여 비인간화의 결과를 가져오는 모든 것들에 대하여 경고한다. Mood(1970)는 무감각한 교사들이 지식을 주입시키기 위하여 학생들의 정서, 환상, 느낌 등을 무시하는 것은 심리적인 폭력(psychological violence)이라고 하였다.

전통적인 교육은 정의적인 교육을 무시하고 인지적인 영역에만 초점을 두는 경향이 강하다. 그러나 인본주의 교육의 입장에서 보면 학습은 새로운 정보 혹은

경험을 획득하는 것이며 동시에 개인적으로 그것의 의미를 발견하는 것이다. 오늘의 학교는 학생들에게 정보를 제공하지 못해서 실패한 것이 아니라 학생들이 그 정보에서 개인적인 의미와 느낌을 발견하도록 하지 못했기 때문에 실패했다고 Combs(1967)는 말한다.

인본주의 교육자들은 인지자료와 정의적인 교육자료를 한데 묶으려는 시도를 하기도 하고, 정의적인 경험 그 자체의 가치를 강조하고 감성을 표현하거나 정서를 이해하도록 하는 학습과정을 주장하기도 한다. 이 과정에서 감성을 경험하는 연습을 하기도 한다. 예를 들어, '맹인 걸음 걷기'에서는 신뢰의 감정을 이해하기 위해 파트너가 서로 바꾸어 가며 눈을 가리고 걷는 역할과 인도하는 역할을 연습한다. 이처럼 인본주의 교육자들은 학교교육이 인지적인 영역에 편중되는 것에 반대하고 감성의 교육을 강조한다.

5) 비위협적인 환경

인본주의 교육의 다섯번째 원리는 학습은 위협적이지 않는 상황에서 이루어 질 때 가장 쉽고 의미있으며 효과적이다는 것이다. 학교는 많은 학생들에게 치욕적이고 비웃음을 당하는 곳이라고 인본주의 교육자들은 지적한다. 잘 읽지 못하는 학생에게 큰 소리로 읽으라고 하는 것, 덧셈을 못 하는 학생에게 칠판에 적힌 문제를 나와서 풀도록 하는 것이 위협이고, 집이 없거나 부모가 가난한 학생, 장애를 가진 학생 모두가 학교에서 위협을 받는 학생들이다.

이러한 위협적인 학교의 환경은 학생들 자신에 대한 지각에 영향을 끼쳐서 학습에 결정적으로 방해가 될 수 있다(Rogers, 1969). 위협을 받는 학생은 실패에 대한 공포를 가지게 되고, 성공에 대한 욕구보다 실패에 대한 공포로 동기화되어 부적응적인 행동을 하기도 한다. 그들은 위축되고, 도전을 하지 않으며, 안전하게만 행동함으로써 성공을 경험할 기회를 상실한다. 혹은 교사나 동료에게 반항하고 규칙을 위반할 수도 있다. Rogers는 변화가 포함된 학습 자체가 곧 위협이 될 수 있음을 지적하였다. 새로운 가치와 태도는 현재의 신념을 위협하고 또한 자아개념을 위협한다. 자아를 위협하는 학습은 외부의 위협이 최소가 될 때 쉽게 받아들여진다. Rogers는 지지적 환경, 학생의 자기평가에서 시작하는 개별화 수업, 학생들에 대한 긍정적인 평가가 제공되어야 한다고 하였다. 학생들이 자신의 수준에서 시작하여 조금씩 성공과 성취를 맛보면서 진전할 때 자아실현을 할 수 있는 사람으로 성장할 수 있게 된다. 자아에 대한 위협이 낮을 때, 개인적으로 심리적인 안정감을 느낄 때 더 잘 학습할 수 있다.

3. 인본주의 교육의 제한점

인본주의 교육에 대하여 다음과 같은 제한점이 일반적으로 지적되고 있다(Biehler and Snowman, 1986).

우선, 인본주의 교육의 실시를 주장할 수 있는 명백한 경험적인 근거가 부족하다는 점이다. 인본주의 교육 프로그램의 효과를 입증한 연구는 매우 적으며, 또한 평가의 많은 부분이 객관적으로 이루어지기보다는 개인의 주관적인 자기보고식 평가에 의존하고 있다는 점이다.

둘째, 교육의 목표가 복잡하고 모호하다는 점이다. 인본주의자들에게 있어서 교육은 단순히 가르치는 것이 아니라 학생들이 인간으로서 성장할 수 있도록 돕는 것이다. 이러한 일반적인 교육의 목적을 어떻게 구체적인 수업의 목표로 전환시킬 수 있는지는 쉬운 문제가 아니다. 이때 아주 세세한 것에서 일반적인 것에 이르기까지 다양한 목표가 제기될 수 있고, 이러한 목표들은 상당부분 중복될 수 있다.

셋째, 학생들에게 교육의 주도권을 부여하는 것에 따른 문제가 발생할 수 있다. 학생들의 흥미에 따라 과제가 선정되고, 그에 따라 교사가 자료를 제시하는 역할만을 할 때, 학생들이 스스로 학습을 잘 할 수 있을지에 대해서는 의문이 제기된다.

넷째, 교육에서 감정표현을 지나치게 강조하는 경향이 있다는 점이다. 교사가 학습을 하는 데 있어서 학생들의 감정에 대해서 얼마나 알 수 있으며, 또한 어느 정도까지 알아야 하는가의 의문이 제기된다.

마지막으로 교육의 효과를 평가하는 것이 어렵다는 점이다. 자기주도적인 학습에서 교육의 효과를 평가하기 위해서는 각 개인을 서로 다른 방식으로 평가해야 하고, 인지적인 요인 이외에 정의적인 요인을 평가하는 데 어려움이 제기된다.

인본주의 교육의 원칙이 적용되어 교육의 현장에서 발전한 대표적인 형태로 열린 교육을 들 수 있다. 최근 우리 교육에서도 실시되고 있는 열린 교육의 특성과 실제를 살펴보고 열린 프로그램들에 대한 평가를 통해서 인본주의 교육에 대해서 보다 구체적으로 이해하도록 하자.

4. 열린 교육

'비형식적 교육', '통합적 교육' 또는 '아동중심 교육'이라는 이름으로 영국에서 발전되기 시작한 열린 교육(open education)은 1967년 Plowden의 교육 자문위원회 보고서의 영향으로 영국 대부분의 초등학교에서 본격적으로 실시되기 시작하였다. 미국의 교육학자들은 열린 교육이 이루어지는 영국의 유아학교(Infant School)와 초등학교에 대해 폭발적인 관심을 보였으며, 곧 미국에서는 '열린 학교' 또는 '열린 교실'이라는 이름으로 열린 교육이 확산되었다. 이는 1920년대에서 50년대 중반까지 미국의 교육계를 지배하였던 진보주의적인 교육운동과 맥을 같이 하는 것으로 60년대 사회적으로 자유와 인권의 개념이 강조되면서 영국의 영향으로 다시 부각된 것으로 볼 수 있다.

1) 열린 교육의 특성

열린 교육
개별화된 학습자
중심의 교육

현재까지 열린 교육의 개념에 대해서 여러 견해가 제시되었고 그 주된 특징과 각 특징의 세부적인 양상을 제시하는 다양한 정의가 시도되었다. 특히, Rothenberg(1989)는 열린 교실의 특징을 학습, 교실구조, 학습자의 활동, 학습자의 평가, 시간의 사용, 교사의 특징의 여섯 가지 측면에서 다음과 같이 정리하였다.

- 학습은 읽기, 쓰기, 산수, 과학, 사회과목 등으로 구성된 통합자료를 가지고 진행된다. 학생들의 흥미에 따라 진행되며, 학생 스스로의 발견과 연구가 권장되어진다. 또한 학습은 학생 개개인에 따라 다른 속도로 진행되며, 게임이나 교과서를 포함한 다양한 학습자료를 사용한다.
- 교실의 구조는 각각의 주제나 교과목에 따라 다른 학습구역으로 나뉘어진다.
- 학생들의 활동은 소집단으로 나뉘어지기도 하는데, 이에 따라 학생들이 자신의 주제를 선택할 수 있으며, 작업을 분담할 수 있다. 학생들은 자유롭게 다니면서 다른 학생들과 협동하며 작업을 할 수 있다.
- 평가는 다른 학생들과의 비교가 아니라 학습자 자신과의 비교를 통해 교사가 주는 피드백을 통해서 이루어진다.
- 시간의 사용은 융통적이며, 종종 시간제한을 거의 하지 않고 학습자에게 맡

긴다.

- 교사의 역할은 개인 또는 소집단과 같이 작업을 조직하거나, 자료를 제공하고, 학습자의 행동과 시간 사용을 기록하는 등 학습자의 계획을 도와주는 것이다.

〈표 11-1〉 열린 교육의 학습과 전통적인 교육의 학습 비교

구 분	열린 교육의 학습	전통적 교육의 학습
학습목적	• 학습자의 최대한의 성장과 장점의 확산 • 의미에 의한 학습능력의 전체적인 향상 • 관련 교과와의 자연스러운 통합	• 학습기술의 향상
프로그램의 내용 및 방법	• 교사와 아동이 함께 결정 • 학습시간 계획에 융통성을 부여 • 학교 내, 외부에서 교수영역 채택 • 다양한 자료 활용 • 실수를 이해하는 것이 초점	• 교사가 결정 • 학습시간 계획이 고정적 • 교실 내부에서 교수영역 채택 • 제한된 자료(교사, 교과서 중심) • 실수를 교정하는 것이 초점
활동조직	• 개별, 소집단, 전체 학습단위 • 필요에 따라 학습공간의 재배열	• 전체 집단 단위 • 고정된 좌석
교사와 아동의 역할	• 공유하는 협동적 상황에서 의미를 함께 상의 • 교사, 아동이 함께 반응하고 상의	• 교사에 의해 의미의 우선순위 결정 • 교사, 아동 역할이 명백히 구분된다. 즉 교사는 지시, 명령하며, 아동은 수용한다.
평가	• 학습과정 중에 끊임없이 평가 • 개별적 • 교사관찰, 기록, 교사평가, 아동평가 등 다양한 방법을 활용	• 일년 중 몇 번 • 객관적 • 지필검사에 의한 획일적 평가방법 활용

또한 Harrison과 Glaubman은 영국과 미국, 이스라엘에서의 열린 교육 관련 논문 45편을 분석하여 열린 교육에 대한 연구에 다음과 같은 공통적인 전제가 있음을 밝혔다(Harrison & Glaubman, 1982, p 335).

- 아동들은 자신의 환경과의 적극적인 상호작용을 통해 학습한다.
- 아동들은 자신의 학습에 대한 의사결정을 할 수 있다.
- 발달은 다양하고 개인적이다.
- 교수(teaching)가 아니라 학습(learning)에 중점을 둔다.
- 교육은 아동중심인 동시에 교사중심이다.

이외에도 열린 교육의 성격에 대한 여러 가지의 정의가 있으나, 이러한 정의에서 어떠한 측면에 강조되었건 간에 열린 교육의 핵심은 '개별화된 학습자중심의 교육'이라고 할 수 있다. 이러한 열린 교육 특성을 학습의 목적, 프로그램의 내용 및 방법, 활동조직, 교사나 아동의 역할, 평가의 다섯 가지 측면에서 전통적인 교육과 비교하여 정리해 보면 〈표 11-1〉과 같다

2) 열린 교육의 실행

이상과 같은 열린 교육이 실제적으로 어떻게 실행되는지를 학습공간, 교사의 역할, 교수학습 체제의 측면에서 살펴보면 다음과 같다.

(1) 열린 학습 공간

열린 교실의 구조적인 배치는 우선 아동의 학습 흥미를 유발시키고 효율적인 학습이 이루어지도록 해야 한다. 열린 교실에서는 전통적인 교실처럼 책상이 일제히 칠판을 향해 있지 않고, 5~6명이 그룹을 지어 서로 마주 보고 앉을 수 있도록 배치된다. 이것은 아동들이 서로 상호작용할 수 있도록 하고, 아동들이 스스로 학습에 대한 자율성을 가지고 문제를 해결한다는 열린 교육의 외형적인 표현이라고 할 수 있다. 또는 아동들이 자유롭게 앉아서 독서나 음악감상을 하거나 자신들의 하루의 학습을 계획할 수 있도록 하고 탁자를 사용하지 않고 양탄자(rug)를 깔아 학습의 공간으로 사용하기도 한다. 또한 열린 교실은 각 교실을 구분 짓던 벽이 없고 아이들이 각자의 흥미에 따라 여러 가지의 활동을 독자적으로 할 수 있는 학습영역으로 구성되어 있다. 이러한 학습영역은 초등학교의 경우, 읽기 영역, 쓰기 영역, 수 영역, 과학 영역, 기타 예술 영역으로 구성되어 있는 것이 일반적이다.

(2) 열린 교실의 교사의 역할

열린 학습에서 교사의 역할은 자칫 경시될 수 있으나, 실제로는 전통적인 교수법보다 더 많은 것을 교사에게 요구한다. 아동의 자율성이라는 가정하에 교사의 역할이 감소되는 것이 아니라, 학습의 조직자이자 상담자, 분쟁의 해결자이며 그리고 여전히 교실의 지도자로서 교사의 역할은 열린 교육에서 무척 중요하다. Rothenberg(1989)는 열린 교육의 교사는 끊임없이 계획하고 변화를 추구하며 학생들의 성취를 감독하고, 권위적이지 않으면서 학급의 질서를 유지할 수 있는

〔그림 11-1〕 열린 교실의 공간 배치

능숙한 기술을 가지고 있어야 한다고 하였다.

따라서 열린 교실에서의 교사는 '—하지 마라' 라는 지시 습관을 경계하고 지시하기 전에 아동의 행동과 학습에 대해서 아동 스스로 사고하는 여유를 주는 인내심을 가져야 할 것이다. 기타 교사에게 요구되는 역할이나 태도로 다음과 같은 것을 들 수 있다.

- 교사는 학습자를 존중하여야 한다.
- 교사는 학습자를 가르치며, 학습을 유도한다.
- 교사는 물리적 환경을 조성한다.

• 교사는 학습환경을 계획하여 학습자가 통합된 전체로서 유익한 학습을 할 수 있도록 학습활동을 계획하고 선택할 수 있도록 한다.

(3) 열린 교육의 교수-학습 체제

열린 교육의 교수-학습 체제의 핵심은 개별화된다는 것이다. 이러한 개별화 학습체제는 다음과 같은 단계로 이루어진다.

① 학습자의 요구사정 : 학습자의 개인적인 발달과 관계되는 읽기, 작문, 듣기, 사고능력 그리고 각 학습자의 학습형태와 관계되는 각자의 학습활동을 수행하는데 가장 효과적인 학습방법을 수집하고 측정한다.

② 학습자의 요구진단 : 학습자의 요구사정의 결과로 사정에 따른 정보를 해석하는 것이다. 이를 통해서 학습에 있어서의 불일치점, 문제점 등이 나타나게 되며, 학습자의 진정한 흥미, 능력, 태도, 동기수준에 맞는 가장 효과적인 학습의 형태가 무엇인가를 진단하게 된다. 진단은 계속적인 과정으로 학습자가 환경과 상호작용하는 과정에서 결과적으로 지식, 기술, 태도 혹은 요구가 수정되거나 변화할 수 있다.

③ 교수전략의 고안 : 학습자에 대한 진단을 다양한 교수-학습 전략으로 관련시키는 과정이다. 우선 수업의 목표가 학습자의 개인의 발달에 따라 세분화되며, 각 학습자가 특정한 발달단계 내에서 학습목표를 달성하기 위해서 교수자료와 교수의 기술이 확인된다. 또한 학습계획 각각에 대하여 교수자료를 효과적으로 사용하기 위한 계획이 이루어진다. 따라서 각 학습활동마다 교수자료를 선택하는 것이 바람직하다. 다음으로 학습활동에 대해서 학습자 자신이 학습목적과 목표를 설정하여 그에 따라 개별학습을 할 것인지, 소집단 학습을 할 것인지 학습의 절차를 선택한 후, 학습목표 달성에 대하여 성취를 평가하는 방법이 세분화된다. 마지막으로 평가 결과에 따라 학습활동과 교수자료를 계속적으로 수정해 나간다.

④ 상호작용 과정 : 학습자가 주위의 환경과 상호작용하게 되는 것으로 자신의 학습요구와 학습형태에 따라 적절하게 고안된 학습환경에서 교수 자료를 활용하여 학습활동을 수행하는 것이다. 학습자는 자신의 학습진도에 따라 학습을 진행하며, 특정 학습과제를 완성하기 위하여 교사와 함께 상담을 하기도 한다.

⑤ 평가 : 학습자의 학습목표 성취와 관계되는 모든 자료를 수집하는 것이며, 평가자료에 기초하여 학습자의 학습환경, 교수-학습 전략이 변화되고 새로운 학습의 목표가 모색된다. 또한 태도평가, 상호평가, 그 때 배운 것을 집중적으로 실시하는 형성평가 등이 수행된다.

⑥ 피드백 : 학습자의 요구사정은 학습자가 학습목표를 성취하기 위하여 학습활동을 완성해가는 동안 계속적으로 이루어져야 하는데, 이는 학습의 다음 단계로 진행하는 데 필요한 준비도를 측정하고 학습자의 변화에 따라 요구되는 교수학습 환경을 변화, 수정하기 위해서다. 측정의 결과에 따라 교사는 학습단위에 부가적인 보충활동을 계획하며 또한 학습자의 새로운 흥미와 학습능력에 맞는 학습활동을 계획한다.

3) 열린 교육의 평가

열린 교육에 대한 비판은 많은 부분이 자체의 철학적이고, 심리적인 측면에서 제기되었다. 열린 교육에 대한 가장 열렬한 비판가였던 Skinner는 열린 교육이 지나치게 이상적이고 현실적이지 못하다고 비판하였다(Skinner, 1973, p 15). 한편 전통적인 교수법과 열린 교육의 효과를 비교하는 경우 열린 교육을 명확하게 정의하기 어렵고 그 수행을 측정하기 어렵다는 측면이 문제점으로 제기된다. 즉 현재로서는 열린 교육을 성과의 측면에서 창의력, 책임감, 자율성, 과제집중성, 이타심 등의 비학업적인 분야에서의 성취를 어떻게 측정할 것인가의 문제에 부딪힌다. 교육의 많은 중요한 목적들을 정확하게 행동적인 정의로 진술하기 어렵고, 그 성취 또한 측정하기 어렵다는 문제는 대부분의 인본주의 교수에 있어서 적용되는 공통적인 문제이다. Graconia & Hedges(1982)는 열린 교육에 대한 150개의 연구들을 메타분석하여 전통적인 교실과 열린 교실의 결과를 4개의 학업 부분과 12개의 비학업 부분으로 나누어 보고하였다(표 11-2 참조).

또한 열린 교육의 정의의 문제와 관련하여 실제적으로 교실에서 사용하고 있는 열린 교육 프로그램은 다음과 같은 특성에 있어서 많은 차이점이 있는 것으로 밝혀졌다(Graconia & Hedges, 1982; H. Marshall, 1981).

- 학생들이 활동에서 가지고 있는 자유재량권
- 공간의 융통성
- 다양한 학습자료의 사용
- 여러 가지의 교과를 교육과정에 통합
- 개인작업이나 소집단 활동을 강조하는지, 강의나 단체집단 활동을 강조하는지
- 학습의 촉진자로서의 교사의 역할
- 자신의 학습에 대해서 학생들이 가지는 책임감
- 교사와 학생간의 상호존중

- 학생들의 학습을 촉진할 수 있는 진단평가
- 다연령 집단
- 팀티칭

열린 교육의 주창자라고 하더라도 위에 열거한 각 요소가 얼마만큼 강조되어야 하는지에 대해서는 논쟁의 여지가 있고 실제로 열린 교육을 평가할 때 프로그램이 위의 여러 가지의 측면에서 상이하기 때문에 교육의 효과를 비교하거나 해석하는 데 문제가 있다. 따라서 Marshall(1981)은 열린교육은 총체적으로가 아니라 그것을 구성하는 요소별로 평가하고 비교하여야 한다는 주장을 제기하였다.

〈표 11-2〉 열린 교육과 전통적 교육의 효과 연구에 대한 메타분석의 결과

결과	연구의 수	비교의 수	평균효과의 크기(*)	효과의 백분위 열린 교육	전통적 교육	차이 없음
학문적 부분						
언어부분	33	34	-.069	33	63	4
수학	57	64	-.037	43	52	5
읽기	63	73	-.083	42	54	4
기타	25	23	-.153	38	55	7
비학문적 부분						
성취동기	8	10	-.262	29	5	14
적응	9	19	.170	58	42	0
불안	19	29	-.010	49	51	0
학교에 대한 태도	50	68	.169	68	31	1
교사에 대한 태도	17	20	.199	67	25	8
협동성	8	7	.229	80	10	10
창의력	22	21	.286	69	19	12
호기심	7	5	.165	57	29	14
일반 정신능력	16	13	.183	59	36	5
독립성	22	26	.278	68	30	2
통제중심	16	19	.007	46	50	4
자아개념	60	84	.071	53	41	6

(*) 긍정적인 효과의 크기는 열린 교육이 보다 우세하다는 의미이며, 부정적인 효과의 크기는 전통적인 교육이 우수하다는 것을 의미한다. 효과의 크기는 .000에서 .200인 경우에는 작고, 그 이상의 경우에는 어느 정도의 효과가 있다고 해석할 수 있다(Graconia & Hedges, 1982).

열린교육에 대한 평가를 요소별로 하면, 위에서 Graconia와 Hedges(1982)가 열거한 열린 교육의 여러 가지의 특징 중에서 공간의 개방성과 팀티칭을 제외한 모든 특징들이 비학업적인 효과와 밀접하게 관련되어 있었다. 즉 아동의 역할, 진

단평가의 사용, 다양한 방법의 사용, 개별화 교수, 다연령 집단의 교실수업은 자아개념, 창의력, 학교에 대한 태도를 높인다고 볼 수 있다. 또한 다양한 자료를 사용하는 것과 팀티칭을 하는 것은 학업적인 부분에 있어서의 효과를 높인다. 한편 다연령 집단의 수업을 유지하는 경우 성취와 부정적으로 상관이 되어 있었다. 요컨대, 현재까지의 연구결과를 통해서 열린 교육은 비학업적인 성취의 측면, 즉 창의성이나 자아개념, 학교에 대한 태도와 같은 요인들에는 비교적 긍정적인 영향을 끼치며, 읽기, 수학, 언어성취에는 일정한 영향이 없거나 약간의 부정적인 영향이 있다고 볼 수 있다. 따라서 전반적으로 열린 교육은 성취에 나쁜 영향을 주지 않으면서 태도에 좋은 영향을 주는 교육이라고 할 수 있다.

이러한 결과를 살펴보면, 열린 교육의 특성 중에서도 어떠한 요인이 어떠한 종류의 결과를 야기하는지를 알 수 있다. 즉 열린 교육이 좋은 것인지, 아니면, 전통적인 수업이 좋은 것인지에 대한 일반적인 평가를 하는 것은 바람직하지 않다. 이보다는 특정 목적에 따라 특정 형태의 열린 교육이 도움이 될 수 있고 또한 동시에 방해가 될 수 있는 것이다. 따라서 교사들은 자신의 교육 목적에 따라 어떤 종류의 열린 교육의 요소를 사용하여야 하는지를 결정할 수 있어야 할 것이다.

4) 열린 교육의 생존력

교과서나 사진, 보고서, 학생들과의 면담 등 다양한 역사적인 자료를 통해 1890년에서 1980년까지의 수업을 교사위주의 교수법과 학생위주의 교수법의 관점에서 연구한 Cuban(1984)은 교사들이 오랜 동안 실제로 교실에서 사용하고 있는 교수법은 교사위주의 지시적인 교수법임을 밝히고 있다. 그는 진보주의적인 교육자들의 교육개혁으로 열린 교육이 일시적인 환영을 받더라도 결국에는 전통적인 교육으로 돌아가는 역사적인 증거들을 제시하면서 열린 교육의 생존력(viability)에 대하여 의문을 제기하였다.

이러한 열린 교육에 대한 한계점을 지적하는 데 있어서 가장 중요한 것은 실제로 열린 교육 체제에서의 학습에 어떠한 문제가 있는가 하는 것이다. Rothenberg(1989)는 열린 교육이 실행할 수 있는 것보다 더 많은 약속을 하고, 이상적인 기대를 하게 한다고 하였는데, 다음과 같은 점들이 일반적으로 열린 교육의 실행에서 문제점으로 지적되고 있다.

첫째, 열린 교육을 실시하기 위해서는 교사들이 전통적인 교육을 할 때보다도 더 많은 역할을 하여야 한다. 다양한 자료제시와 수업준비의 부담이 증가하면서 실제로 열린 교육을 담당하는 교사들은 종종 수업준비를 잘 하지 못한다. 또한 철저한 수업지도 계획이 없이는 학습의 요소들을 총체적으로 관련시켜 통합하기 힘들다는 점이 대두되고 이러한 경우 학생들이 종종 교과의 중요한 부분들을 간과하기 쉽다.

둘째, 부모들의 입장에서 열린 교육은 여러 교과에서 습득하여야 할 기본기술을 무시하고, 혼란을 야기하며 학생들을 가지고 실험을 한다는 모습으로 보여지기 쉽다. 또한 학생들이 과제를 자유롭게 선택하도록 함으로써 한 가지 분야에만 능숙하고 다른 여러 분야에서는 성취가 떨어질 수도 있다. 즉, 위에서 지적한 것처럼 많은 준비를 요구하면서 특별히 성취를 개선시키지 못하는 것이 문제점으로 지적되고 있다.

셋째, 수업을 위하여 많은 준비물이 요구되면서 그것에 부응할 수 없는 사회경제적 지위가 낮은 학생들에게는 이러한 프로그램이 오히려 전통적인 교육보다 효과가 없을 수 있다는 점이다. 즉 소수민족 집단이나 사회경제적 지위가 낮은 학생들의 입장에서 열린 교육에 대한 반대의 의견이 제시된다는 점이다.

넷째, 대부분의 열린 교육은 취학 전 교육단계나 초등학교의 수준까지 이루어지고 있다. 그러나 열린 교육을 받은 학생들을 중등학교 이상의 단계에서 어떻게 교육시킬지의 문제가 현실적으로 대두된다. 열린 교육이 중등교육에까지도 효과가 있을 것인가의 문제와 함께 학생들에게 어떻게 교육의 연계성을 마련해 주어야 하는지는 앞으로 열린 교육이 해결하여야 할 과제이다.

이와 같은 비판들을 고려하여 결국 인본주의 교육과 전통적인 교육 중에 우리는 무엇을 선택해야 하는가? 이와 같은 질문은 '여행을 하는 데 있어서 수영하는 것과 걷는 것 중 어떤 것이 나은가?' 하고 묻는 것과 같다. 육지에서 여행하기 위해서는 걸어야 하고 물에서는 수영을 해야 할 것이다. 이와 마찬가지로 명백한 학습의 목표를 가지고 구조화된 수업을 전개하는 지시적인 수업은 수학이나 읽기, 외국어 학습 등과 같이 모든 학생들이 반드시 배워야 하는 기본적이고 잘 분류된 교과영역에 적합하고, 인본주의 교수방법은 사회과목, 예술, 문학, 과학과 같이 다양한 접근으로 주제에 대한 관심을 불러일으키거나 다른 견해에 대한 개방성을 강조하는 경우에 더욱 적합한 것일 수 있다. 그러나 이 두 영역을 구분하는 확실한 범주가 있는 것은 아니고, 교사들은 이 두 가지 형태의 학습방법에 모두 능숙해 있어야 할 것이다.

열린 교육은 학생들의 전인적인 발달을 이룬다는 인본주의적인 목표를 가지고 시작되었으나 그에 대한 비판을 살펴보면, 아직도 개선의 여지가 많다는 결론을 내릴 수 있다. 초기의 교육개혁 프로그램이 순식간에 전통적인 교육으로 대치된 역사적인 사례들을 참고로 할 때, 열린 교육은 앞으로 많은 경험적인 근거들을 구축해 나가야 할 것이다.

연 구 문 제

1. 인본주의 교육은 전통적인 교육의 어떠한 부분을 비판한 것인지 자신의 관점에서 정리해 보시오.

2. 지금까지 여러분의 선생님들 중에서 인본주의적 원리를 사용한 교사와 전통적인 교육의 원리를 사용한 교사를 한 사람씩 선정해 보시오. 그들이 학생들을 동기화시키고, 학생의 독립성을 지지하고, 교육의 목적을 달성하는 데 있어서 어떻게 달랐는지 비교해 보고, 어떤 면에서 학생의 존경을 받았는지 생각해 보시오.

3. 교육의 역사를 통하여 인본주의 교육이 다양한 형태로 나타나고 사라지는 과정을 고찰해 보시오. 이러한 역사적 고찰에 비추어 볼 때, 인본주의 교육의 문제점과 한계는 무엇인가?

4. 현재 우리 나라에서 도입되어 실시되고 있는 열린 교육의 현장을 찾아보고, 그러한 교육의 장점과 단점을 정리하고 앞으로의 개선책을 토의해 보시오.

5. 인본주의적인 이념이 가장 잘 반영될 수 있는 대안적 교육의 방법을 구상해 보시오.

제 12 장

학급운영과 교사

1. 학급운영
2. 교사의 변인

교육심리학의 여러 지식과 방법을 잘 이해하고 있더라도 바로 효율적인 수업이 이루어진다고 할 수는 없다. 이제 교사는 생산적인 수업이 이루어질 수 있도록 학급을 운영하는 일이 필요하다. 학급을 성공적으로 운영하기 위해서는 바람직하지 않은 행동을 일어난 후에 처리하는 것이 아니라, 그러한 행동이 일어나지 않도록 미리 방지하는 것이 중요하다. 따라서, 교사는 학급을 어떻게 운영할 것인가에 대해 미리 계획하고, 학기 초에 이를 확실하게 학생들에게 주지시켜야 한다. 그러나 교사가 아무리 훌륭하게 자신의 역할을 해내도 학급 내에서 문제는 발생하기 마련이고, 이러한 문제들을 처리하는 것 역시 교사의 역할이다. 이러한 점에서 12장은 학생과 교사간의 효과적인 의사소통의 방법과 훈육에 관한 내용을 포함한다.

"교육의 질은 교사의 질 그 이상도 그 이하도 아니다"의 의미는 무엇일까? 교사는 단지 교과서의 지식만을 전달하는 사람이 아니다. 교과목과 교육에 관한 전문적인 지식 이외에 교사에게 요구되는 변인은 무엇일까? 자기 자신을, 또는 자신의 일을 어떻게 지각하는냐에 따라 그 일에 대한 애정과 헌신은 달라진다. 또 교사가 학생에 대해 어떤 생각을 갖느냐에 따라 학생의 학업성취와 자아개념 등에 크게 영향을 미친다. 이러한 측면에서 교사의 심리적 변인, 교사가 갖는 교사직에 대한 지각과 학생에 대한 기대에 대해서 알아보기로 한다.

1. 학급운영

학급운영
생산적이며 효율적인 학습이 이루어 지도록 학급환경을 유지하는 것

수업시간이 학습 이외의 다른 학급운영에 쓰여지면, 그만큼 학습은 덜 일어나는 것이다. 혹시 오늘도 과제는 누구에게, 어디에다 내야 하는지, 연습문제를 다 풀은 다음에는 무얼 해야 하는지 끊임없이 묻는 학생들의 질문에 대답하느라, 또는 수업시간에 계속 떠드는 학생을 주의주느라 수업시간의 많은 부분을 낭비하지는 않았는가? 교실에서 수업이 효율적으로 이루어지지 못하고 무엇인가에 의해 방해받을 때, 교사는 그 상황을 분석할 수 있어야 하고, 문제를 해결하기 위하여 어떤 방법을 취해야 할지를 결정할 수 있어야 한다.

학급에서 학습 이외의 문제에는 시간을 낭비하지 않고 효율적으로 학급을 운영(classroom management)한다는 것은 무엇을 의미하는가? 아무런 문제도 발생하지 않게 학생들을 조용히 수동적으로 수업에 참여하게 하는 것을 의미하는 것은 절대로 아니다. 가르치는 것 못지 않게 학급을 잘 운영하는 것이 중요한 이유는

무엇인가?

우선 좀더 많은 시간이 학습에 할애되어야 학습의 성취도는 올라간다. 50분의 수업시간 중에서 실제로 얼마만큼의 시간이 순수히 가르치고 배우는 데 쓰여지고, 어느 정도의 시간이 학습 이외의 것에 낭비되고 있다고 생각되는가? 학급에 따른 차이는 있으나, 약 25% 정도의 시간이 쉽게 사라지고 있다(Karweit, 1989). 시간이 부족해서 교재를 끝까지 마치지 못하거나 충실히 다루지 못한다면, 학생들이 그 부분의 내용을 학습했으리라고 기대할 수 없다. 충실한 학습이 이루어지기 위하여 학습에 좀더 많은 시간이 할애되어야 한다. 이것을 '할당된 시간'(allocated time)이라고 한다. 그러나 단지 학습에 좀더 시간을 할애한다고 해서 자동적으로 학업성취가 올라가지는 않으며 시간을 효과적으로 사용하여야 한다. 즉 학생을 적극적으로 과제에 참여하게 하는 '과제 집중시간'(time on task)이 증가되어야 한다. 이를 위해 수업시간의 질적 관리를 위한 학급운영이 필요하다. 실제로 교실에서 일어나는 많은 문제들은 학급의 규칙이나 과제의 절차를 모르기 때문에 일어나는 경우가 많다. 교사가 학급 내에서 지켜야 할 규칙이나 따라야 할 절차 그리고 위반시 주어질 벌 등을 학기 초에 학생들에게 확실하고 구체적으로 명시한다면, 수업진행에 지장을 줄 문제를 사전에 방지할 수 있으며, 잘못된 행동을 훈육하느라 시간을 보내는 일도 줄어 들 것이다.

할당된 시간
학습을 위해 주어지는 지정된 시간

과제 집중시간
학습과제에 적극적으로 사용된 시간

1) 학급운영 계획의 수립과 실행

초등학생이건 중 고등학생이건 학생들에게는 규칙과 절차에 따라 수업시간에 하도록 기대되어지는 행동이 있다. 규칙(rule)은 학급에서 기대되는 활동과 금지되는 활동을 구체화시켜 놓은 것이며, 절차(procedure)는 학급에서 활동이 진행되는 정해진 단계를 말한다. 교사는 새 학년, 새 학기가 시작되기 전에 기준에 따라 학급 내에서 따라야 할 규칙과 절차를 정한 후, 학기 시작 직후에 학생들에게 기대하는 행동들이 무엇인지를 학생들에게 확실하게 알려 주어야 한다(Everston et al. 1994). 교사는 학생이 수업시간에 허락없이 자리를 이탈하지 말고, 옆의 사람과 잡담을 하는 등의 수업진행을 방해하는 행동을 하지 않을 것을 기대하며, 또, 체육시간이나 음악시간에는 복장이나 준비물을 갖추고 정해진 장소에 늦지 않고 모이기를 원한다. 그렇다면, 자리를 이탈해야 할 때는 반드시 교사의 사전 허락을 받아야 한다든지, 교사의 설명중에는 옆 사람과의 잡담은 엄격하게 금지된다든가의 규칙이 명시되어져야 하며, 때로는 이런 규칙들을 교실 벽에 써 붙여

규칙
학급에서 해야할 것과 하지 말 것을 구체적으로 진술해 놓은 것

절차
수업활동을 전개해 나가기 위하여 미리 정해진 단계들

놓는 것도 필요하다. 규칙은 학생이 이해하기 쉽도록 구체적으로 표현되어야 하며, '복도에서는 뛰지 말자' 와 같은 부정적인 표현보다는 '복도에서는 조용히 걷자' 처럼 긍정적으로 표현되는 것이 좋다. 교사의 권위에 의해 강요된 규칙은 학생들에게 저항감을 낳게 할 수 있으므로, 규칙을 만들 때 학급 토의과정 등을 통해 학생을 참여시키고 그들의 의견을 반영하면 학생들은 보다 적극적으로 규칙을 따르게 될 것이다.

또한, 체육시간 전에 미리 그 주의 주번이 이번 체육시간은 운동장에서, 또는 체육관에서, 어떤 준비물을 지참해야 하는지를 미리 알아보고 학생들에게 전달해야 한다는 등의 절차가 학기 초에 설명되어야 한다. 고등학교 과학시간에 실험을 하기 위해서 수업의 10분 이상을 과학기재를 준비하고 설치하느라 보낸 경험을 갖고 있지는 않는가? 실제로 대학의 강의중에도 무선호출기나 휴대폰 소리 때문에 강의의 흐름이 끊기기도 하고, 시간보다 늦게 들어오거나 수업중 간혹 강의실을 빠져나가는 학생들로 수업이 방해받기도 한다. 이럴 때마다 매번 이를 지적하고 시정시키는 것은 효율적이지 못하다. 학기 초에 교수가 한 학기 동안 그 강의에서 지켜야 할 규칙과 절차를 학생들에게 명확하게 전달하면 - 예를 들어 수업에 10분 이상 늦으면 출석으로 인정되지 않는다든지, 수업진행을 방해하는 소음으로 두번 이상 지적받으면 자동적으로 교실에서 퇴장당한다 등 - 수업진행을 방해하는 문제들은 훨씬 줄어들 수 있다.

교사가 한 해 동안 성공적으로 학급을 운영해 나갈 수 있도록 학급의 규칙과 절차가 자리를 잡아가기 위해서는 학년 초의 첫 주가 매우 중요하다. 특히 학교생활에 아직 익숙하지 않은 초등학생이 규칙과 절차에 익숙해지도록 교사는 학년 초 몇 주의 시간을 규칙과 절차를 설명하고 익히게 하는 데 할애해야 한다. 효율적인 교사와 비효율적인 교사를 비교한 연구(Emmer, Everston, & Anderson, 1980)에 의하면, 효율적인 교사는 학년 초에 당연하다고 생각되는 규칙과 절차 등에 대해서도 그 이유를 설명하고(예로, 과학 시간에 실험도구를 사용한 후에는 반드시 제자리에 갖다놓지 않으면, 다음 시간에 실험을 할 때 불편을 겪게 된다), 규칙과 절차를 교실 벽에 써붙이는 등 학생들에게 정확하게 전달했다. 그 결과, 효율적인 교사 학급의 학생들은 각 과제 다음에 무엇을 해야 하는지를 학기 초에 이미 익혔기 때문에 스스로 해 나갈 수 있었다. 하지만 비효율적인 교사는 잘 준비하지도 조직하지도 않은 채 수업을 시작하며, 학급 내의 규칙도 학생들에게 명확하게 설명하지 않아, 학생들은 매번 교사의 지시를 받기 위해 기다리는 데 많은 시간을 낭비하고 있었다. 즉 비효율적인 교사의 학생들은 "이제 무얼 해요?", "다 했으면 다른 것을 해도 되요?", "다 한 것은 어디다 놔요?" 등의 질문을 계속하면서 교사의 지시를 기다렸다. 또, 효율적인 교사는 학생이 규칙이나 절차를 어겼을 때 반드시 책임을 묻지만, 비효율적인 교사는 학급을 잘 감독하지 못하고 학생들이 정해진 규칙이나 절차를 위반해도 잘 알아채지 못해 즉시 적절하게 제재하지 못한다.

학기 초에 규칙과 절차를 명시한 후에는 계속 규칙과 절차가 잘 시행되어 학생들이 생산적인 수업에 참여하고 있는지를 끊임없이 모니터하는 일이 필요하다. 중 고등학교 교사는 초등학교 교사처럼 규칙과 절차를 설명하는 데 많은 시간을 쓰지 않는다. 대신, 학급운영을 효율적으로 하는 교사는 비효율적인 교사에 비해 각 학생들의 학습 진행정도를 계속적으로 점검해 나가는 데 더 유능하였다(Everston & Emmer, 1982). 주어진 과제가 각 학생의 능력에 적합한지를 조사하고 그에 따라 수업방법을 변화시키기도 하고, 제출해야 할 과제에 대하여 상세히 설명하였다. 또, 학생들이 과제를 정확하게 이해하고 있는지, 과제가 어느 정도 진행되고 있는지를 늘 파악하며, 제출된 과제를 적절한 피드백과 함께 되돌려 줌으로써 학생들로 하여금 과제를 완성할 수 있도록 도와주었다. 그렇다고 해서 효율적인 학급운영이 교사의 감독 속에서 재미없고 경직된 수업이 이루어지는 것을 의미하는 것은 절대 아니다. 효율적인 교사는 학생들과의 상호작용에서 더 많이 웃고 재미있는 농담도 더 많이 하였다(Moskowitz & Hayman, 1976). 수업을 방해하는 바람직하지 않은 행동이 사라짐으로써 수업은 매끄럽게 진행되어 나가고, 교사는 학생들로 하여금 협동적인 분위기 속에서 학습에 적극적으로 참여하게 한다.

2) 성공적 학급운영의 기술

성공적으로 학급을 운영해 나가기 위해서는 문제가 발생한 후가 아니라 발생하기 전에 예방하는 것이 필요하다. Jocob Kounin의 연구(1970)도 효율적인 교사가 비효율적인 교사에 비해 훈육 면에서 별 차이가 없었으나 문제를 예방하는 면에서 더 유능함을 밝혔다. 학급운영에 관한 기존의 연구들은 성공적인 학급운영에 도움이 되는 기술을 다음과 같이 제안한다.

withitness
학급에서 일어나고 있는 모든 일을 교사가 알고 있고, 함께 하고 있음을 학생에게 전달하는 것

첫째, 교사는 학급 내에서 일어나는 모든 것을 알고 있고 함께 하고 있음(withitness)을 학생들에게 보여주어야 한다. '머리 뒤에 눈을 가지고 있는' 것처럼 '알고 있는' 교사는 문제가 발생할 가능성이 있을 때 즉시 개입할 수 있어 문제가

심각해지도록 내버려 두지 않는다. 반면에, 비효율적 교사는 잘못된 행동에 너무 늦게 개입하고(timing error), 엉뚱한 학생을 야단치고(target error), 과잉반응을 한다. 유능한 교사는 소수의 학생과만 상호작용하지 않고, 개개의 모든 학생들과 눈맞춤을 하면서 항상 학급을 둘러본다. 따라서 학생들은 자신들이 늘 관찰되고 있음을 느낀다. 학급 내에서 진행되는 일을 교사가 다 알고 있다고 학생이 느낄수록, 학급 내의 바람직하지 않은 행동에 학생이 참여하는 횟수는 점차 줄어 든다.

둘째, 여러 상황을 동시에 처리할 수 있어야 한다(overlapping). 교사가 수업을 진행하고 있는데 두 학생이 떠들고 있는 장면을 상상해 보자. 당신이 교사라면 이 상황을 어떻게 처리하겠는가? 갑자기 수업을 멈추고 두 학생을 불러세워 야단을 치고 주의를 준다면, 수업의 흐름은 끊어지고, 다른 학생들은 수업보다 무슨 이야기를 그렇게 재미있게 했을까 하는 데 더 흥미를 갖게 된다. 학생들의 주의를 그쪽으로 돌리게 하기보다는 수업을 진행하면서 떠드는 학생쪽으로 천천히 다가감으로써 학생들의 떠드는 행동을 멈추게 할 뿐 아니라, 수업도 방해받지 않을 수 있다.

overlapping
동시에 여러 활동이나 상황을 처리함

셋째, 수업은 처지지 않게 원활하게 진행되어야 한다. 어떤 교사는 수업을 진행하면서 뚜렷한 이유없이 수업과 관련없는 이야기를 하거나 행동을 함으로써 수업의 흐름을 스스로 끊어 놓기도 한다. 또는 새로운 과제를 시작할 때나 다른 과제로 진행해 나갈 때 지나치게 진행을 느리게 하고, 한 번에 한 집단이나 소수의 학생들과만 상호작용하기 때문에 다른 학생들을 막연히 기다리게 만들기도 한다. 이런 경우 학생들은 그 과제에 흥미를 잃고 지겨워 하기 쉽다. 예를 들어, “자 모두들 종이 한 장씩 꺼내요. 다 꺼냈나요? 시작합니다. … 자, 연필을 들고...왼쪽 위에 자신의 이름을 써요. … 다 썼나요?… 다 못 쓴 사람 손 들어 봐요. 이제 다 썼으면, 오른 쪽 끝에는 오늘 날짜를 쓰세요…. 오늘이 며칠이더라….” 하거나, 화학실험 시간에 “민석아, 이제 비이커에 노란 시약을 섞어라. 잘했어. 이제 은미 차례지. 은미도 섞어봐…” 이런 교사의 계속적인 지시가 끝날 때쯤에 이미 학생들은 지겨워져 있을지 모른다.

넷째, 학급 전체가 수업활동에 참여하도록 노력해야 한다. 대부분의 교사는 책을 읽히거나 질문을 할 때, 출석부 번호순으로나, 날짜에 따라 2일이면 ‘2번, 12번, 22번…’ 으로, 또는 좌석에 따라 ‘2분단에 있는 학생들이 차례로’ 이렇게 지명하는 경우가 많다. 이런 식으로 수업이 진행되어 나가면 학생들은 자신의 순서를 쉽게 예상할 수 있기 때문에, 많은 학생들이 쉽게 소극적인 청취자가 되고, 순서에 끼지 않거나 이미 자신의 차례가 지나가 버린 경우 학습에 흥미를 잃기도 한다. 질문을 하는 경우에도 먼저 한 학생의 이름을 호명하고 질문을 하는 경우가 종종 있다. 이런 경우 호명되지 않은 많은 학생들은 질문에 대한 답을 적극적으로 생각하지 않게 된다. 따라서, 먼저 질문을 하고 잠시 학생들에게 생각할 시간을 갖게 한 뒤에 정해지지 않은 순서에 따라 학생을 지명하는 것이 좋다. 또는 한 학생을 칠판으로 불러 내어 문제를 풀게 하는 경우에, 다른 학생들에게도 똑같은 문제를 풀게 한 후, 몇 명의 학생을 지명하여 자신의 답과 비교하게 한다. 이러한 방법은 학생들에게 수업시간에 어느 정도의 긴장을 주면서 모든 학생들을 수업에 참여하게 해 생산적인 수업을 가능하게 한다.

3)학급의 문제를 해결하는 방법

(1) 훈육

훈육
학급 내의 질서를 확립하기 위하여 사용하는 기법

교사가 아무리 학급을 효율적으로 운영한다 하더라도 모든 문제를 미연에 방지할 수는 없다. 학생이 수업을 방해하는 좋지 못한 행동을 할 때 교사는 어떻게 대처해야 하는가? 훈육(discipline)이란 학급 내의 질서를 확립하기 위하여 사용되는 기법으로, 모든 교사는 교실 내에서의 훈육문제에 부딪친다. 훈육에 대한 행동주의적 접근(제 7장 참조)에서는 효율적인 학급운영을 위해 바람직한 행동을 강화하면서 바람직하지 못한 행동에는 벌의 사용과 행동수정을 제안한다. 교사는 학생에게 불쾌하거나 화난 표정을 보이는 것부터 시작해서, 타암 아웃을 사용하여 격리하기도 하고, 언어적으로 질책하거나, 학생에게 주어 지는 정적 강화를 박탈하기도 하고, 신체적 처벌을 주기도 한다. 그러나 신체적 처벌은 매우 주의깊게 사용되어야 하며, 실제로 언어적 경멸이나 신체적 처벌은 궁극적으로 학생의 자기통제감을 발달시키는 데 별 효과가 없을 뿐만 아니라, 도리어 학생에게 저항심과 분노심을 불러일으키게 하기 쉽다.

교사가 학생을 훈육하는 데 사용한 시간과 학생의 학업성취는 부적 상관이 있음을 많은 연구는 보여 주고 있다(Stallings and Kaskowitz, 1974; Everston et al., 1980; Crocker and Brooker, 1986). 예를 들어 수업시간에 학생이 떠들 때마다 일으켜 세워 이유를 묻고, 야단을 치고, 벌을 준다면, 상대적으로 수업진행은 많은 방해를 받게 된다. Robert E. Slavin(1991)의 '최소 개입의 원칙(the principle of least intervention)'이 의미하듯이 바람직하지 않은 행동에 대한 교사의 개입은 수업과 다른 학생을 방해하지 않게 빨리 최소한으로 이루어져야 한다. 하루에도 여러 번 발생하는 바람직하지 않은 행동을 효과적으로 다루면서 동시에 수업도 방해받지 않기 위해서 교사는 언제, 어느 정도 개입하여야 하는가? 학생이 행한 바람직하지 않은 행동의 정도에 따라 교사가 어떻게 개입하여야 하는지를 다음과 같이 구분할 수 있다(Eggen and Don Kauchak, 1992; Slavin, 1991).

첫째, 비언어적 신호를 활용한다: 떠들고 있는 학생과 눈을 맞추거나 그 학생 가까이 간다. 그래도 그 행동을 멈추지 않으면 학생이 해야 할 과제를 손으로 가르키거나 가볍게 한 손을 학생의 어깨에 올려놓는 등의 신호를 통해 "나는 지금 네가 무얼 하고 있는 지 알아. 이제 과제로 돌아가라."라는 메시지를 확실하게 전달할 수 있다. 이때 학생이 부적절한 행동을 실제로 멈추었는지를 확인한 후 하던 일로 되돌아가야 한다. 이렇게 단지 비언어적 신호를 학생에게 보냄으로써 수업을 중단하지 않고도 교실 내의 사소한 문제는 해결될 수 있다.

둘째, 바람직한 행동을 칭찬한다: 그 학생이 바람직한 행동을 할 때 칭찬하는 것은 바람직하지 않은 행동을 예방한다는 점에서도 매우 효과적이다. 초등학생의 경우라면 직접 수업시간에 "오늘 수업시간에 민수는 참 조용히 열심히 공부하고 있구나."라고 칭찬할 수 있다. 중 고등학생이라면 수업 후에 교무실에 불러, "네가 낸 숙제를 보니 지난 주에 열심히 노력한 흔적이 보이더라. 참 잘했어. 자, 계속 열심히 해라."라고 바람직한 행동을 칭찬할 수 있다. 또 관찰학습에 의한 대리적 조건형성(제7장 참조)이 가능하므로 다른 학생의 바람직한 행동을 칭찬하는 것도 그 학생의 바람직한 행동을 형성하는 데 도움이 된다.

셋째, 따라야 할 규칙이나 절차를 상기시킨다: 학생이 학급의 절차를 따르지 않으면 그것을 상기시켜 주고, 학생의 잘못된 행동을 그만두도록 말한다. 이때 무엇보다도 메세지는 "그런 행동 그만둬." 보다는 "우리 교실에서는 다른 사람을 귀찮게 하는 행위는 용납되지 않는다."식으로 정확하게 말해져야 한다. 또한 감정적 적대적 금지는 학생을 저항하게 할 수 있으므로, 분명하지만 적대적이지 않은 방식으로 말한다. 교사가 규칙이나 절차를 상기시켰음에도 불구하고 학생이 계속 따르기를 거부할 때, 가장 좋은 방법은 학생의 핑계나 주장에 대해 학생과 불필요하게 논쟁하지 말고 규칙이나 절차를 학생이 따를 때까지 계속 단호히 상기시키는 것이다. Les Canter와 Marline Canter(1976)는 이 방법을 '고장난 전축(broken record)' 전략이라고 칭했다. '고장난 전축' 전략의 예는 다음과 같다.

선생님: "민수야, 이제 주어진 과제를 시작해야 한다."
민수: "이 게임만 끝나면 곧 할께요. 1분만 있으면 돼요."
선생님(단호하게): "민수야, 알겠어. 그러나 지금 과제를 시작해야 한다."

민수: "선생님은 언제나 게임에 시간을 충분히 주지 않아요."

선생님(조용히, 단호하게): "그게 지금 초점이 아니지. 지금 과제를 시작해야 한다."

민수: "나는 그 과제가 재미없어요."

선생님(단호하게): "알겠어. 그러나 지금 그 과제를 시작해야 한다."

민수: "예, 선생님. 알겠어요. 지금 곧 시작하지요."

민수는 계속해서 '시간을 충분히 주지 않는다', '과제가 재미없다'는 등의 문제를 제기하나 교사는 단호히 민수가 해야할 것을 재진술한다. 이 방법을 통해 교사는 과제와 관련없는 불필요한 긴 논쟁을 피하고 학생이 무엇을 해야 할지를 확실하게 전달할 수 있다. 물론 학생의 불평이 타당하거나 제기된 문제가 논의해 볼만한 것인 경우에, 교사는 이를 적절하게 다루어야 한다. 그러나 학생들은 단지 변명하기 위한 주장을 하는 경우도 많으므로 이에 적절히 대처할 수 있어야 한다.

넷째, 부적절한 행동에 상응하는 벌칙을 부과한다: 위의 세 단계를 거쳤음에도 부적절한 행동을 계속하는 경우, 교사는 학기 초에 미리 설정해 놓았던 원칙에 따라 벌칙을 부과해야 한다. 예를 들어, 그 정도에 따라 10분 동안 교실 밖에 나가 있거나, 점심시간이나 방과 후에 교실에 남아서 자습을 해야 한다거나, 부모님의 편지를 받아오는 등의 벌칙이 주어진다. 이때 역시 수업진행을 방해받지 않기 위하여 벌칙 부과는 신속히 이루어져야 한다. 벌칙 부과시 지켜야 할 중요한 원칙의 하나는 일관성이다. 벌칙이 일관성있게 주어져야만 학생들은 자신의 부적절한 행동의 결과를 예측할 수 있어 점점 그 행동을 하지 않게 된다.

〈표 12-1〉 훈육시 교사의 개입 행동

교사의 개입행동	언제(학생의 행동)	예
비언어적 신호 사용	순간적인 사소한 잘못된 행동을 할 때	민수가 철호한테 속삭이고 있을 때 민수를 눈으로 응시하면서 수업은 계속 진행해 간다.
바람직한 행동을 칭찬	대부분의 학생이 규칙을 따르고, 몇 명만이 위반할 때	"오늘 민수도, 철호도 좋은 수업태도를 가져서 선생님은 참 기쁘다."
언어적 경고사용	비교적 사소한 잘못된 행동을 할 때	"민수, 책 31쪽을 펴라" "수업시간에 말할 것이 있으면 반드시 먼저 허락을 받아야 한다."
규칙이나 절차 상기시킴 적절한 벌칙 부과	비행의 정도가 심하거나 금지된 행동을 반복할 때	"교실 뒤에서 손들고 10분 서 있어라" 선생님의 편지에 부모님의 도장을 받아오게 한다.

(2) 효율적인 의사 교환

훈육에 대한 새로운 접근방법으로서 인본주의 심리학자 Carl Rogers의 인간관계에 기초한 Thomas Gordon의 '교사 효율성 훈련(Teacher Effective Training; T. E. T)'을 들 수 있다. T. E. T에 의하면, 문제가 발생했을 때 교사와 학생간의 대화를 통한 의사교환이 가장 중요하다. 따라서 T. E. T의 목적은 효율적인 의사교환의 기술을 발달시켜 교사와 학생간의 관계를 개선하는 데 있다.

'교사 효율성 훈련' Gorden에 의해 개발된 방법으로 교사와 학생간의 의사교환의 기술을 발달시키는 데 중점을 둠.

적극적 경청 효율적인 의사교환이란 무엇인가? 우리는 의사교환할 때 단순히 단어를 교환하는 것이 아니라 그 단어 속에 숨겨져 있는 메시지를 함께 전달한다. 다음의 예를 한 번 살펴 보자.

〈예 1〉

교사: "지수야, 네 숙제는 어디있니?"
지수: "숙제를 그만 책상 위에 두고 안 갖고 왔어요."
교사: "또? 내일 숙제를 가져올 때 숙제를 어제 했다는 엄마의 확인 편지를 같이 갖고 와라. 확인없이는 점수를 줄 수 없다"

위의 예에서 교사는 자신이 한 말보다 훨씬 많은 것을 전달하고 있다. 즉 교사의 말 속에서 지수는 '너는 거짓말하고 있구나. 널 믿을 수 없어. 네가 숙제했다는 증거가 필요해.' 라는 메시지를 전달받는다. 이처럼 대부분의 교사가 학생에게 하는 말은 주로 평가, 판단, 비판, 설교, 교화, 훈계, 명령 등으로 이것들은 현재 상태로는 너를 받아들일 수 없다는 메시지를 전달한다. 이러한 비수용의 언어는 사람의 마음을 닫게 하고, 자기를 방어하게 하고, 불안하게 만든다.

Gordon은 효율적인 의사교환의 방법으로 적극적 경청(active listening)을 제시한다. 적극적 경청이란 학생의 말을 판단하지 않고, 때때로 학생의 말을 요약하거나 풀어서 다시 정리하면서 귀를 기울이는 것으로, 학생들은 자신의 생각과 감정이 존중되고, 이해되고, 수용되고 있다고 느낀다. 이러한 수용의 감정을 갖게 하는 적극적 경청은 마음을 열게 해 대화를 조장하고, 자신의 감정을 표현하게 하며 스스로 문제의 근본이 무엇인지 밝히고 해결하도록 하는 데 도움을 준다. 나아가 교사에 대한 신뢰감도 발달시키며, 교사와 학생의 관계는 상호이해, 상호존중, 상호관심을 갖는 관계로 발전한다. 위의 예를 적극적 경청을 사용하여 바꾸어 보자.

적극적 경청 상대방의 말을 평가하지 않고, 그 말 속의 의도와 정서를 이해하고 있음을 다른 말로 바꾸어 전달함

〈예2〉

교사: "지수야, 네 숙제는 어디에 있니?"
지수: "숙제를 그만 책상 위에 두고 안 갖고 왔어요."
교사: "숙제를 잊고 안 가져 왔단 말이지."
지수: "집에 전화해서 어머니께 갖다 달랠 수도 있지만 엄마가 안 계실지 도 몰라요."
교사: "그렇다면 어떻게 해야 될까?"
지수: "숙제 양이 많지 않으니까 쉬는 시간과 점심시간을 이용하면 다시 할 수 있을 것 같아요. 선생님이 늦게 내는 걸 허락하시면요."
교사: "너는 어떻게 해야 할지를 다 해결한 것 같구나."

'나 메시지'의 사용 '교사 효율성 훈련'에서는 누가 문제를 소유하고 있느냐에 따라 문제가 해결되는 방법이 다르다고 본다. 만약 그 행동이 학생 자신에게 방해가 되거나, 직접적으로 교사의 가르치는 행위를 방해하지 않는다면 그것은 학생의 문제이다. 학생이 문제를 소유한 경우에 교사는 그 학생이 자신의 해결책을 찾도록 돕는 상담자의 역할을 해야 한다. 즉 적극적 경험의 방법을 사용하며 문제의 해결을 도울 수 있다.

그러나, 학생들의 어떤 행동이 - 예를 들어, 수업시간에 계속 떠들거나, 실험도구를 깨거나, 교실을 어지럽히거나, 서로 싸우는 행동 등 - 수업을 방해하고 있거나, 화를 나게 한다고 교사가 느낄 때, 교사는 문제를 소유하게 된다. 이럴 때 흔히 교사는 해결 메시지(solution message)를 사용하여 학생에게 무엇을 해야 하고, 무엇을 하지 말아야 하는지를 전달하거나, 평가, 비판, 조롱 등을 담고 있는 억압 메시지를 사용한다(put-down message). "당장 제자리에 갖다놓아라." 또는 "한번만 더 떠들면 쫓아내겠다."와 같은 해결 메시지인 경우 교사가 학생에게 기대하는 것은 복종뿐으로, 이런 식으로 계속 문제를 해결하면 학생은 교사의 지시를 불쾌하게 생각하고 자신의 해결책만을 강요하는 교사에게 대항하게 될지도 모른다. "너는 정말 사고뭉치야." 혹은 "너는 항상 졸기만 하니!"와 같은 억압 메시지는 학생의 부정적인 자아상을 더욱 나쁘게 내면화시키거나, 때로는 자기방어를 위해 교사에게 대항하게 만들기도 한다. 〈예1〉의 경우를 교사소유의 문제로 봤을 때(즉 교사가 학생의 행동으로 짜증이 난 경우), 교사의 말에는 해결 메시지와 억압 메시지를 다 포함되어 있다. 교사가 문제를 소유할 때 '나 메시지(I message)'를 사용하면 문제를 효율적으로 해결할 수 있다.

해결 메시지
상대방에게 무엇을 하거나 하지 말라고 해결책을 명령함

억압 메시지
상대방을 비판, 평가하고 조롱하는 내용을 전달함

나 메시지
어떤 사건이 나에게 어떤 영향을 미치고 있는가에 대해 이야기함

나 메시지는 학생의 행동에 대해 교사가 어떻게 느끼고 영향받는지를 학생에게

전달하는 것이다. "너희들이 수업중에 계속 떠들기 때문에 나는 수업을 진행할 수가 없어. 너희들을 어떻게 조용히 시켜야 할지 나는 정말 답답하구나."가 하나의 예로, 여기에는 문제가 일어난 장면과 그것이 미친 영향, 그 영향 때문에 교사에게 일어나는 감정이 다 포함되어 있다. "너희는 수업중에 계속 떠들기만 하는구나. 도대체 언제 철이 들래?"라는 '너 메시지'에 비해 학생의 부정적인 감정을 야기하지 않으면서 학생으로 하여금 미안함이나 죄의식을 느끼게 한다. 이러한 감정의 표출이 때로 '결점이 없어야 하는 교사로서의 이미지'를 손상시킬지도 모른다는 점에서 교사에게 부담스럽게 느껴지기도 한다. 그러나 교사의 나 메시지는 교사가 솔직하고, 정직한 그래서 학생과 의미있는 관계를 맺을 수 있는 사람이라고 알려 주는 역할을 한다.

일단 교사가 나 메시지를 보내면, 문제의 소유는 교사에서 학생으로 옮겨진다. 이제 문제를 해결하기 위해서는 다시 적극적 경청을 사용해야 한다. 나 메시지에서 적극적 경청을 사용하지 않고 대결방법을 계속 사용하는 경우 〈예 3〉과 적극적 경청으로 바꾸는 경우 〈예 4〉를 비교해 보면, 어떤 것이 문제 해결에 효과적인지 확실히 알 수 있을 것이다.

〈예 3〉 나 메시지의 계속 사용과 대결

교사: "너희들이 수업중에 계속 떠들기 때문에 나는 수업을 진행할 수가 없어. 너희들을 어떻게 조용히 시켜야 할지 나는 정말 답답하구나."
학생: "죄송해요. 하지만 칠판에 글씨가 안 보여서 자꾸 물어 볼 수 밖에 없어요."
교사: "알겠어. 그래도 계속 수업시간에 그러면 수업에 지장이 있지. 내가 수업을 진행해 나갈 수가 없거든." (두번째 나 메시지)
학생: "장난을 친 것도 아닌데 왜 그렇게까지 생각하시는지 모르겠어요."
교사: "네가 고칠 생각은 안 하고 계속 네 입장만 이야기하면 선생님은 더 답답하구나." (세번째 나 메시지)
학생: "그러면 이제 글씨가 안 보여도 물어 보지 말고 보이는 대로 필기하면 되잖아요."
교사: "네 태도가 그게 뭐냐? 지금부터 떠들지 말고 당장 앞좌석으로 자리 바꿔."(판단, 지시적 너 메시지)
학생: (앞으로 자리를 옮기면서) "선생님이 글씨를 작게 쓰면서 괜히…"

〈예 4〉 나 메시지와 적극적 경청의 사용

교사: "너희들이 수업중에 계속 떠들기 때문에 나는 수업을 진행할 수가 없어. 너희들을 어떻게 조용히 시켜야 할지 나는 정말 답답하구나."
학생: "죄송해요. 하지만 칠판에 글씨가 안 보여서 자꾸 물어 볼 수 밖에 없어요."
교사: "필기를 잘 하려고 하는 데 칠판이 잘 안 보인다는 말이니?"
학생: "네, 눈이 나빠졌는지 잘 안 보여요."
교사: "그렇다면 계속 잘 안 보일 텐데, 자꾸 물어 볼 수도 없고, 문제구나."
학생: "제가 옆의 친구에게 물어 보는 것이 수업에 그렇게 방해가 되는 줄 몰랐어요. 아주 작은 소리로 물어 본다고 했는데."
교사: "그렇게 작은 소리가 수업을 방해할 줄 몰랐었나 보지?"
학생: "이제 알겠어요. 칠판이 잘 보이게 앞쪽으로 자리를 옮겨도 될까요? 그러면 물어보지 않아도 되니까. 시간나는 대로 안과에 가서 눈 검사를 해야겠어요."
교사: "그렇다면 이제 문제는 해결되겠는데."

갈등과 타협 만일 적극적 경청과 나 메시지 사용이 실패하고 학생이 잘못된 행동을 계속한다면, 교사와 학생은 갈등상항에 놓이게 된다. 갈등상황에서는 서로를 더 나쁜 사람으로 보게 되어, 행동을 정확하게 지각하는 것이 점점 힘들어진다. 갈등적 토론이 몇 분 계속되면, 원래의 문제는 사라지고 상호 비난과 자기 방어만이 남는다(Johnson & Johnson, 1994).

교사와 학생간의 갈등을 어떻게 해결해야 하는가? 교사가 해결을 전적으로 떠맡을 수도 있고, 반대로 교사가 학생의 요구에 따를 수도 있다. 이 두 경우 모두 누군가는 패자가 되는 것으로 좋은 해결책이 아니다. Gordon(1981)은 '패자 없는 방법' (no-lose mothod)을 추천한다. 여기서는 교사와 학생 모두의 욕구가 해결을 위해 고려된다. 누구도 한 사람만 전적으로 양보하기를 기대하지 않으며, 서로에게 존중하는 마음을 갖는다. 이 방법은 다음의 여섯 단계의 문제해결 전략을 거친다.

① 문제 규정 : 개입된 행동들은 정확히 무엇인가? 각 사람은 무엇을 원하는가?

② 가능한 여러 가지 해결책을 생각해내기 : 많은 아이디어를 생각해내지만 아직 평가를 내려서는 안 된다.

③ 각 해결책을 평가하기 : 아이디어를 거부할 수 있고, 어떤 해결책도 받아들일 수 없으면 다시 아이디어를 모은다.
④ 결정내리기 : 합의에 의해서 양쪽이 다 만족하는 해결책을 선택한다.
⑤ 해결책의 실행 결정하기 : 누가, 언제, 어떻게 등의 방법을 결정한다.
⑥ 해결책의 성공 평가하기 : 해결책을 한동안 시도한 후 만족하는지, 변화를 원하는지에 대한 의견을 교환한다.

'교육의 질은 교사의 질 그 이상도 그 이하도 아니다.'

2. 교사의 변인

아무리 훌륭한 교육이론이나 교육개혁도 교사를 통하지 않고서는 실천으로 옮겨질 수 없다. 근본적으로 훌륭한 교사 없이는 훌륭한 교육이 이루어질 수 없다. 한편, 교사가 지닌 기대와 신념체계는 관찰가능한 행동을 통해서 직접적으로, 또는 은연중에 이루어지는 의사소통을 통해서 간접적으로, 학생들의 학습동기와 학업성취에 영향을 미친다. 이에 자신과 자신의 일에 대해 교사가 갖는 신념과 학생에 대한 기대 등의 교사의 심리적 변인이 학생에게 어떤 영향을 미치는 지를 살펴보기로 한다.

1) 교사효능감

교사효능감
교사변인이 학생들의 성취에 얼마나 영향을 미칠 수 있을 것인지에 대한 교사의 지각

좋은 교사가 되기 위한 조건으로 전공과목과 교육학에 대한 해박한 지식, 학생에 대한 이해와 사랑 등이 가장 먼저 거론된다. 그러나 그것들이 좋은 교사의 충분조건은 되지 못한다. '모든 사람의 행동은 그가 행동하는 순간에 지각되는 그의 지각장의 함수이다'(Behavior is a function of the behavior's perceptual field at the instant of behaving : Combs, 1984)라는 지각심리학의 측면에서 보면, 교사가 교직에 대하여 갖고 있는 태도와 교사로서 자신을 어떻게 보고 있느냐의 지각이 교사직을 수행하는 데 중요한 영향을 끼친다. 가르치는 행위가 학생의 학업성취를 향상시키며, 교사인 자기 자신이 그러한 역할을 잘 해 낼 수 있으리라는 믿음이 필요하다. 교사효능감(teacher's sense of efficacy)은 교사변인이 학생의 성취에 얼마나 영향을 미칠 것인가에 대한 교사의 지각을 의미하는 것으로, Albert Bandura의 자기효능(self-efficacy) 이론에 그 기초를 두고 있다. 자기효능이란 자기 능력에 대한 판단에 기초하여 주어진 행동을 얼마나 성공적으로 수행할 수 있는지에 대한 신념을 말한다.

가르치는 행위에 대한 효능감
교수행위와 학습결과 간의 일반적 관련성에 대한 교사의 지각

개인적 교사 효능감
학생들의 긍정적 변화를 일으킬 수 있는 자신의 능력에 대한 교사의 개인적 평가

교사효능감은 '가르치는 행위에 대한 효능감'(teaching efficacy)과 '개인적 교

〈표 12-2〉 교사의 낮은 효능감의 두 차원

낮은 교사효능감

가르치는 행위에 대한 낮은 효능감 (일반화된 무력감)	낮은 개인적 교사효능감 (개인적 무력감)
일반화된 무력감에서 비롯된 부정적인 기대	개인적 무력감에서 비롯된 부정적인 기대

인지적 결손	동기적 결손	정서적 결손
교사가 학생을 동기화시킬 수 있다는 사실을 인식하기 어렵다	소극적이며 노력을 기울이지 않는다	없음: 학생의 실패에 대해 개인적으로 책임을 느끼지 않아 스트레스를 받지 않음

인지적 결손	동기적 결손	정서적 결손
교사가 학생을 동기화시킬 수 있다는 사실을 인식하기 어렵다	소극적이며 노력을 기울이지 않는다	높은 스트레스와 우울감, 죄책감, 수치감을 느낀다

사효능감' (personal teacher efficacy)의 두 차원으로 구분될 수 있다(Ashton & Webb, 1986; Gibson & Dembo, 1984; Denham & Michael, 1981). '가르치는 행위에 대한 효능감'이란 가르쳐서 학생의 학업성취를 변화시킬 수 있다는 교사의 지각을 의미하고, '개인적 교사효능감'이란 자기 자신의 가르치는 능력에 대한 지각을 말한다. 교사효능감을 이렇게 두 차원으로 구분하는 이유는 〈표 12-2〉가 보여주는 것처럼 각각의 차원이 서로 다르게 교사의 정서와 행동에 영향을 미치기 때문이다(Ashton & Webb,1986). 일반적인 가르치는 행위 자체에 대한 낮은 효능감은 학생의 실패를 당연히 받아들이고, 그 이유를 학생이나 환경의 탓으로 돌리기 때문에, 교사는 자존심의 상처를 받지 않고 스트레스를 경험하지 않는다. 반면, 개인적 교사효능감이 낮은 교사는 학생의 실패에 대한 책임을 자신이 인정하며, 자신의 능력부족을 느끼고 스트레스를 경험하며 자존심의 상처를 받는다.

교사효능감이 교사의 효율성을 결정하는 중요한 변인이라는 관점에서 교사효능감과 교사의 행동, 나아가 학생의 학업성취에 미치는 영향을 밝히려는 시도가 있어 왔다. 특히 Ashton(1984)은 주제통각 검사(제9장 참조)를 통하여 교사효능감이 높은 교사와 낮은 교사간의 행동의 차이를 다음과 같이 제시했다.

〈표 12-3〉 교사효능감이 높은 교사와 낮은 교사의 비교

	교사효능감이 높은 교사	교사효능감이 낮은 교사
개인적 성취에 대한 지각	학생과 함께 하는 일을 긍정적으로 여기며, 긍정적 영향을 미칠 수 있다고 봄	자신의 가르치는 행위에 대해 실망과 좌절을 자주 함
학생의 성취에 대한 기대	학생들이 진보하고, 자신의 기대를 실현해 줄 것으로 기대함	학생의 실패를 기대하며, 자신이 노력해도 소용없을 것이라고 봄
학습에 대한 책임	결과의 책임을 자신에게서 찾으며, 실패 학생에게 보다 도움이 될 수 있도록 노력한다	책임을 학생에게 묻고, 실패의 원인을 학생의 능력, 가정환경, 태도 등에서 찾는다
목표 달성을 위한 전략	교수-학습을 계획하고, 목표를 수립하고 달성하기 위한 전략을 세운다	특별한 목표를 가지지 않으며 전략도 없다
정 서	가르치는 행위와 학습자에 대하여 존재가치를 인정한다	학생에 대하여 부정적 태도를 갖고 실망을 자주 한다.
통제에 대한 지각	학생들의 학습에 영향력을 행사할 수 있다는 자신감을 가짐	학생에 대해 무력감을 경험
민주적인 의사결정	의사 결정과정에 학생을 참여시키며 목표 달성을 위한 전략을 수립할 때도 학생을 참여시킴	의사 결정과정에 학생들을 포함시키지 않고 일방적으로 결정

교사효능감이 높은 교사는 교실에서 학생과의 관계에 적극적이고 수용적인 태도를 가지며, 학생들의 느낌과 아이디어에 개방적인 태도를 보인다. 또, 문제 해결과정에서 학생들의 제안과 시도를 적극적으로 수용하며, 학생들이 보다 자발적이고 열성적이기를 기대하므로, 학생들의 내발적 동기를 자극하기도 한다.

학습에 대한 교사효능감은 학생들의 학업성취 수준에 따라 학생에게 각기 다르게 영향을 미친다. 높은 성취의 학생은 교사효능감의 높고 낮음에 관계없이 자신의 수행을 적절하다고 여기고, 자신의 능력과 잠재력을 긍정정으로 평가한다. 따라서, 교사의 영향이 학생의 포부수준이나 자아개념 형성 등에 그렇게 크게 작용하지 않을 수 있다. 그러나 학업성취가 낮은 학생에게 교사효능감은 매우 중요하게 영향을 미친다. 즉 낮은 성취의 학생은 자신의 학문적 능력을 부정적으로 평가하고 미래에 대해 확신을 가지지 못하기 때문에 외발적으로 동기화되는 경향이 있고 이런 점에서 교사의 역할은 매우 중요하다. 그러나 교사효능감이 낮은 교사는 일반적으로 낮은 성취의 학생에게 낮은 기대를 전달하여 외적으로 동기유발시키지 못한다.

우리 나라처럼 학교에서 교사와 함께 보내는 시간이 많은 경우에 더욱 더 교사의 역할은 중요하다. 인간은 스스로 자신이 하는 일에 믿음을 갖고, 또 자신의 능력을 긍정적으로 보는 경우에만 다른 사람들에게 '의미있는 타인'으로 존재할 수 있다. 교사가 학생들에게 의미있는 영향력을 미치기 위해서는 먼저, 자신이 하는 일, 즉 교직에서의 가르치는 행위에 대한 믿음을 가져야 한다. 또한 교사로서의 자기 자신을 긍정적으로 볼 수 있어야 한다. 자기 자신의 인생의 가치를 느끼고, 자신을 타인에게 필요한 존재로 보며, 자신에게 문제를 해결할 능력이 있다고 믿어야 한다. 교사는 자신을 아끼고 수용하고 존중함으로써, 타인, 즉 학생들도 아끼고 존중할 수 있게 된다. 교사가 학생에 대해 애정과 믿음을 갖고 그들을 인정해 줄 때, 학생들은 동기 유발되고 자신의 잠재력을 발휘할 수 있다.

2) 교사의 기대

학급에서 수업을 진행해 나갈 때, 또는 수업 이외의 시간에 학생과 접할 때, 교사는 모든 학생을 똑같이 대하고 있는가? 모든 학생에게 동등한 기회를 주며, 누구에게나 따뜻한 미소를 보내고 있는가? 때때로 교사들은 지난 학년 성적이나 전 학년 담임교사의 의견이 쓰여진 학생 생활기록부와 같은 객관적 자료에 기초해서, 또는 학생의 외모나 옷차림, 행동 등에 대한 자신의 주관적 판단에 의해서,

학기 초에 이미 학생에 대한 기대를 형성하기도 한다. 이러한 교사의 기대는 두 종류로 다르게 학생에게 영향을 미친다.

(1) 교사의 기대 효과의 두 종류: 자기충족적 예언과 기대유지 효과

비록 30년 전에 이루어진 연구이기는 하나, 우리는 교사의 기대가 학생의 학업 성취에 미치는 영향을 이야기할 때 Robert Rosenthal과 Lenore Jacobson의 연구(1968) "교실에서의 피그말리온(Pygmalion in the classroom)"을 빼놓을 수 없다. Rosenthal과 Jacobson은 한 초등학교의 학생들에게 비언어적 지능검사를 실시하면서, 교사에게는 그 검사를 학생들의 학업성취 정도를 예측하기 위해 고안되어진 검사라고 거짓으로 소개하였다. 검사 실시 후, 교사에게 뛰어난 학업성취가 예상되는 학생의 명단이 주어졌다. 그러나 실제로 이 명단은 연구자들에 의해서 무선으로 선정되어진 것으로, 명단의 학생들이 다른 학생보다 더 공부를 잘할 아무런 이유도 없었다. 8개월 후, 이 학교의 학생들에게는 다시 똑같은 비언어적 지능검사가 실시되었고, 그 결과 교사에게 주어진 명단 속의 학생들이 실제로 의미있는 지적 성장을 보였다. 무엇이 이런 결과를 야기했을까? 이 연구가 처음 발표되었을 때 대단히 큰 반향을 사회에 불러일으켰지만, 실험적 통계적 방법론 때문에 많은 비판을 받기도 했다(비판들을 검토하려면 Rosenthal의 1987년 연구를 참조할 것).

Rosenthal과 Jacobson의 연구는 바로 교사의 자기충족적 예언(self-fulfilling prophecy)이 교실 내에서 이루어지고 있음을 보여 준다. 자기 충족적 예언이란 어떤 기대가 실현될 것이라는 믿음을 갖고 이를 실현시키기 위해 노력하면, 결국 원래의 기대를 실현시킨다는 것이다. 이 연구에서 교사는 학생에 대해서 틀린 믿음을 갖고 있었지만, 결국 학생들은 처음의 틀린 믿음과 부합되는 결과를 보여 주었다.

자기충족적 예언
사실이 아니지만 기대하였기 때문에 기대한 대로 실현되는 것

또 다른 기대효과는 교실 내에서 더 빈번히 발견된다. 교사는 처음에 학생의 능력을 여러 가지 면으로 측정하여 비교적 정확히 판단하고, 그것에 맞추어 학생에게 반응한다. 이러한 교사의 행동에는 아무 문제도 없다. 그러나 수업이 진행되면서 학생들이 어떤 향상을 보이지만 교사가 학생의 그런 향상에 맞추어 학생에 대한 기대를 변경하지 않을 때, 문제는 발생한다. 교사의 바뀌지 않는 기대가 학생의 성취를 교사의 기대수준에 계속 머물게 하기 때문에 기대유지 효과(sustaining expectation effect)라고 불린다. 교사가 한 학생에 대해서 좀더 잘 할 것이라고 기대를 바꾸면 더 많은 기회와 격려를 주고 더욱 적절하게 가르치려고

기대유지효과
진보를 인정하지 않고 항상 그 수준일 것이라는 생각이 실제로 수행을 그 수준에 머물게 함.

노력하겠지만, 교사의 기대유지 효과가 이러한 교사의 행동을 저지한다.

Good과 Brophy(1991)는 교사가 학생들에 대해서 각기 다른 기대를 형성하며, 교사와 학생이 어떻게 상호작용을 하고, 결국 학생에게 교사의 기대가 어떻게 영향을 미치는가를 다음과 같이 제시하고 있다.

① 교사는 특정 학생에 대해 어떤 행동을 할 것인지, 얼마나 공부를 잘할지에 대한 기대를 형성한다.

② 이러한 다른 기대가 교사로 하여금 학생들을 기대한 만큼 다르게 대하게 만든다. 예를 들어, 한 학생이 공부를 잘 할 것이라고 기대하면 그 학생에게는 대답을 기다리는 데 더 많은 시간을 주고, 학생의 대답에 교사는 인정하는 미소나 눈빛을 더 많이 보낸다.

③ 이런 교사의 다른 태도는 각 학생에게 교사가 자신에게 기대하는 바를 전달하고, 학생의 자아개념, 성취동기, 포부수준에 영향을 미친다. 질문에 대해 보다 많은 기회와 격려가 주어진 학생은 보다 더 정확한 대답을 하게 된다.

④ 만일 교사가 어느 기간 동안 변함없이 일관적으로 자신의 기대대로 학생을 대하고, 학생이 그런 교사의 취급에 적극적으로 반대하지 않는 한, 이것은 학생의 성취와 기대를 형성하게 된다.

⑤ 시간이 지날수록 학생의 성취도 정도와 행동은 처음에 그 학생에게 기대되었던 정도에 부합되게 된다. 교사에 의해서 높은 기대가 주어졌던 학생은 높은 점수를 얻고, 낮은 기대가 주어졌던 학생은 낮은 점수를 얻는다.

교사는 여러 가지 정보에 의해 학생에 대한 기대를 형성한다. 지능검사 점수나 전 학년 성적은 가장 흔한 기대의 근원이 되며, 학생의 사회 경제적 계층, 성별, 신체적 매력 등도 정보의 근원이 된다. 이러한 정보에 의하여 다른 기대를 형성하면 차별적으로 학생을 대하게 된다. Brophy(1985)는 교사가 낮은 기대의 학생을 어떻게 차별적으로 대하는가를 다음과 같이 요약하였다.

① 낮은 기대를 하는 학생에게는 질문에 대한 대답을 듣기 위해 오래 기다리지 않는다.

② 대답을 얻어내기 위하여 다시 질문을 풀어 설명해 주거나 힌트를 주기보다는 다른 학생에게 쉽게 기회를 돌린다.

③ 실패했을 때 종종 더 많이 야단을 맞는다.

④ 성공했을 때도 공부 잘하는 학생에 비해 칭찬을 덜 받는다.

⑤ 이들의 반응에 대해서 적절하게 피드백이 주어지지 않고, 이들이 질문했을 때도 짧거나 불충분한 대답이 주어진다.

⑥ 교사가 관심을 덜 기울이고 상호작용도 빈번히 이루어지지 않는다.

⑦ 질문에 답할 기회가 덜 주어진다.

⑧ 교사로부터 멀리 떨어져 앉혀진다.

⑨ 긍정적인 미소나 눈맞춤의 기회가 적게 주어진다.

⑩ 더 잘하도록 요구되는 일이 드물다.

⑪ 공부 잘하는 학생에 비해 학습의 방해를 더 많이 받는다.

물론 학업성적이 높은 학생과 낮은 학생의 모든 차이가 단지 교사의 기대 때문만은 아니다. 때때로 교사는 학생에 대해서 세세한 기대를 형성하지 않으며, 기대를 형성했다 하더라도 학생에게 전달되지 않는 한, 학생에게 영향을 미치지 않을 수도 있다. 한편, 학생의 개인차도 그 학생이 교사의 기대에 일치하는 결과를 낳는가의 정도에 영향을 미친다. 즉 다른 사람과의 상호작용에서 타인이 자신에게 주는 조그만 단서에도 민감하게 반응하는 타인지향적인 학생일수록, 교사에게 아주 의존적인 학생일수록, 그 교사를 많이 좋아하는 학생일수록, 교사가 갖는 기대에 영향을 더 많이 받는다(Brophy, 1982).

(2) 교사 기대의 부정적 효과 피하기

교사가 어떤 학생에 대해 낮은 기대를 가지면 그 기대가 부정적인 영향을 미치기 때문에 학생에 대해 교사는 어떤 기대도 형성해서는 안 된다. 아니면 오직 긍정적인 기대만을 갖는 것이 최선이다, 어떻게 주장해야 하는가? 이중의 어떤 것도 적절한 대안은 아니다(Good & Brophy, 1991). 먼저, 기대는 억제될 수도 피할 수도 없다. 우리는 누구나 다른 사람과 상호작용을 하면 기대를 발달시키게 되어 있다. 아무리 교사가 그 학생에 대한 다른 정보를 차단한다 하더라도 역시 기대감은 형성된다. 게다가 효율적인 수업계획을 하도록 도와주는 정보를 차단하는 것은 더 좋지 못하다. 둘째로, 긍정적 기대를 통해 학생들에게 성취할 수 있다는 긍정적인 믿음을 전달하는 것은 좋지만, 학생이 성취할 수 없는 비현실적인 기준은 학생에게 좌절과 실패를 안겨주기 쉽다.

또한 교사는 일반적으로 사용하는 칭찬에 대해서도 다시 생각해 볼 필요가 있다. 아마 "칭찬이 무엇이 나쁜가? 높은 기대를 전달하며 동시에 좋은 행동을 강화하는 것은 좋은 방법이 아닌가?"하고 의문을 가질지 모른다. 그러나 칭찬이 부적절하게 사용되면 오히려 성취행동을 저해할 수도 있음이 밝혀졌다(Brophy, 1981). 먼저 교사가 낮은 기대의 학생을 격려하려고 할 때, 종종 교사는 그 과제와 관련없는 것이나 덜 중요한 것들을 칭찬하곤 한다. 예를 들어, 수학문제를 다

푸는 것이 과제인 경우, 교사가 학생의 숙제장을 깨끗이 잘 썼다고 칭찬하는 것은 별 도움이 안 된다. 만일 학생이 이렇게 과제와 관련없는 것들에 대한 교사의 칭찬을 자신의 능력 부족을 나타내는 것으로 받아들이면 문제는 더 악화된다. 이것은 학생의 자신감에 부정적으로 작용하고, "아마 선생님은 나를 멍청하다고 생각하시나 봐"라고 생각하게 만들 수 있다.

또한 칭찬의 효과를 학생의 발달단계 측면에서도 고려해야 한다. 어린 학생들은 노력이나 능력을 비슷한 것으로 파악하기 때문에, 노력에 대한 칭찬을 통해 자신의 능력에 대해 지각을 증진시킬 수 있다. 반면에, 능력과 노력을 다른 것으로 파악하는 고학년 학생들에게 지나치게 노력을 칭찬하는 것은 그들의 능력에 대해서 교사가 낮은 기대를 하고 있다는 것으로도 해석될 수 있다.

Brophy(1981)는 어떻게 칭찬을 효율적으로 할 수 있는지에 대한 지침을 제공하였다. 즉 진실한 향상이나 성취를 칭찬하며, 칭찬을 하는 이유를 명확히 밝히고, 때로는 전체학급에서의 공개적인 칭찬은 학생을 당황하게 만들기도 하므로 개인적으로 칭찬이 주어져야 하기도 하며, 노력과 능력으로 성공을 귀인해 주어야 한다.

교사는 그들의 행동이 학생에게 해가 되고 있지는 않는지를 확인하기 위하여 학생에 대한 자신들의 행동을 계속 모니터해야 하며, 학생이 변화를 보일 때 교사의 반응도 변화되어야 한다. 학생에 대해서 고정적인 낮은 기대를 형성하지 않고, 또는 교사의 낮은 기대가 학생에게 전달되지 않도록 하는 것은 효율적으로 학급을 운영하기 위해서 교사가 직면하는 큰 도전이다. 다음의 가이드라인은 이런 문제를 해결하는 데 많은 도움을 줄 수 있을 것이다.

교사기대의 부정적 효과를 피하는 지침(Wolfork, 1990).

① 시험 결과, 전학년의 생활기록부, 다른 교사의 평 등으로부터 얻을 수 있는 정보를 매우 조심스럽게 사용해야 한다.

예: 학기가 시작되어 몇 주가 지날 때까지 생활기록부나 지난 학년 성적 등을 참조하지 않을 수도 있고, 다른 교사의 학생에 대한 나쁜 평을 비판적으로 객관적으로 받아들여라.

② 분단이나 집단편성에서 융통성을 발휘한다.

예: 집단별로 학생들의 성취를 검토해서 계속 새로운 집단형성을 시도해 보고, 숙제나 과목에 따라 집단을 다르게 편성하라. 협동학습에 능력 혼합 집단을 사용하라.

③ 모든 학생이 다 도전을 받고 있음을 인식해야 한다.
예: 다양한 난이도의 문제를 제공하고, 모든 학생에게 보너스 점수를 얻기 위해 좀 더 어려운 문제를 몇 개 더 풀도록 격려한다.

④ 수업중에 낮은 성취 학생에게 자신이 어떻게 반응하는지에 특히 주의를 기울여야 한다.
예: 그들에게 대답할 충분한 시간과 힌트를 주고 자주 대답할 기회를 주어야 한다.

⑤ 평가나 훈육에 있어서 공정해야 한다.
예: 같은 위반은 같은 처벌을 받게 한다. 무기명 질문지 등을 통해 자신이 얼마나 공정한지 학생에게 물어 볼 수 있고, 또는 주관식 시험의 경우 학생의 이름을 가리고 채점을 해 본다.

⑥ 모든 학생에게 그들이 학습할 것을 믿고 있음을 전달한다.
예: 기준에 미치지 못하는 과제는 향상할 수 있는 구체적인 제안을 적어서 되돌려 주거나, 질문에 즉시 대답하지 못하는 학생의 경우 기다려 주고 대답을 생각해 낼 수 있도록 도와준다.

⑦ 학습과제에 모든 학생을 참여시킨다.
예: 모든 학생에게 읽고 대답하고 말하는 기회가 공평하게 주어지고 있는지를 계속 점검한다.

⑧ 교사의 비언어적 행동을 모니터한다.
예: 어떤 학생에게는 가까이 접근한 적이 별로 없는가? 다른 학생들에게는 미소를 보내면서 어떤 학생이 가까이 다가오면 상을 찡그리고 있지는 않는지? 학생들에 대한 목소리의 톤은 어떤지 등을 조사한다.

연 구 문 제

1. 초등학교 5학년 담임을 맡게 되었다. 1년 동안 효율적으로 학급을 운영하기 위하여 학급 내에서 지켜야 할 규칙과 절차를 정하려 한다. 적절한 규칙과 절

차의 예를 10가지씩 만들어 보시오.

2. 점심시간을 이용해 농구를 하는 민수와 종호는 거의 매일 5교시 수업에 5분 정도 늦는다. 그들은 "종소리가 울리자마자 들어왔는 데요."라든가 "다른 애들이 공 정리를 안 해서 공 제자리에 놓고 오느라고요." 등으로 이유를 말한다. 어떻게 수업도 지장받지 않고, 학생들이 하고 싶은 농구도 하면서 문제를 해결해 나갈 수 있을지 방법을 예시해 보시오.

3. 교사의 학생에 대한 자기 충족적 예언은 학업성취가 낮은 학생에게 특히 부정적으로 영향을 미친다고 한다. 그 이유는 무엇인가? 교사의 기대를 어떻게 활용하면 학생의 학습에 긍정적인 도움을 줄 수 있는지 그 방안을 설명하시오.

제5부

평　가

제 13 장　학생의 성취도 평가

제 14 장　표준화 검사

교사는 학생들을 가르치면서 "과연 내가 학생들을 제대로 가르치고 있는가?" 하는 의문이 생길 것이다. 반면에 학생들도 자신의 학습과 노력에 대한 결과가 궁금할 것이다. 가르치고 배운 다음 교사와 학생의 활동과 노력을 각각 검토하기 위하여 측정과 평가가 필요하다. 평가의 결과는 학생과 교사가 그 다음 어떤 방향으로 행동하게 할지를 돕는다.

5부에서는 평가하는 근본적인 취지와 평가의 기본원리에 대해서 알아보고, 또 교사가 학생들의 성취도를 평가하기 위해서 알고 있어야 할 최소한의 지식을 취급할 것이다. 덧붙여 학생들의 정서와 생활을 지도하고 학생들의 진로를 돕기 위하여 사용되는 검사들에 대해서도 알아볼 것이다.

제 13 장

학생의 성취도 평가

1. 평가의 중요성: 왜 평가하는가?
2. 목표에 따른 평가전략
3. 좋은 검사의 조건
4. 성취도 검사
5. 성적표

1. 평가의 중요성 : 왜 평가하는가?

시험과 성적 그리고 측정과 평가는 '교육' 이라는 영역과 떼래야 뗄 수 없는 관계에 놓여 있는데, 대개의 학생들은 시험이나 성적이라는 용어에 대해서 불안감이나 거부감을 갖고 있다. Ebel(1980)은 대부분의 학교나 대학에서 시험을 치고 성적을 주는 것을 좋아하지 않는 교사들이 있다는 점을 언급하며, 그러한 교사들은 자칭 좋은 교사들인데, 그러나 학생들의 성취가 평가되지 않고서 그 교사들이 실제로 좋은 선생님이라는 확고한 증거는 제시할 수 없다고 하며 평가의 필요성을 역설하였다. 특히 교사의 주요 임무 중 하나는 학생들의 학습을 촉진시키는 것인데, 학생들이 얼마나 잘 배웠나를 살펴보려면 시험과 점수가 가장 적절하다는 것이다.

그러나 문제가 되는 것은 평가의 시행여부가 아니라 부적합하고 적절하지 못한 평가를 하는 것이라고 Ebel은 주장하면서 교육과정에서 적절한 '시험' 을 친 학생 집단과 그렇지 않은 집단을 비교할 때, 전자의 학생들이 훨씬 더 많은 것을 배운다고 하였다. 요약하면 문제가 되는 것은 "과연 무엇을 어떻게 평가할 것인가"이다. 학생의 평가는 우선적으로 학문적 성취에 초점을 두고 있지만, 동시에 학생의 행동과 태도도 그 대상이 된다.

학생들에 대한 평가목적은 다음과 같다(Slavin, 1991, 479-483; Weinert et al., 1984, 880-882).

(1) 학생들의 노력을 유인한다.

평가의 중요한 역할은 학생들에게 동기를 유발시키는 것이다. 높은 등급과 상들은 학생들의 높은 성취에 대한 보상으로 주어진다. Natriello(1989)는 평가가 학생들의 노력을 촉진시키려면 다음의 기준을 갖추어야 한다고 하였다.

① 평가가 학생들에게 얼마나 중요한지에 따라 그 평가의 효율성이 달라진다. 예를 들어, 어떤 학생의 가정에서 좋은 점수에 대해 전혀 관심을 두지 않는다면, 가정에서 관심을 많이 쏟는 학생에 비해 평가의 효율성은 떨어질 것이다.

② 성실과 노력에 의해서만 좋은 평가가 나올 수 있다는 인식이 기초가 되어야 한다.

③ 평가는 일관된 기준을 갖는다.

④ 학생들은 어떤 평가에서 좋은 결과를 얻기 위해서 해야할 바를 분명히 알고 있어야 한다.

⑤ 평가에 대한 신뢰할 만한 해석이 전제되어 있어야 한다. 예를 들어, 한 학생의 환경이 주변의 아이들이 숙제를 안 해 가거나 낙제하는 상황이라면, 이 학생은 숙제를 조금이라도 한다거나 또는 '미'를 받는 것이 상당히 괜찮은 점수라고 생각할 것이기 때문이다.

⑥ 잦은 평가는 성취도를 높이는 데 효과적이다. 일반적으로 짧고 간단한 시험을 자주 치르는 것이 어쩌다 한번씩 많은 분량의 시험을 치르는 것보다 시기에 적절하게 피드백을 줄 수 있어서 효과적이다.

⑦ 평가는 전체 학생들에게 도전할 만한 것이어야 한다. 즉 학생들의 향상이 평가에 반영될 수 있도록 함으로써 학생들이 평가에 도전하고자 하는 의욕을 갖게한다.

(2) 정보를 제공한다.

① 학생들에게 피드백 주기 : 학생들은 자신이 기울인 노력의 결과를 알아야 하는데, 정기적인 평가는 그들에게 자신들의 강점과 약점에 대한 피드백을 제공한다. 예를 들어, '작문'을 하게 한 다음 교사가 내용과 문법적 측면을 나누어 언급하고 점수를 매겨 돌려준다면, 그냥 점수만 매겼거나 또는 전혀 점수조차 알지 못했던 경우보다 학생들이 평가를 통해 훨씬 많은 것을 배우게 된다는 것이다. 우리 나라에서는 초등학교 과정부터 학생들이 상당히 많은 시간을 글짓기 또는 독후감을 쓰는 데 시간을 보내는데, 이에 대한 교사들의 피드백은 너무 저조하며, 이러한 상황은 학생들의 쓰기 교육에 매우 부정적이다.

② 교사들에게 피드백 주기 : 평가의 가장 중요한 기능 중의 하나는 평가 결과가 교사들에게 자신의 '교수'(instruction)의 효율성을 알게 해준다는 것이다. 수업중의 '질문'도 같은 기능을 하지만 평가를 통해 교사들은 자신의 학생들이 배운 내용을 얼마나 습득하고 이해했는지 알 수 있다.

③ 학부모에게 정보를 제공하기 : 학교의 평가는 가정의 부모들에게 그들의 자녀가 학교에서 하는 일에 대한 정보를 줄 수 있다. 예를 들어, 만일 한 학생의 성적이 떨어진다면, 부모는 그 이유를 더 잘 알 수 있을 것이며, 따라서 자녀의 성적이 제자리를 찾도록 도울 수 있을 것이다. 또한 학교의 점수 및 기타의 평가는 가정에서 자녀들을 적절히 강화시켜 준다.

④ 선발과 자격에 대한 정보의 제공 : 학교 교육과정에서 중요한 일 중 하나는

학생들을 적성과 능력에 따라 분류한다는 것이다. 저학년에서의 능력별 반(또는 조)편성 시험이나, 증명이나 자격증을 수여하는 시험들은 선발을 위한 평가의 예이다.

⑤ 책무성에 대한 정보 : 학생들에 대한 평가는 또한 교사, 학교, 교육구청 및 시 도 교육청을 평가하는 데 사용된다.

평가에 대해 고려할 때, '측정(measurement)'과 '평가(evaluation)'의 개념을 간단하게 구별하여야 할 것이다. '측정'이란 학생들의 능력이나 성취(지능, 창의력, 철자법의 숙달, 음악적 흥미도 등)를 양적으로 재는 것이다. 한편 '평가'란 어떤 대상에 대한 가치에 접근하는 과정을 의미한다. 즉, 측정한 대상에 있어서 이 학생은 얼마나 잘했는가 또는 얼마나 높은가를 판단하게 한다. 예를 들어, 한 학생이 국어의 읽기 이해 검사에서 70점을 받았다면, "이 측정치는 무엇을 의미하는가?"에 대한 답이 평가일 것이다. 즉 70점은 읽기 이해가 아주 우수하다거나 또는 부족하다거나 하는 평가를 가능하게 할 것이다. 요약하면, 측정은 '숫자'를 제공하고, 사람에 의한 판단이나 해석은 그 숫자를 평가로 전환시킨다.

측정
학생들의 능력이나 성취를 양적으로 재는 것.

평가
어떤 대상에 대하여 규준 또는 준거에 따른 가치에 접근하는 것.

2. 목표에 따른 평가전략

1) 규준지향 평가와 준거지향 평가

규준지향 평가(Norm-Referenced Evaluation)는 한 학생의 점수를 다른 학생들의 점수와 비교하는 데에 초점을 둔다. 한 학급 안에서의 상대평가는 어떤 학생이 다른 학생과 비교하여 얼마나 성취했는가를 나타낸다. 이러한 평가방식은 능력과 선행지식이 서로 다른 학생들을 동일한 교수목표에 따라 같은 방식으로 가르치는 경우에 응용된다. 또한 학생들의 성취도는 대체로 큰 폭의 차이를 보이는데, 이는 교수 전의 선행지식과 관련된 학생들의 개인차와 밀접한 관계를 가지며, 또 이러한 차이는 교수 후에 더 커지는 것이 보통이다.

규준지향 평가
한 학생이 다른 학생과 비교하여 얼마나 성취했는가에 대한 평가

준거지향 평가
다른 학생들의 성취와는 상관없이, 한 학생이 특정 분야에서 얼마나 지식과 기술을 지녔는지에 대한 평가

준거지향 평가(Criterion-Referenced Evaluation)는 다른 학생들의 성취와는 상관없이 어떤 학생이 특정 분야에서 얼마나 지식과 기술을 지녔느냐 하는 것을 보여준다. 이러한 평가방식은 학생들의 성취도 차이를 최소화하고, 교수시간과 교수법을 융통성 있게 운영하여 모든 학생들이 최소의 성취수준에 도달하게 하려는

교수목표가 설정된 경우에 응용된다. 다음 절에 언급되는 형성평가는 거의 항상 준거지향 평가이다. 형성검사를 통해 알아 내고자 하는 것은 한 학생이 2차 방정식을 제대로 이해하여 어느 정도까지 문제를 해결할 수 있는가이지 반에서 몇 번째로 잘 하는가는 아니다.

교수목표로서 일반적인 것은 아니지만 학생들 개개인의 잠재력을 최대로 촉진시키려는 경우가 있다. 이런 경우 강의 효과는 학생들 개개인의 가능성에 대해 측정되는데, 따라서 평가는 주로 개인적 진단법을 응용한다.

〈표 13-1〉은 규준지향 평가와 준거지향 평가를 대비시킨 것이다.

〈표 13-1〉 준거지향검사와 규준지향검사

	규준지향 검사	준거지향 검사
용도	조사 테스트	숙달 테스트
주요 강조점	성취의 개인차를 측정	한 학생이 할 수 있는 과제를 묘사
결과의 해석	한 학생의 수행을 다른 학생의 것과 비교한다.	학생의 수행을 명료하게 설정된 성취영역과 비교
내용	성취의 넓은 영역에 걸친 평가	제한된 학습과제를 겨냥
검사계획의 특성	영역에 대한 도표가 흔히 사용된다.	세부적인 영역명세표가 이용된다.
항목선택 과정	성취가 높은 학생과 낮은 학생을 변별시킬 수 있는 항목들이 선택된다. (잘하는 학생과 못하는 학생 사이의 높은 점수차)	수행을 나타내줄 만한 전체 항목을 포함시킨다. 항목의 난이도를 바꾸려는 시도는 불필요하다.
수행기준	수행수준은 어떤 집단 안에서의 상대적 위치로 결정된다(43명 중 28등).	수행수준은 절대적 기준에 의해 결정된다(어떤 항목의 90% 숙달).
적용	학생들을 분류하거나 선발할 때 흔히 이용된다.	개인의 학습 향상을 확인하거나 학생의 능력에 대해 증명하고, 또는 학생의 어려움을 진단할 때 이용된다.

형성평가
'가르치는 동안' 실시하는 평가방식으로, 교수-학습 과정에 대한 피드백을 제공

총괄평가
'가르친 후'에 최종적인 성취도를 평가하는 방식

2) 형성평가와 총괄평가

형성평가(Formative Evaluation)는 "어떻게 하고 있는가?"를 평가하는 것이며, 총괄평가(Summative Evaluation)는 "어떻게 하였나?"를 평가하는 것이다.

형성평가는 교수와 학습 과정에서 잘한 점과 잘못한 점을 구별해 내고, 수업의 적절성 여부를 감독하기 위해서 사용된다. 예를 들어, 영어의 수동태에 관한 부분이 끝나면서 곧 수동태에 관한 퀴즈를 치루는 것은 형성평가로, 학생과 교사 모두

에게 피드백을 준다. 즉 '가르치기 전' 또는 '가르치는 동안' 실시하는 형성평가는 교사가 수업계획을 세우고, 학생들의 지식이나 이해가 부족한 영역을 확인하는 것을 돕는다.

그에 반해서 총괄평가는 '가르친 후'에 학생의 성취를 최종적으로 평가하는 평가방식으로, 학기말 시험을 예로 들 수 있다. 따라서 총괄평가는 신뢰도가 높고 학생들의 성취도를 비교시켜 줄 수 있는 것이어야 한다.

형성평가와 총괄평가의 구분은 검사가 어떻게 사용되는가에 달려 있다. 동일한 평가가 이 두 가지 목적을 위해 사용될 수도 있다. 목표를 계획하기 위한 경우라면 형성평가이고, 최종적인 성취와 과목 점수를 결정하는 경우라면 총괄평가에 해당된다.

3. 좋은 검사의 조건

우리가 사용하는 검사의 질을 결정하는 준거를 두 가지로 들 수 있는데, 첫째는 타당도(validity)이고 둘째는 신뢰도(reliability)이다. Chase(1974)는 검사는 실용적 목적을 만족시켜야 하며, 따라서 첫째, 검사는 타당해야 하고, 둘째, 검사는 신뢰할 수 있는 것이어야 하며, 셋째, 검사는 실제로 사용할 때 편리해야 한다고 하였다.

1) 신뢰도

신뢰도
점수의 종속성, 일관성 및 안정성에 관련된 준거

신뢰도는 학생의 능력 또는 지식이 측정된 정확도와 관계되며, 일관성과 관계된다. 이론적으로, 어떤 학생이 같은 내용에 대해 두 번 시험을 치룬다면 우리는 그 학생이 똑같은 점수를 받을 것이라고 기대한다. 그러나 실제로는 같은 점수가 나오지 않는데, 이것이 신뢰도와 관련된 문제이다. 애매모호한 검사문항이나 검사에 대한 경험 및 불안 등은 점수에 영향을 끼친다. 검사 성적이 불일치하더라도 두 번의 수행이 같은 순위를 유지한다면 신뢰도는 높은 경우이다. 신뢰도는 0부터 1.0까지로 측정된다. 일반적으로 적당하다고 인정받는 신뢰도는 0.80 이상이다. 신뢰도에 영향을 미치는 중요한 요인 중 하나는 평가문항의 수이다. 문항이 많을수록 그 검사의 신뢰도는 높다고 할 수 있다. 따라서 문항 수가 적은 측정의 결과를 해석할 때는 신중을 기해야 할 것이다.

예를 들어 세원이라는 학생의 국어과 '문법'의 학업성취도를 보자. 각 문항 당 1점씩 주는 40문항의 시험에서 세원이는 34점을 받았는데, 세원이의 성적을 해석하기 위해서는 우리는 우선 평가의 준거를 알아야 할 것이다. 세원이네 국어 선생님이 이 시험의 통과기준을 '80%의 정답'으로 세웠다면, 40×.8=32점이 통과 기준점이 될 것이며, 따라서 세원이의 성적은 통과될 수 있는 수준이다. 그러나 간단한 것만은 아닌 문제가 있는데, 그것은 비교적 가까운 시일 내에 다시 한 번 같은 내용에 대해서 검사를 해도 세원이의 성취도는 유사하게 나올 수 있는가 하는 점이다. 즉 다른 측정 시기에 또는 유사한 다른 검사에서 비슷한 성취도 순위를 유지할 수 있는가의 문제인데, 점수의 종속성, 일관성 및 안정성은 신뢰도의 또다른 측면이다.

신뢰도의 종류에는 검사-재검사 신뢰도(test-retest reliability), 동형검사 신뢰도(alternate form reliability), 반분 신뢰도(split-half reliability) 등이 있다.

검사-재검사 신뢰도는 측정하려는 특성의 안정성과 관련된다. 즉 한 시점에서 다른 시점 사이에 점수의 변동이 얼마나 있는가의 문제이다. 재검사 신뢰도는 같은 검사를 같은 집단에게 두 번 실시하여 거기에서 나온 점수들간의 상관관계(r_{tt})로 산출된다. 검사-재검사 신뢰도의 문제점을 줄일 수 있는 방법은 동형검사를 이용하는 것이다. 즉 동일한 학생에게 첫번 검사에서 한 종류의 검사를 사용하고, 두번째에는 그것과 동등한 다른 검사로 측정하는 것인데, 여기에서 동형검사 신뢰도가 산출된다(Anastasi, 김완석 & 손명자 역, 1994).

2) 타당도

타당도
검사의 목적과 관련된 측정의 준거이다.

타당도는 검사의 목적과 관계되며, 관련성 또는 적절성으로 정의된다. 즉 이 검사가 무엇을 위해 사용될 것이며, 그 검사의 결과가 말하고자 하는 것은 무엇인가와 관계된다고 할 수 있다.

타당도는 좋은 검사가 갖추어야 할 가장 중요한 조건인데, 특히 교육평가의 관점에서 볼 때 신뢰도가 다소 떨어지더라도 타당도는 높아야 한다(황정규, 1984). 학교나 다른 교육과정에서 검사의 역할이 다양하기 때문에 그에 따라 몇 가지 종류의 타당도가 있는데, 내용 타당도(content validity), 준거 타당도(criterion validity) 및 구인 타당도(construct validity)가 그것이다(3 C's)(Messick, 1980, 1989).

검사의 유용성에 있어서 가장 중요한 준거는 그 검사를 사용하는 사람이 측정하려고 하는 것을 그 검사가 측정할 수 있느냐 없느냐이다. 내용 타당도는 성취도 검사에서 특히 중요한 타당도인데, 성취도 검사의 내용 타당도는 학생들이 배운 것과 검사하는 것 사이의 일치도를 의미한다. 종종 내용 타당도는 평가를 위해 작성한 명세표(table of specification)의 검토로 평가할 수 있다. 검사 명세표는 문항 작성과 검사를 개발하는데 기여한다.

준거 타당도란 검사가 검사자가 정한 준거에 얼마나 일치하느냐를 보는 것으로, 그 준거에 따라 예언 타당도나 공인 타당도에 해당하는 것이다.

검사의 예언 타당도는 검사가 학생의 미래 행위를 얼마나 정확하게 예측할 수 있는가를 의미한다. 만일 한 검사에 의한 평가와 학생의 미래의 수행능력간에 일정한 관계가 있다면, 그 검사는 학생들의 미래 정보를 제공하는 데 사용될 수 있을 것이다. 예를 들면, 우리 나라의 대학입시 제도에 채택되고 있는 '수학능력시험'의 점수가 대학에 입학한 뒤의 학업수행 능력과 일정한 상관관계를 나타낸다면, 이 검사의 예언 타당도는 높다고 할 수 있다.

공인 타당도란 한 검사와 다른 검사 사이에 공통적으로 지니고 있는 변량을 추정하는 것이다. 즉, 한 검사 점수와 한 준거 점수 사이에 현재 어느 정도 일치하는가를 통해서 한 검사의 타당성을 알아보는 것이며, 두 검사의 상관관계를 통해서 검증이 이루어진다.

검사의 구인 타당도란 검사가 측정하려고 하는 이론적 구인이나 특성을 측정한 정도를 말한다. '구인'이란 심리검사에서 측정된다고 생각되는 인간의 지능, 흥미, 태도 등의 특성을 일컫는다. 또한 구인 타당도는 한 검사의 결과가 다른 검사와 관련된 정도를 뜻하는데, 기계적성 검사의 예를 들어보면, 물론 그 검사는 어떤 것을 만드는 학생의 능력과 밀접히 관련되어 있어야 하지만, 뿐만 아니라 일반지능 역시도 어느 정도까지 학생의 만드는 능력을 예언할지 모르는데, 즉 기계적성 검사에서 나타나는 것이 사실은 일반지능 검사일 가능성이 있다(Slavin, 1991, 525쪽).

4. 성취도 검사

학생의 성취도를 평가하기 위하여 검사가 필요하다. 그런데 우리가 만일 부적합한 검사를 사용하게 된다면 평가의 의의가 없어지므로 목표에 맞는 검사를 사용할 수 있어야 한다. 따라서 여기서 우리는 좋은 검사가 되기 위해서 어떤 원리를 따라야 하는지, 어떤 검사방법을 선택할 것인지, 검사문항은 어떻게 작성할 것인지 그리고 어떻게 채점하고, 해석하고, 평가의 결과를 사용할 것인지에 대해 살펴본다.

1) 성취도 검사의 기본원리

성취도 검사는 매우 중요한 학급활동 중의 하나이다. 성취도 검사는 첫째, 학습과정중 학생들의 수행을 예언하게 하며, 둘째, 학생의 어려움을 진단하게 하고, 셋째, 학생의 진전에 대한 형성검사로서의 기능을 하며, 넷째, 학습의 총괄평가 기능을 한다.

Gronlund(1982)는 성취도 검사를 만들며 명심해야 할 6가지 원리를 열거하였다:

첫째, 성취도 검사는 명백히 정의된 학습목표를 측정해야만 하는데, 이 학습목표는 수업목표와 조화를 이루는 것이어야 한다.

성취도 검사의 가장 중요한 원리는 검사가 교과목의 목표 및 실제로 진행된 수업내용에 해당하는 것을 측정해야 한다는 점이다. 배운 내용 중 중요한 개념 등이 검사내용이 되어야 하며, 검사내용이 학생들에게 뜻밖의 것이어서는 안 될 것이다. 특히 교수내용의 진정한 목표를 측정해야지, 측정하기 손쉬운 것을 검사해서는 안 될 것이다.(예를 들면, 교과목 '20세기 예술'은 학생들의 작품에 대한 이해를 논하게 하거나, 작품들을 비교하게 해서 평가해야지, 화가와 그림을 짝짓기하는 검사는 적당하지 않다.)

둘째, 성취도 검사는 수업에 포함된 학습과제의 대표적 예를 측정해야한다.

즉, 고교의 '한국지리' 수업 중 '자연환경과 생활'을 6주 동안, '생활공간의 변화'를 4주 동안 배웠다면, 이에 대한 성취도 검사 항목은 각각의 비가 3:2가 되도록 해야 할 것이다. 또한 선택된 검사항목은 핵심적인 것이어야 한다.

셋째, 성취도 검사는 요구되는 학습결과를 측정하는 데 가장 적당한 검사문항을 포함해야한다.

예를 들어, 수학과의 문제해결이 학습목표인 경우, 4지선다형의 검사는 적절하지 않은데, 왜냐하면 학교 밖의 문제해결 상황에서 4가지의 답을 예시하는 경우는 없기 때문이다.

넷째, 성취도 검사는 검사결과가 쓰여질 특수한 목적에 잘 맞는 것이어야 한다.

예를 들어, 진단을 목적으로 사용되는 검사에서는 학생들의 어려움이 잘 드러날 특수한 내용을 겨냥한 항목을 선택한다.

다섯째, 성취도 검사는 가능한 한 신뢰로와야하며, 그럼에도 불구하고 항상 측정오차가 내재한다는 점에서 결과는 조심스럽게 해석되어야 한다.

같은 내용에 대하여 두번째의 검사를 실시하여도 학생들의 성취도는 같은 서열로 나타날 정도로 검사는 신뢰로와야 한다. 대개 검사의 항목을 늘릴수록 검사의 신뢰도는 높아진다.

여섯째, 성취도 검사는 학습을 증진시켜야 한다.

모든 성취도 검사는 학생들의 학업향상에 대한 정보를 제공해야 하므로, 시험도 교수과정의 일부로 이해되어야 한다. 따라서 성취도 검사의 결과는 검사 후 신속하게 학생들과 논의되어야 하며, 특히 형성평가 결과는 학생들에게 즉시 알게한다.

2) 성취도 검사를 위한 명세표의 작성

교수나 평가는 양자 모두 잘 조직되고 계획될 때 가장 효과적이다. 따라서 가르친 내용을 제대로 평가하기 위해서 '교수'를 위해 사용했던 수업목표 분류표 또는 수업내용 분류표를 근거로 분류표를 작성하는 것이 바람직하다.

〈표13-2〉'검사' 단원의 성취도를 측정하기 위한 명세표

	용 어	사 실	과 정	이해원리	적용원리
교수에서 검사의 역할	4	4		2	
검사의 원리	4	3	2	6	5
규준지향 평가 vs. 준거지향 평가	4	3	3		
검사의 계획	3	5	5	2	5
총 문항 수	15	15	10	10	10

3) 평가목표에 따른 검사유형의 선택

학교에서 이용되는 검사는 교사출제 검사(teacher-made test)이거나 또는 표준화 검사(standardized test)(14장 참조)이다. 두 종류의 검사에 대해서 간략하게 비교하면 다음과 같다(Yelon & Weinstein, 1977, 510-511쪽).

① 표준화 성취도 검사는 대체로 교사출제 검사보다 광범위한 자료를 취급하며, 교사출제 검사가 특정 주제에 대한 학습 정도를 알려 주는 반면, 표준화 성취도 검사는 학생들의 교육적 발달에 대한 전반적인 양상을 보여 줄 수 있다.

② 내용 또한 다른데, 교사가 검사를 만들 때는 자신이 설정한 목표가 반영되며, 표준화 검사는 전국 교사들이 정한 교육목표를 검사내용에 반영한다.

③ 교사출제 검사에 의한 평가규준은 그 교사의 학생들에게만 국한되는데 반해, 표준화 검사는 학생 개개인이나 한 학교를 전국의 학생들과 비교할 수 있는 규준을 제공한다.

④ 교사출제 검사는 특히 어떤 교과목의 단위별 교수목표에 대한 학생들의 성취 여부를 판단하는 데 유용하다.

학생들의 성취도를 평가하기 위한 성취도 검사는 일반적으로 교사들에 의해서 제작된 검사(이하 '시험')가 이용된다. 물론 시험도 평가목표에 따라 규준지향 검사와 준거지향 검사로 나눌 수 있으며(2-1항 참조), 검사항목은 각각의 요구에 맞게 설계되어야 할 것이다. 대체로 규준지향 평가를 꾀하는 시험문제는 다양한 난이도의 문항을 채택하여 학생들의 점수가 광범위하게 흩어지도록 해야 할 것이며, 반면에 준거지향 평가를 위한 문제는 학습자들이 배웠어야 하는 특정 지식과 기술에 대한 최소한도의 수준을 겨냥하되 잘하고 못한 학생들간의 점수차가 크게 나도록 문제를 만들어야 할 필요는 없다.

성취도 검사를 만들 때 유의해야 할 점은 평가하고자 하는 학습내용이 가장 적절하게 확인되는 '검사유형'을 사용해야 한다는 점이다. 검사유형에는 포트폴리오(portfolio)를 포함하는 수행검사(performance test), 논술형 검사(essay test), 단답형 검사(short-answer test)와 선택형 검사(select-type test)인 객관식 검사(objective test)가 있다.

수행검사
질적 평가방법으로, 학생 스스로가 자신의 지식이나 기술을 나타낼 수 있는 산출물을 만들거나, 행동으로 나타내거나, 답을 구성하도록 요구하는 검사방식.

(1) 수행검사

수행검사의 가장 좋은 예는 운전면허 시험이다. 운전면허증을 받고자 하는 사람은 필기시험뿐 아니라 운전 실기시험에 합격해야 할 것인데, 이것이 수행검사이다. 최근 학교에서는 4지선다형 문항에 의한 평가의 단점을 보완하고자 수행검사를 병행하고 있다. Wiggins(1989)는 진정으로 지적 성취를 평가하려면 수행검사를 해야 한다고 하였다. 학생들이 학교 밖에서 실제로 맞닥뜨리게 되는 일들로

글을 쓰고, 비지니스를 주도하고, 과학실험을 하고, 수를 계산하는 등의 과제와 가능한 한 유사한 형태로 검사내용이 구성될 때, 그것이 제대로 된 평가라는 것이다. 수행검사는 한 학생이 자신의 지식과 이해를 행위로 변형시킬 수 있음을 확인시킨다.

특히 최근 들어 양적 평가보다는 질적 평가가 학생 개개인의 변화과정을 전체적으로 파악하는 데 적합하다는 주장이 제기되고 있는데, 수행검사는 질적 평가의 대표적 예라고 할 수 있다. 수행평가란 '학생 스스로가 자신의 지식이나 기술을 나타낼 수 있는 산출물을 만들거나, 행동으로 나타내거나, 답을 구성하도록 요구하는 검사방식' 이다(백순근, 1997, 259쪽).

수행검사의 특징은 다음과 같다:

첫째, 수행평가는 가능한 한 실제적 상황에서 추구하는 교육목표를 달성했는지 확인하고자 한다. 전통적 검사들이 마치 운동연습이나 피아노치기 연습과 같다면, 수행검사는 실제의 운동시합이나 연주회와 같은 것이다.

둘째, 수행검사는 교육의 결과뿐 아니라 교육의 과정도 중시한다. 따라서 수행검사는 반드시 학기말 시험이 될 필요는 없으며, 수업의 일부로 통합시킬 수 있다.

셋째, 수행평가는 단편적 영역에 대해 일회적으로 평가하는 것이 아니라, 학생 개개인의 변화와 발달을 종합적으로 파악하기 위하여 전체적이고 지속적으로 평가하는 방법이다.

재미있는 발견 중의 하나는 전통적 검사에서 좋은 성적을 받은 학생이 수행검사로 평가할 때도 역시 좋은 성적을 받는 것은 아니라는 사실이다. 전통적 검사와 수행검사는 과제의 성격과 성공에 대한 기준이 서로 다르므로, 종종 '능력있는 학생' 으로 확인되는 학생이 서로 다를 수 있는 것이다(Shavelson, 1987).

현재 널리 사용되는 수행검사 종류는 논술형 검사를 포함하여 구술시험, 찬반토론법, 실기시험, 실험 실습법, 면접법, 관찰법, 자기평가 보고서, 연구보고서, 포트폴리오(portfolio) 등이 있다.

포트폴리오
수행능력검사의 대표적 방법으로, 학생이 만든 작품들을 지속적으로 모아둔 작품집을 통한 평가방식.

포트폴리오

수행검사가 가장 바람직한 평가방법이라는 데에는 의견이 일치하지만, 문제는 현장에서 실현하기가 어렵다는 점이다. 이 점을 감안한다면 포트폴리오는 훌륭한 대안평가가 될 것이다. 포트폴리오라는 용어는 1980년대만 해도 주식시장이나 사업예술 분야에서 주로 사용되던 용어였다. 그런데 1990년대에 들어 포트폴리오는 교육현장에서 더 관심의 대상이 되었다. 물론 이와 같은 용어가 사용되기 이전에도 교사들은 학생들의 학습활동을 수집해 왔는데, 포트폴리오 검사가 제기되면서 학생들의 학습물의 수집은 더욱 체계적이고 조직화되었다.

포트폴리오의 특성에 대한 교육자들의 견해는 다음과 같다:

① 포트폴리오는 장시간에 걸친 학생들의 학습과 발달을 나타내며, 단시간에 만들어지거나 이용될 수 없다.
② 학생들에게 자기 자신의 학습에 대한 정리나 반성의 기회를 제공하며, 동시에 학생들의 발달과 성취를 평가할 수 있는 타당한 방식을 제공한다.
③ 포트폴리오는 학생들에게 선택의 기회를 준다. 학생들은 포트폴리오에 포함될 항목과 구성방법을 정할 수 있다. 그들은 또한 포트폴리오의 어떤 부분이 평가되고 어떤 기준에 의해 평가되는지를 알게 된다.

(2) 논술형 검사

논술형 검사는 Bloom의 교육목표 분류 중 종합력과 평가력을 알아보는 데 가장 적절한 검사유형이다. 그러나 문제를 작성하거나 답안을 채점하는 과정에 문제점이 있다. 논술형 검사에서는 학생들에게 분명하고 명확한 과제를 주고, 답에 포함되어야 하는 요소들을 언급해 주도록 한다. 그리고 복잡한 학습 결과의 평가에만 국한시켜 사용하는 것이 바람직하다.

만약 논술형이나 객관식 검사 중 어느 검사유형을 사용해도 무방할 때는, 시험문제를 작성할 시간은 부족하고 답안을 채점할 시간이 더 많을 때, 검사집단이 작을 때 또는 문장 표현력을 높이고자 할 때 논술형 검사를 사용하면 합당하다.

논술형 문항을 작성할 경우 다음의 사항을 유의해야 한다.

첫째, 가능한 한 문제를 측정되어야 하는 학습결과에 직접적으로 연결시키고, 원하는 답에 대해서 자세하게 정의한다. 즉, "여러분의 답안은, 이해도, 제시된 이유의 적합도, 사용된 예의 적절성, 답안이 조직된 기술에 의해 평가될 것입니다."와 같은 진술을 덧붙인다.

둘째, 분명하고 한정적인 과제를 나타내는 질문을 만든다. 또한 '누가' '무엇이' '어디에' 등으로 시작하는 문제나 '이름을 말하시오' '열거하시오' 등으로 끝나는 문항은 피한다. 만일 이해도를 평가하기 위한 문항이라면, '왜' '설명하시오' '대조하시오' '해석하시오' '분석하시오' '비판하시오' '평가하시오' 등으로 질문하는 것이 효과적일 것이다.

셋째, 학생들에게 논술형 문제의 선택권을 주지 말아야 한다. 학생들에게 선택권을 주면 학생들의 점수를 비교할 수 없다.

넷째, 답하는 데 충분한 시간을 주고, 각 문제별로 제한시간을 제안하는 것이 좋겠다.

논술형 검사의 최대의 위험은 채점과정의 주관성이다. 같은 답안을 채점하는 경우에도 채점자에 따라서 상당히 큰 편차가 나타나게 되며, 뿐만 아니라 학생들의 '쓰기' 실력이 질문에 대한 답 그 자체보다 더 채점자의 주의를 끌어 긍정적이던 부정적이던 영향을 미치게 된다는 점이다. 대체로 깔끔하게 쓰고 전문용어들을 많이 사용하며 문법적인 오차 또는 문장을 구성하는 데 있어서 오차가 적은 논술답안이 좋은 점수를 받는다는 사실이 보고되었다.

Gronlund는 논술형 검사 채점의 주관성과 비일관성을 극복하기 위하여 채점할 때 유의하여야 할 사항을 몇 가지 제안하였다:

첫째, 채점에 대한 기준을 세운 '점수체제(point system)'가 채점의 객관성을 유지하는 데 도움이 될 것이다. 읽히는 정도, 문법 및 구두점 사용에 대한 점수 가감비를 미리 책정해 둘 수도 있다.

둘째, 한 문항을 채점하고 나서 다음 문항으로 넘어가지 말고, 그 한 문항에 대한 모든 학생들의 논술을 채점하는 것이 바람직하다. 한 학생의 전체 문항을 채점하게 되는 경우, 답안지가 주는 전체적 느낌이 채점에 영향을 끼칠 수 있다.

셋째, '총체적 채점(global-quality 또는 holistic scoring)'을 도입한다. 이 채점법은 분석적인 채점의 단점을 피하기 위한 것인데, 채점자는 우선 한 항목에 대한 모든 학생들의 답안을 읽고 질에 따라 분류하는 답안지 철에 비슷한 수준의 답안을 묶고, 다시 한번 처음의 결정을 고려하는 것이다. 처음에 돋보이던 답안도 그 뒤의 더욱 나은 답안들과 비교할 때 무색할지 모른다.

(3) 응답형 검사

응답형 검사에는 단답형 검사와 단답형 검사가 약간 변형된 것으로 완성형 검사가 있다. 단답형이나 완성형 검사는 제시된 항목들 중에서 하나를 고르는 선택형 검사유형과 달리 학생들이 답안에 대해 생각하여 회상해야만 답할 수 있다는 점 때문에 응답형으로 분류된다. 때로는 객관식 검사유형으로 분류되기도 하는데, 왜냐하면 오직 특정한 답만이 정답이므로 채점과정이 객관적일 수 있기 때문이다.

① 단답형 : 단답형 문항은 특정 사실, 개념 또는 원리를 예리하게 겨냥할 수 있다는 장점이 있다. 문항을 작성할 때 주의할 점은 한 가지의 답만이 가능하도록 해야한다는 점이다. 그 예를 들면 다음과 같다.

예 1. 삼국시대의 세 나라 중 삼국을 통일한 나라는 ?(신라)

예 2. 인지발달에 대한 질적접근으로, 사고의 '가역성(보존)'에 대해 언급한 학자는?(J. Piaget)

② 완성형 : 완성형 검사란 진술문의 일부를 비워놓고 거기에 적합한 답을 채워넣는 것이다. 완성형 문항을 만들 경우 빠뜨리는 부분은 중요하고 핵심적인 내용이어야 한다. 중요한 것은 진술문 속에 정답에 대한 단서가 포함되지 않도록 해야할 것이다.

예 1. 인지의 발달이 추리력을 높이며, 따라서 수준 높은 도덕적 판단을 내릴 수 있다는 이론을 세운 학자는 ___________이다.(L. Kohlberg)

예 2. 책의 구성은 사민총론, 팔도총론, 복거총론, 총론으로 되어 있고, '선비가 살 만한 마을을 찾는 책'이란 뜻이며, 동국산수록이라고도 불리는 책은 ___________이다.(택리지)

(4) 객관식 검사

객관식 검사란 답안을 채점하는 데 해석이 별로 필요하지 않거나, 주관적이지 않다는 뜻이다. 이런 유형의 검사는 정답이 분명하기 때문에 논술형 검사들에 비해 채점이 간단하다는 큰 장점이 있다. 선다형(multiple choice type), 짝짓기(matching type), 진위형(true-false type) 등은 '객관식 검사'의 예이다.

① 선다형 검사

선다형 검사는 가장 널리 쓰이는 객관식 검사유형으로, 특히 4지 선다형 또는 5지 선다형이 주로 활용된다. 이 검사는 사실에 대한 파지와 재인을 측정하기 위하여 사용되는데, 어떤 학자들은 선다형 검사가 복합적 학습 결과를 측정하는 데 적합하지 않다고 주장한다.

가장 좋은 유일한 정답을 만드는 일은 까다로운데, 문항작성 지침은 다음과 같다.

첫째, 중요한 학습목표를 성취했는지에 검사의 기준을 두어야 한다. 애매모호한 질문이나, 사소한 문제를 출제할 위험성을 경계한다.

둘째, 문제는 질문문(stem)과 몇 가지의 틀린 답(alternatives, 예답) 및 하나의 정답으로 구성되는데, 질문문은 분명하고 단순해야 하며 오직 한 가지의 문제만을 제시해야 한다. 질문문은 가능한한 긍정형으로 진술하고, 부정문으로 묻게 될 때는 밑줄을 그어준다.

셋째, 정답은 주제를 아는 학생들에게는 명백해야 하며, 틀린 답일지라도 학습이 부족한 학생들에게는 그럴 듯하게 보이는 것이어야 한다.

넷째, 예답을 작성할 때, 정답에 대한 힌트가 제공되는 것을 주의한다. 즉 답들의 길이가 모두 비슷해야 하며, 정답이 임의로 나오도록 하고, 모든 예답들이 비슷한 문법적 형태나 문장을 보이도록 한다.

② 짝짓기 검사

연결형 또는 배합형이라고도 불리는데 관계되는 항목끼리 연결시키도록 하는 검사문항이다. 이 검사는 좌우에 목록을 나열하여, 좌측 목록과 관계있는 것을 우측 목록에서 선택하게 한다. 짝짓기 검사를 효율적으로 사용하려면 좌우의 항목수를 다르게 하거나 또는 선택항목이 한 번 이상 사용되게 한다. 그렇게 함으로써 추측에 의해서 정답을 찾을 가능성은 줄어든다. 단, 지시문에서 짝짓기의 근거를 언급해주고, 선택항목이 한 번 또는 한 번 이상 사용되는지의 여부를 말해 준다.

짝짓기 검사는 분석력 등 높은 정신능력을 측정할 수 있으며 채점이 객관적이고 변형을 다양하게 할 수 있는 장점이 있다. 그러나 문항을 적절하지 못하게 만들면 단순기억만을 잴 수 있고 또 짝을 지어가는 가운데 답의 단서를 줄 수 있는 단점이 있다.

예 1. 심리학자의 이름에 가장 관련이 깊은 심리학파를 짝 지으시오. 단지 하나만의 항목이 정답이다.

_____ a. Skinner	1. 인본주의 심리학
_____ b. Bruner	2. 행동주의 심리학
_____ c. Rogers	3. 인지 심리학

③ 진위형 검사

진위형 검사가 기계적 암기에 의한 지식만을 검사하고, 정답을 모르는 경우에도 정답을 찾을 확률이 50%라는 점, 또한 '진' 또는 '위'를 택한 학생의 사고과정에 대한 단서가 전혀 제공되지 못한다는 점 때문에 많은 비판을 받고 있지만, Ebel(1972)은 진위형 검사도 검사목적에 따라 유용하다고 주장한다. 그는 진위형 검사를 통해서도 학생들이 사건이나 과정에 대해 이해하고 있는지, 또는 원리를 적용할 수 있는지를 검사할 수 있다고 주장하였다.

진위형 검사문항을 작성할 때는 기억뿐 아니라 이해를 측정할 수 있는 명제를 선택하고, 그것을 간단명료한 언어로 나타내는 것이 매우 중요하다. 각 진술문에는 오직 하나의 중심개념만을 포함시키고 양면성을 배제시켜 답이 명백하게 맞거나 틀린 것이어야 한다.

예 1. 지형의 기복을 표현하는 방법으로, 해발 고도가 같은 여러 지점을 연결한 선으로 기복을 표현하는 방식을 등고선식이라 한다.(맞다, 틀리다)

5. 성적표

최종적 평가는 성적표를 통해서 본인과 학부모한테 제공된다. 쪽지 시험과 정규시험 성적, 숙제, 수업참여도, 성취도의 원점수에 근거하여 등급을 나누고, 기타의 평가의 기준으로 제시된 사항들을 모두 종합하여 성적표를 작성한다.

1) 등급 나누기의 준거

'등급'은 학생들의 성취도를 평가하는 상징이다. 학교 평가의 초창기에는 백분위점수를 그대로 사용하였었다. 그러나 1에서 100까지의 등급이 학생들에게 과도한 부담을 준다는 고려에서 평가의 등급을 A, B, C, D, F의 5등급으로 나누었다. 우리 나라에서는 이에 해당하는 등급으로 수, 우, 미, 양, 가를 사용한다. 각각의 등급의 의미는 다음과 같다.

수(A) : 띄어난, 빼어난, 눈에 띄는
우(B) : 띄어나지는 않지만 매우 잘함, 평균 이상
미(C) : 주목할만한 수행은 아니지만 능력있는
양(D) : 최저선으로 통과, 그러나 취약함 드러남
가(F) : 통과에 실패, 심각한 취약함이 보인다.

(1) 상대평가

학교 현장에서 가장 빈번하게 사용되는 평가는 상대평가이다. 즉 어떤 학생의 점수가 다른 학생들의 점수와 비교하여 어느 수준인가를 나타낸다. 전체 학생들의 점수가 정상분포곡선의 양상을 보인다는 가정에서, 학생들 점수의 백분위 점수에 따라 다음과 같이 평가한다(Gronlund, 1974).

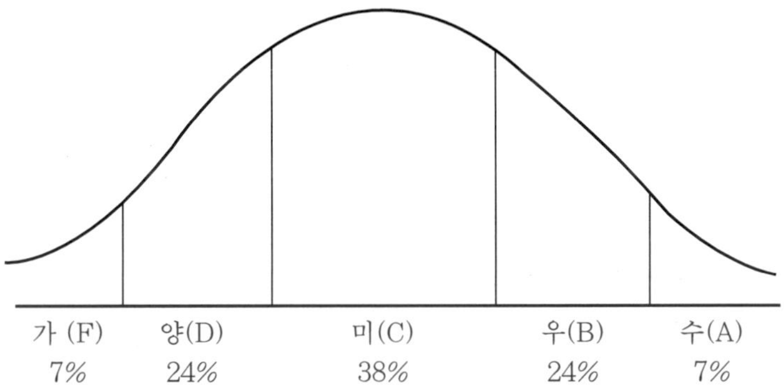

〔그림 13-1〕 정상분포곡선에서의 전형적 등급분포

따라서 상대평가의 문제점은 전체 집단의 성취도가 매우 우수한 경우에도 상대적인 우열에 의해서 '가' 로 평가되는 학생들이 있다는 점이며, 또한 반대로 집단전체가 매우 열등한 성취도를 보였는데도 '수' 로 평가되는 학생이 7%까지는 있다는 점이다. 또한 대학교에서는 학생들이 어려운 과목이나 우수한 학생들이 몰리는 과목을 기피하는 경향이 나타난다. 학생들 성취의 성공 여부가 학습목표에 기준을 둔 것이 아니라, 다른 학생들의 성취도에 따라 변화될 '서열' 에 기준을 둔다는 점은 심각한 단점이 아닐 수 없다. 더구나 Bloom(1968)이 지적했던 것처럼 학생들의 성취도 점수가 정상분포곡선을 나타낸다는 가정은 이미 교수활동의 문제점을 드러낸 것이라고도 볼 수 있다. 이런 문제점을 해소시키려고 Bloom은 완전학습(mastery learning) 을 제안하였다(10장 4절 참고).

(2) 절대평가

'등급'은 절대적 기준에 의해 매겨진다. 절대적 기준이란 학생들의 백분율 점수를 그대로 등급의 기준에 반영시키는 것이다. 따라서 한 반의 전체 학생이 '수'를 받을 수도 있고, 반대로 대개의 학생들이 '미'나 '양'을 받을 수도 있다. 평가의 등급은 학교마다 조금씩 다르지만, 전형적인 절대평가의 2가지 예는 다음과 같다.

	〈예 1〉	〈예 2〉
수(A)	90% 이상	94% 이상
우(B)	80% 이상-90% 미만	85% 이상-94% 미만
미(C)	70% 이상-80% 미만	76% 이상-85% 미만
양(D)	60% 이상-70% 미만	70% 이상-76% 미만
가(F)	60% 미만	70% 미만

2) 성적표의 작성

성적표는 수업참여도, 수업태도, 숙제 및 시험성적 등의 평균점수에 의해 작성된다. 점수에 반영되는 항목은 학습목표와 더불어 학생들에게 꼭 미리 알려줘야 한다. 평점은 학생들에게 뜻밖의 것이어서는 안되는데, 그러기 위하여 교사들은 성적이 어떻게 계산되는지, 수업참여도는 반영되는지 등의 평가원칙을 학생들에게 알려주어야 한다. 학생들의 성적은 비공개적이어야 하는데, 성적의 공개는 학생들에게 불필요한 비교를 야기시킨다.

여러 과제들을 근거로 성적을 내고 등급을 매길 때 각 과제들의 점수를 조합하는 방법으로는 점수체계(point system)가 있다. 각 과제의 중요성에 따라 수업참여도 20%, 중간시험 30%, 학기말 시험 30%, 숙제 20% 등으로 점수를 할당하는 것이다(김아영 외, 1997).

점수체계 여러 과제를 근거로 성적을 산출할 때 각 과제의 비중에 따라 점수를 할당하는 방법

다음에는 우리 나라 초등학교와 중 · 고등학교의 성적표의 예 및 종합 생활 기록부를 제시한다.

〔그림 13-2〕는 서울의 한 초등학교 4학년 성적표의 예이다. 6차 교육개혁 이후로 우리나라 초등학생들의 성적표는 학교나 학년에 따라 다소 차이가 있긴 하지만 등급이 아니라 서술형으로 구성되고 있다. 〔그림 13-3〕, 〔그림 13-4〕, 〔그림 13-5〕는 초등학교와 중 · 고등학교의 종합 생활 기록부이다. 고교 진학과 대학입시에서의 비중때문에 중학교와 고등학교의 종합 생활 기록부는 매우 중요하다.

1. 교과학습발달상황

교과	평가영역	1학기	2학기
도덕	개인, 가정·이웃, 시민, 국가, 통일·안보	○ 참여의식이 강하고, 남에게 지기 싫어하며 명예의식이 강합니다.	○ 자신의 생활을 반성할 줄 알며 작은 약속도 지키려고 노력합니다.
국어	말하기, 듣기, 읽기, 쓰기, 언어, 문학	○ 책읽기를 즐기며 사고가 논리적이고 독해력이 우수하여 문제해결력이 좋습니다.	
사회	정치, 경제, 사회, 문화, 지리, 역사		○ 주제에 적합한 내용을 선정하여 자세하게 말하나 언어가 분명하지 않습니다.
산수	수, 연산, 도형, 측도, 관계	○ 산수과에 흥미가 높고 모든 영역 모두 우수합니다	○ 사회과 예습이 잘 이루어지고 있으며 매우 좋아하여 잘합니다.
자연	물질, 운동과 에너지, 생명, 지구	○ 사회과 조사보고활동에 적극적이나 사회현상에 대한 이해력이 부족합니다.	○ 자연현상에 흥미가 많으며 기구를 이용한 실험활동을 좋아합니다
체육	심동적영역, 인지적 영역, 정의적 영역	○ 자연관찰에 호기심이 많고 실험기구를 잘 다룹니다.	
음악	이해,표현,감상,태도 (가창, 기악, 창작)		○ 학습장 정리하는 태도가 많이 향상되었습니다. (특히 산수과)
미술	이해, 표현, 기능, 감상, 태도	○ 악기연주기능이 우수합니다. ○ 그리기의 표현능력과 색채감이 부족합니다.	○ 바느질할 때 홈질을 잘 합니다. (실과)
실과	생활계획, 생활기능, 소비절약, 작업이해		○ 가창, 가락짓기 기능이 우수합니다.

2. 특별활동상황

활동영역	활동상황
•클럽활동 (체육)부 •어린이회 활동 •학급 및 학교행사	1학기 부회장으로 학급을 위해 앞장서며 역할분담에 충실합니다.

3. 행동발달상황

구분 \ 행동	행동덕목
평가내용	근면성, 책임감, 협동성, 자주성, 준법성, 인사성
행동특성	불임성이 있고 항상 용의단정하며 새로운 일에 호기심이 많고 안사성이 바릅니다.

4. 출결상황

월	3	4	5	6	7	8	9	10	11	12	1	2	계
결석	·	·	·	·	·	·	·	·	·	·	·	/	/
지각	·	·	·	·	·	·	·	·	·	·	·	·	·
조퇴	·	·	·	·	·	·	·	·	·	·	·	·	·

5. 신체발달상황

키 (cm)	몸무게 (kg)	가슴둘레 (cm)	앉은키 (cm)	시력 좌	시력 우	충치수
140.5	35.6	70.0	74.1	0.7	1.0	/

〔그림 13-2〕 초등학교 생활 통지표의 예

종합 생활 기록부

〈초등학교〉

학년 / 구분	1	2	3	4	5	6	사 진 (3×4 cm)
반							
번 호							
담임성명(인)							

졸업대장번호	

1. 인적사항						
학생	성명	(한글)		남·여	주민등록번호	
		(한자)				
	주소					
가족상황	관계 / 구분	부	모	특기사항		
	성 명					
	생년월일					
	직 업					

2. 학적사항		특기사항 및 졸업 후의 상황
입학전 교육 경험	(년 개월)	
년 월 일	초등학교 제 1 학년 입학	
년 월 일	초등학교 제 학년	
년 월 일	초등학교 제 학년	
년 월 일	초등학교 제 학년	
년 월 일	초등학교 제 학년	
년 월 일	초등학교 제 6 학년 졸업	

3. 출결상황 학년	수업일수	결석일수	지 각	조 퇴	결 과	특 기 사 항
1						
2						
3						
4						
5						
6						

4. 신체발달상황 학년	키	몸무게	체력 급수	특 기 사 항
1	cm	kg		
2	cm	kg		
3	cm	kg		
4	cm	kg		
5	cm	kg	급	
6	cm	kg	급	

5. 심리검사상황 검사 명칭(저자명)	실시일자	검 사 결 과

6. 수상경력 수 상 명	등급(위)	수상연월일	수여기관	수 상 명	등급(위)	수상연월일	수여기관

7. 자격증 취득상황 자격증종류	자격증번호	취득연월일	발급기관	자격증종류	자격증번호	취득연월일	발급기관

8. 진로지도상황 학년	특기	흥미	진로희망 학 생	진로희망 학부모	진로 상담·진로 권고 내용
5					
6					

(용지규격 : 백색모조지 150g/m², 364×254mm, B4)

성 명	

9. 교과학습발달상황 학 년	종 합 의 견
1	
2	

교과 / 학년	3	4	5	6
도덕				
국어				
수학				
사회				
자연				
체육				
음악				
미술				
실과				

학년	세부능력 및 특기사항
3	
4	
5	
6	

6. 학교재량시간 학년	영 역	특 기 사 항
3		
4		
5		
6		

6. 학교재량시간 학 년	학급·학교 활동	클럽활동 부 서 명	클럽활동 활 동 상 황
1			
2			
3			
4			
5			
6			

12. 봉사활동상황 4 학 년	5 학 년	6 학 년

13. 행동발달상황 학 년	행 동 특 성
1	
2	
3	
4	
5	
6	

14. 종합의견 학 년	특 기 사 항
1	
2	
3	
4	
5	
6	

〔그림 13-3〕 초등학교 종합 생활 기록부

종합 생활 기록부

구분＼학년	1	2	3	사 진 (3×4 cm)
반				
번 호				
담임성명(인)				

〈중학교〉

졸업대장번호	

1. 인적사항					
학생	성명	(한글)		남·여	주민등록번호
		(한자)			
	주소				
가족상황	구분＼관계	부	모	특기사항	
	성 명				
	생년월일				
	직 업				

2. 학적사항		
입학전 교육 경험	(년 개월)	특기사항 및 졸업 후의 상황
년 월 일	학교(검정고시 합격)	
년 월 일	중학교 제 1 학년 입학	
년 월 일	중학교 제 학년	
년 월 일	중학교 제 학년	
년 월 일	중학교 제 학년	고등학교 진학
년 월 일	중학교 제 3 학년 졸업	기타 ;

3. 출석상황 학년	수업일수	결석일수 질병	결석일수 사고	지각	조퇴	결과	특기사항
1							
2							
3							

4. 신체발달상황 학년	키	몸무게	체력 급수	특기사항
1	cm	kg	급	
2	cm	kg	급	
3	cm	kg	급	

5. 심리검사상황	검사 명칭(저자명)	실시일자	검사 결과

6. 수상경력	수 상 명	등급(위)	수상연월일	수여기관	수 상 명	등급(위)	수상연월일	수여기관

7. 자격증취득상황	자격증종류	자격증번호	취득연월일	발급기관	자격증종류	자격증번호	취득연월일	발급기관

8. 진로지도상황 학년	특기	흥미	진로희망 학생	진로희망 학부모	진로 상담·진로 권고 내용
1					
2					
3					

(용지규격 : 백색모조지 150g/m², 364×254mm, B4)

성 명	

9. 교과 학습 발달 상황

구분＼학년		1학년 성취도	1학년 석차 백분율	2학년 성취도	2학년 석차 백분율	3학년 성취도	3학년 석차 백분율	세부 능력 및 특기 사항
필수교과	도 덕							(1 학년)
	국 어							
	수 학							
	사 회							
	과 학							
	체 육							
	음 악							(2 학년)
	미 술							
	가 정							
	기술·산업							
	영 어							
선택과목	한 문							(3 학년)
	컴퓨터							
	환 경							

10. 특별활동상황

구분＼학년	1 학년	2 학년	3 학년
학급·학교활동			
클럽활동	( )	( )	( )
11. 봉사활동상황			
12. 행동발달상황			
13. 종합의견			

〔그림 13-4〕 중학교 종합 생활 기록부

종합 생활 기록부

구분＼학년	1	2	3	사 진 (3×4 cm)
이수과정	공 통			
반				
번 호				
담임성명(인)				

〈일반고〉

졸업대장번호	

1. 인적사항						
학생	성명	(한글) (한자)	남·여	주민등록번호		
	주소					
가족상황	구분＼관계	부	모	특기사항		
	성 명					
	생년월일					
	직 업					

2. 학적사항		특기사항 및 졸업 후의 상황
입학전 교육 경험	(년 개월)	
	년 월 일 중학교 졸업(검정고시 합격)	
	년 월 일 고등학교 제 1 학년 입학	
	년 월 일 고등학교 제 학년	
	년 월 일 고등학교 제 학년	
	년 월 일 고등학교 제 학년	
	년 월 일 고등학교 제 3 학년 졸업	

3. 출석상황 학년	수업일수	결석일수 질병	결석일수 사고	지각	조퇴	결과	특 기 사 항
1							
2							
3							

4. 신체발달상황 학년	키	몸무게	체력 급수	특 기 사 항
1	cm	kg	급	
2	cm	kg	급	
3	cm	kg	급	

5. 심리검사상황 검사 명칭(저자명)	실시일자	검 사 결 과

6. 수상경력 수 상 명	등급(위)	수상연월일	수여기관	수 상 명	등급(위)	수상연월일	수여기관

7. 자격증취득상황 자격증종류	자격증번호	취득연월일	발급기관	자격증종류	자격증번호	취득연월일	발급기관

8. 진로지도상황 학년	특기	흥미	진로 희망 학 생	진로 희망 학부모	진로 상담·진로 권고 내용
1					
2					
3					

(용지규격 : 백색모조지 150g/m², 364×254mm, B4)

성 명	

9. 교 과 학 습 발 달 상 황

교과	과 목	1학년 1학기 단위수	성취도	석차배분율	1학년 2학기 단위수	성취도	석차배분율	2학년 1학기 단위수	성취도	석차배분율	2학년 2학기 단위수	성취도	석차배분율	3학년 1학기 단위수	성취도	석차배분율	3학년 2학기 단위수	성취도	석차배분율	세부 능력 및 특기 사항
윤리	윤 리																			(1 학년)
국어	국 어																			
한문																				
수학	공통수학																			
사회	공통사회																			(2 학년)
	국 사																			
과학	공통과학																			
체육	체 육 I																			
교련																				
음악	음 악 I																			(3 학년)
미술	미 술 I																			
실업가정																				
외국어	공통영어																			
교양선택																				
이수단위 합계																				

10. 특 별 활 동 상 황

구분＼학년	1 학년	2 학년	3 학년
학급·학교활동			
클럽활동	( )	( )	( )
단체활동			
11. 봉사활동상황			
12. 행동발달상황			
13. 종합의견			

〔그림 13-5〕 고등학교 종합 생활 기록부

연 구 문 제

1. 학교에서 학생들을 평가해야 하는 이유에 대해 논의하시오.

2. 준거지향 평가와 규준지향 평가는 각각 어떻게 활용될 수 있을지 생각해 보시오.

3. 좋은 검사의 조건으로는 어떤 것을 들 수 있을까요?

4. 학생들의 성취도를 검사할 때, 고려해야 할 사항들을 말하시오.

5. 자신이 가르치는 교과목이나 각 단원에 적절한 검사유형을 생각해 보고, 그 유형에 따라 검사문항을 작성해 보시오.

제 14 장

표준화 검사

1. 표준화 검사
2. 표준화 검사의 활용 목적
3. 검사의 실시방법 및 시기
4. 좋은 검사의 선정
5. 검사의 해석
6. 표준화 검사의 유형

오늘날 학교에서 많은 표준화 검사가 사용되고 있다. 교과목과 관련된 표준화 검사는 물론이고 적성검사, 지능검사 등이 주로 많이 이용된다. 이런 검사들은 개인의 중요한 결정을 내리는 데 영향을 미치기 때문에 검사의 해석에 신중을 기해야 할 것이다. 이 장에서는 표준화 검사의 기본개념과 우리 나라에서 실시되고 있는 표준화 검사들을 소개하는 데 그 목적이 있다.

1. 표준화 검사

표준화 검사
동일한 조건하에서 전국적으로 동일한 절차에 따라 채점되는 검사

검사의 타당도와 신뢰도를 개선하는 한 가지 방법은 검사내용을 적절하게 구성하고 가능한 모든 학생들이 비슷한 검사조건에 있는 것이다. 이러한 과정을 표준화(standardization)라고 한다. 따라서 표준화 검사(standardized tests)는 동일한 조건하에서 전국적으로 동일한 절차에 따라 채점되는 검사이다. 표준화 검사는 전국적 규준에 기초하기 때문에 지역적 수행은 물론 전국적 수행을 비교할 수 있으며 학생의 전반적인 교육적 발달에 관한 정보를 얻을 수 있는 장점이 있다.

표준화 검사의 특징은 다음과 같다(Dembo, 1991).

- 모든 검사항목들이 전문가들에 의해 연구되고 주의깊게 준비되며 상업적으로 구성된다.
- 동일한 절차하에 인간행동의 다양한 측면을 측정한다.
- 동일한 지시, 시간제한, 채점절차를 시행하는 일련의 고정된 질문들을 포함한다.

그러나 표준화 검사 점수 결과는 학생들이 자신의 진로나 어떤 결정을 하는 데 많은 영향을 미칠 수 있기 때문에 이 과정을 위험부담 검사(high stakes testing)라고 한다. 교사들은 이 검사 결과를 가지고 아이들을 가르는 기준으로 사용하거나 어떤 아이에게 부정적 기대를 해서는 안 될 것이다. 학생들에게도 자신의 능력에 대해 부정적 자아개념을 갖게 해서는 안 된다. 중요한 것은 검사 결과를 가지고 어떤 결정을 내리기 전에 검사 결과가 신뢰할 만한지 검토해 보아야 한다. 좋은 도구라도 오용되거나 과신되어서는 안 된다. 따라서 특정 검사 결과가 학생을 판단하는 유일한 정보가 되어서는 안 되며 교사나 부모의 관찰, 그외 다양한 정보들을 함께 고려하는 것이 바람직하다.

적성검사나 성취검사와 같은 표준화 검사는 연습을 통해 검사 점수에서 차이가

날 수도 있다(Kulik & Bangert, 1984). 표준화 검사 절차에 익숙한 학생은 그렇지 않은 학생보다 더 잘하며 더 자신감있고 덜 당황하게 된다. 또한 메타인지적 학습 기술이 좋은 결과를 가져올 수도 있다. 예를 들면, 검사가 묻는 것이 무엇인지 확인하고 시간을 효율적으로 이용하며 자신이 한 답을 다시 한번 확인하고 어떤 방식으로 기술하는 것이 좋은 점수를 얻을 수 있는지 등을 안다면 더 높은 점수를 얻을 수 있다.

2. 표준화 검사의 활용 목적

표준화 교육 · 심리검사들은 개인차 측정의 수단이며 자신을 이해하는 하나의 객관적 수단이다. 심리검사 결과의 해석을 통하여 자신을 이해하는 것을 도울 뿐만 아니라 자신의 문제에 대한 통찰력을 갖게 해 준다. 또한 학교나 교사에게는 수업과 학교운영에 있어서 학생상담과 생활지도, 교육연구에 중요한 기능을 한다. 즉 학생들의 능력이나 특성을 이해하고 이를 바탕으로 수업전략을 세우며 학생들의 생활지도나 진로상담 등에도 이용될 수 있다. 더불어 여러 검사 결과를 축적하여 학생들의 능력이나 특성의 변화를 파악할 수 있으며 학교의 교육과정이나 교육 프로그램을 개설하는 데도 활용될 수 있다.

3. 검사의 실시방법 및 시기

표준화 검사의 검사 실시 상황이 표준화되기 위해서는 외적 요인들이 모든 학생들에게 동등하게 작용하는 조건하에서 검사를 실시해야 한다. 검사 제작시 규준작성을 위한 검사 실시과정과 동일한 조건하에서 검사가 실시될 때 규준에 따른 검사 점수의 해석이 타당하게 된다. 그러므로 검사요강에 제시된 검사과정과 지시, 검사조건을 충실히 따르는 것이 필요하다. 검사자는 검사 지시문을 임의적으로 첨가하거나 해석해서는 안 되며 불안을 유발하는 언어나 태도는 학생들의 점수에 영향을 미칠 수 있으므로 주의해야 한다. 특히 연령이 낮은 유치원이나 초등학교 저학년 또는 특수아들을 대상으로 하는 검사의 경우 검사자와 친숙한 관계(rapport)를 가지는 것이 중요하다.

우리 나라 대부분의 초중등학교에서 지능검사를 실시하고 있으며 주로 저학년에 실시하고 있다. 초등학교의 경우 적성검사를 실시하는 학교는 많지 않으나 중고등학교에서는 상급학교 진학이나 진로지도를 위해 적성검사를 하는 학교가 많다. 그러나 지능이나 적성검사처럼 지적 능력을 측정하는 검사 이외에 개인의 성격이나 흥미, 자아개념, 가치관 등을 측정하는 검사는 아주 드물게 활용되고 있다(황정규 외, 1997)

대부분의 중등학교에서는 지능검사, 적성검사, 인성검사는 주로 저학년 때 실시된다. 이는 저학년 때 학생들의 지능을 파악하여 학생들의 학업 및 생활지도에 계속 활용하려고 하기 때문이다. 또한 인문계 고등학교는 2학년 때 문과와 이과를 나누기 때문에 대부분 1학년 때 적성검사가 이루어지고 있다. 그러나 대부분의 학교들이 각 검사를 한 번만 실시하기 때문에 학년별로 지능이나 적성이 어떻게 변화하는지 판단하기가 어렵다. 동시에 개인의 지적 능력이나 정의적 특성을 단 한 번의 검사로 판단하는 것은 개인의 성격이나 특성을 잘못 판단하거나 고정적인 것으로 볼 수 있는 위험이 있다.

4. 좋은 검사의 선정

좋은 검사를 선정하기 위해서는 검사 제작의 측면, 검사 실시의 측면, 검사의 측정적 측면, 검사의 해석과정의 측면을 살펴보아야 한다.

먼저, 검사 제작의 측면에서 그 검사가 무엇을 측정하는지 그리고 어떤 경우에 그 검사를 적절하게 사용할 수 있는지 명확하게 제시된 것이 좋다.

둘째, 검사 실시와 관련하여 검사의 지시, 검사시간, 연습문제나 보기, 응답요령이 타당하게 제시되어 있어야 한다. 또 채점에 대한 구체적 지침과 방법이 제시되어 있어야 한다.

셋째, 검사의 측정적 측면으로 검사는 언제 실시하든지 큰 변화없이 일관성이 있어야 하고 또한 재고자 하는 것을 충실히 잴 때 즉 신뢰도와 타당도가 높을 때 측정도구로서 가치가 있다. 신뢰도는 그 검사의 점수를 얼마나 믿을 수 있는가이다. 검사 점수가 측정하는 사람, 검사 실시 시기, 검사문항의 표집에 따른 변화정도가 일관성이 있을 때 신뢰도가 높다. 타당도는 그 검사의 목적에 따라 얼마나 잘 측정하는가이다. 타당도는 내용타당도, 준거타당도, 구인타당도로 구분할 수 있다. 내용타당도는 측정하고자 하는 전집영역으로부터 검사문항이 얼마나 잘 대표적으로 표집되었는가이며, 준거타당도는 주어진 준거(criterion)와 관계가 있

신뢰도
검사결과의 일관성

타당도
측정하려고 의도한 것을 검사가 측정한 정도

는지와 경험적 기준을 얼마나 잘 예언하는가이며, 구인타당도는 심리학적 이론이 관계되는 구인이라는 견지에서 검사가 어떤 요인을 주로 재고 있는가를 밝혀주는 정도이다.

넷째, 검사의 해석적 측면으로 학생이 받은 점수로부터 어떤 의미있는 해석을 할 수 있어야 한다. 개인간 상대적 비교를 할 수 있도록 규준집단이 있어야 하며 규준집단의 점수분포상에서 한 학생의 점수의 위치를 나타내기 위한 백분위나 표준점수가 제시되어야 한다.

5. 검사의 해석

답안지를 채점한 결과에 의해 얻어진 점수를 원점수라고 한다. 절대기준 측정의 입장에서 만들어진 검사라면 그 점수기준에 따라 원점수를 해석할 수 있지만 일부 학력고사를 제외하고는 절대기준 측정의 입장에서 검사 점수를 해석하는 경우는 거의 없다.

대부분의 표준화 검사 점수를 의미있게 해석하기 위해서는 어떤 주어진 집단의 점수 분포에서의 상대적 위치를 나타내기 위해 흔히 백분위나 표준점수를 사용한다.

백분위 점수
학생이 정답을 한 검사문항의 백분율

백분위 점수(percentile rank)는 학생이 정답을 한 검사문항들의 백분율을 말한다. 백분위 점수는 규준집단의 학생들 중 몇 %가 어떤 수준 또는 그 이하의 점수를 받았는지를 나타낸다. 백분위 점수 30은 동일 학년에서 동일 검사를 받은 학생 중 30%가 같거나 그 이하의 점수를 받았으며 70%가 그보다 더 성적이 우수하다는 것을 의미한다. 그러므로 중앙치에 있는 사람은 백분위 점수 50에 해당된다. 백분위는 이해가 쉽고 계산하기 쉬운 장점을 가지고 있으나 동간성이 없는 단점이 있다. 예를 들면, 백분위 70과 80의 10점의 차이가 50과 60의 10점의 차이와 같을 수 없다.

표준점수
표준편차에 기초한 점수로 개인간, 검사간 상대적 점수

표준점수(standard score)는 개인의 점수가 평균치로부터 얼마나 차이가 나는지 보여주기 위해 사용되는 원점수를 변환한 것이다. 표준점수에는 두 가지 유형이 있다. 하나는 원점수와 직선적 관계를 갖도록 척도단위와 출발점만을 변형시키는 직선적 전환의 표준점수이고 다른 하나는 원점수의 분포와는 상관없이 원점수의 분포를 정상분포로 전환시키는 정상화 표준점수의 두 가지가 있다.

원점수를 X , 평균을 $\overline{X}$, 표준편차를 S라고 한다면 표준점수 Z는 다음과 같이 전환된다.

$$Z = \frac{X-\overline{X}}{S}$$

이와 같이 전환된 Z점수는 평균이 0이고 표준편차가 1인 기본단위의 Z점수가 된다. 평균과 표준편차가 다른 검사 점수와 비교하고자 할 때 검사 점수를 Z점수로 바꾸면 평균과 표준편차가 같은 분포상에서 비교가 가능하다. 따라서 표준점수는 개인간, 개인 및 검사간의 상대적 위치에서의 비교가 가능하다.

정상화 표준점수는 원점수의 분포가 정상화를 이루지 않을 때 의도적으로 이를 정상화시켜 주는 기능을 한다. 정상화된 표준점수 Z' 는 점수 분포상에서 우선 각 점수에 해당하는 백분위를 구한 다음 정상분포표에서 이 각 백분위에 해당하는 Z 점수를 구하면 된다. 이와 같은 정상화 Z' 점수의 평균(0)과 표준편차는 Z점수와 같지만 정상분포를 이룬다는 점에서 차이가 있다. 이와 같은 정상화 Z' 점수는 원점수가 정상분포를 이루지는 않지만 모집단에서 표집오차가 없다면 정상분포를 이룬다고 가정할 수 있을 때 사용된다.

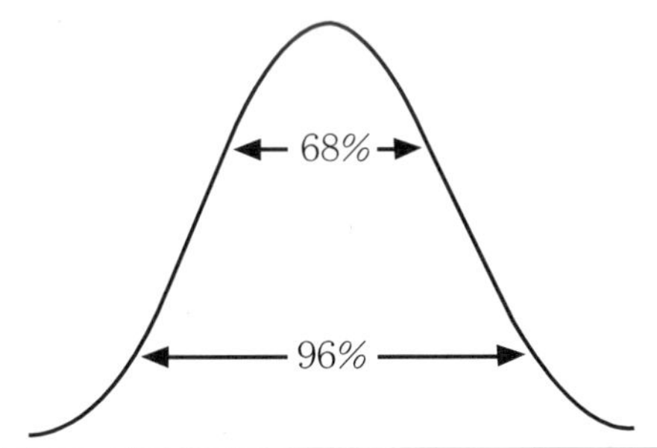

55	70	85	100	115	130	145	점수
−3	−2	−1	0	+1	+2	+3	표준편차
99.9	98	84	50	16	2	0.1	백분율
1	2	16	50	84	98	99+	백분위

〔그림 14-1〕 지능점수 분포

6. 표준화 검사의 유형

성취검사
학생들이 주어진 내용영역에서 얼마나 학습하였는지 측정하는 표준화 검사

표준화 검사는 크게 성취검사, 진단검사, 적성검사로 구분할 수 있다.

성취검사(achievement test)는 학생들이 주어진 내용영역에서 얼마나 학습하였는지 측정하는 표준화 검사이다. 성취검사는 읽기 이해, 언어 사용, 셈하기, 과학, 사회, 수학, 논리적 추론 등 특정 영역에서 얼마나 학습하였는지 측정하는 것이다. 성취검사는 집단이나 개인으로 실시할 수 있다. 집단검사는 자세한 검사가 필요한 학생을 선별하거나 성취수준에 따라 학생들을 군집화하기 위한 근거로 사용된다. 개인 성취검사는 학생의 학문적 수준을 보다 정확하게 측정하거나 학습문제의 진단에 이용된다.

진단검사
특별한 학습문제를 확인하기 위한 표준화검사

진단검사(diagnostic test)는 특별한 학습문제를 확인하기 위해 개별적으로 실시되는 검사이다. 성취검사가 수학, 과학과 같이 학문적 영역에서의 약점을 파악한다면, 진단검사는 학습과정의 약점을 알아낸다. 소리간의 차이를 발견하거나 들은 단어나 문장을 기억하고 일련의 상징을 회상하거나 눈과 손의 협응, 운동을 통합하는 능력과 학습하고 기억하고 학습을 전달하는 데 필요한 다른 능력들을 평가하는 진단도구들이 있다.

적성검사
미래의 수행을 예견하려는 검사

적성검사(aptitude test)는 발달된 능력을 측정하고 앞으로 학습할 때 얼마나 잘 할 것인지 예측하는 검사이다. 성취검사가 특정 학년에서의 최종적인 수행을 측정하는 반면 적성검사는 미래의 성취를 예견하는 검사이다. Cronbach와 Snow(1977)는 적성을 "어떤 주어진 과제에서 한 개인의 성공 가능성을 예언해 주는 어떤 특성"이라고 정의하고 그러한 적성에 지적 능력뿐 아니라 성격적 요인, 태도, 신체적 측면, 심지어 성별, 연령까지도 포함되어야 한다고 제안하였다.

적성은 다음의 세 가지 특징을 그 구성요소로 포함하고 있다(황정규 외, 1997).

첫째, 적성은 미래의 예언이란 속성이 중요한 지표가 된다. 적성이란 어느 특수 분야, 작업, 활동 등에 필요한 능력이 어느 정도인가, 발현 가능성이 어느 정도인가를 측정하고 판단하려는 목적으로 창출된 개념이다. 적성이란 미래의 어떤 분야에서의 예언을 위한 개념이라고 할 수 있다.

둘째, 적성은 어떤 특정 분야, 활동, 영역의 지적 활동과 밀접한 관련을 갖고 있는 개념이다. 인간의 능력을 일반적인 수준에서 탐색하는 것이 아니라 보다 특정 분야, 활동영역에 관련된 능력으로 개념화한다. 따라서 적성검사는 학업적성, 직업적성, 예능적성 등으로 특정 분야와 관련된다. 직업적성은 다시 세분화되어

표현되는데 그러므로 적성은 인간의 능력을 프리즘을 통해 분산시켜 변별해 보려는 것이다.

셋째, 적성이란 개념 속에는 능력에 관련된 인간 특성뿐만 아니라 비지적 특성인 정의적 특성도 포함된다. 예를 들어, 의학분야에서 장차 성공하기 위해서는 능력뿐만 아니라 의학에 대한 흥미, 신념, 인생관 등이 의학자의 그것과 합치되는 정도가 높아야 할 것이다.

적성검사에는 학구적 적성검사로 부를 수 있는 지능검사와 특별한 직업에서 요구되는 능력을 측정하는 직업 적성검사가 있다.

1) 지능검사

지능에 관한 이론적 논의는 5장에서 이미 다루었으므로 여기서는 지능검사의 유형을 중심으로 기술하고자 한다.

지능검사는 분류 기준, 목적에 따라 여러 가지 방법으로 나눌 수 있다. 먼저 일반 지능검사는 여러 가지 정신능력을 종합적으로 측정하는데 반해 특수 지능검사는 추리력검사, 기억력검사, 주의력검사와 같이 각 정신능력을 독립적으로 측정하도록 구성되어 있다.

둘째, 언어검사와 비언어검사로 나눌 수 있다. 언어검사는 검사문항이 주로 언어에 의존하고 있어 피험자가 주어진 언어자극을 통해 문제를 이해하고 언어를 사용해서 문항에 대답하게 되어있다. 이런 검사를 알파(α)검사라고 부르기도 한다. 비언어검사는 문항구성이 언어자극을 최소화시킨 검사이며 주로 취학 전 아동이나 문맹자, 장애자들을 위해 개발된 지능검사이다. 주로 도형, 그림, 기호 등을 사용하여 실제작업을 통해 측정하며 이런 검사를 총칭 베타(β)검사라고 한다.

셋째, 동작검사와 필답검사로 구분한다. 피험자로 하여금 구체적 자료를 가지고 어떤 작업을 요구하는 검사를 동작검사라고 하며 나무토막, 그림, 나사, 종이, 간단한 기구 등을 통해 실제 작업을 하게 하여 지능의 수준을 판단한다. 반면 필답검사는 종이 위에 검사문항이 제시되어 읽고 답을 쓰기만 하면 된다. 동작검사는 주로 개인지능 검사이며 필답검사는 집단 지능검사가 대부분이다.

넷째, 한 번에 한 피험자를 대상으로 하는 경우를 개인 지능검사라고 하며 한 번에 여러 사람에게 동시에 실시하도록 구성되어 있는 검사를 집단 지능검사라고 한다. 개인 지능검사는 타당성, 실시의 정확성, 임상적 해석 가능성 등의 장점을 가지고 있으나 실시가 복잡하고 실시에 고도의 훈련과 기술이 요구되며 검사 시간도 오래 걸린다. 반면 집단 지능검사는 한 번에 여러 사람을 측정할 수 있지만 여러 가지 오차요인을 통제하기 어렵기 때문에 그 신뢰성이 떨어진다. 우리 나라의 개인 지능검사는 고대-비네검사, K-WISC, WAIS, 인물화 지능검사, 아동용 개인 지능검사(KEDI-WISC)가 있으며 대분분은 집단 지능검사이다. 개인 지능검사인 K-WAIS의 문항의 예와 우리 나라에서 실시되고 있는 지능검사들의 예는 다음과 같다.

K-WAIS검사는 기본지식 문제, 빠진 곳 찾기, 숫자 외우기, 차례 맞추기, 어휘문제, 토막짜기, 산수문제, 모양 맞추기, 이해문제, 바꿔쓰기, 공통성문제로 구성되어 있다.
검사문항의 예는 다음과 같다.

기본지식 문제
지동설을 처음 주장한 사람은 누구입니까? ·········· 코페르니쿠스

산수문제
어떤 가족이 자동차로 5시간에 275Km를 달렸습니다. 그 가족은 1시간에 평균 몇 Km를 달렸습니까? ············ 55Km

이해문제
산에는 왜 나무를 심는 것이 좋습니까?

숫자 외우기
바로 따라 외우기 3-9-2-4-8-7
거꾸로 따라 외우기 4-7-3-9-1-2-8

토막짜기 - 맞추어진 토막이나 인쇄된 카드를 직접 보고 만든다.

2) 적성검사

적성검사는 각 학교의 교사나 학생들에게 학과 선택이나 직업 선택에 필요한 객관적인 자료를 제공해 준다. 그리고 적성검사는 각 개인이 자신에 대해 객관적으로 이해하고 자신의 새로운 능력을 발견하는 것을 돕는다.

적성검사는 그 내용에 따라 각 적성요인을 종합적으로 측정하여 어떤 직무가 적합한지 알아보는 종합 적성검사와 각 적성요인을 분리하여 개인이 어떤 특정 집무를 수행하는 능력을 갖추고 있는지 여부를 측정하는 특수 적성검사로 나눈

〈표 14-1〉 국내 지능검사 일람표

검사명	대상	제작자	발행처	제작(개정)년도
L-S식 진단성지능검사	중고생	이상로, 서봉연	한국심리검사연구소	1993
MCAT-C 종합인지 능력검사(A, B형)	만 4-7세	송인섭, 문정화, 박정옥	학지사	1995
K-ABC	2 $^1/_2$~12 $^1/_2$	문수백, 병창진	학지사	1997
유아지능검사(KISC)	3.6~6.6세	한국행동과학연구소	한국행동과학연구소	1993
일반지능검사	초등3~6학년	임인재	한국심리적성연구소	1993
지능검사	중학생	김재은	웅진출판사	1992
지능검사(KIT-M)	중학생	한국행동과학연구소	한국행동과학연구소	1993
지능검사(KIT-P)	초등2년	한국행동과학연구소	한국행동과학연구소	1995
지능검사(KIT-P)	초등3~4년	한국행동과학연구소	한국행동과학연구소	1993
지능검사(KIT-P)	초등5~6년	한국행동과학연구소	한국행동과학연구소	1994
지능검사(KIT-A)	고등학생	한국행동과학연구소	한국가이던스	(1994)
지능종합검사	중고생	황정규	대한사립중고등학교장회	(1991)
KEDI-Wisc	5~15세	한국교육개발원	한국교육개발원	(1991)
K-WAIS	성인	한국임상심리학회	한국가이던스	(1992)
K토니검사(비언어성 인지능력검사)	만 5~12세	강위영, 이상복, 윤점룡	한국심리적성연구소	(1992)
한국교육개발원지능검사1	초등학생	한국교육개발원	한국적성연구소	1993
한국교육개발원지능검사2	중학생	한국교육개발원	한국적성연구소	1993
한국교육개발원지능검사3	고등학생	한국교육개발원	한국적성연구소	1993
한국교육개발원지능검사4	대학생	한국교육개발원	한국적성연구소	1993

(1990년도 이후 제작되었거나 개정된 것만 수록하였음)

다. 그리고 검사의 목적에 따라 진학 적성검사와 직업 적성검사로 나눈다.

종합 적성검사는 여러 가지 소검사가 포함되어 있어서 검사간에 나타나는 차이를 비교하여 적성을 판단하는 프로파일이 제공된다. 특수 적성검사는 시각능력검사, 청각능력검사, 운동 및 수공능력검사, 기계적성검사, 사무적성검사와 같은 특수한 능력을 측정하는 검사와 의학, 법률, 공학, 과학, 교직 분야의 적성을 측정하는 직업적성검사, 미술, 음악, 문예 등의 능력을 측정하는 예술적성검사가 있다. 현재 국내에는 특수 적성검사는 거의 개발되어 있지 않다.

진학 적성검사는 고등학교의 계열이나 문 · 이과의 적성을 예측하거나 대학 계열별 전공영역에서의 학업성취, 또는 성공 여부를 예측하는 데 주로 이용된다. 직업 적성검사는 직업을 12~20여 개로 분류하여 각 개인의 적성이 어떤 직업에 적합한지 예측하는데 사용된다. 따라서 상위 학교의 학업 분야나 직업에서의 성공을 예측하는 기능을 하기 때문에 새로운 학문 분야나 직업 분야에 대한 지속적인 검토와 개발이 필요하다.

우리 나라의 대부분의 적성검사는 진학 적성과 직업 적성을 동시에 측정하는 검사가 대부분이나 한국행동과학연구소의 〈KAT-A적성검사〉는 진학 적성을, 박수병의 〈GATB직업적성검사〉와 김재은의 〈직업적성검사〉는 직업 적성을 주로 측정하는 검사이다.

적성검사 문항의 예 (적성 진단검사, 중앙적성출판사)

언어추리검사

	(1)	(2)	(3)	(4)
만년필 : 잉크 = 붓 :	먹	물	글씨	학자
타자수 : 타자기 = 조종사 :	공군	전투	비행장	비행기

수리력검사

	(1)	(2)	(3)	(4)
사과를 나누어 먹는데 한 개씩 먹으면 15개가 남고 두 개씩 먹으면 9개가 부족하다. 이들이 갖고 있는 사과의 갯수는 모두 몇개일까?	19개	28개	39개	24개

추리력검사

교육열이 향상하면 문화가 발달한다.
민중이 자각하면 교육이 향상한다.
그러므로

(1)교육열이 향상하면 민중이 자각한다.
(2)문화가 발달하면 교육열이 향상한다.
(3)민중이 자각하면 문화가 발달한다.
(4)문화가 발달하면 민중이 자각한다.

공간관계검사

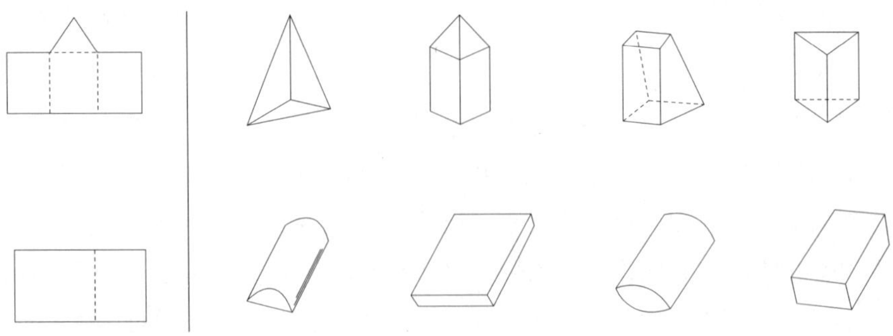

물상추리검사

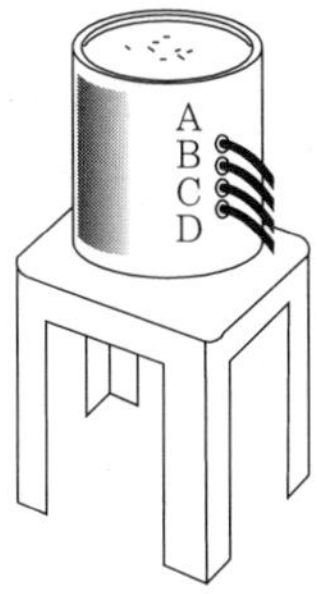

그림과 같이 물통의 물이 A, B, C, D 네곳에서 흘러나오도록 되어 있다. 이 가운데 물이 가장 멀리 떨어지는 것은?

생물추리검사

아래 그림은 메밀을 물가꾸기한 것이다. N(질소)를 뺀 물가꾸기 용액에 재배한 것은 어느 것일까?

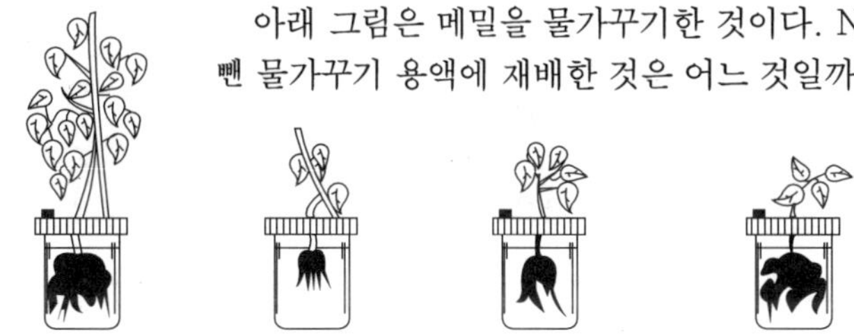

지각속도검사

양쪽에 있는 글자나 부호를 보고 모양이나 순서가 서로 틀리는 것을 찾아 V표 하시오.

75658100398 ________ 75658100398

암굳단유메벼뷰 ________ 암굳단유메벼뷰

미로추적검사

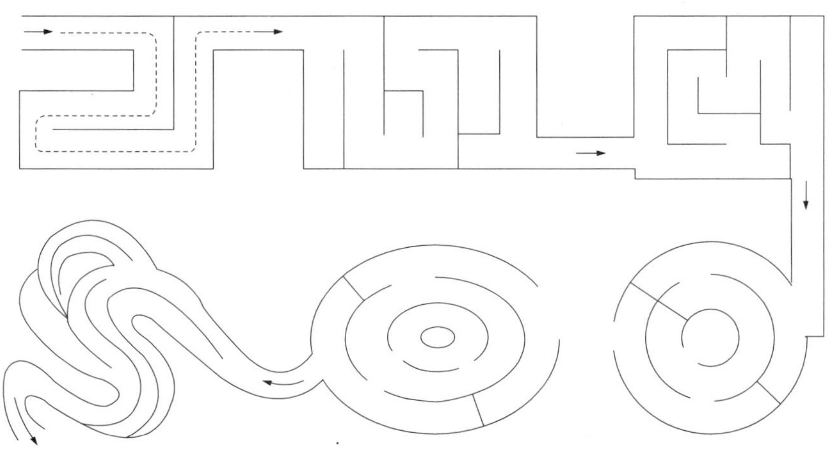

〈표 14-2〉 국내 적성검사 일람표

검사명	대상	제작자	발행처	제작(개정)년
GATB적성검사	중교생-성인	박수병	중앙적성출판사	1961(19)
일반직업적성검사	중·고교생	노동부 중앙고용	노동부 중앙고용	1994
적성종합검사	고교생-성인	정범모	코리안테스팅센터	1961
적성진단검사	중교생-성인	이상로, 김경린	중앙적성연구소	1969(1974)
종합적성 및 진로검사 (정서지능 및 다중지능)	유아-중교생	문용린	대교교육과학연구소	1996
진로성숙도검사	중·고교생	한국교육개발원	한국적성연구소	1992
진로성향종합검사	중·고교생	임인재	중앙교육진흥연구소	1975
진로적성진단검사	성인	김재은	웅진출판사	1989
진로 및 적성탐색검사	13세이상	안창규	한국가이던스	1995
진로흥미 적성검사	초등-고교생	김충기, 최채기	한국적성연구소	1993
직업진학적성검사	중·고교생	정한택	중앙교육사	1990
진로적성검사	중·고교생	임인재	대한사립중고등학교장회	1982(1992)
진로적성검사	중·고교생	임인재	중앙교육진흥연구소	1975
진로적성검사	중·고교생	김재은	웅진출판사	1990
KAT-A적성검사	고교생	한국행동과학연구소	한국행동과학연구소	1985
KAT-M적성검사	중교생	한국행동과학연구소	한국가이던스	1994
KPTI적성검사	중·고교생	김인수	한국심리검사연구소	1977
표준적성검사	중·고교생	임인재, 장상호	대한사립중고등학교장회	1979

3) 그 외의 검사들

창의성검사

우리 나라에서 제작된 창의성검사는 다른 검사에 비해 그 수가 매우 적다. 이영덕, 정원식의 〈창의성검사(초등학교, 중등학교용)〉와 〈간편창의성검사〉, 전경원의 〈종합창의성검사(유아용)〉가 있다. 전경원의 〈종합창의성검사〉는 아동들의 동화 구성능력을 통해 상상력을 측정하는 것이 특징적이다. 이들 검사에서 공통적으로 측정하고 있는 창의성의 요인으로는 유창성, 융통성, 독창성 요인이다. 유창성은 정해진 시간 동안 문장이나 그림을 완성하는 능력에 의해 평가된다. 융통성은 문제에 접근하는 방법이 얼마나 다양한지를 측정한다. 즉 어떤 학생은 주로 생물에 관련된 답에 한정되는가 하면, 어떤 학생들은 생물, 또는 가구, 문구류, 그릇 등 다양하게 접근하는데 후자의 경우 융통성의 점수가 더 높게 된다. 독창성은 어떤 문제에 대해 기발하고 혁신적인 아이디어를 생각해 내는 능력이다. 규준집단에서 많이 응답되지 않은 답일수록 그 점수가 더 높다.

창의성검사도 다른 검사와 마찬가지로 각 하위검사나 총점의 원점수를 백분위 점수나 표준점수(T점수)로 환산하여 규준집단에 비추어 각 피험자의 창의성의 정도를 판단한다.

창의성검사 문항의 예(표준화창의성검사, 중고등학교용, 코리안테스팅센터)

다음의 보기와 같이 세 글자를 이용하여 다음과 같은 문장을 만드시오.

보기)	가 ______	하 ______	푸 ______
	바 ______	가 ______	사 ______
	서 ______	울 ______	역 ______

다음에 있는 동그라미를 하나씩 사용하여 어떤 모양이 되도록 그림을 그리고 그 밑에 그림의 이름을 적으시오.

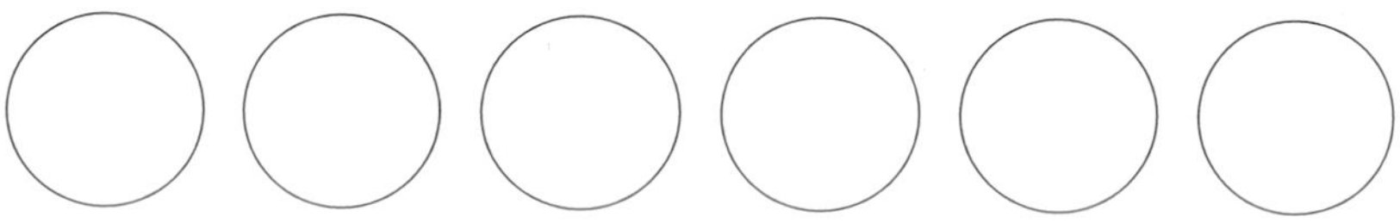

1. ______ 2. ______ 3. ______ 4. ______ 5. ______ 6. ______

〈표 14-3〉 국내 창의성검사 일람표

검사명	대상	제작자	발행처	제작(개정)년
간편창의성검사	초등4~6학년	정원식, 이영덕	코리안테스팅센터	1969
유아용간편창의성검사	유아	전경원	한국유아교육원	1995
창의성검사	초등4~6학년/중고생	정원식, 이영덕	코리안테스팅센터	1969

학력검사

표준화 학력검사는 일정 연령 또는 학년에 도달한 학생이 교육과정의 목표에 도달한 정도를 측정하는 검사라고 할 수 있다. 실제 학교에서 실시하는 여러 시험들이 학력검사처럼 학생들의 학습결과와 성취도를 측정하지만 전국적인 규준을 만드는 표준화 작업이 생략되어 있으므로 표준화 학력검사라고 부르는 데는 제한적이다.

학력검사에는 학생의 학력을 각 교과별로 측정하는 검사와 읽기, 언어 사용,

계산능력 등 기본 능력별로 학생의 학력을 측정하는 검사가 있다. 한국교육개발원의 〈기초학력검사〉나 문용린의 〈종합학습능력 진단검사〉, 장위영의 〈유아발달 준비도검사 및 유아학습 성취도검사〉 등이 기본 능력별로 학생의 학력을 측정하는 검사라고 할 수 있다.

한국교육개발원의 〈기초학력검사〉는 특수아의 선별을 위한 학년 규준을 갖춘 개인검사이다. 이 검사는 정보처리, 문자와 낱말의 재인, 독해력, 철자의 재인 및 셈하기 등 5개의 하위영역으로 구성되며 각 영역별로 피험자의 전반적인 학업 성취수준을 측정한다.

성격검사

성격검사는 성격이론의 다양성만큼 다양하다. 먼저 투사식 성격검사에는 TAT(Thematic Apperception Test)와 잉크 반점검사, 벤더-게쉬탈트검사와 통계적 방법에 의해 성격 특징을 설정하고 이를 문항으로 전환시켜 성격을 재는 검사인 Guilford와 Zimmerman이 만든 기질검사인 G-Z Temperament Survey와 Cattell이 만든 16PF(Sixteen Personality Questionaire), CPI(California Personality Inventory) 등이 있다. 그 외에도 피험자의 고유한 생각이 반영될 기회를 제공하는 Rotler와 Rafferty가 제작한 문장완성 성격검사(Rotler Incomplete Sentence Blank), 9개 영역의 욕구를 측정하여 성격 특징을 파악하는 Edward의 욕구진단검사(Edward Personal Preference Schedule:EPPS) 등이 있다.

가장 많이 이용되는 성격검사는 MMPI(Minnesota Multiphasic Personality Inventory)로 많은 성격 특성들과 유형 연구의 토대가 되기도 하였다. MMPI문항은 10개의 기본척도로 분류되는데 건강염려증(Hs), 우울증(D), 히스테리아(Hy) 정신병리적 일탈(Pd), 남성성-여성성(Mf), 편집증(Pa), 정신쇠약(Pt), 정신분열증(Sc), 경조증(Ma), 사회적 내향성(Si)이다. 10가지 기본척도 외에 3가지 통제척도가 고안되었는데 '스스로를 잘 보이려고 꾸미는' 거짓말척도(L), 보다 사회적으로 바람직한 방식으로 자신을 나타내려는 방어성(K), 드물고 있을 것 같지 않은 특성을 갖는다고 기술하는 것으로 부주의하고 혼동되게 답하는 방해적인 효과를 측정한다.

MBTI는 95 문항으로 구성되어 있는 성격유형 지표(Type Indicator)로 외향성-내향성(주의집중과 에너지 방향), 감각-직관(정보수집의 방법), 사고-감정(의사결정 기능), 판단-인식(행동이행과 생활양식) 지표 중 개인이 선호하는 4가지 지표로 표시된다. 이와 같은 개인의 선호성이 개별적으로 또는 복합적으로 어떻게 사회

생활 또는 학교생활에 작용하는지 결과들을 예측하여 실생활에 도움을 얻는 것을 목적으로 한다.

〈표 14-4〉 국내의 성격 및 인성검사 일람표

검사명	대상	제작자 및 제작처	발행처	제작 (개정)년도
간편 MMPI성격검사	중학생~성인	진위교, 김형립	코리안테스팅센터	1970
다면적 인성검사	중학생~성인	정범모, 이정균, 진위교 김영환, 김재환 외	한국가이던스	1963 (1989)
DPI-GS인성검사	중·고생	변창진	중앙교육진흥연구소	1994
BGT성격진단법	아동~성인	이상로, 변창진, 이희도	중앙적성출판사	1974
성격적응검사	초·중·고	정한택	중앙교육사	1970년대초
성격진단검사	중·고생	정원식, 김호권	코리안테스팅센터	1964
성격차원검사	아동~성인	시빌아이젱크, 이현수	학지사	1997
MBTI검사	고교생~성인	김정택, 심혜숙, 제석봉	한국심리검사연구소	1990 (1994)
MMPI다면적인성검사	고교생~성인	정성모, 이정균, 진위교	코리안테스팅센터	1963 (1975)
MMTIC 어린이 및 청소년 성격유형검사	8세~13세	김정택, 심혜숙	한국심리검사연구소	1993
욕구진단검사	중학생~성인	황정규	코리안테스팅센터	1965
인성검사	초등학생	정범모	코리안테스팅센터	1967 (1971)
인성진단검사	중·고생	정범모, 이종승	코리안테스팅센터	1968 1980
일반성격검사	중학생~성인	김기석	코리안테스팅센터	1973
유아성격검사	4세~7세	송인섭	도서출판학지사부설 학지심리검사연구소	1993
KIPA인성검사	중·고생	염태호, 김정규	웅진출판사 부설 한국심리적성연구소	1990
KPI성격검사	중·고생	한국행동과학연구소	한국행동과학연구소	1992 (1996)
KPI성격검사	대학생	한국행동과학연구소	한국행동과학연구소	1993 (1996)
KPTI일반인성검사	중·고생	김인수	한국심리검사연구소	1993
TAT검사법	4세이상 아동	전용신	고대행동과학연구소	1973
표준화성격진단검사	중학생~성인	이상로, 변창진, 진위교	중앙적성출판사	1969
표준화인성진단검사	중·고생	황응연	대한사립 중고등학교장회	1979 (1989)
표준화인성진담검사	대학생, 성인	황응연	코리안테스팅센터	1992

성격검사는 이론적으로 가정된 특성을 재는 것이지 실제로 존재하는 특성을 재는 것이 아니기 때문에 해석상 단정적 표현을 피하고 부정적으로 낙인 찍는 것은 삼가하여야 한다. 성격검사는 행동 자체가 아니라 피험자가 말한 것에 근거하기 때문에 결과의 활용에 있어서 제한적이다.

검사 점수는 언제나 상대 점수이다. 만일 내향성 점수가 높다면 그 점수는 동년배 집단의 수준에 의해서 결정된 상대적 위치의 점수임을 명심해야 한다. 그러므로 성격검사의 활용은 다른 검사에 비해 신중할 필요가 있다.

성격검사 문항의 예

MBTI

자신이 일상적으로 느끼고 행동하는 데 가장 가깝다고 생각되는 것을 선택하여 답안 용지에 표시하시오.

하루 정도 어디를 다녀오고 싶을 때
(A)언제 무엇을 할 것인가를 계획하는 편이다.( )
(B)별 계획없이 훌쩍 떠나는 편이다. ( )

나의 생각에 더 좋은 칭찬이라고 생각하는 것은?
(A)선견지명을 가졌다고 말해주는 것이다. ( )
(B)상식이 있는 사람이라고 말해주는 것이다. ( )

다면적 인성검사(MMPI)(한국가이던스)

다음 문항 중 당신을 잘 나타내고 있거나 당신 생각과 같으면 답안지의 '그렇다'에 해당하는 칸에, 다르면 '아니다'에 해당하는 칸에 //// 표를 하시오.

	그렇다	아니다
기계에 관한 잡지를 좋아한다.	______	______
조그만 소리에도 쉽게 잠을 깬다.	______	______
가끔 뭔가를 때려 부수고 싶은 때가 있다.	______	______
굿이나 안수기도로 병을 고칠 수 있다.	______	______
신문사설을 매일 꼬박꼬박 읽지는 않는다.	______	______

나는 수줍어한다.	______	______
확실히 나는 자신감이 거의 없다.	______	______

연 구 문 제

1. 현재 학교에서 실시하고 있는 집단 지능검사를 실시하는 것이 바람직한가? 집단 지능검사 실시의 긍정적 측면과 부정적 측면에 관해 설명하시오.

2. 학교에서 실시하는 성격검사와 적성검사 결과가 자신이나 부모가 평소에 생각하고 있던 점과 유사하다고 생각하는가? 우리는 표준화 검사 결과를 어느 정도나 받아들여야 하며 어떻게 이용하는 것이 바람직한가?

3. 전국적으로 실시하는 표준화 학력검사와 담당교사가 제작한 시험의 차이점은 무엇인가? 각각의 긍정적 측면과 부정적 측면에 관해 생각해 보시오.

참고문헌

강봉규, 이종성 외(1995) **교육과정 교육평가 신강**. 서울: 형성출판사.

강상진 외(1996). **성취수준평가의 이론과 실제**. 서울: 교학사.

교육부(1991). '수월성 추구를 위한 특수재능교육(제 82호)'. 서울: 교육부.

김광휘(1997). 집단보상방법과 협동기술훈련이 학습능력이 상이한 학습자의 학업성취에 미치는 효과. **교육학연구**, 35(1), 105-135.

김기령(1995). 목표지향성과 학급구조간의 관계. **교육심리연구**. 9(1). 27-56.

김기석 역(1993). **학습과 행동** (P. Chance, Learning and behavior). 서울: 교육과학사.

김수동(1996). 협동학습의 효과 분석 연구. **교육심리연구**, 10(2), 1-23.

김승국, 김만두, 박인용, 이영수, 이철재, 이춘섭(1973). '신체장애아동 실태조사: 서울특별시' .서울 : 자행회.

김승국(1990). **특수교육학 개론**, 서울: 양서원.

김아영 외(1997). 교육심리학. 서울: 학문사.

김애경(1996). 메타인지 훈련이 귀인양식과 문제해결력에 미치는 효과, **교육심리연구**, 10(2), 25-52.

김언주, 한순미, 강혜원(1993). **동기이론:정보처리적 접근**. 서울: 문음사.

김언주, 강영하, 최건수(1993). **인지발달과 교육**. 서울: 양서원.

김영채 역(1992). **학습심리학** (B.R. Hergenhahn, An introduction to theories of learning). 서울: 박영사.

김완석, 손명자 공역(1994). **심리검사론**, 서울: 율곡출판사.

김은산 역(1990). **시험도 숙제도 없는 자율학교 서머힐**. 서울: 양서원.

남명호(1995). "수행평가의 타당성 연구". 고려대학교 박사학위 청구논문.

노희관, 이용남, 강만철, 오익수(1990). **교육심리학의 최근동향**. 서울: 교육과학사.

덕성여대 열린 교육연구소(1997). '중등 열린 교육 연수 자료집'. 열린 교육학회.

류덕인(1995). **어린이 개성을 살리는 열린 교육**. 서울: 교학사.

문선모 역(1991). **현대교육심리학**. 서울: 교육과학사.

박권생, 손기준 공역(1991).**여섯가지 사고모 -deBono의 사고개발 기법-**. 서울 :교육과학사.

박명순(1993). 인지적 읽기전략 프로그램의 훈련을 통한 교재이해의 촉진. **교육심리연구**, 7(1).

박승호(1995). 초인지, 초동기, 의지통제와 자기조절학습과의 관계. 교육심리연구, 9(2), 57-90.

박승호(1997). 초인지 교수-학습자료를 활용한 중재프로그램의 효과에 관한 연구, **한국교육학회** 연차학술발표회 교육심리분과회 발표논문.

박영신(1986). 인지발달수준에 따른 성패귀인과 과학학업성취도에 대한 연구. **교육학연구**, 24(2), 77-94.

박영신(1989). 성패귀인의 측정: 학업성패귀인 차원의 재검토. **교육학연구**. 27(1), 11-27.

박영신(1993). 아동사고의 발달.서울 : 미리내.

박영신(1996). 대학생의 학업성패경험과 성패귀인의 관계. **교육학연구**. 34(1), 89-112.

백순근(1997). '열린교육의 교수 학습 평가(Ⅰ)-수행평가, 열린교육의 이론과 교수방법'. 서울: 한 국방송통신대학교 평생교육원, 253-274.

백종억, 권낙원, 반용성 역(1994). **성공적인 교사가 되는 길** (T.Gorden, Teacher effectiveness training). 서울: 성원사.

변창진, 송명자 편저(1995). **교육심리(인지발달론적 접근)**. 서울: 교육과학사.

서봉연, 송명자 공역(1988). **인지발달**. 서울: 중앙적성출판사.

성옥련 역(1996). **아동심리학**. 서울: 탐구당.

신우엽, (1980). "성취동기 및 시험불안과 성패의 원인 지각간의 관계분석". 서울대학교 대학원 석 사학위논문.
신현정 역(1993). **학습심리** (B. Schwartz, Psychology of learning and behavior). 서울: 성원사.
송명자(1995). **발달심리학**. 서울: 학지사.
송명자, 이순형 공역(1985). **아동의 언어와 사고**. 서울: 중앙적성출판사.
송인섭(1994). 자아개념의 다면 위계모형. **교육심리연구**, 8(2), 47-68.
송인섭(1996). 자아개념의 교육심리학적 의미. **교육심리연구**, 10(1), 1-24.
안범희(1993). **학교 학습 심리학**. 서울: 도서출판 하우.
윤기옥, 송용의, 김재복 공역(1995). **수업모형**. 서울: 형설출판사.
이관용 외 역(1995). **학습의 이론**. 서울: 중앙적성출판사.
이도희(1997). 다인수 학급에 최적한 교수-학습모형 탐색. **교육학연구**, 35(1), 293-318.
이동원(1992). **인간교육과 협동학습**. 서울: 성원사.
이성진(1996). 교육심리학: 그 학문적 성격과 과제. **교육심리연구** 10(1), 25-48.
이영애 역(1991). **인지심리학**. 서울: 을유문화사.
이영애 역(1992). **인간사고의 심리학**. 서울: 교문사.
이용남 박분희 외 공역(1994). **인지심리와 교수-학습** (E. D. Gagne, The cognitive psychology of school learning). 서울: 교육과학사.
이훈구 역(1991). **학습심리학** (D. L. Hintzman, Theories of learning). 서울: 탐구당.
이희도 외 공저(1996). **수업의 이론과 실제**. 서울: 중앙적성출판사.
임규혁(1996). **학교 학습 효과를 위한 교육심리학**. 서울: 학지사.
전윤식, 정숙경 공역(1988). **현대교육심리학의 과제** (H. F. Clarizio, R. C. Craig, & W. A. Mehrens, Contemporary issues in educational psychology).서울: 삼영사.
정미숙(1996). 정의적 변인들간 및 학업성적과의 관계분석. **교육학연구**, 34(1), 131-148.
정종진(1991). **동기와 학습**. 서울: 성원사.
정종진(1994). 자기규제 학습방략 훈련이 아동의 산수교과에 대한 자기효능감과 학업성취에 미치 는 효과. **초등교육연구**. 제 8집. 109-126.
정종진(1996). 동기연구의 인지적 경향과 그 교육적 시사. **교육심리연구**, 10(1), 93-122.
조한무(1997). '열린교육의 교수 학습 평가 (Ⅱ)-포트폴리오 평가, 열린교육의 이론과 교수방법'. 서울: 한국방송통신대학교 평생교육원, 275-302.
홍용희 역(1995). **어린이들의 학습에 비계설정(Scaffolding): 비고츠키와 유아교육**. 서울: 창지사.
최정훈(1992). **인본주의 심리학-인간이해의 지각주의적 접근**. 서울 :법문사.
황정규(1984). **학교학습과 교육평가**. 서울: 교육과학사.
황정규 외(1997). **한국교육 심리검사 총람**. 서울: 서울대학교 사범대학 교육연구소.
천홍범 역(1992). **과연 심리학은 교육에 유익한가?** (K. Egan, Education and psychology). 서울: 성원사.

Aebli, H.(1980). *Denken: das Ordnen des Tuns* (Bd.1 :Kognitive Aspekte der Handlungstheorie). Stuttgart: Klett-Cotta..
Aebli, H.(1980). *Denken: das Ordnen des Tuns* (Bd.2: Denkprozesse). Stuttgart: Klett-Cotta.
Ames, C.(1992). Classrooms: Goals, structures, and student motivation. *Journal of Educational Psychology, 84*. 261-271.
Anderson, J. R.(1980). *Cognitive Psychology and Its Implications.* San Francisco: W. H. Freeman and Company.
Anderson, J. R., & Bower, G. H.(1973). *Human associative memory.* Washington: Winston.
Anderson, L. M., Brubaker, N. L., Alleman-Brooks, J., & Duffy, G. G.(1985). A qualitative study of seatwork in first-grade reading groups. *Elementary Schoool Journal,* 79, 193-223.
Andrews, R. H.(1990). The development of a learning styles program in a low socioeconomic, underachieving North Carolina elementary school. *Journal of Reading, Writing and Learning Disabilities International,* 6(3), 307-313. NY: Hemisphere.
Andrews, G. R., & Debus, R. L.(1978). Persistence and the causal perception of failure: Modifying cognitive attributions. *Journal of*

Educational Psychology, 70, 154-166.
Archer, S. L., & Waterman, A. S.(1990). Varieties of identity diffusion and foreclosures: An exploration of the suheareguries of identity statuses. *Journal of Adolescent Research,* 5, 96-111.
Ashton, P. T.(1984). Teacher efficacy: A motivational paradigm for effective teacher education. *Journal of Teacher Education,* 35(5), 28-32.
Ashton, P. T., & Webb, R. B.(1986). *Making a difference: Teachers' sense of efficacy and student achievement.* New York: Longman.
Atkinson, J. W.(1964). *An introduction to motivation.* Princeton, NJ: Van Nostrand.
Atkinson, R. C.(1968). Computerized instruction and the learning process. *American Psychologist,* 12, 225-239.
Atkinson, J. W.(1980). Motivational effects on so-called tests of ability and educational achievement. In L. J. Fyans. Jr.(Ed.). *Achievement motivation.* New York: Plenum Press.
Atkinson, J. W., & Litwin, G. H.(1960). Achievement motive and test anxiety conceived as motive to approach success and motive to avoid failure. *Journal of abnormal and social psychology, 60,* 52-63.
Atkinson, R. C., & Shiffrin, R. M.(1968). Human memory: A proposed system and its control processes. In K. Spence, & J. Spence (Eds.). *The psychology of learning and motivation.* Vol. 2. New York: Academic Press.
Atkinson, J. W., & Raynor, J. O.(1975). *Motivation and achievement.* Washington D.C.: Winston.
Ausubel, D. P.(1968). *Educational Psychology: A cognitive view.* NY: Holt, Rinehart and Winston.
Bandura, A.(1963). The role of imitation in personality development. *Journal of Nursery Education, 18.* 207-215.
Bandura, A.(1969). *Principles of behavior modification.* New York: Holt, Rinehart and Winston.
Bandura, A.(1977). *Social learning theory.* Englewood Cliffs. NJ: Prentice-Hall.
Bandura, A.(1986). *Social foundation of thought and action: A social-cognitive theory*. Englewood Ciffs. NJ: Prentice-Hall.
Barx, M. H., & Tombaugh, T. N.(1967) *Motivation: Psychological principles and educational implications.* San Francisco, Calif.: Chandler.
Bar-Tal, D.(1978). Attributional analysis of achievement-related behavior. *Review of Educational Research, 48*, 259-271.
Bar-Tal, D., & Saxe, L.(1978). *Social psychology of education.* Hemisphere Publishing Corporation.
Bar-Tal, D., & Darom, E.(1979). Pupil's attributions of success and failure. *Child Development,* 50, 264-279.
Baumrind, D.(1966). Effects of authoritative parental control on child behavior. *Child Development,* 37, 887-907.
Baumrind, D.(1967). *Child care practices anteceding three patterns of preschool behavior.* Genetic Psychology Monographs, 75, 43-88.
Baumrind, D.(1971). Harmonious parents and their preschool children, *Developmental Psychology,* 18, 40-50.
Bem, S. L.(1983). Gender Schema theory and its implications for child development: Raising genderschmatic children in a genderschematic society. *Signs,* 8, 598-616.
Bem, S. L.(1985). Androgyny and gender schema theory: A conceptual and empirical integration. In T. B. Sonderegger(Ed.). Nebraska Symposium on Motivation, 1984. *Psychology and gender.* Lincoln: University of Nebraska Press.
Benett, N.(1976). *Teaching styles and pupil progress.* London: Open Books.
Berliner, D. C.(1990). What's all the fuss about the instructional time? In M. Ben-Peretz & R. Bromme (Eds.). T*he nature of time of schooling(pp. 3-35).* New York: Teachers College Press.
Bieheler, R. F., & Snowman, J.(1990). *Psychology Applied to Teaching.* Boston: Houghton Mifflin Company.
Bjorklund, D. F.(1989). *Children's thinking: Developmental function and individual differences.* Pacific Grove, CA: Brooks/Cole.
Bloom, B. S.(1968). Learning for mastery. *Evaluation Comment,* 1(2). (University of California Center for the Study of Evaluation, Los Angeles).
Bransford, J. D., Arbitman-Smith, R., Stein, B. S., & Vye, N. J.(1985). Improving thinking and *learning skills:An Analysis of three approaches.* In J. W. Segal, S. F. Chipman, & R. Glaser (Eds.). Thinking and learning skills(Vol. 1). Hillsdale, NJ: Erlbaum.
Bridgeman, B., & Shipman, V. C.(1978). Preschool measures of self-esteem and achievement motivation as predictors of third-grade

achievement. *Journal of Educatinal Psychology,* 70, 17-28.

Brophy, J. E.(1981). Teacher praise: A functional analysis. *Review of Educational Research, 51,* 5-21.

Brophy, J. E.(1982). *Research on the self-fufilling prophecy and teacher expectations.* Paper presented at the annual meeting of the American Educational Research Association.

Brophy, J. E.(1985). Teacher-student interaction. In J. Dusek (ed.), *Teacher expectancies.* Hillsdale, NJ: Erlbaum.

Brophy, J. E.(1988). On motivating students. In D. Berliner & B. Rosenshine(Eds.). *Talks to teacher.* New York: Random House.

Brophy, J. E., & Good, T. L.(1974). *Teacher-student relationships: Causes and consequences.* NY: Holt, Rinehart and Winston.

Brown, A.(1978). Knowing when, where and how to remember: a problem of metacognition. In R. Glaser(Ed.), *Advances in instructional psychology.* Hillsdale, NJ: Erlbaum.

Brown, A.(1984). Metakognition, Handlungskontrolle, Selbststeurung und andere, noch geheimnisvollere Mechanismen. In F. E. Weinert & R. H. Kluwe(Hrsg.), *Metakognition, Motivatiopn und Lernen.* Stuttgart : Kohlhammer.

Brown, A., & DeLoache, J.(1978). Skills, plans, and self-regulation. In R. S. Siegler (Ed.), *Children's thinking : what develops ?.* Hillsdale NJ: Erlbaum.

Bruner, J. S.(1959). Learing and thinking. *Harvard Educational Review*, 29, 184-192.

Bruner, J. S.(1966). *Toward of theory of instruction.* Cambridge: Harvard University Press.

Bruner, J. S.(1970). *Der Proze der Erziehung.* D sseldorf: Schwann.

Bruner, J. S., Goodnow, J., & Austin, G.(1956). *A study of thinking.* New York: Wiley.

Brunner, C. E., & Majewski, W. S.(1990). Mildly handicapped students can succeed with learning styles. *Educational Leadership,* 48, 21-23. Alexandria,VA:Association for Supervision and Curriculum Development.

Byrne, B. M.(1984). The general/academic self-concept nomological network: A review of construct validation research. *Review of Educational Research,* 54, 427-456.

Calderbead, J.(1996). Teachers: Beliefs and knowledge. In D. C. Berliner & R. C. Calfee (Eds.). *Handbook of educational psyhology.* Simon & Schuster Macmillan.

Campione, J. C., Brown, A. L., & Ferra, R. A.(1982). Mental retardation and intelligence. In R. J. Sternberg(Ed.), *Handbook of human intelligence* (pp.392-490). New York: Cambridge University Press.

Canter, L., & Canter, M.(1976). *Assertive discipline: A take-charge approach for today's educators.* Los Angeles: Lee Center and Associates.

Case, R.(1985). *Intellectual development: A systematic reinterpretation.* NY: Academic Press.

Case, R.(1991). *The Mind's staircase.* Lawrence Erlbaum Associates.

Cattell, R. B.(1963). Theory of fluid and crystallized intelligence: A critical experiment. *Journal of Educatinal Psychology,* 54, 1-22.

Chase, C.(1974). *Measurement for educational evaluation.* Mass.: Addison-Wesley.

Clarizio, H. F.(1980). *Toward positive classroom discipline.* New York: Wiley.

Cole, M., & Cole, S.(1993). *The psychology of children,* NY: W. H. Freeman.

Coleman, J. S. *et al*(1966). *Equality of educational opportunity.* Washington D.C.: U.S. Department of Health, Education and Welfare.

Collins, A. M., & Quillian, M. R.(1969). Retrieval time from semantic memory. *Journal of verbal Learning and verbal Behavior, 8, 240-247.*

Combs, A. W.(1967). *Humanizing education : the person in the process.* Washington D.C.: Association for Supervision and Curriculum Development. National Education Associaion.

Combs, A. W.(1984). *A personal approach to teaching : Beliefs that make a difference. Boston:* Allyn and Bacon.

Coopersmith, S.(1967). *The antecedents of self-esteem.* San Francisco: Freeman.

Costanzo, P. R., & Shaw, M. E.(1966). Conformity as a function of age level. *Child Development,* 37, 967-975.

Covington, M. V., & Omelich, C. L.(1981). As fortunes mount: Affective and cognitive consequences of ability and emotion in class. *Journal of Educational Psychology, 73.* 796-808.

Cronbach, L. J.(1957). The two disciples of scientific psychology, *American Psychologist,* 12, 671-684.

Cronbach, L. J.(1975). Beyond the two disciplines of scientific psychology. *American Psychologist,* 30, 116-127.

Cronbach, L. J., & Snow, R. E.(1977). *Aptitudes and instructional methods: A handbook for research on interactions.* NY: Irvington.

Crooks, T.(1988). The impact of classroom evaluation practices on students, *Review of Educational Research, 58,* 438-481.

Crooker, R. K., & Brooker, G. M.(1986). Classroom control and student outcomes in grades 2 and 5. *American Educational Research Journal, 23.* 1-11.

Cuban, L.(1984). *How teacher taught: Consistancy and change in American classrooms ; 1890-1980.* White Plains, NY: Longman.

Dansereau, D. F., Collins, K. W., McDonald, B. A., Holley, C. D., Garland, J., Dickhoff, G., & Evans, S. H.(1979). Development and evaluation of a learning strategy training program. *Journal of Educational Psychology*, 71, 64-73.

deBono, E.(1987). CoRT Thinking Program, NY: Pergamon.

DeCecco, J. P.(1968). *The Psychology of learning and instruction.* Englewood Cliffs, NJ: Prentice-Hall.

Dembo, M. H.(1991). *Applying Educational Psychology in the Classroom*(4th ed.). Longman Publishing Group.

Denham, C. H., & Michael, J. J.(1981). Teacher sense of efficacy: A definition of the construct and a model for future research. *Educational Research Quarterly, 6(1),* 39-63.

Diener, C., & Dewck, C.(1978). An analysis of learned helplessness: Continuous changes in performance, strategy, and achievement cognition following failure. *Journal of Personality and Social Psychology, 36,* 351-362.

Duncker, K.(1935). *Zur Psychologie des produktiven Denkens.* Berlin: Springer Verlag.

Dunn, R., & Dunn, K.(1993). *Teaching Secondary Students through Their Individual Learning Styles - Practical Approaches for Grades 7-12.* Allyn and Bacon.

Dweck, C.(1975). The role of expectations and attribution in the alleviation of learned helplessness, *Journal of Personality and Social Psychology, 31,* 674-685.

Ebel, R. L.(1980). Evaluation of students: Implications for effective teaching. *Educational Evaluation and Policy Analysis,* 2, 47-51.

Eccles, J. S., & Blumenfeld, P.(1985). Classroom experiences and student gender: Are there differences and do they matter? In L. C. Wilkinson & C. B. Marrett(Eds.), *Gender influences in classroom interaction.* Orlando,FL: Academic Press.

Eggen, P. K., & Kauchak, D.(1992). *Educational Psychology.* NY: Macmillian Publishing Company.

Eisenberg, N., Shell, R., Pasernack, J., Lennon, R., Beller, R., & Mathy, R. M.(1987). Prosocial development in middle childhood: A longitudinal study. *Developmental Psychology,* 23, 712-718.

Elkind, D.(1976), *The child development and education.* NY: Oxford University Press.

Elkind, D.(1986). Formal Education and early childhood education: An Essential difference. *Phi Delta Kappan*, 67, 631-636.

Emmer, E. T., Everston, C. M., & Anderson, L. M.(1980). Effective classroom management at the beginning of the school year. *Elementary School Journal, 80,* 219-231.

Erikson, E. H.(1963). *Childhood and society(2nd ed.).* New York: Norton.

Erikson, E. H.(1968). *Identity: Youth and crisis.* New York: Norton.

Everston, C. M., Emmer, E. T., & Brophey, J. E.(1980). Predictors of effective teaching in junior high mathematics classrooms. *Journal for Research in Mathematics Education, 11,* 167-178.

Everston, C. M., Emmer, E. T., Clements, B. S., & Worsham, M. E.(1994). *Classroom management for elementary teachers* (3rd. ed.). Boston: Allyn and Bacon.

Everston, C. M., & Emmer, E. T.(1982). Effective management at the beginning of the school year in junior high classes. *Journal of Educational Research, 74.* 485-498.

Feuerstein, R., Jensen, N., Hoffman, N.B., & Rand, W.(1985). *Instrumental enrichment: An intervention program for cognitive modifiability*. Baltimore: University Park Press.

Feuerstein, R. Instrumental enrichment, an intervention program for structural cognitive modifiability: Theory and Practice. In J. W. Segal, S. F. Chipman & R. Glaser(Eds.), *Thinking and learning skills*(Vol. 1). Hillsdale, NJ: Erlbaum.

Findley, W. G., & Bryan, M.(1971). *Ability grouping: 1970 stating, impact, and alternatives.* Center for Educational Improvement, Univ. of Georgia.

Flavell, J.(1979). Metacognition and cognitive monitoring: A new area of cognitive developmental inquiry. *American Psychologist,* 34, 906-911.

Flavell, J.(1981). Cognitive monitoring. In W. P. Dickson(Ed.), *Children's oral communication skills.* New York: Aacdemic Press.

Flavell, J. H.(1985), Cognitive Psychology. NJ: Prentice-Hall.

Flavell, J. H.(1986), Really and truly. *Psychological Today,* 38-44.

Flavell, J., & Wellman, H. M.(1977). Metamemory. In R. V. Kail & J. W. Hagen(Ed.), *Perspectives on the development of memory and cognition.* New York: Wiley.

Fontana, D.(1988). *Psychology for teachers.* UK: Macmillan Publishers.

Fosterling, F.(1985). Attributional retraining: A review. *Psychology Bulletin, 48,* 495-512.

Frank, S. J., Pirsch, L. A., & Wright V. C.(1990). Late adolescents' perceptions of their parents: Relationships among the idealization, autonomy, relatedness, and insecurity and implications for adolescent adjustment and ego identity status. *Journal of Youth and Adolescent,* 19, 571-588.

Frieze, I. H., & Snyder, H. N.(1980). Children's beliefs about the causes of success and failure in school settings, *Journal of Educational Psychology, 72,* 186-196.

Gage, N. L.(1972). *Teacher effectiveness and teacher education.* Palo Alto: Pacific Books.

Gage, N. L., & Berliner, D. C.(1992). *Educational Psychology*(5th ed.). Houghton Miffin.

Gagné, R. M.(1985.). *The conditions of learning(4th ed.).* NY: Holt, Rinehart & Winston.

Gardner, J. W.(1963). *Self-Renewal.* NY: Harper & Row.

Gardner, H.(1993). *Multiple intelligence: The theory into practice.* New York: Basic Books.

Garger, S., & Guide, P.(1984). Learning styles: The crucial differences. *Curriculum Review,* 23, 9-12.

Gates, A. I. *et al*(1956). Educational psychology. *Review of Educational Research,* 26, 241-267.

Getzels, J. W., & Jackson, P. W.(1962). *Creativity and Intelligence.* NY: Wiley.

Gibson, S., & Dembo, M. D.(1984). Teacher efficacy; A construct validation. *Journal of Educational Psychology, 76*, 459-482.

Gilligan, C.(1982). *In a different voice: Psychological theory and women's development.* Cambridge, MA: Harvard University Press.

Ginsburg, H., & Opper, S.(1988). *Piaget's theory of intellectual development(3rd ed).* Englewood Cliffs, NY: Prentice-Hall.

Glasser, W. L.(1969). *Schools without failure.* NY: Harper & Row.

Gold, M. W., & Ryan, V. M.(1979). Vocational training for the mentally retarded. In I. H. Frieze, D., Bar-Tal & J. S. Carroll (Eds.), *New approaches to social problems: Applications of attribution theory.* San Francisco: Jossey-Bass.

Good, T., & Grouws, D.(1979). The Missouri Mathematics Effectiveness Project: An experimental study in fourth-grade classrooms. *Journal of Educational Psychology,* 71, 355-362.

Good, T., & Marshall, S.(1984). Do student learn more in heterogeneous or homogeneous groups ? *The Social Context of Instruction.* 15-38. NY: Academic Press.

Good, T., & Brophy, J. E.(1991). *Looking in the classroom*(5th ed.). NY: Harper Collins.

Gorden, T.(1974). *Teacher effective training.* New York: Peter H, Wyden.

Gorden. T (1981). Cripping our children with discipline. *Journal of education, 163,* 228-243.

Graconia, R. M., & Hedges, L.V.(1982), Identifying features of effective open education, *Review of Educational Reaserch,* 52 :579-602.

Graham, S.(1991). A review of attribution theory in achievement contexts, *Educational Psychology Review, 3,* 5-39.

Graham, S.(1986). Teacher's feelings and student thoughts: An attributional approach to affect in the classroom. *The Elementary School Journal,* 85, 91-104.

Graham, S., & Barker, G. P.(1990). The down side of help: An attributional-developmental analysis of helping behavior as a low-ability cue. *Journal of Educational Psychology 82,* 7-14.

Graham, S., & Weiner, B.(1996). Theories and principles of motivation. In D. C. Berliner & R. C. Calfee (Eds.). *Handbook of educational psyhology.* Simon & Schuster Macmillan.

Gredler, M. E.(1992). *Learning and Instruction : Theory into Practice*(2nd). New York: Macmillan Publishing Company.

Greeno, J. G.(1978). Natures of problem-solving abilities. In W. K. Estes(Ed.), *Handbook of learning and cognitive processes (Vol. 5 : Human information processing),* Hillsdale, NJ: Lawrence Erlbaum.

Greeno, J. G., Collins, A. M. & Resnick, L. B.(1994). Cognition and learning. In D. C. Berliner & R. C. Calfee(Eds.) *The Handbook of Educational Psychology,* NY: Macmillan Publishing.

Gronlund, N. E.(1974). Improving marking and reporting in classroom instruction. New York: Macmillan.

Gronlund, N. E.(1982). *Constructing achievement tests.* Englewood Cliffs, NJ: Prentice-Hall.

Grossman, H. J.(1973). *'Manual on Terminology and classification in Mental Retardation'.* Washington, D.C.: American Association on Mental Deficiency.

Guilford, J. P.(1950). Creativity. *American Psychologist,* 5, 444-454.

Guilford, J. P.(1959). Three faces of intellect. *American Psychologist,* 14, 469-479.

Guilford, J. P.(1988). Some changes in the structure of the intellect model. *Educational and Psychological Measurement,* 40, 1-4.

Gump, P. V.(1982). School settings and their keeping. In D. L. Duke(Ed.), *Helping teachers manage classrooms* (pp.98-114). Alexandria,Va:Association for Supervision and Curriculum Development.

Hadden, F. H., & Lytton, H.(1971). Primary education and divergent thinking abilities - four years on. *British Journal of Educational Psychology*, 41, 136-147.

Hall, R. V., & Hall, M. C.(1980). *How to select reinforcers. Lawrence,* KS: M & MEnerprises. 243.

Hallahan, D. P., & Kaufman, J. M.(1988). *Exceptional children: Introduction to special education (4th ed.).* Englewood Cliffs, NJ: Prentice-Hall.

Hamachek, D. E.(1978). *Encounters with the self(2d ed.).* NY: Holt, Rinehart & Winston.

Hamilton, R., & Ghatala, E.(1994). *Learning and Instruction.* New York: McGraw-Hill.

Harrison, J. A., & R. Glaubman(1982). Open education on three societies, *Comparative Education Review,* 26(3), 352-373.

Hebbeler, K.(1985). An old and a new Question of the effects of early education for children from low-income families. *Educational Evaluation and Policy Analysis,* 7, 207-216.

Heckkhausen, H., Schmalt, H. D., & Schneider, K.(1985). *Achievement motivation in perspective.*. Orland, FL: Academic Press.

Heidbreder, E.(1965). Die Gewinnung von Begriffen: Terminologie und Methodologie. In C. F. Graumann (Hrsg.), *Denken.* Köln : Kiepenheuer & Witsch.

Hennessey, B. A. & Amabile, T. A.(1988). The condition of creativity. In R.J. Sternberg(ed.), *The nature of creativity:Contemporary psychlogical perspectives*(pp.11-38).

NY: Cambridge University Press.

Hetherington, E. M., & Parke, R. D.(1993), *Child Psychology, A contemporary viewpoint,* 4th edition, McGraw-Hill.

Hilgard, E. R.(1994). History of Educational psychology, 990-1004. In D. C. Berliner & R.C. Calfee(Eds.) *The Handbook of Educational Psychology,* NY: Macmillan Publishing.

Hilgard, E. R., Atkinson, R. C., & Atkinson, R. L.(1971). *Introduction to psychology(5th ed.).* New York; Harcourt Brace Jovanovich.

Hilgard, E R., & Bower, G. H. (1975). *Theories of Learning* (4th ed.). Englewood Cliffs, NJ: Prentice-Hall.

Holt, J.(1964). *How school fail.* NY: Pitman.

Horwitz(1979). Psychological effects of the open education, *Review of educational research,* 49, 71-86.

Huber, G. L.(1987). Kooperatives Lernen : Theoretische und praktische Herausforderung für die Pädagogische Psychologie. *Zeitschrift für Entwicklungspsychologie und die Pädagogische Psychologie,* 19, 340-362.

Huber, G. L., Rotering-Steinberg, S., & Wahl, D.(1984). *Kooperatives Lernen.* Weinheim und Basel: Beltz Verlag.

Johnston, J. M.(1972). Punishment of human behavior. *American Psychologist, 27,1033-1054.*

Johnson, D.(1981). Naturally acquired learned helplessness: The relationship of school failure to achievement behavior, attributions, and self-consept.. *Journal of Educational Psychology, 73,* 174-180.

Johnson, D., & Johnson, R.(1994). *Leaning together and alone: Cooperation, competition, and individualization*(4th ed.). Boston: Allyn and Bacon.

Jones, J. W.(1961). 'Blind Children, Degree of Vision, Mode of reading'. *Bulletin* 24. Washington, D.C.: US Office of Education.

Joyce, B., & Weil, M.(1996). *Models of Teaching(5th ed.).* Boston: Allyn and Bacon.

Kaplan, J. S (1991). *Beyond behavior modification* (2nd ed.). Austin, TX: Pro-Ed.

Karweit, N.(1989). Time and learning: A review. In R. E. Slavin(Eds.), *School and classroom organization*. Hillsdale, NJ :Erlbaum.

Katona, G.(1967). *Organizing and memorizing: Studies in the psychology of learning and teaching.* New York: Hafner.

Kluwe, R. H.(1982). Cognitive knowledge and executive control: metacognition. In D. Griffin (Ed.), *Human mind-animal mind.* Berlin, New York: Springer.

Kohlberg, L.(1963). The development of children's orientations toward moral order, Pt.1 Sequence in the development of moral thought. *Vita Humane,* 6, 11-33.

Köhler, W.(1917). *Intelligenzpr fungen an Menschenaffen.* Berlin: Springer.

Kounin, J. S.(1970). *Discipline and group management in classrooms.* New York: Holt, Rinehart & Winston.

Kulik, J. A., Bangert, R. L., & Wiliiams, G. W.(1983). Effects of computer-based teaching on secondary school students. *Journal of Educational Psychology, 75*(1), 19-26.

Kulik, J. A., & Kulik, C. C.(1984). Effects of accelerated instruction on students. *Review of Educational Research.* 54. 409-426.

Kulik, J. A., Kulik, C. C., & Bangert, R. L.(1984). Effects of Practice on aptitude and achievement test scores. *American Educational Research Journal,* 54, 409-425.

Kupfersmid, J., & Wonderly, D.(1980). Moral maturity and behavior: Failure to find a link. *Journal of Youth and Adolescence,* 9(3), 249-261.

Lahaderne, H.(1968). Attitudinal and intellectual correlates of attention: A study of four sixth grade classrooms. *Journal of Educational Psychology,* 59, 320-324.

Lazar, I.,& Darlington, R.(1982). 'Lasting effects of early education: A report from the Consortium for Longitudinal Studies'. Monographs of the Society for Research in Child Development, 17(2-3,No.195). An impressive collection of difficult to obtain long-term results of early education programs, with positive conclusions concerning long-range values.

Lee, P. C.(1973). Male and female teachers in elementary schools. *Teachers Clollege Record,* 75, 75-98.

Lepper, M., Greene, D., & Nisbett, R.(1973). Understanding children's intrinsic interest with extrinsic reward: A test of the 'overjustification' hypothesis. *Journal of Personality and Social Psychology,* 28, 129-137.

Levy, J.(1982). Children thinking with whole brains: Myth and reality. In *Student learning styles and brain behavior. Reston,* VA: National Association of Secondary School Principal.

Lipscomb, T. J., MacAllister, H. A., & Bregman, N. J.(1985). A developmental inquiry into the effects of multiple models on children's generosity. *Merrill-Palmer Quarterly,* 31, 335-344.

Loeber, R., & Dishion, T. J.(1983). Early predictors of male delinquency: A review. *Psychological Bulletin,* 102, 187-203.

Ludwig, D. J., & Maehr, M. L.(1967). Changes in self-concept and stated behavioral preferences. *Child Development,* 38, 453-467.

MacKinnon, D. W.(1962). The nature and nurture of creative talent. *American Psychologist,* 17, 484-494.

Maccoby, E.(1980). *Social development.* New York: Harcourt Brace,Jovanovich.

Maehr, M., & Midgley, C.(1991). Enhancing student motivation: A schoolwide approach. *Educational Psychologist, 26,* 399-427.

Mager, R. F.(1975). *Preparing instructional objectives.* Belmont, Calif: Fearon.

Maier, F.(1931). Reasoning in humans : The Solution of a problem and its appearance in consciousness. *Journal of Comparative Psychology,* 12, 181-194.

Marcia, J .E.(1980). Identity in adolescene. In Adelson(Ed.), *Handbook of adolescent psychology.* New York:Wiley.

Marland, M.(1983). School as sexist amplifier. In M. Marland(ed.), Sex differentiation and schooling. London: Heinemann.

Marsh, H. W.(1990). A multidimensional, hierachical model of self-concept: Theoretical and empirical justification. *Educational Psychology Review,* 2.

Marsh, H. W., Byrne, B. M., & Shavelson, R. J.(1988). A multifaceted academic self-concept: Its hierarchical structure and its relation to academic achievement. *Journal of Educational Psychology,* 80, 366-380.

Marsh, H. W., & Shavelson, R. J.(1985). Self-concept: Its multifaceted, hierarchical structure. *Educational Psychologist,* 20, 107-125.

Marshall, H.(1981). Open Classroom: Has the term outlived its usefulness ? *Review of Eucational Research*, 51, 181-192.

Martin, B.(1975). Parent-child relations. In F. D. Horowitz(ed.). *Review of Child Development Research, Vol. 4.* Chicago: University of Chicago Press.

Martin, G., & Pear, J.(1992). *Behavior modification: What it is and how to do it* (4th ed.). Englewood Cliffs, NJ: Prentice-Hall.

Marx, M. H., & Tombaugh, T. N.(1967). *Motivation: Psychological principles and educational implications.* San Francisco, Calif.: Chandler.

McCord, W., McCord, J., & Howard, A.(1963). Familial correlates of aggression in nondelinquent male children. *Journal of abnormal and Social Psychology,* 62, 79-93.

Messick, S.(1980). Test validity and the ethics of assessment. *American Psychologist,* 35, 1012-1028.

Messick, S.(1989). Validity. In R. L. Linn(Ed.), *Educational measurement(3rd).* New York : American Council on Education/Macmillan.

Miller, G. A.(1956). The magical number seven, plus or minus two: Some limits on our capacity to process information. *Psychological Review,* 63, 81-97.

Miller, P. H.(1993). *Theories of developmental psychology.* NY: Freeman.

Miller, G. A., Galanter, S., & Pribram, K.(1960). *Plans and the structure of behavior.* New York: Holt, Rinehart & Winston.

Mischel, W.(1986). *Introduction to Personality(4th ed.).* Holt,Rinehart & Winston.

Mitchell, J. J., & Piatkowska, O. E.(1974). Characterisitcs associated with underachievement: targets for treatment, *Australian Psychologist, 9(3),* 19-41.

Mood, A. M.(1970). 'Do teachers make a difference ?'. A report on recent research on pupil achievement (pp. 1-24). Washington, D.C.: Burearu of Educational Personnel Development, Office of Education, Department of Health, Education, and Welfare.

Moores, D. F.(1987). *Educating the deaf: Psychology, Principles and practices(3rd ed.).* Boston: Houghton.

Morgan, M.(1984). Reward-induced decrements and increments in intrinsic motivation. Review of Educational Research, *54(1),* 5-30.

Moskowitz, G., & Hayman, M. L.(1976). Successful strategies of inner-city teachers; A year-long study. *Journal of Educational Research, 69,* 283-289.

Murray, H. A.(1938). *Explorations in personality.* New York: Oxford University Press.

National Society to Prevent Blindness (1977). *Signs of possible eye trouble in children* (Publication No. G-112). NY: Author.

Natriello, G.(1989). The impact of evaluation processes on students. In R. E. Slavin(Ed.), *School and classroom organization.* Hillsdale, NJ: Erlbaum.

Neill, A. S.(1960). *Summerhill: A radical approach to child rearing.* NY: Hart.

Nierenberg, G. I.(1982). *The art of creative thinking.* NY: Simon & Schuster.

O'Leary, K. D., & O'Leary, S. G.(1977). *Classroom management: The successful use of behavior modification (2nd ed.).* NY: Pergamon.

Osborn, A. F.(1963). *Applied imagination.* NY: Charles Scribner's sons.

Paris, S. G.(1986). Teaching children to guide their reading and learning. In T. Raphael(Ed.), *Contexts of school-based literacy.* New York: Random House.

Park, M. S.(1991). "Förderung des Textverstehens durch kognitive Lesestrategien unter Einbeziehung der Metakognition - Eine Trainingsuntersuchung mit koreanischen Studenten". Dissertation der Universität Tübingen.

Parnes, S.(1967). *Creative Behavior Guidebook.* NY: Scribner's.

Pascual-Leone, J.(1978). Organismic processes for neo-Piagetian theories: A dialectical causal account of cognitive developement, *International Journal of Psychology,* 22, 531-570.

Patterson, G. R., DeBaryshe, B. D., & Ramsey, E.(1989). A developmental perspective on antisocial behavior. *American Psychologist,* 44, 329-335.

Perrone, V.(1994). How to engage students in learning. *Educational leadership, 51(5),* 11-13.

Peterson, L. R., & Peterson, M. J.(1959). Short-term retention of individual verbal items. *Journal of Experimental Psychology,* 58, 193-198.

Premack, D.(1959). Toward empirical behavior laws: Vol. I. Positive reinforcement. *Psychological Review,* 66, 219-233.

Pressey, S. L.(1963). 'A new look at acceleration.' In Acceleration and the gifted. Columbus: Ohio State Department of Education. A forerunner of the work on mathematically gifted youth.

Reid, M., & Borkowski, J.(1987). Causal attribution of hyperacitve children: Implications for teaching strategies and self-control. *Journal of Educational Psychology, 3,* 286-292.

Resnick, L. B.(1981). Instructional psychology. *Annual Review of psychology,* 32, 659-704.

Ringness, T. A.(1965). Affective differences between successful and non-successful bright ninth grade boys. *Personnel and Guidance Journal, 43,* 600-606.

Rist, R.(1970). Student social class and teacher expectations. *Harvard Educational Review, 40,* 411-451

Rogenthal, R.(1987). Pygmalion effects: Existence, magnitude and social importance. A reply to Wineburg. *Educational Researcher, 16,* 37-41.

Rogenthal, R., & Jacobson, L.(1968). *Pygmalion in the classroom.* New York: Holt, Rinehart, Winston.

Rogers, C. R.(1959). Significant learning: In therapy and education. *Educational Leadership, 16,* 232-242.

Rogers, C. R.(1969). *Freedom to learn*. Columbus, Ohio: Merrill.

Rohrkemper, M. M.(1986). The functions of inner speech in elementary school student's problem-solving behavior. *American Educational Research Journal, 23,* 303-314.

Rosch, E.(1978). Principles of categorization. In E. Rosch & B. Lloyd(Eds.), *Cognition and categorization.* Hillsdale, NJ : Erlbaum.

Rothenberg, J.(1989) The open education resonsidered, *The elementary school Journal, 90(1)*

Rubin, R. A, & Krus, P., & Balow, B.(1973). Factors in special class placement. *Exceptional Children, 39,* 525-532.

Rumelhart, D. E., Lindsay, P., & Norman, D. A.(1972). A process model for long-term memory. In E. Tulving & W. Donaldson(Eds.), *Organization of memory.* New York : Academic Press.

Sadker, M., & Sadker, D.(1986). Sexism in the classroom.: From grade school to graduate school. *Phi Delta Kappan,* 67, 512-515.

Salomon, G., & Perkins, D. N.(1989). Rocky roads to transfer: rethinking mechanisms of a neglected phenomenon. *Educational Researcher,* 19, 2-10.

Scarr, S., & Weinberg, R. A.(1976). IQ test performances of black children adopted by white families. *American Psychologist,* 31. 726-730.

Schiefele, U.(1991). Interest, learning, and motivation. *Educational Psychologist, 26,* 299-323.

Schiff, M., Duyme, M., Dumaret, A., Stewart, J., Tomkiewicz, S., & Feingold, J.(1978). Intellectual status of working-class children adopted early into upper-middle-class families. *Science,* 200, 1503-1504.

Schönpflug, W., & Schönpflug, U.(1983). *Psychologie*. München : Urban & Schwarzenberg Verlag.

Schunk, D.(1984). Self-efficacy perspective on achievement behavior. *Educational Psychologist, 75,* 48-58.

Schunk, D.(1991). Self-efficacy and academic motivation. *Educational Psychologist, 26,* 207-232.

Seligman, D.(1975). *Helplessness.* San Francisco: Freeman.

Serbin, L. A.(1983). The hidden curriculum: Academic consequences of teacher expectations. In M. Marland(Ed.), *Sex differentiation and schooling.* London: Heinemann.

Shapiro, J., Kramer, S., & Hunerberg, C.(1981). *Equal their chances: Children's activities for non-sexist learning.* Englewood Cliffs, NJ:Prentice-Hall.

Shavelson, R. J., Hubner, J., & Stanton, G.(1976). Self-consept: Validation of constructure interpretations. *Review of Educational Research,* 46, 407-441.

Shavelson, R. J.(1987). Teacher planning. In M. J. Dunkin(Ed.), *International encyclopedia of teaching and teacher education.* Oxford: Pergamon Press.

Shepherd-Look, D. L.(1982). Sex differentiation the development of sex roles. In B. B. Wolman(Ed.), *Handbook of development psychology.* Englewood Cliffs, NJ: Prentice-Hall.

Shull, T. J.(1996). Teaching and learning in a classroom context. In D. C. Berliner & R. C. Calfee (Eds.). *Handbook of educational psyhology.* Simon & Schuster Macmillan.

Siegler, R. S.(1991). *Children's thinking,* NY: Prentice-Hall.

Skinner, B. F.(1950). Are theories of learning necessary? *Psychological Review, 57,* 193-216.

Skinner, B. F.(1953). *Science and human behavior.* New York: Macmillan.

Skinner, B. F.(1957). *Verbal behavior.* New York: Appleton-Century-Crofts.

Skinner, B. F.(1958). Teaching machines, *Science,* 128, 969-977.

Skinner, B. F.(1973). The free and happy student. *Phi Delta Kappan,* 55(1), 13-16.

Skinner, B. F.(1989). The origins of cognitive thought, *American Psychologist, 44,* 13-18.

Slavin, R.(1987). Ability grouping and student achievement in elementary schools: A best evidence synthesis, *Review of Educational Reaserch.* 57, 293-336.

Slavin, R.(1990). Achievement effects of ability grouping in secondary schools: A best evidence synthesis. *Review of Educational Research, 60,* 471-500.

Slavin, R.(1991). *Educational Psychology(3rd ed.).* Englewood Cliffs, NJ: Prentice Hall.

Slavin, R.(1994). *Educational psychology: Theory and practice.* (4th ed.). Boston: Allyn and Bacon.

Slavin, R.(1995). *Cooperative learning* (2nd ed.). Boston: Allyn & Bacon.

Smith, K. S., & Helen, C.(1991), *Understanding children's developement,* Blackwell Publishers.

Snow, R. E., & Yalow, E.(1982). Education and Intelligence. In *Handbook of human intelligence (392-490).* New York: Cambridge University Press.

Sobesky, W. E.(1983). The effects of situational factors on moral judgement. *Child Development,* 54, 575-584.

Spearman, C.(1904). 'general intelligenc' objectively determined and measured. *American Journal of Psychology*, 15. 201-293.

Stallings, J., & Kaskowitz, D.(1974).*'follow-through classroom observation evaluation 1972-73'.* Menlo Park, Calif.: Stanford Research Institute.

Stephens, T., ,Blackhurst, A., and Magliocca, L.(1982). *Teaching Mainstreamed students.* NY: Wiley.

Sternberg, R. J.(1985). Beyond IQ: *A triarchic theory of human intelligence.* New York : Cambridge University Press.

Sternberg, R. J.(1990). *Metaphors of mind: Conceptions of the nature of intelligence.* New York: Cambridge University Press.

Sternberg, R. J., & Smith, E. E.(1988). *The psychology of human thought.* New York : Cambridge University Press.

Stipek, D.(1993). *Motivation to learn: From theory to practice.* Needham Heights, MA: Allyn
& Bacon.

Stipek, R. E.(1996). Motivation and instruction.In D. Berliner & R. Calfee(Eds.) *Handbook of Educational Psychology*. NY: Simon & Schuster Macmillan.

Summers, M.(1977). Learning disabilities: A Puzzlement. *Today's Education,* 66, 42.

Taylor, C. W.(1988). Approaches to and definitions of creativity. In R. J. Sternberg(ed.), *The nature of creativity: Contemporary psychological perspectives(pp.99-121).* NY: Cambridge University Press.

Thomas, R. M.(1979). *Comparing theories of child developement.* Belmont, CA:Wadsworth.

Thorndike, E.(1911). *Animal intelligence.* NY: Macmillan.

Thurstone, L. L.(1990). *Primary mental abilities.* The Univ. of Chicago Press.

Torrance, E. P.(1962). *Guiding Creative Talent.* Englwood Cliffs, New Jersey: Prentice-Hall.

Torrance, E. P.(1966). 'The Torrance Tests of Creative Thinking: Technical-norms manual' Princeton, NJ: Personnel Press.

Torrance, E. P.(1972). Predictive validity of the Torrance Test of Creative Thinking. *Journal of Creative Behavior,* 6, 236-252.

Torrance, E. P.(1981). Predicting the creativity of elementary school children(1958-1980) and the teacher who made a 'difference'. *Gifted Child Quarterly,* 25, 55-62.

Torrance, E. P.(1988). Creativity as manifest in testing. In R.J. Sternberg(ed.), *The nature of creativity: Contemporary psychological perspectives(pp.43-75).* NY: Cambridge University Press.

United States Department of Education and Welfare.(1970). 'Statistics for 1966 on blindness in the model reporting area'. Washington, D.C.: U.S. Government Printing Office.

Vander Zanden, J. W.(1989). *Human Development(4th ed.).* New York: Alfred A. Knopf.

Vygotsky, L. S.(1978), *Mind in Society: The developement of higher psychological processes.* Cambridge, MA: Harvard University Press.

Walberg, H. J., & Haertel, G. D.(1992). Educational psychology's first century. *Journal of Educational Psychology*, 84, 6-19.

Walker, L. J.(1989). A longitudinal study of moral reasoning. *Child Development,* 60, 157-166. Wallach, M.(1970). Creativity. In P. Mussen(ed.). *Carmichael's Mannual of Child Psychology, (3rd ed.). Volume 1.* NY: Wiley.

Wallas, G.(1926). *The art of thought. London:* Cape.

Watson, G.(1926). What shall be taught in Educational Psychology ?*Journal of Educational Psychology,* 17, 577-599.

Watson, J. B.(1926). Experimental studies on the growth of the emotions. In C. Murchison (Ed.), *Psychologist of 1925. Worcester,* MA: Clark University Press.

Webb, N.(1989). Verbal interaction and learning in small groups. *International Journal of Educational Psychology,* 23, 253-261.

Webb, N. M.(1996). Group processes in the classroom. In D. C. Berliner & R. C. Calfee (Eds.). *Handbook of educational psyhology.* Simon & Schuster Macmillan.

Weidenmann, B., Krapp, A., Hofer, M., Huber, G. L., & Mandl, H.(1986). *Pädagogische Psychologie*. München: Urban & Schwarzenberg Verlag.

Weiner, B.(1974). *Achievement motivation and attribution theory*. Morristown, NJ: General Learning Press.

Weiner, B.(1980). *Human motivation,* New York: Holt, Rinehart and Winston.

Weiner, B.(1986). *An attribution theory of motivation and emotion.* NY: Springer-Verlag.

Weiner, B.(1990). *Human motivation: Metaphors, theories, and research.* Newbury park, CA: Sage.

Weiner, B.(1990). History of motivational research in education. *Journal of Educational Psychology, 82,* 616-622.

Weiner, B., & Kukla, A.(1970). An attributional analysis of achievement motivation, *Journal of Personality and Social Psychology, 15,* 1-20

Weinert, F. E., Graumann, C. F., Heckhausen, H., & Hofer, M.(1984: 1974, 1st). *Pädagogische Psychologie (Bd. 1, 2).* Frankfurt am Main : Fischer Taschenbuch Verlag.

Wender, K. F., Colonius, H., & Schulze H.-Henning.(1980) *Modelle des menschlichen Gedächtnisses.* Stuttgart : Verlag Kohlhammer.

Wendt, H. W.(1955). Motivation, effort, and performance. *Studies on motivation.* In D. C. MeClelland(Ed.), New York: Appleton-Century-Crofts.

Whelan, R. J., & Gallagher, P. A.(1972). Effective teaching in children with behavior disorders. In N. G. Haring & A. H. Hayden(Eds.). *The improvement of instruction.* Seattle: Special Child Publications.

Wiggins, G.(1989). A true test: Toward more authentic and equitable assessment. *Phi Delta Kappan, 70,* 703-713.

Williams, R.(1987). Current issues in classroom behavior management. In J. Glover & R. Ronning (Eds.), *Historical foundations of educational psychology,* N.Y.:Plenum Press.

Witkin, H. A., Moore, C. A., Goodenough, D. R., & Cox, R .W.(1977). Field-dependent field-independent. cognitive styles and their educational implications. *Review of Educatinal Research,* 47, 1-64.

Wittrock, M. C.(1992). An empowering conception of educational psychology. *Educational psychologist,* 27, 129-142.

Wlodkowski, R. J., & Jaynes, J. H.(1990). *Eager to learn.* CA: Jossey-Bass.

Wolf, R. M.(1964). The measurement of environments. In A. Anastasi(Ed.), 'Testing problems in perspective: Twenty-fifth anniversary volume of topical readings from the Invitational Conference of Testing Problems(pp.491-503). Washington,D.C.: American Council on Education. 92-94.

Wong, L.(1987). *Reaction to research findings: Is the feeling of obviousness warranted ?* CA: Stanford University Press.

Woolfolk, A. E.(1990). *Educational Psychology,* Boston: Allyn and Bacon.

Woolfolk, A. E., & Hoy, W. K.(1990). Prospective teacher's sense of efficacy and beliefs about control. *Journal of Educational Psychology, 82,* 81-91.

Woolfolk, A. E., & Brooks, D.(1983). Nonverbal communication in teaching. In E. Gorden (Ed.), *Review of research in education* (Vol.10 103-150). Washington, D.C.: American Educational Research Association.

Yelon, S., & Weinstein, G.(1977). A teacher's world: Psychology in the classroom. New York: McGraw-Hill Company.

Zimmerman, B. J., Bandura, A., & Martinez-Pons, M. 1992). Self-motivation for academic attainment: The role of self-efficacy beliefs and goal-setting. *American Educational Research Journal, 29,* 663-676.

찾아보기

인 명

내 용

▼저자소개

신명희

연세대학교 문과대학 교육학과 졸업
경북대학교 대학원 교육심리학과 졸업(석사)
미국 오하이오 주립대학교 심리학 전공(Ph.D)
(현) 연세대학교 교육학과 교수

박명순

이화여자대학교 약학대학 졸업
연세대학교 대학원 교육학과 졸업(석사)
서독 튀빙겐대학교 교육심리학 전공(사회과학 박사)
(현) 연세대학교 강사
경인여자대학 교수(학생생활 연구소장)

권영심

연세대학교 문과대학 교육학과 졸업
연세대학교 대학원 교육학과 졸업(석사)
미국 노스웨스턴 대학교 교육심리 전공(Ph.D)
(현) 연세대학교 강사
명지전문대학 교수

강소연

연세대학교 문과대학 영문과 졸업
연세대학교 대학원 교육학과(석사)
연세대학교 대학원 교육심리전공(교육학 박사)
(현) 연세대, 상명대, 장신대 강사

교육심리학의 이해

1998년 2월 25일 1판 1쇄 발행
2011년 8월 25일 1판 22쇄 발행

인 지

지은이 • 신명희 박명순 권영심 강소연
펴낸이 • 김 진 환
펴낸곳 • ㈜ 학지사
121-837 서울시 마포구 서교동 352-29 마인드월드빌딩 5층
대표전화 • 02) 330-5114 팩스 • 02) 324-2345
등록번호 • 제313-2006-000265호
홈페이지 • http://www.hakjisa.co.kr
커뮤니티 • http://cafe.naver.com/hakjisar

ISBN 978-89-7548-235-9 93370

정가 15,000원

파본은 구입처에서 교환하여 드립니다.